K[illegible]vletinin Gizli Tarihi

TUNCAY ÖZKAN, Ankara'da doğdu. Gazi Üniversitesi İletişim Fakültesi'nden mezun oldu. Yüksek Lisans eğitimini Gazi Üniversitesi Fen Bilimleri Enstitüsü'nde tamamladı. Gazeteciliğe amatör olarak 1981 yılında Ankara'nın Babıalisi olarak adlandırılan Rüzgârlı Sokak'ta başladı. Profesyonel anlamda ilk kez 1984 yılında Hürriyet Grubunun çıkardığı *Hürgün* gazetesinde çalıştı. Daha sonra *Cumhuriyet* gazetesinde görev aldı. 1993 yılında yazılı basından televizyona geçti. 1996'dan 2002'nin Temmuz ayına kadar Kanal D Haber Merkezi'ni yönetti ve 15 günde bir gazeteci Cüneyt Arcayürek ile birlikte *Politika Durağı* isimli programı hazırlayıp sundu. Haziran 1998 - Şubat 2001 tarihleri arasında *Radikal* gazetesinde köşe yazarlığı yaptı. Şubat 2001 tarihinden Temmuz 2002 tarihine kadar da *Milliyet* gazetesinde köşe yazarlığı yaptı. 2002 Temmuz'unda Çukurova Medya Grup Başkanı olarak göreve başladı ve bu görevine Aralık 2003'e kadar devam etti. Bu tarihler arasında *Akşam* gazetesinde köşe yazarlığı da yaptı. Cüneyt Arcayürek'le birlikte hazırlayıp sunduğu *Politika Durağı* programına burada da devam etti. *Söz Meclisi, Strateji ve Politika Kazanı* gibi programlara da imza attı. Yayınlanan eserleri: *Milli İstihbarat Teşkilatı - MİT'in Gizli Tarihi* (Kasım 2003); *Bush ve Saddam'ın Gölgesinde Entrikalar Savaşı* (Ocak 2003); *Operasyon* (Şubat 2000); *Parsadan Hikayesi* (Temmuz 1996); *Bir Gizli Servisin Tarihi* (Aralık 1996); *Suikast Raporu 93/96*; (Nisan 1996); *Öldürün O Gazeteciyi* (Ağustos 1994); *Kıyamet Mahkemesi* (Güz 1993).

CIA Kürtleri

Kürt Devletinin Gizli Tarihi

Tuncay Özkan

Alfa Yayınları **1449**
Güncel-Siyaset **11**

CIA KÜRTLERİ
Kürt Devletinin Gizli Tarihi

Tuncay Özkan

1-9. Basım: Mart 2004
14. Basım: Aralık 2004
ISBN: 975-297-468-6

Yayıncı ve Genel Yayın Yönetmeni M. Faruk Bayrak
Yayın Koordinatörü ve Editör Cahit Akın
Pazarlama ve Satış Müdürü Vedat Bayrak

Alfa Basım Yayım Dağıtım Ltd. Şti.
Ticarethane Sokak No: 53 Cağaloğlu 34410 İstanbul, Turkey
Tel: (212) 511 53 03 – 513 87 51 – 512 30 46 Faks: (212) 519 33 00
www.alfakitap.com
info@alfakitap.com

Baskı ve Cilt
Melisa Matbaacılık
Çiftehavuzlar Yolu Acar Sanayi Sitesi No: 8 Bayrampaşa-İstanbul
Tel: (212) 674 97 23 Faks: (212) 674 97 29

İÇİNDEKİLER

İkinci Bölüm
KÖRFEZ SAVAŞI ve ÇEKİÇ GÜÇ

Üçüncü Bölüm
CIA'NİN KÜRT PEŞMERGELERİ

Dördüncü Bölüm
1996 SONRASI

ÖNSÖZ

Türkiye savaş nedeni saydığı bir oluşumla karşı karşıya: Kürt devleti. Bu nokta, Türkiye ile Amerika arasındaki ilişkilerin de düğümlendiği yer. Bu düğüm ya Türkiye'nin kırılıp dökülmesi ya da yeni bir dünyada kendine yer aramasıyla çözüm bulacak. Çünkü Irak savaşı sonrasında Amerika artık Türkiye'nin sınır komşusu.

Türkiye'de, kavramlar ve argümanlar yerine duygularla konuşmak geleneği vardır. Eğitim ve bilgi eksikliğinin bir sonucudur bu. İşte bu kitap, oluşmakta olan Kürt devletiyle ilgili olarak son 50 yılda yapılanları kavram ve argüman olarak açıklama amacıyla kaleme alındı. Bu nedenle çok önemli bazı belge ve bilgilere yer verdim. Amacım, Türkiye hatta Amerika açısından tarihî önem taşıyan bu kavşakta okurumu bilgiyle buluşturmaktır.

Tuncay Özkan

Şubat 2004, İstanbul

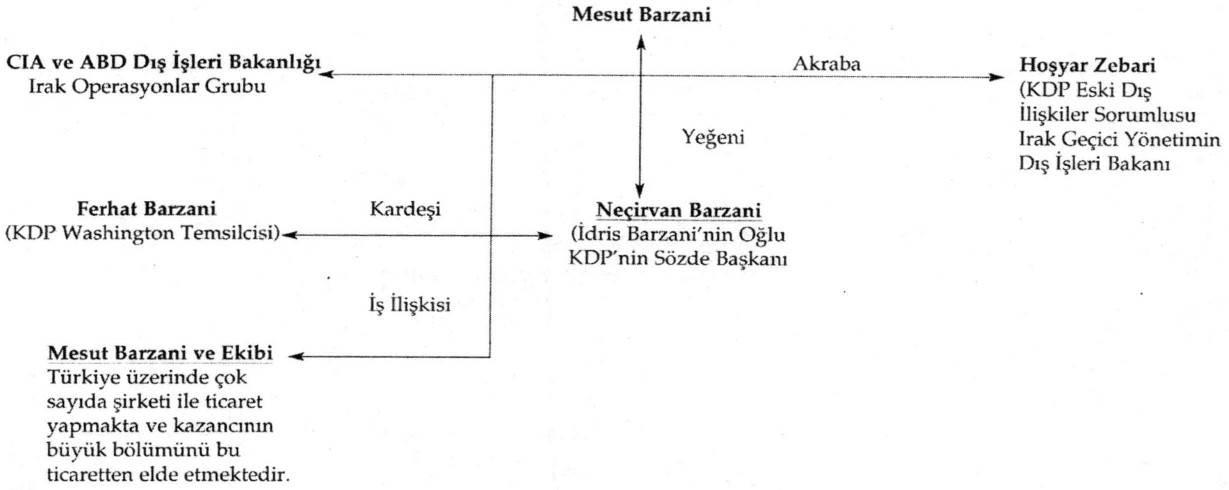
Mesut Barzani
CIA ve ABD Dış İşleri Bakanlığı
Irak Operasyonlar Grubu
Akraba
Hoşyar Zebari
(KDP Eski Dış İlişkiler Sorumlusu Irak Geçici Yönetimin Dış İşleri Bakanı
Yeğeni
Ferhat Barzani
(KDP Washington Temsilcisi)
Kardeşi
Neçirvan Barzani
(İdris Barzani'nin Oğlu KDP'nin Sözde Başkanı
İş İlişkisi
Mesut Barzani ve Ekibi
Türkiye üzerinde çok sayıda şirketi ile ticaret yapmakta ve kazancının büyük bölümünü bu ticaretten elde etmektedir.

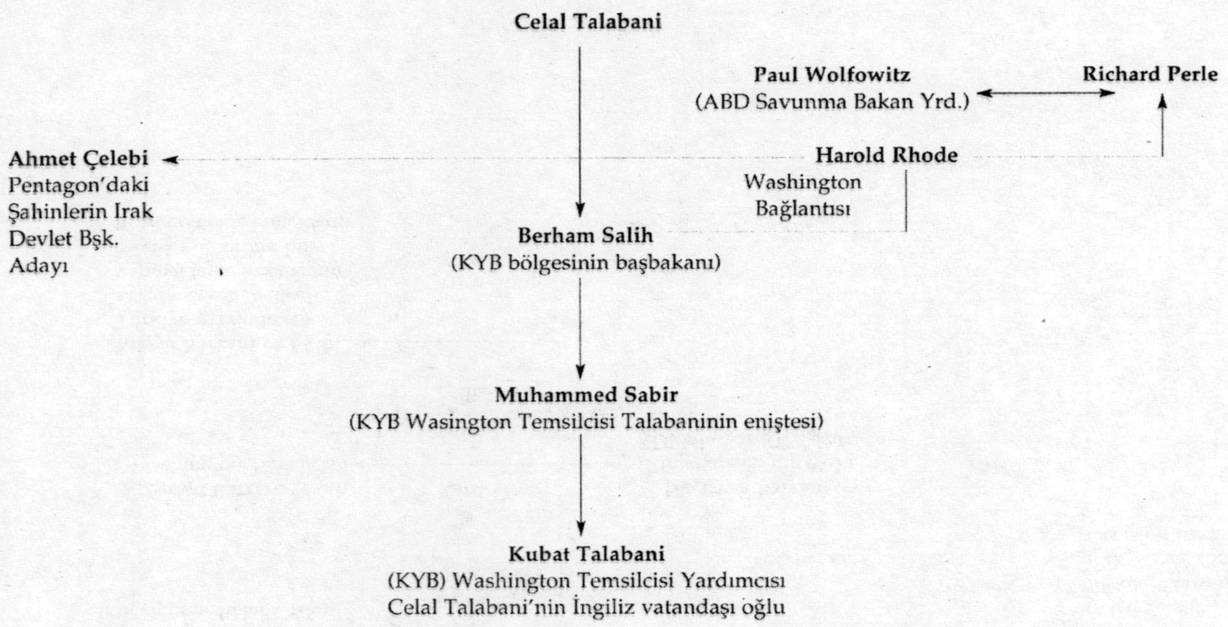

Celal Talabani
Paul Wolfowitz
(ABD Savunma Bakan Yrd.)
Richard Perle
Harold Rhode
Washington Bağlantısı
Ahmet Çelebi
Pentagon'daki Şahinlerin Irak Devlet Bşk. Adayı
Berham Salih
(KYB bölgesinin başbakanı)
Muhammed Sabir
(KYB Wasington Temsilcisi Talabaninin eniştesi)
Kubat Talabani
(KYB) Washington Temsilcisi Yardımcısı
Celal Talabani'nin İngiliz vatandaşı oğlu

Birinci Bölüm
İSRAİL, İRAN ve ABD EKSENİNDE KÜRTLER

Kuzey Irak Kürtlerinin, Irak'ta Osmanlı idaresinin 1918'de sona ermesinden sonraki tarihi aslında bir ayaklanmalar ve Batılı güçlerce kullanılma tarihidir. Kürtler Bağdat'ın zayıf düştüğüne inandıkları her dönemde ayaklanmış, ama Bağdat'a ne kadar zorluk çıkarmış olsalar da nihayetinde bütün bu çatışmalar Bağdat'ın ezici üstünlüğüyle son bulmuş, Bağdat ayaklanmaları kanlı şekilde bastırmış, Kürt halkı da çatışmalardan nasibini kan, gözyaşı ve ölüm olarak almıştır.

Kürtler, Birinci Dünya Savaşı'nı izleyen 1919-1930 yılları arasında İngiltere'ye, 1932-1935 ve 1943-1945 yılları arasında ise Haşimi hanedanına karşı ayaklandılar. Ayaklanmaların başını Barzani ailesi çekiyordu. Aile ismini, Erbil'in 90 km kuzeyinde bulunan Barzan köyünden alıyordu.

Kürt kaynaklarına göre Barzan aşireti, Amadiya yakınlarında yaşayan ve Amadiya prenslerinin bir kolu tarafından oluşturulmuş eski ve savaşçı bir aşirettir. Aşiretin merkezi ise, Büyük

Zap ırmağının sol kıyısında kurulmuş bulunan sarp dağlarla çevrili, alelâde yoksul bir Kürt köyü olan ve dinsel bir nüfuz alanı haline gelen Barzan köyüdür.

Molla Mustafa Barzani'nin dedesi Said Barzani, Osmanlı İmparatorluğu'na karşı en çok ayaklanan yerel aşiretin reisiydi. Said Barzani'nin oğlu Muhammed 1919, 1922, 1924 ve 1926 yıllarında İngilizlere karşı ayaklanmıştı.

Molla Mustafa Barzani resimdeki yerini alıyor

Kürtlerin ayaklanmaları Muhammed Barzani'nin ölümünün ardından da sürdü. Yerini oğlu Abdüsselam Barzani aldı. Muhammed Barzani'nin beşinci oğlu olan Molla Mustafa Barzani 1943 yılında resme girdi ve aşiretin liderliğini üstlendi.

"Türklerle savaşmayın" diye oğullarına öğüt verdiği savlanan Molla Mustafa Barzani, Kürtlerin tarihinde önemli bir ad. Barzani ilginç bir yaşam öyküsüne de sahip. Türkiye onun için çok önemli, çünkü çocukluk yıllarında gördüğü Türkiye onun için başka anlamlar taşıyor. Molla Mustafa Barzani şöyle anlatıyor:

> Ben dokuz aylıktım, yıl herhalde 1903-1904 olsa gerek. O tarihlerde herkes kendi kaba kuvveti sayesinde ayakta durabiliyordu. İşte bir gün, böyle bir karışıklığın içinde, sebebini hâlâ ihtiyarlardan öğrenemediğim feci bir olay vuku buldu. Çoğu Kürtler'den müteşekkil olan Hamidiye Alayları'ndan bir grup gelip bizim köyü basmış. İşte annenin hikâyesi böyle bir günde başlar. Ben henüz 9 aylıkken bizim köye yapılan baskında ailenin birçok erkeği öldürülmüş, kadınlar süngülenmiş, yüzlerce çocuk yetim bırakılmış, mallar yağma edilmiş, köy bir yangın yeri haline getirilmiş, geri kalanlar ise dağ bayır demeden, atlı askerler tarafından ta Diyarbakır'a kadar sürülmüş. Diyarbakır'da, bütün ailemizle birlikte, bizi Diyarbakır hapishanesine atmışlar... İşte iki yaşına kadar ben Di-

yarbakır hapishanesinde büyüdüm. Elbette ki, o günleri hiçbir şekilde hatırlamam... Yalnız, hapishane hayatı annem için, babam için, kardeşlerim için oldukça acıklı günlerle geçmiş, aç, susuz, perişan bir şekilde, bütün ailemiz en aç günleri orada yaşamış. Bir buçuk yıl sonra durum Bab-ı Âli tarafından öğreniliyor, bizim masum olduğumuz anlaşılıyor ve Sultan bizim tahliyemizi istiyor.

Mustafa Barzani, ağabeyi Abdüsselam Barzani'nin, Osmanlı İmparatorluğu'nun *Firak-i Irak* diye isyan eden meşhur Musul Valisi Süleyman Nazif tarafından 1915'te idama mahkûm edilerek asılmasına da tanık olmuş:

O günü gayet iyi hatırlıyorum. Oldukça yakıcı bir sıcak vardı. Musul alev alev yanıyordu âdeta. Büyük bir kalabalık, ağabeyimle birlikte, aslanların bulunduğu yere akın ediyordu. Biz önceleri kaçmıştık. Dağa bayıra doğru kaçmıştık. Ancak o gün ben birkaç arkadaşımla gizli gizli kalabalığa karıştım ve ağabeyimin asılı cesedini görmeye gittik. O tarihlerde Süleyman Nazif'in böyle bir şey yapacağına kimse ihtimal vermiyordu. Bab-ı Âli'nin tasdik etmediği bir idam kararını vali nasıl infaz edebilirdi? Böyle bir adaletsizlik karşısında halk ne yapardı? Hatta bizzat Padişah acaba Süleyman Nazif'i asmaz mıydı?

O tarihlerde henüz 10-12 yaşındaydım. Hürriyetin manasını, adaletsizliğin anlamını kavramamıştım. Sokaklarda şarkı gibi dinlediğimiz hürriyet, adalet, eşitlik, dayanışma prensiplerinin sadece kulaklar tırmalayan kelimelerini ezberlemiştik. Biz bu kelimeleri bir şarkı biliyorduk. Nitekim sokaklarda da şarkı söyler gibi bu kelimeleri telaffuz ediyorduk. Oysa o tarihlerde de *hürriyet* kelimesi altında insanların hürriyeti elinden alınıyor, *adalet* kelimesi altında insanlar gelişi güzel asılıyor, *eşitlik* kelimesi altında da bir zümre korunuyor, bir zümre de hapishanelerde sürünüyor, hele *kardeşlik* kelimesi altında kardeş kardeşi öldürüyordu. İşte benim yaşadığım ortam buydu. Bu ortamda gözlerimi açtım. Bu ortamda annemin sütünü hapishane zindanlarında emdim. Bu ortamda büyük ağabeyimin sallanan cesedini Musul kapısından seyrettim.

Ben bir katırın sırtında, hep ağabeyimi düşünüyordum. Onun

asılı cesedi gözümün önünden gitmiyordu. O küçük aklımda 'insan haksız yere asılmaktansa, dağlarda, ormanlarda, kurtlar tarafından parçalansın daha iyidir' diyordum ve o anda hiçbir şekilde bir daha hapishaneye girmemeye yemin ettim. Ölecektim, parçalanacaktım, kaçacaktım, fakat zindanlara düşmeyecektim ve böyle gaddar bir valinin elinde can vermeyecektim.

Hayata bu felsefe ile başladım. Ölüm var, fakat teslim olmak yok! Ölüm var, fakat hapishaneye girmek yok! Bunun da artık bir tek çaresi vardı, dağlarda kalmak.

1943 yılında aşiretin liderliğini üstlenen Molla Mustafa Barzani, aralarında Barzani aşiretinin eski düşmanı olan aşiretlerin de bulunduğu yerel Kürt aşiretlerle arasını düzelterek, Irak hükümeti aleyhinde faaliyetlere başladı. Önce jandarmaya ve Irak ordusuna karşı çete savaşı başlattı. Kazandığı küçük başarılar sayesinde Kürtler arasındaki saygınlığını artırdı. Cesaretlenen Barzani özerk Kürt bölgesi kurulmasını talep ediyordu. Irak güçleriyle çarpışmaların yoğunlaşması üzerine Barzani, yandaşlarıyla İran'daki Kürt bölgesine sığınmak zorunda kaldı.

Sovyetler Barzani'ye General rütbesi verdi

Sovyetler Birliği'nin desteğiyle 22 Ocak 1946'da İran'ın Kürt bölgesinde Mahabad Cumhuriyeti adlı bir Kürt oluşumu doğdu. Ama bu oluşum, Sovyetler Birliği'nin İran'daki güçlerini çekmesiyle, bir sene dahi yaşayamadan, 16 Aralık 1946'da yıkıldı. Barzani için tek kurtuluş yolu, Sovyetler'e sığınmaktı. Öyle de yaptı. 52 günlük bir yürüyüşün ardından, Türkiye üzerinden kaçak olarak Sovyetler Birliği topraklarına ulaştığında tarih 16 Haziran 1947 idi.

Barzani'nin yandaşları Sovyetler Birliği'nde ilk olarak bir askerî kampa yerleştirildi ve sokakları süpürme, karları küreme gibi işlerde çalıştırıldı. Ancak Barzani'nin ısrarları üzerine, Kürt peşmergelerden bazılarına Sovyet askerî eğitimi verildi. Barzani siyasi mülteci sayılmıyordu. Önceleri kasaplık yaptı, daha sonra bir değirmende çalıştı. Bir süre sonra Moskova'ya giderek Devlet Başkanı Joseph Stalin'le görüştü ve Stalin'in emriyle askerî akademiye kabul edildi. Buradaki eğitimini tamamlayarak General rütbesi aldı.

Stalin'in 1953'te ölümünden sonra, yeni Sovyet liderliğinin Barzani'ye karşı davranışları da olumlu yönde değişti. Yeni Sovyet lideri Nikita Kruşçev, Barzani'ye bir ev tahsis etti ve Rusça öğrenmesi için özel kurslar düzenletti.

Barzani Irak'ta ulusal kahraman gibi karşılandı

Barzani'nin kaderi, 1958'de Irak'ta gerçekleşen devrimle değişti. Abdülkerim Kasım adlı üst düzey bir subayın gerçekleştirdiği darbeyle Kral Faysal devrildi. Abdülkerim Kasım, Barzani'ye bir heyet göndererek, Irak'a dönmesini istedi. Arapların ve Kürtlerin Irak Devleti'ne ortak olduklarına dair bir kanun çıkarttı. Bununla da yetinmeyerek, Barzani'nin partisi KDP'ye (Kürdistan Demokrat Partisi) meşruiyet tanıdı ve 14 Kürtçe gazete yayınlanmasına izin verdi.

Sovyetler Birliği'nden dönen Barzani, Irak'ta ulusal kahraman gibi karşılandı. Ama Barzani'nin Şam'da ve Bağdat'ta görev yapan Sovyet diplomatlarıyla yakın ilişkiler içinde olması, Batı'da endişelere yol açtı. Barzani'nin Irak'a dönmesinden memnun olmayanların başında ise, İran Şahı Muhammed Rıza Pehlevi geliyordu. Şah'ın en büyük korkusu, İran'daki Kürtlerin Barzani tarafından kendisine karşı ayaklandırılmasıydı.[1]

---

[1] Burada araya girip, bugüne dair korkuların da Kürtlerin hep birileri tarafından kullanılması olduğunun altını çizmekte yarar var. Tıpkı dün olduğu gibi bugün de, Türkiye, İran, Suriye ve Iraklı Araplar aynı korkuyu taşıyorlar.

KDPI'nin lideri Qazi Muhammed, 1946 yılında SSCB desteğiyle de olsa, Mahabad kasabasında Kürt Mahabad Cumhuriyeti adlı ilk Kürt Cumhuriyetini kurduğunu açıkladı. Mahabad Cumhuriyeti yönetimde, özellikle Türkiye ve Irak olmak üzere, Kürtlerin yaşadığı bütün bölgelerin temsil edilmesi için çaba harcadı. Ancak beklenilen ilgiyi görmedi ve hükümetin büyük bir çoğunluğu, Mahabad ve Sovyet etkisi altındaki Kürt bölgelerin temsilcilerinden oluştu. Yaklaşık bir yıl sonra İran'ın tüm ülke üzerinde tekrar kontrolü sağlamasıyla, İran içinde etkin olan, önce Azerbaycan Cumhuriyeti'ne, sonra da Kürt Cumhuriyeti'ne son verdi.

KDPI, 1966-1967 yıllarında Kürt isyanının bastırılmasıyla birlikte fiilî anlamda tasfiye oldu. Ancak, parti 1973 yılında tekrar kuruldu. KDPI'nın hedefi, İran'da Kürtler için otonomi sağ-

---

Irak'ın Amerika tarafından işgali sonrasında, İran Dışişleri Bakanı Harrazi'nin Türkiye temasları bu anlamda çok önemli oldu. Böige unsurları eski kaygı ve korkularını, Amerikan işgali sonrasında daha da şiddetli yaşamaya başladılar. Çünkü bölgede Şiiler var, Kürtler var, yeni olarak da *komşu* konumuna gelmiş Amerika'nın tehditleri var... İran gelişmelere karşı suskundu. Şimdi hareketlenme başladı. İlginç bir dönem yaşanıyor. Türkiye, İran, Irak ve Suriye ortak deklarasyonlarla, bölgede bir Kürt devletinin kurulmasına karşı olduklarını, Irak'ın toprak bütünlüğünü savunduklarını hep dile getirdiler. Ama artık o dönemler, yani statükolar üzerine kurulu bulunan politikalar sona erdi. Artık İran ve Suriye için tehdit ya da tehlike, Türkiye içinse Kuzey Irak'ta bir Kürt devleti kurulması çanı çalıyor. Kürt sorunu sadece Türkiye'nin değil, bölgenin de ciddi bir meselesia rtık. İran'da 5 milyon dolayında Kürt'ün yaşadığı tahmin ediliyor. İran'da Kürt hareketinin önemli bir geçmişi var. 1945 yılında İran Kürdistan Demokrat Partisi (KDPI) kuruldu. KDPI yetkilileri söylemlerinde şu unsurları kullanıyorlar: "İran'daki Kürt muhalefetinin de katkılarıyla, İran'daki rejim istikrarlı değildir. KDPI'nın kurulmasıyla birlikte Kürtler aralıklarla da olsa rejimle çatışmıştır. '80'li yıllar boyunca ciddi boyutta bir Kürt muhalefeti bulunuyor. Kürtler ağırlıklı olarak İran'ın kuzeybatısında, son derece kötü koşullarda yaşıyor.

lamaktı. KDPI, Irak'taki üslerden İran'a yönelik saldırı düzenliyordu. Devrim Muhafızları ve KDPI militanları arasında yaşanan şiddetli çatışmalar neticesinde Kürtler, '80'lerin ilk döneminde Batı İran'da, sınırlı da olsa bir otonomi elde etti. Bu dönemde yaşanan çatışmalarda 1000 Kürt ve 500 İran askeri yaşamını kaybetti. Bu çatışmalar gerek İran gerekse Irak'ta '90'lı yıllar boyunca devam etti. İranlı Kürtler otonomi konusunda anlaşmaya varmak amacıyla, İran yönetimiyle gizli temaslar gerçekleştirmeye çalıştı ve gerçekleştirdi de. Ancak, bu çabalar sırasında birçok KDPI yetkilisi öldürüldü. İran Kürt liderlerinden Sadık Sharafkindi, İranlı yetkililerle otonomi konusunda gizli görüşmeler yapmak amacıyla gittiği Berlin'de suikaste uğradı. Almanya bu suikast sanıklarını İran'a iade etti. Sanıklar İran gizli servisi elemanı idi. Bu yöndeki diğer birçok teşebbüsün akıbeti de benzer oldu.

Suriye'de 1 milyonu aşkın Kürt yaşıyor. Bu nüfusun yaklaşık 200 bininin tam anlamıyla vatandaşlık hakları dahi bulunmuyor. 1958 yılında kurulan KDPS (Suriye Kürdistan Demokratik Partisi), yönetimin yoğun baskıları nedeniyle başarılı olamadı. Özellikle Hafız Esad'ın politikası sayesinde ülke, Türkiye ve Irak'a muhalif Kürt grupların terör üssü haline geldi. PKK ve Abdullah Öcalan, Suriye sayesinde yaşadı, Türkiye'ye bela oldu. Kürtlere yönelik baskıların '60'lı yıllardan itibaren azaldığı ve '70'li yıllarda yapılan toprak reformunun Kürtlerin Suriye'ye bakışını olumlu etkilediği biliniyor. Hafız Esad, Türkiye'de bir Kürt devleti kurulmasının, Kuzey Irak'ta bir Kürt devletinin olmasının savunusunu radyo ve televizyon konuşmalarında yapmıştı. Suriye'deki Kürt hareketi üzerinde PKK'nın çok büyük gücü bulunuyor. Suriye'de eğer bir Kürt gücünden bahsedilecekse, bunun PKK yani KADEK güdümlü olacağını bilmeliyiz.

Aşiret ilişkilerinin, Amerika ve İngiltere'nin çabalarının ötesinde Türkiye, İran, Irak ve Suriye'de bulunan Kürt unsurlar arasında ciddi bir etkileşim var. Özellikle 1990 sonrasında Kürtlere dönük her olay, bunu kullanmak eğiliminde olan bölge dışı güçlerin oldukça işine yaradı. Bu durumun son örneği, geçtiğimiz yıl Kuzey Irak'ta Kürt grupların *Anayasa* üzerinde uzlaşmasıyla birlikte yaşandı. Bu gelişmeleri izleyen günlerde, ilk önce İran Kürdistan Demokrat Partisi bir mektupla, ABD Başkanı ve BM Genel Sekreteri'ne İran yönetimini şikâyet etti. Mektupta, İran'ın yüzlerce Kürt köyünü yok ettiği, binlerce Kürt'ü öldürdüğü, işkence yaptığı ve hapse attığı iddialarına yer verildi. Yine, Kürt direnişini yok etmek için devletin bölgede uyuşturucu dağıttığı öne sürüldü.

İran Kürtlerinden sonra Suriye Kürtleri de, Devlet Başkanı Beşşar Esad'dan, yaklaşık 200 bin Kürt'e vatandaşlık haklarının geri verilmesini istedi. Beşşar Esad'a gönderilen mektupta, ülkedeki Kürtlerin oy kullanma, mal edinme, devlete ait hastanelerde tedavi edilme gibi en temel haklardan mahrum olduğu vurgulanarak, bu uygulamaların kaldırılması talep edildi. Bunlar Batı medyasında hemen haber oldu. Ama Türkmenlerin bu tür talepleri asla haber olamadı. Şimdi İran, Suriye ve Türkiye bu savaş sonrasında Kürt devleti kurulursa ne yapacaklar? Irak'ın egemenliği parçalanır, toprak bütünlüğü değişirse nasıl davranacaklar? Türkiye, İran ve Suriye ile ortak tutum takınırsa, Amerika ile ilişkileri ne olacak? Amerika, Kürtleri bu karşı tutuma rağmen nasıl savunacak?

Barzani'ye alternatif: Dr. Kâmuran Ali Bedirhan

İran istihbarat örgütü SAVAK, Sovyetler Birliği'nin adamı olarak görülen Barzani'nin karşısına, Batı âleminde kabul görecek bir Kürt lider çıkartılmasına karar verdi: Dr. Kâmuran Ali Bedirhan.

Bedirhan, aslında İsrail'in Kuzey Irak Kürtleriyle ilişkilerinde en kilit isimdi. İsrail ile Barzani arasındaki ilişkilerde önemli roller oynayan ve peşmergelerin İsrail subaylarınca eğitilmelerini sağlayan Dr. Kâmuran Ali Bedirhan'ın soyu, Osmanlı'ya ihanet eden Bedirhan aşiretine dayanıyordu. Bedirhan, istihbarat işlerinin yabancısı değildi. Birinci Dünya Savaşı'nda Osmanlı'nın yenilmesinden sonra, İngiltere Krallığı'nın Kürt uzmanı ve aynı zamanda bir Türk düşmanı olan İngiliz istihbaratçı Edward William Charles Noel'in rehberliğini ve tercümanlığını yapmıştı.

Bedirhan'ın Atatürk'e suikast girişimi

Dr. Kâmuran Ali Bedirhan, İstiklal Savaşı yıllarında Mustafa Kemal'e suikast planlayanlar arasındaydı. Birinci Dünya Savaşı'nın bitiminden sonra, ağabeyi Celâdet Ali Bedirhan ve çeşitli Kürt aşiretlerine mensup birkaç yüz kişiyle birlikte, Sivas Kongresi'ni basıp Mustafa Kemal'i tutuklamak istemişlerdi. Kâzım Karabekir Paşa'nın bu girişimi haber alması üzerine suikasttan kurtulan Atatürk'ün *Nutuk*'ta bu konuya dair ayrıntılı açıklamalarının bazı kısımlarını burada gösterelim:

> Efendiler, daha Temmuz başında, Erzurum'da bulunduğumuz sıralarda, Celâdet ve Kâmuran Ali adlarında iki şahsın yabancılar tarafından bol para ile İstanbul'dan Kürdistan'a gönderileceği, bunların yıkıcı propaganda ve aleyhte kışkırtıcılık yapmakla görevlendirildikleri, bir iki gün içinde hareket etmiş ve edecek oldukları haberi alındı. Bu haber üzerine, bunların dağdağaya meydan verilmeden gözetlenerek yakalanmaları gereğini 3 Temmuz tarihinde Diyarbakır'da 13'üncü Kolordu Komutanı'na, ayrıca Kurmay Başkanı Halit Bey'e ve Canik Mutasarrıfı'na bildirdim.

[....]

Sivas Kongresi'nin ikinci günü, yani 6 Eylül tarihinde, "Bedirhanlı ailesinden Celâdet ve Kâmuran ile Diyarbakırlı Cemil Paşazade Ekrem adlarında üç şahsın, yanlarında vaktiyle Diyarbakır ilinde aleyhimizde propaganda yapan bir yabancı subay bulunduğu halde, silahlı Kürtlerin koruyuculuğunda, Elbistan ve Akçadağ üzerinden Malatya'ya geldikleri, orada Mutasarrıf ve Belediye Başkanı tarafından karşılandıkları" 13'üncü Kolordu'nun yazısından anlaşılıyor. 15'inci Kolordu Komutanı Kâzım Karabekir Paşa'nın 3'üncü Kolordu Komutanlığı'na bununla ilgili olarak gönderdiği 6 Eylül 1919 tarih ve 529 sayılı şifresinde verilen bilgide: "Yabancı subayın, Türk, Kürt ve Ermeni nüfusunu incelemek üzere, İstanbul Hükümeti'nin izniyle dolaştığını söyledikleri; Malatya'da bulunan süvari alayının mevcudunun azlığı yüzünden bunları tutuklamaya cesaret edemediği, bununla birlikte hemen tutuklanmaları için İstanbul'a başvurulduğu 13'üncü Kolordu'dan bildirilmiştir. Bu adamların ne maksatla ve hangi görevle nereleri gezecekleri konusundan bildiklerini Harput Valisi'nden sordum" denilmekteydi (Belge 56).

[....]

Malûm şahısların hainlikleri ortaya çıkmıştır. İstanbul'daki mer kezî hükûmet de bunların hainliğine ortaktır.

[....]

10 Eylül'de İlyas Bey'e verdiğim talimatta belirttiğim başlıca noktalar:

1) Kaçakların sür'atle yakalanmaları;

2) Kürtlük akımına asla elverişli bir ortam bırakılmaması;

3) Malatya'da, mutasarrıflığı Jandarma Komutanı Tevfik Bey'in üzerine alması; uygun namuslu ve vatansever bir zatın da Harput'ta hemen valilik makamına getirilmesi;

4) Malatya ve Harput'taki hükûmet kuvvetlerini tamamen ele alarak, vatan ve millet aleyhine hiçbir harekete meydan verilmemesi;

5) Kaçaklara uyanların amansızca ve merhametsizce yok edileceğinin ilânı ve namuslu halkın gerçek durumundan haberdar edilmesi;

6) Millî varlığımızı tehlikeye sokacak olan yabancıların askerle

rine de karşı konulacağının belirtilmesi ve gerekli düzen ve tedbirlerin alındığının" bildirilmesinden ibarettir (Belge 68).

Efendiler, kaçakların yakındaki veya çevredeki aşiretlerden birtakım Kürtleri toplayabileceklerini, hattâ, Maraş'ta bulunan yabancı kuvvetlerden bile yararlanabileceklerini kesin gibi kabul etmek lâzım geliyordu.

[....]

Efendiler, verdiğimiz direktifler çerçevesinde kaçakları takip ettirirken, bir yandan da elimize geçen bazı belgeleri gözden geçirelim. Bu belgelerin, söz konusu olayı, Ali Galip'in teşebbüsünü ve İstanbul Hükûmeti'nin bayağılığını her türlü açıklamadan daha mükemmel bir şekilde ortaya koyacağını zannettiğimden, onların olduğu gibi gözden geçirilmesinin yersiz olmadığı görüşündeyim.

Önce, Dahiliye Nâzırı Adil Bey'le Harbiye Nâzırı Süleyman Şefik Paşa'nın ortak imzalarıyla Elâzığ Valisi Ali Galip Bey'e verilen 3 Eylül 1919 tarihli talimatı birlikte okuyalım.

[....]

Padişah'ın, hakkındaki yüce buyruğu bugün çıkacaktır. Bu bakımdan kesinlik kazanmıştır. Talimat şudur: Bildiğiniz üzere, Erzurum'da Kongre adı altında birkaç kişi toplanarak birtakım kararlar aldılar. Ne toplananların, ne de aldıkları kararların bir değeri ve önemi vardır. Ancak, bu durumlar ülke çapında birtakım dedikodulara yol açıyor. Avrupa'ya da pek abartılarak aksettiriliyor. Bundan dolayı da kötü etkiler yaratıyor. Ortada önem verilmeye değer hiçbir kuvvet ve hiçbir olay bulunmadığı halde, sırf bu abartma ve kötü etkilerden endişeye düşen İngilizlerin, yakında Samsun'a epeyce bir kuvvet çıkaracakları tahmin ediliyor. Hükümetin her yere olduğu gibi size de gönderdiği, malûm genelgeye aykırı hareketler devam ederse, çıkarılacak yabancı kuvvetlerin Sivas'ı ve oradan daha da ilerleyerek birçok yerleri işgal etmeleri ihtimalden uzak değildir. Bu da memleketin çıkarlarına elbette aykırıdır. Erzurum'da toplanan malûm şahısların yakında Sivas'ta birleşerek yine bir kongre toplamak istedikleri, olaylarla ilgili haberleşmelerden anlaşılıyor. Böyle beş on kişinin orada toplanmasından hiçbir şey çıkmayacağı hükûmetçe bilinmektedir. Ne var ki, bunları Avrupa'ya anlatmak mümkün değildir. İşte bunun içindir ki, onların orada toplanmasına meydan vermemek gerekiyor. Bunu sağlayabilmek için, her şeyden önce, Sivas'ta hükûmetin tam olarak güvenini kazanmış ve memleketin iyiliğine olan tebligatı olduğu gibi yerine getirmeye azimli bir vali bulundurmak gerekmektedir. Yüksek şahsınızı onun için oraya gönderiyoruz. Gerçi, Sivas'ta kongre toplamak isteyen birkaç kişiye engel olmak o kadar güç birşey değilse de, yüksek dereceli sivil memurlarla, komutanların, subayların ve askerlerden bazılarının da bunlarla aynı düşüncede olmaları dolayısıyla, hükûmetin aldığı tedbirleri ellerinden geldiğince boşa çıkarmaya ve malûm şahısları güçleri yettiği kadar korumaya çalışacakları göz önünde bulundurularak, güvenilir bir iki yüz kişinin yanınızda bulunması başarı sağlama bakımından uygun görülmektedir. Bundan dolayı, daha önce yazdığım gibi, oralardaki Kürtlerden güvenilir yüz elli kadar atlıyı birlikte alarak, oradan niçin gidildiğini hiç kimseye sezdirmeden, Sivas'a hiç kimsenin beklemediği bir zamanda vararak, vali ve komutanlığı hemen ele alacak ve sayıları az olmakla birlikte oradaki jandarma ve askeri iyi kullanacak olursanız, karşınızda başka bir kuvvet bulunmayacağı için derhal otoritenizi kullanarak toplantıya meydan vermemiş olacağınız ve orada bulunanlar varsa hemen yakalayıp, göz altında İstanbul'a gönderebileceğiniz âşikârdır. Böylece, kazanılacak hükûmet nüfuz ve otoritesi, içeride macera peşinde koşanları yıldırarak bir daha bu gibi kötü hareketlerin meydana gelmesini önleyeceği gibi, dışarıda da pek iyi bir etki yapacak, yabancıların asker çıkararak oraları işgal etmek konusundaki tasarılarından vazgeçmeleri için hükûmetçe yapılacak müracaat ve teşebbüslere sağlam bir dayanak oluşturacaktır. Zaten Sivas halkının bazı tanınmış kimselerinden araştırılarak elde edilen doğru bilgilere göre, halk bu politikacıların kışkırtmalarından, para toplamak için yaptıkları baskılardan pek nefret etmiş. Bu hareketlerin önlenmesi için, hükümete her türlü yardıma hazırdır. Orada derhal jandarmaya yazılacak, istenildiği kadar asker bulunacağı, bunlara nüfuzlu kimseler tarafından özel olarak yardım edileceği haber verilmektedir. Bu şekilde, yeteri kadar ve hükûmete kuvvetle bağlı jandarma birliği kurulduktan sonra, birlikte götüreceğiniz süvarileri hoşnut ederek yerlerine gönderiniz. İşte alınacak tedbirler bundan ibarettir. Bunun kolaylıkla ve başarıyla uygulanması, sadece son derece gizli hareket etmeye bağlıdır. Sivas'a tayininizden, hattâ o taraflara gideceğinizden kendi aileniz içinde en çok güvendiğiniz bir tek kimseye bile bahsetmeyiniz. Sivas'a girinceye kadar, maksadınızı yanınızdakilere bile sezdirmeyiniz. Bu, başarının temel şartıdır. Bu itibarla, şimdilik ailenizi herhalde orada bırakarak, etraftaki aşiretleri teftiş için beş on gün kalacağınızı ailenize ve çevreniz-

deki yakınlarınıza anlatarak, hemen yola çıkıp bir gün öncesinden Sivas'a ansızın girmeye gayret etmelisiniz. Oraya vardığınızda, aşağıdaki telgrafı gereken kimselere gönderip, valilik ve komutanlığı ele alarak hemen işe başlamalısınız. Bir yandan da makine başında durumu Nezaret'e bildirmelisiniz. Böylece, oradaki şartlar belli olur olmaz, size yine makine başında tarafımdan gereğine uygun tebligat yapılacaktır. Bu şekilde işe başladıktan sonra, ne vakit uygun görürseniz ailenizi ve eşyanızı Sivas'a getirtebilirsiniz. Yalnız, şimdi orada bulunan Reşit Paşa'nın valilik görevinden alındığı, yerine bir başkasının gönderileceği her nasılsa duyularak, kendisi tarafından Nezaret'e başvurulmuş olduğundan ve adları malûm kimselerin yakında Sivas'ta toplanmak istedikleri alınan haber lerden anlaşıldığından, boşuna bir dakika geçirilmeksizin bir an önce hareketle, oraya vaktinden önce ulaşmaya gayret etmeniz, işin gereği olarak pek önemli ve zaruridir. Bu durum karşısında, ne zaman hareket edeceğinizin ve ne kadar zamanda oraya varabileceğinizin bildirilmesi gerekiyor.

[....]

Efendiler, bir tesadüf eseri olarak bu görüşme sırasında ben de telgrafhanede bulunuyordum. Bir aralık dayanamadım. Şu telgrafı yazıp çekilmek üzere memura verdim.

10, 11.9.1919

Dahiliye Nâzırı Adil Bey'e

Milletin, Padişah'ına maruzatta bulunmasına engel oluyorsunuz. Alçaklar, caniler! Düşmanlarla millete karşı haince tertiplere girişiyorsunuz. Milletin kudret ve iradesini takdirden âciz olduğunuza şüphe etmiyordum. Ancak, vatan ve millete karşı haince ve son bir çırpınışla alçakça harekette bulunacağınıza inanmak istemiyordum. Aklınızı başınıza toplayın. Galip Bey ve yardakçıları gibi aptalların verdikleri ahmakçasına ve asılsız sözlere kapılarak ve Mister Novil [Noel] gibi milletimiz ve vatanımız için zararlı olan yabancılara vicdanınızı satarak yaptığınız alçaklıkların milletçe sorulacak hesabını göz önünde bulundurunuz. Güvendiğiniz şahısların ve kuvvetin sonunu öğrendiğiniz zaman, kendi sonunuzla karşılaştırmayı unutmayınız.

Mustafa Kemal

[....]

Efendiler, alınan tertip ve tedbirler ve özellikle gösterilen sertlik ve şiddet sayesinde, Ali Galip ve Halil Bey'lerin ayartmaya çalıştıkları aşiretler dağılmış, ümitsizliğe düşen Ali Galip, önce Urfa'ya oradan da Halep'e kaçmıştır. Mister Novil [Noel] de göz altında rahatça Elbistan üzerinden gitmiştir. Ötekiler de birer yolunu bularak kaçmışlardır. Bu safhaları daha çok açıklamakta bir yarar görmüyorum. Bu konuda söylediklerime ek olarak yayınlanacak belgelerin okunmasından, bugün ve gelecek için ibret dersi olabilecek noktalar çıkarılacağını umarım (Belge 78, 79, 80, 81).

Osmanlı'nın son dönemlerinde ve Cumhuriyet'in ilk yıllarında gıyabında ölüme mahkûm edilen Bedirhan, Fransa'nın himayesinde Beyrut ve Şam'da Kürtçe dergiler çıkarıyordu.

Cüneyt Zapsu diye biri

Bedirhan aşiretinden bir *önemli* kişi de Cüneyt Zapsu olarak tanıdığımız işadamı, politikacı, dış politikacı ve uluslararası tüccar. Hasan Cüneyt Zapsu, 1956'da İstanbul'da doğdu. Alman Lisesi'ni ve İstanbul Üniversitesi'ni bitirdi. Münih Üniversitesi'nde İş İdaresi eğitimi gördü. Babası Pertev Zapsu 1980 yılında öldü. Aile içinde çok etkili olan anne Gaye Zapsu, halen yaşıyor ve ailenin ilişkilerinde önemli bir konuma sahip; Uzel Makine'nin sahibi İbrahim Uzel'in kızı. Ailenin büyük oğlu Aziz Zapsu'nun, kalp rahatsızlığı nedeniyle işlerde etkinliği düşük düzeyde devam ediyor. Cüneyt Zapsu, neye elini atsa altın yapan adamlardan. Azizler Holding, Balsu, Massey Ferguson ve Uzel traktör fabrikası doğrudan etkili olduğu kuruluşlar. Üye olduğu kuruluşların listesi bile etkilemeye yetiyor insanı: TÜSİAD, MÜSİAD, Türk-Amerikan İş Konseyi, Dünya Ekonomik Forumu ve daha pek çok uluslararası örgüt.

Baba Pertev Zapsu bir süre Almanya'da yaşıyor. Oğulları ilkokula burada başlıyor. Aile önce Almanya'da sandviç satıyor, ardından iplik ticaretine giriyor ve bu alanda büyüyor.

Aile 1966 yılında Türkiye'ye dönüyor. Uzel Makine'de ortaklığı olan Zapsu ailesi yakın tarihte bu ortaklıktan ayrılıyor, fındık işine giriyorlar. Uluslararası alana taşınan fındık işi Cüneyt Zapsu'nun alanında kalıyor; BİM marketler zinciri ise ağabeyi Aziz'in.

Anne Gaye hanım, "Türk Müslüman Kadını" portresi olarak, sağın ünlü edebiyatçısı Necip Fazıl Kısakürek'in çıkardığı *Büyük Doğu* dergisine kapak oluyor. Gaye hanım ayrıca "kadın hat sanatçısı."

İstanbul ve Almanya'da işletme ve iş idaresi eğitimi alan Cüneyt Zapsu, İstanbul'a döndükten sonra, ağabeyi Aziz Zapsu ile ticarete atılıyor. 13 Haziran 1977'de İstanbul Ticaret Odası'na kayıtlı Azizler Holding'i kuruyorlar. Söz konusu holdingin kâğıt üzerindeki ortakları şöyle: Aziz Zapsu, Hasan Cüneyt Zapsu, Kenan İsmail Öktener, Gaye Zapsu.

Cüneyt Zapsu halen INC (International Nut Council) Başkanı. INC, merkezi İspanya ve ABD'de olan, dünyanın 40 ülkesinden 500 civarında, kabuklu meyve (badem, fındık, mahun cevizi, antepfıstığı, çamfıstığı, kestane, ceviz, *pecan*...) sektör temsilcisi bu organizasyonda yer alıyor. Aralarında dünyaca bilinen markalar var. Üreticiden tüketiciye kadar (California Almond Board'dan Çin kestane üreticilerine, Mac Farm'dan Planters ve Blue Diamond'a, Kraft'tan İtalyan Ferrero'ya) kapsayan bir birlik. Üyelerinin sadece işlenmemiş tarım ürünü cirosu 5 milyar dolar civarında. INC, WHO (World Health Organisation) ve AB Codex Alimentarus, yani gıda standartlarında tek belirleyici muhatap kabul edilmekte.

Ticarete atılan Zapsu ailesi bu yıllarda Türkiye'nin tanınmış iki ailesiyle yakın ilişkiler kurmaya başlıyorlar: Özal ve Topbaş aileleri. Özal ailesinden Korkut Özal, Topbaş ailesindense Mustafa Latif Topbaş ile kurulan ilişkiler sürekli gelişmiş. Bu aileler halen siyasette ve ticarette ve ilişkili diğer benzer ailelerle ilişkiler gelişip duruyor. (Mustafa Latif Topbaş, 2000 ve 2001 yılında vergi rekortmenleri kategorisinde ilk yüze girmiş. Ancak Yahya Murat Demirel, Hayyam Garipoğlu ve diğer sanıklarla birlikte vergi kaçakçılığından yargılanmış. Ülker'in kurduğu Link içeceklerinin yönetim kurulunun başkan vekili. Natura ve Ak Gıda kendisine ait.)

Bu iki ailenin ortak özellikleri ise, Nakşibendi olmaları. Özal, İskenderpaşa; Topbaş ise Erenköy cemaatine bağlı. Topbaş ve Zapsu ailesi gelişen ilişkiler sonucu, 1995 yılında BİM mağazalar zincirine ortak oluyorlar. Zincirin bir diğer halkası ise, Nakşibendi şeyhlerinden Emin Saraç'ın oğlu Fatih Saraç. Özal ve Zapsu ailelerinin ilişkileri 1990'lı yıllarda başka bir boyut kazanıyor: Korkut Özal Demokrat Parti'nin başına geçiyor, başkan vekili ise Cüneyt Zapsu oluyor.

Cüneyt Zapsu'nun dedesi, Kürt isyancısı Said-i Kürdi'nin en yakın arkadaşı meşhur Abdurrahim Rahmi Zapsu. 27 Temmuz 1912'de İstanbul'da kurulan Kürt Talebe-Hevi Cemiyeti (Kürt Öğrenci Ümit Derneği)'nin 18'inci kurucu üyesi. Dede Zapsu Hakkârili ve *Büyük İslam Tarihi* kitabının yazarı. İstanbul' daki Kürt hareketinin önde gelenlerinden biri ve her etkinlikte gözüküyor. Nakşibendi olması da diğer bir özelliği. 1925'te Şeyh Sait Ayaklanması'nda yer aldığı belirtiliyor. Abdurrahim Rahmi Zapsu, o dönemde bu ayaklanmanın ardından *ayakta kalanlardan* biri. Zapsuların evinin 1930'lardan sonra önemli kişilere açılması dikkat çekici. Said-i Nursi'nin İstanbul'a geldiğinde bu evde kaldığı belirtiliyor.

Pertev Zapsu, Uzel Makine'nin sahibi Rusçuk kökenli İbrahim Uzel'in kızı Gaye ile evleniyor ve Cüneyt ile ağabeyi Aziz Zapsu dünyaya geliyor.

Türkiye'den kaçan Yaşar Kaya'nın, PKK'nın yayın organı

olan gazetede yayınlanan, Cüneyt Zapsu ile ilgili sözleri dikkat çekici:

> Tayyip Erdoğan'ın ABD gezisinin düzenleyicisi ve sözcüsü, bebekliği dahil elimizde büyümüş olan Cüneyt Zapsu. Zapsu soyadına bizim okurlar yabancı değiller. Musa Anter'in kayınpederi, Said-i Kürdi'nin dostu Abdürrahim Zapsu'nun torunu. Laleli'deki evinde en son kiracı bendim. Cüneyt ve (kardeşi) Aziz'in anneleri Gaye yenge hayatta. Cüneyt ve Aziz tombul çocuklardı. Şimdi ünlü işadamları oldular. Azizler Holding ve Balsu onların. Massey Ferguson traktörlerini yapan Uzel traktör fabrikası da annelerinin.

Zapsu ile Başbakan Recep Tayyip Erdoğan'ın ilişkilerini, tanışıklıklarını ve iş ve siyaset ortaklıklarını anlatmak için ise mutlaka başka bir kitap yazılması gerek.

İsrail'in Iraklı Yahudi Kürtlere ilgisi

İsrail, Irak'ta ve özellikle de Kuzey Irak'ta yaşayan Yahudilerle yakından ilgiliydi. Daha İsrail kurulmadan önce, 1934 ve 1942 yıllarında, iki Yahudi heyeti Kuzey Irak'ı ziyaret etmişti.

İsrail Kürtler üzerinde düzenli bir "Yahudisiniz" propagandası yapmakta. Bunun için çok uzun bir zamandır para ve eleman ayırmakta.

Avrupa'da yaşayan Bedirhan, Dünya Siyonist Örgütü'nün desteğini sağlamak için yoğun gayret göstermekteydi. Hatta, BM'nin kurulduğu San Francisco Konferansı'na katılan Dünya Siyonist Örgütü, konferans sırasında ortalarda dolaşan Kürt heyetine de destek sağlamaya çalışmıştı.

Dr. Bedirhan, İkinci Dünya Savaşı'nda Siyonistler ve 1948 sonrasında İsrail adına bölgede casusluk yaptı. Ermeni ve Kürtlerin birlikte kurduğu bölücü Hoybun Cemiyeti'nin kuruluşunda da yer alan Bedirhan, 1947'de Fransız oryantalistlerinin girişimleriyle Paris'e gitti ve burada Sorbonne Üniversitesi Yaşayan Doğu Dilleri ve Uygarlıkları Ulusal Bölümü'nde Kürtçe dersler verdi. Burada, Paris Kürdoloji Kürsüsü'nün 1945 yılından itibaren başkanlığını yürütmüş olan Fransız istihbaratçı Roger Lescot (1914-1975) için çalışmaya başlayan Bedirhan, Avrupa'daki istihbarat örgütlerinin Kürt meselesine dair konularda başvurdukları isimlerden biri haline geldi.

MOSSAD da Bedirhan'ın bu özelliklerini bilerek ilişkiye geçmişti. 1948'de İsrail Devleti'nin kurulduğu aylarda Orta Doğu'yu dolaşarak İsrail'in taleplerini bu ülkelerin yöneticilerine iletti. Çeşitli kaynaklarda İsrail casusu olarak tanımlanan Dr. Bedirhan, klasik anlamda bir casus olmamakla birlikte, İsrail Devleti'nin talebi üzerine siyasi faaliyetlerde bulunuyordu. Beklentisi, yaptığı bu işler karşılığında İsrail'in Kürtlere destek vermesini sağlamak ve neticede bağımsız bir Kürt federasyonu kurmaktı.

1948'de İsrail Devleti'nin kurulmasıyla, Kürtler ile Yahudi örgütleri arasındaki ilişkiler bu defa Kürtler ile İsrail devleti arasındaki temaslara dönüştü. Bu temasları sağlayan kişi hep Dr. Bedirhan'dı.

1948-1949 yılları Kürtler için hareketli yıllar oldu. BM ile görüşmeler, dünya basınında Kürtler hakkında yayımlanan makalelerdeki artış, Paris'teki Doğu Dilleri okulunda Kürtçe kürsüsünün açılması, Kürtçe-Fransızca sözlük ve gramer kitabı hazırlanması ve Paris'te Kürt Araştırma Enstitüsü'nün kurulması hep bu yıllara rastladı. Bu hareketliliğin arkasında ise İsrail'in eli vardı.

Bedirhan ile Barzani arasındaki iyi ilişkiler

SAVAK'ın Barzani karşısına çıkartmak istediği isim, aslında

İsrail'in kontrolündeki Dr. Bedirhan'dı. SAVAK Eylül 1958'de Bedirhan'a İran'da oturma ve faaliyette bulunma önerisi götürdü. İran'a giderse Şah'ın esiri olacağını düşünen Bedirhan bu teklifi kabul etmedi, ancak SAVAK'la irtibatını da kesmedi.

İran'ın beklentilerinin aksine, Bedirhan ile Barzani arasındaki ilişkiler iyiydi. Bedirhan, Paris'teki İsrail Büyükelçiliği Askerî Ataşeliği'ne atanan Albay Nerkis'le düzenli temaslar yürütüyordu. Böylelikle Barzani'nin İsrail ile ilişkilerinde de yeni bir dönem başlamış oluyordu. Ancak MOSSAD raporlarında Barzani'den hâlâ "Kızıl Barzani" olarak söz edilmekteydi.

ABD ise henüz gelişmelerden uzaktı. Bedirhan, Paris'teki Amerikan Büyükelçiliği'nde düşük düzeyde kabul ediliyordu.

Esenboğa'ya "zorunlu" iniş yapan uçak

1950'lerin son yıllarında MOSSAD, SAVAK ve o zamanki adı Millî Emniyet Hizmetleri olan MİT arasındaki ilişkiler de gelişmişti. 1958 yılında imzalanan bir anlaşma ile, bu üç istihbarat örgütü arasında istihbarat değişimi yapılmaya, başkanlık düzeyinde yılda iki toplantı düzenlenmeye başladı.

MOSSAD, MİT'i Türkiye'de faaliyet gösteren Sovyet casusları ve KGB'nin diğer Orta Doğu ülkelerinde yürüttüğü Türkiye aleyhtarı faaliyetler hakkında bilgilendiriyordu. MİT ise karşılığında MOSSAD'a, Suriye ve Mısır'ın niyetleri hakkında bilgi aktarıyordu. Bu dönemde Türk istihbaratçılarından bazıları eğitim için İsrail'e gönderilmişti.

MOSSAD ile SAVAK işbirliğinin yöneldiği alan ise, her iki ülkenin ortak tehdit olarak gördükleri Irak'a karşı, bu ülkede yaşayan Kürtlere ayaklanmaları için yardım sağlanmasıydı.

İsrail ile Türkiye arasında bu dönemde özellikle istihbarat alanında gelişen ilişkileri gazeteci Soner Yalçın, *Bay Pipo* kitabında şöyle anlatıyor:

Tarih 28 Ağustos 1958.

Tel Aviv'den kalkan ve Türkiye semalarında seyretmekte olan El-Al uçağı, tam Ankara üzerindeyken motorundaki arıza nedeniyle Esenboğa'ya zorunlu iniş yaptı. Rastlantıya bakın ki, bu uçak İsrail Başbakanı Ben Gurion, Dışişleri Bakanı Golda Meir, Dışişleri Müsteşarı Shimon Peres ve Genelkurmay Başkanı Zvi Zur'u taşımaktaydı. Uçağın pilotu ise, yıllar sonra Cumhurbaşkanı koltuğuna oturacak olan Ezer Weizman'dı.

Olayın doğrusu, İsrailli en üst düzey yetkililerin Menderes hükümeti ile gizli görüşmeler yapmak üzere Ankara'ya gelmiş olmalarıydı. 'Uçağın motorundaki arıza' ise, geziyi İslâm aleminden saklamak için hazırlanmış bir senaryodan ibaretti.

Görüşme masasında siyasi, ekonomik ve askeri konularda işbirliği yapılmasına ilişkin maddeler vardı.

Ama gizli görüşmenin gündemi bununla bitmiyordu. Esas ve çok daha önemli gündem, iki ülke istihbarat teşkilatlarının işbirliği yapmasıydı.

Taraflar görüşmenin ana gündemini oluşturan istihbarat alanında düzenli olarak bilgi alışverişinde bulunulması konusunu 'masa altında' ele alıp karara bağladılar. İki ülke istihbarat örgütleri arasında yapılan bu gizli toplantı Türk kamuoyuna resmî bir ağızdan ilk kez aradan kırk yıldan fazla bir süre geçtikten sonra, Dışişleri eski Bakanlarından İlter Türkmen tarafından açıklandı...

Oysa Türk hükümetlerince 30 yıl saklanan bu gizli toplantı, ilk kez Dan Raviv ve Yosi Melman adlı yazarların 1990'da yayınlanan 'Every Spy a Prince' kitabında yer almıştı.

Bu toplantı öncesi hazırlıklar Raviv ile Melman'ın kitabında özetle şöyle anlatılıyordu:

> Ben Gurion tarafından geliştirilen 'periphery' (dış sınırlar) yaklaşımına göre; Arap dünyasının etrafında yer alan İran ve Türkiye'nin oluşturduğu 'kuzey bağlantısı' ile diğer uçta yer alan Etiyopya'nın bulunduğu 'güney bağlantısı', işbirliği alanının temelini oluşturuyordu. İşbirliğine girilmesi istenen ülkelerin ortak noktasını, Arap komşularıyla olan sınır anlaşmazlıkları ve Sovyet işgali korkusu oluşturuyordu. Türkiye sıralamanın en başındaki ülkeydi. Türkiye'nin öne-

mi, İsrail'i kuşatan Arap dünyasının 'kalbinde' yer alması ve coğrafi açıdan da bu bölgenin 'dış noktasını' oluşturmasından kaynaklanıyordu.

Bölgede güvenliğini sağlamanın yolunu 'düşmanlarının ardına dolaşıp vurma' (outflank) stratejisi temeline oturtan İsrail, askeri istihbarat AMAN (İsrail Silahlı Kuvvetleri İstihbarat Birimi) tarafından organize edilecek bu işbirliğinde Türkiye'nin müdahale alanları olarak Suriye ve Lübnan'ı belirlemişti. Planlanan güvenlik hattının Türkiye'nin katılımı olmadan gerçekleşemeyeceğini fark eden ABD, Türkiye'ye İsrail ile yakın işbirliğine girmesi konusunda sürekli telkinde bulunmaya başladı.

Orta Doğu'da aniden baş gösteren sıcak çatışmalar ve yönetimlerin yıkılmaya başlaması, o günlerdeki Türk yöneticilerin İsrail'le ilişki kurmadaki 'çekingenliğini' atmalarında büyük bir rol oynadı. Lübnan'da başlayan iç savaş, Irak'ta monarşinin yıkılması ve Ürdün'deki rejimin Nasır etkisi çökme aşamasına gelmesinin ardından, Mısır Devlet Başkanının Şam'ı ziyareti sırasında Irak'taki devrimci yönetimi destekleyeceklerini açıklaması, Türkiye'nin İsrail'le ilişkiye girme konusundaki 'utangaçlığını' yendi.

İsrail Yönetimi 1957 yılı Ağustos ayında MOSSAD'ın Orta Doğu Bölüm Başkanı ve çok deneyimli bir istihbaratçı olan Eliahu Sason'u Ankara'ya büyükelçi olarak atadı. Türk tarafı işbirliğinin gizli tutulmasında ısrar ettiği için, Sason kısa zaman aralıklarıyla bir araya geldiği Türk Dışişleri yetkileriyle iki ülke arasında kurulması planlanan bağdaşmayı âdeta ilmik ilmik ördü. İsrail başbakanı Ben Gurion ve Dışişleri Bakanı Golda Meir'in gizli diplomatik ilişkiler konusunda en uygun isim olarak kabul ettikleri Sason, İsrail devletinin özel ajanı sıfatıyla Türkiye'de bulunduğu süre zarfında, 1957 yılının Aralık ayında Başbakan Adnan Menderes tarafından kabul edildi. İstihbarat işbirliğinin ele alındığı bu görüşmeden 7 ay sonra iki ülkenin servis görevlilerinden oluşacak heyetlerin yapacakları toplantı da karara bağlandı. Eliahu Sason 19 Temmuz 1958'de Dışişleri Bakanı

Fatin Rüştü Zorlu tarafından kabul edildi.

Ankara'da yapılan heyetler arası istihbarat toplantılarında Türk grubuna MAH reisi Hüseyin Avni Göktürk, İsrail grubuna da MOSSAD'ın şefi Reuven Şiola başkanlık etti. ABD'nin de Ankara nezdinde yaptığı temaslardan sonra Türk hükümeti İsrail ile işbirliğine girme konusunda ikna edilmişti. Ankara'nın işbirliği konusundaki hevesinden haberdar edilen İsrail yönetimi kısa bir süre içinde Türkiye'ye üst düzey bir ziyaret ayarladı.

İşte 28 Ağustos 1958'de El-Al uçağının Ankara üzerinde "arızalanması"yla gerçekleşen üst düzey ziyaret, işte bu ziyaretti.

Barzani'den yeni bir Kürt ayaklanması

Barzani ile Devlet Başkanı Abdülkerim Kasım arasındaki bahar havası çok sürmedi. 1961'de Irak uçaklarının Kürt bölgesini bombalamasıyla Barzani yeni bir Kürt ayaklanması başlattı. Kürtler ile Irak güçleri arasında şiddetli çarpışmalar yaşandı. Dr. Bedirhan bu dönemde İsrail'den, Barzani'ye silah ve cephane yardımı yapılmasını talep etti. Diğer talebi, İsrail'in Kürtlere askerî eğitim vermesiydi.

Barzani bu sırada Amerika'nın desteğini de sağlamaya çalışıyordu. Ancak, beklentisi gerçekçi değildi. ABD, Sovyetler Birliği'ne karşı izlediği strateji çerçevesinde, Türkiye, İran ve Pakistan'a CENTO isimli bir ittifak kurdurtmuştu. Kürtlere yapılacak ABD yardımının Türkiye ve İran'ın tepkisini çekmesi ve bunun sonucunda her iki ülkenin CENTO Anlaşması'ndan ayrılması işten bile değildi. Amerika'nın işlerin bu noktaya gelmesine izin vermeyeceği ve dolayısıyla Kürtlere yardım etmeyeceği açıktı.

Barzani ise bu sorunun ABD'nin Kürtlere silah ve mühimmat yardımını gizlice İran üzerinden yapmasıyla aşılabileceğine inanıyordu. Hatta görüştüğü kişilere, ABD kendilerine yardım ederse General Kasım'ı devireceklerini ve Irak'ı Orta Doğu'daki en önemli ABD müttefiki haline getireceklerini söylüyordu.

Irak'ta ise Kürt isyanı giderek şiddetleniyordu. Kürt isyanı nedeniyle sıkıntılı günler geçiren Bağdat rejimi, 1963 yılında Barzani'ye bir heyet göndererek özerklik görüşmeleri yapılmasını önerdi. Kürt tarafında Dr. Mahmud Osman ile Celal Talabani'nin liderlik yaptığı görüşmelerden bir sonuç alınmadı.

SAVAK ve MOSSAD'ın Kürt ittifakı

Barzani bu gelişme üzerine İsrail'le ilişkilerini derinleştirme kararı aldı. Bedirhan'dan temsilcisi olarak İsrail'e gitmesini istedi. 1 Nisan 1963'te gizli bir şekilde İsrail'e giden Bedirhan; Başbakan David Ben-Gurion, Dışişleri Bakanı Golda Meir, Askerî İstihbarat Başkanı ve MOSSAD yetkilileri ile görüşmelerde bulundu.

İsrail'in Kürtlere yönelik ilgisinin asıl kaynağı ise, bu ülkenin içerideki Kürt ayaklanmasıyla meşgul edilerek, karşısındaki Arap cephesinde yer almasına engel olmaktı. Nitekim, Bedirhan'ın ziyaretinden bir ay sonra MOSSAD, İsrail kabinesi tarafından Kürt sorununu ele almakla görevlendirildi.

Mayıs 1963'te İran ile İsrail istihbarat başkanları arasında Tahran'da yapılan toplantının ana gündem maddesi, Iraklı Kürtlere yapılacak yardımdı. İran, Irak'taki Kürt isyanıyla yakından ilgiliydi; ancak, bir yandan kendi Kürtlerinin etkilenecek olması, diğer yandan Türkiye'nin muhtemel tepkileri nedeniyle bu ilgisini açıktan belli edemiyordu.

İsrail de Kürt isyanını Irak'ı meşgul edecek önemli bir araç olarak görmekteydi ve bu nedenle Kürt isyanına destek sağlamak işine geliyordu. Ancak, bu süreçte Türkiye ve İran'da bulunan Kürtlerin durumunun da dikkate alınması ve Irak'taki Kürt isyanına sağlanacak desteğin bu iki ülkeyle ilişkilerde krize neden olmaması önemliydi.

Irak'taki Kürt isyanına İsrail'in destek sağlaması için İran'la işbirliği şarttı. Her şeyden önce, Kürtlere gönderilecek İsrail askerî yardımının ve eğitim verecek MOSSAD ajanlarının ve askerî personelin Kuzey Irak'a rahatlıkla geçebileceği tek bölge İran sınırıydı. Türkiye'nin, kendi sınırından bu tür bir geçişe izin vermeyeceği açıktı.

1963 yılında, İsrailli iki yetkili Barzani'yle görüşmek için İran üzerinden Kuzey Irak'a geçti. Bunlardan birisi gazeteci kimliği taşıyordu, diğeri MOSSAD ajanıydı. Ancak, her ikisi de İsrail tarafından görevlendirilmişti. MOSSAD ajanları İsrail'in görüşme talebini, KDP Genel Sekreteri İbrahim Ahmet'e iletti. Teklifi kabul eden Barzani'nin Paris'e gönderdiği İbrahim Ahmet, İsrail Büyükelçisi Walter Eytan ile görüştü. Görüşme sırasında, İsrail tarafı her türlü isteklerinin karşılanacağını vaat ederken, KDP yetkilisi İbrahim Ahmet para ve silah yardımı istedi. Kısa bir süre sonra 20 bin dolar ve ilk parti silahlar Barzani'nin eline ulaşmıştı. Paranın azlığıyla hayal kırıklığına uğrayan Barzani, silahların gelmesiyle memnun kaldı.

Kısa bir süre sonra Irak basınında, Molla Mustafa Barzani ile İsrail arasında çok yakın ilişkiler olduğu, Irak yönetiminin elinde İsrail'in Barzani'ye yardım yaptığına dair somut kanıtlar bulunduğu haberi yayınlandı.

MOSSAD'ın vardığı sonuç, gizliliğin sınırlı olduğu ve SAVAK'ın desteği olmaksızın Kürt operasyonlarının başarıyla yürütülemeyeceğiydi. Nitekim üst düzey bir İsrailli yetkili, 20 Haziran 1963'te Paris'te İranlı muhatabına "Kürtler bize yardım için geldiler ve İsrail'in çıkarları kendilerine yardım etmemizi gerektiriyor; ancak, bunu sizin izniniz olmadan yapmak istemiyoruz" demişti. Bu görüşmede İsrail, Kürtlere askerî yardım sağlama ve bir radyo istasyonu kurma fikrini de açıkladı. İranlı yetkili bu durumdan memnun olmuştu. Aslında SAVAK da Barzani'ye sınırlı şekilde yardım elini uzatmaya başlamıştı; ancak, Barzani İran'a güvenmiyordu. İsrail-İran işbirliği yeni bir dönemin de başlangıcı olacaktı.

İsrail-İran işbirliği: Atina Operasyonu

Paris görüşmesi, İsrail ile İran arasında beş maddeden oluşan bir anlaşmayla sonuçlandı. Buna göre, *Atina Operasyonu* kod adı verilen bu işbirliğinde İsrail ve İran, Irak Kürtlerine ortaklaşa yardım sağlayacaktı.

Kürt isyanı kısa vadede her iki ülkenin de çıkarlarına hizmet etmekteydi. Bir taraftan Irak'ın İsrail'e karşı, Suriye ve Ürdün'e takviye askerî güçler göndermesine engel oluyordu, diğer taraftan Irak'ı Basra Körfezi kıyılarından ve dahası İran için büyük öneme sahip olan Huzistan'dan askerî güçlerini çekmeye zorluyordu.

Atina Operasyonu, Temmuz 1963'te başladı. İsrail'in resmî temaslar kurmadığı kişi ve kuruluşlarla ilişkileri sürdürmekten sorumlu olan MOSSAD'ın Tahran temsilcisi, SAVAK'ın operasyonlardan sorumlu başkan yardımcısıyla birlikte, İranlı ve İsrailli istihbarat yetkilileri, teknik personel ve subaylardan oluşan dinamik bir teşkilat kuruldu. Bu teşkilat Barzani'ye çalışacaktı. MOSSAD ajanları Kuzey Irak'ta üç aylık sürelerle kalacak, bu süre sonunda değiştirileceklerdi. Tahran'daki MOSSAD ajanları bu görevlileri periyodik olarak ziyaret edecekti. Bunun yanı sıra, diğer İsrailli yetkililer de İran üzerinden Kuzey Irak'ı ziyaret edecekti.

Aralarında MOSSAD başkan yardımcıları ve İsrail ordusundan tümgeneral rütbeli subayların da bulunduğu bu yetkililer ve İsrail askerî yardımı, İran üzerinden Kuzey Irak'a geçmeye başladı. 10 bazuka ve mühimmattan oluşan ilk İsrail yardımı bölgeye 18 Temmuz 1963'te ulaştı. Yapılan yardımlar arasında bir radyo verici istasyonu da bulunuyordu.

İsrail'in yardımları her geçen gün arttı. Ancak SAVAK zaman zaman bu yardımların geçmesine izin vermiyor, malzemelere el koyuyordu. İran'ın bu çelişkili tutumu MOSSAD'ı kızdırsa da şaşırtmamıştı. Ancak, Kürtlere yapılan yardımların İran üzerinden ulaştırılmasının alternatifi de yoktu. Bir MOSSAD yetkilisi, İsrail ile İran'ın Irak'taki Kürt isyanına bakışını şöyle açıklıyordu: "Alevi yanar durumda muhafaza etmemiz gerekir, ama bir yangına dönüşmemesine özen göstermeliyiz."

Barzani bu sırada kârlı bir yöntem keşfetmişti. Musul ve Kerkük'te petrol kuyularını yakmaya niyetleri olduğunu gazetecilere açıklıyordu. Irak'taki petrol kuyularını işleten Batılı şirketler bundan vazgeçmeleri için Kürtlere büyük meblağlar ödüyor, Barzani bu paralarla Irak hedeflerine saldırmak için silah satın alıyordu.

Bu dönemde İran'ın Kürtlere yönelik tavrıysa inişli çıkışlıydı. İran bir yandan Kürtlerin, Baas Hükümeti'ni yönetimden uzaklaştıran Devlet Başkanı Abdüsselam Arif ile görüşmelere başlamasından rahatsızlık duyuyor; diğer yandan, İsrail yardımlarının bölgeye geçişlerine sınırlamalar getirmekten geri kalmıyordu.

Barzani'nin lider kadrosu: Dr. Mahmud Osman

Barzani'nin yanında bu dönemde yeni bir liderlik kadrosu da oluşmaya başladı. Bu liderlik kadrosunda İsrail ile ilişkilerde önde gelen iki isim vardı: Yüzyılın başında İran'dan Irak'a göçen Şii grup Faililerden olan Kürt Muhammed Habib Kerim ile Hukuk ve Tıp Fakültesi mezunu Dr. Mahmud Osman'dı.

Dr. Mahmud, çok geçmeden, Barzani'nin özel doktoru olmanın yanı sıra, dış dünyayla temaslarından sorumlu kişi haline de geldi. Fransızca öğrenmek istediğinde, kendisine İsrail tarafından Fransızca öğrenim materyalleri gönderilecek kadar bu ülkeye yakındı. Dr. Osman, İsrail'i vazgeçilmez bir konumda görüyor, Kürt davasının kesinlikle İsrail'siz devam edemeyeceğine inanıyordu.

Bu kişi, aslında, Türk kamuoyunun yakından tanıdığı bir isim: ABD'nin 2003 yılında Irak'ta Saddam Hüseyin'i devirdikten sonra kurduğu, 25 kişiden oluşan Irak Geçici Yönetim Konseyi'ne seçilmesiyle ismi bir anda Türk kamuoyunda PKK yanlısı olarak sık duyulur hale geldi. Türkiye üst düzey girişimlerde bulunarak Dr. Mahmud Osman'ın PKK bağlantısı nedeniyle Irak Geçici Yönetim Konseyi'nden uzaklaştırılmasını istediyse de ABD bunu kabul etmedi. Dr. Mahmud Osman'ın Türkiye'nin bütün tepkilerine rağmen Irak Geçici Yönetim Konseyi'nde kalmasını, Irak'ta bir tabanının bulunmasından çok, ABD'nin Irak politikasını belirleyen muhafazakâr-şahinler ve dolayısıyla İsrail'e yakınlığıyla açıklamak herhalde daha doğru olacak.

Barzani: "Yalnızca İsrail sözünü tuttu"

İsrail ile Molla Mustafa Barzani arasındaki temaslar sıcak bir şekilde devam etti. 1963 yazında MOSSAD Başkanı General Meir Amit, İran gizli istihbarat teşkilatı SAVAK'ın başkanıyla görüşerek, Kürtlere yardım etmek için izin istedi. SAVAK bu teklifi, silahları KDP peşmergelerine kendisinin ulaştırması ve denetlemesi şartıyla kabul etti.

1964 yılında İsrail Savunma Bakan Yardımcısı Shimon Peres,

"Kürtlerin Avrupa'daki temsilcisi" sıfatını taşıyan Dr. Kâmuran Ali Bedirhan ile bir araya gelerek işbirliği önerdi. Bedirhan, İkinci Dünya Savaşı ve sonrasında İsrail adına bölgede casusluk yapmıştı. Peres-Bedirhan görüşmesinde peşmergelerin İsrail tarafından askerî eğitimden geçirilmesi de ele alındı.

İsrail'in Iraklı Kürtlere ilgisi her geçen gün yoğunlaşıyordu. 15 Nisan 1965'te düzenlenen kabine toplantısından çıkan sonuç, İsrail'in Kürtlere yaptığı askerî yardımı artırma kararı oldu. Barzani bu yardımlar üzerine İsrail'e bir teşekkür mektubu gönderdi. Mektubunda, "Birçok ülke bize söz verdi, sadece siz sözünüzü tuttunuz" diyordu.

MOSSAD ajanı Kamhi ile Barzani görüşmesi

Barzani üst düzey bir İsrailli yetkiliyle görüşmek istiyordu ve gerekirse kendi temsilcisini görüşmelerde bulunmak için İsrail'e göndermeye hazırdı. MOSSAD, Barzani'yle görüşmek için David Kamhi isimli ajanı görevlendirdi. Kamhi'ye verilen görev, Kürt liderliğiyle yakınlaşarak tanışması, Kürt isyanını ve KDP'nin yapısını yakından incelemesi, Barzani'nin taleplerini öğrenmesi, isyanın etkinleştirilmesi ve işbirliğinin daha da canlandırılması imkânlarını araştırmasıydı.

Kamhi, Barzani'nin kampının bulunduğu Hac Umran'a SAVAK tarafından tahsis edilen bir ciple ulaştı. Kamhi, Barzani'ye, İsrail'in Kürt peşmergeleri gerilla savaşı ve imha operasyonlarında eğitmeye hazır olduğunu bildirdi. Kamhi'nin söyledikleri arasında en dikkat çekici husus, ABD'ye bu ülkede sürekli ikamet edecek bir temsilci göndermesini telkin etmesiydi.

Barzani ise, İsrail'in daha fazla askerî yardım yapmasını istiyordu. Araplardan bıktığını, Kürtleri bağımsızlığına kavuşturabilirse, yaptığı iyiliklerin karşılığını İsrail'e ödeyeceğini söyledi.

Kamhi'nin Kuzey Irak ziyareti beş gün sürdü. İsrail'e döndüğünde hazırladığı raporda, Kürtlere olabildiğince yardım etmeyi önerdi. İsrail Hükümeti, Barzani'nin ihtiyacı olan ve talep ettiği alanlarda bir uzman askerî heyeti bölgeye göndermeye karar verdi.

MOSSAD'dan KDP'li peşmergelere eğitim

MOSSAD'ın belirlediği bir subay Temmuz 1965'te ilk önce Tahran'a gitti. Tahran'daki MOSSAD istasyon şefini de yanına alarak, Barzani'nin Kuzey Irak'ta Hac Umran'daki kampına ulaştı. İsrailliler Kürt'müş gibi görünmeye ve yerel kıyafetler giymeye özen gösteriyorlardı.

Bu İsrailli irtibat subaylarının seçtikleri peşmergelerden bazıları askerî eğitim için İsrail'e gönderildi.

Merved (halı) adı verilen bir operasyonla Ağustos 1965'te İsrail'e gelen peşmergeler bu ülkede üç ay askerî eğitim gördüler. Öte yandan İsrail, 1965 sonlarında MOSSAD'ın en önemli elemanlarından Tuğgeneral Tsuri Saguy, Yarbay Haim Levakov ve Albay Arik Regev'i Irak'a gönderdi. İstihbaratçı bu üç subayın görevleri, KDP'li peşmergeleri eğitmekti.

MOSSAD'ın Irak'taki çalışmalarından, birkaç KDP'linin dışında kimsenin haberi yoktu. Bölgede peşmerge kıyafetiyle dolaşan MOSSAD ajanları, Barzani'nin isteğiyle gerçekleştirdikleri Omenet Tova (İbranice "iyi dadı") operasyonu sırasında peşmergeleri Hayfa'ya götürerek, ağır silahlar ve Sovyet yapımı uçaksavar füzelerinin kullanımı konusunda eğittiler. MOSSAD ajanlarının eğittiği peşmergeler ilk sınavlarını, 12 Mayıs 1966'da Rewanduz yakınındaki Hendren Dağı'nda bir Irak tugayını yok ederek verdiler. Bu çatışmada en önemli katkıyı, Kürtlerin "gayri resmî genelkurmay başkanımız" diye nitelendirdikleri İsrailli Albay Tsuri Saguy sağladı.

İran ve Irak arasında Şattülarap anlaşmazlığı

İsrail destekli Kürt isyanını bastırmak Irak için giderek güçleşiyor, çatışmalarda her iki taraf da büyük kayıplar veriyordu. Irak ile İran arasında Şattülarap konusundaki anlaşmazlık da giderek su yüzüne çıkmaya başladı. İran ile Irak arasındaki ana sorun, Dicle ve Fırat nehirlerinin birleşerek Basra Körfezi'ne aktığı Şattülarap kıyılarına hâkim olmaktı. Bölge ekonomik açıdan can damarı konumundaydı, Basra üzerinden gerçekleştirilen Irak dış ticaretinin ana ihraç güzergâhıydı. Ayrıca İran'ın da ana ihraç güzergâhlarından biriydi. Güney Irak ve Abadan'daki İran petrol rafinelerinin de kavşağında bulunuyordu.

İran'ın Kürt isyanına verdiği desteğin arkasında, aynı zamanda Irak'ı Şattülarap konusunda taviz vermeye zorlamak da bulunuyordu.

İran'dan da Kürtlere askerî eğitim

Kürtlere askerî eğitim veren tek ülke İsrail değildi. İsrail ile İran arasında varılan mutabakat uyarınca, Aralık 1966'da İran Başbakanı ile Barzani arasında, İran ordusunun Kürtlere silah ve askerî eğitim vermesini öngören bir anlaşma imzalandı. Bu amaçla Tahran'da, İsrailli subayların gözetiminde bir kamp kuruldu. Gelişmelerin farkına varan Irak, aynı ay içinde İran'a bir ültimatom vererek, İran'ın Kürtlere silah sevkıyatını durdurmasını istedi.

İsrail'in İran'ın da desteğini alarak sahnelediği bu oyunun senaryosu her geçen gün yeni aktörlerin katılmasıyla gelişiyordu. Ancak ABD'nin resme girmesine daha birkaç yıl vardı.

Barzani İngilizlerle ilişkisini nasıl anlattı?

Barzani, MOSSAD ajanı danışmanlarına, İngilizlerle ilişkisini de ilginç bir şekilde anlatmıştı: "İngilizler normal olmayan bir yöntemle beni kendilerine çekmek istemişlerdi." Barzani'nin bahsettiği normal olmayan yol, 1930'lu yıllarda Irak'ta görev yapan bir İngiliz istihbarat subayının kız kardeşi ile yaptığı evlilikti. Rivayete göre, Barzani'nin bu kadından bir çocuğu olmuştu. Bir gün çocuğunu alarak Barzani'yi terk etmiş, çocuğuyla birlikte İngiltere'ye giderken uçak kazasında ölmüştü.

Barzani'den Moşe Dayan'a hediye: Kürt hançeri

İsrail'in Kürt politikasını yönlendiren isimler, Savunma Bakanı Levi Eşkol, Genelkurmay Başkanı İshak Rabin[2], Kurmay Başkanı Ezer Weizman[3], MOSSAD Başkanı M. Ameet'ti.

Irak ordusunun Mayıs 1966'da Barzanilere karşı giriştiği harekât sonrasında yaralanan birçok peşmerge, MOSSAD'ın gönderdiği doktorlar tarafından tedavi edildi. Molla Mustafa Barzani, Irak'a karşı verdiği mücadeleden dolayı, silah, mühimmat ve aylık 100 bin ABD dolarıyla ödüllendirilmeye başlandı. İsrail ile Barzani arasındaki ilişkiler öylesine yoğunlaşmıştı ki, ABD'li ünlü gazeteci Jack Anderson, *Washington Post* gazetesinde ya-

---

2 Daha sonraki yıllarda İsrail Başbakanlığına seçilecek olan İshak Rabin, 1995 yılında bir suikasta kurban gidecektir.

3 Ezer Weizman, daha sonraki yıllarda İsrail Cumhurbaşkanlığı yapmıştır. Weizman, 1995'te kendisiyle yapılan bir söyleşide, 1960'larda Kürtlere yaptıkları yardımlara şöyle izah getirecektir: "Kürtlerin var olduklarından bu yana despotizme maruz kaldıkları düşüncesindeyim. Her zaman dağlarda yaşamak zorunda bırakıldılar ve hiçbir zaman düze inme olanağı bulamadılar. Öyleyse niçin yardım elini uzatmayalım? Ayrıca İsrail'in çıkarları Iraklıları rahatsız etmek ve kuvvetlerini İsrail'den uzak tutmak için onların geri hattındakilerle (Kürtler) dost olmayı gerektirir."

yımlanan bir makalesinde, MOSSAD'ın şefi Zvi Zamir'in Barzani'yi Kuzey Irak'taki kampında ziyaret ederek, Bağdat Hükümeti'ne karşı mücadelesini daha da şiddetlendirmesini istediğini anlatır.

Barzani'yle ilişkilerini iyice geliştiren İsrail, 1967'deki meşhur Altı Gün Savaşları'nda Arap ordularından ele geçirdiği çok sayıda Sovyet silahını Barzani'nin peşmergelerine gönderir. Bir dönem Moskova hayranı olan Barzani artık Batı'nın yanındadır. Verdiği destekten ötürü İsrail'e teşekkür etmek amacıyla bu ülkeye giden Molla Mustafa Barzani, Eylül 1967'de ziyaret ettiği Moşe Dayan'a Kürt hançeri hediye eder.

MOSSAD'ın Barzani'ye düzenlediği resepsiyon

Barzani, ABD'deki etkin Yahudi lobisi vasıtasıyla, Kürt isyanına ABD'nin ilgisini çekmeyi istiyordu. İsrail ve İran'dan bir türlü alamadığı mali desteği verebilecek tek ülkenin ABD olduğuna ve Kürtlerin bağımsızlık özleminin ancak ABD sayesinde gerçekleşebileceğine inanıyordu.

Barzani 1968'de gizlice İsrail'i ziyaret etti. İsrail Devlet Başkanı Zalman Şazar ve Savunma Bakanı Moşe Dayan'la bir araya geldi. Bu görüşme sonucunda, bir İsrail askerî heyetinin Kürt isyanının stratejisini yeniden belirlemek üzere bölgeye gönderilmesine karar verildi. MOSSAD, Barzani'nin şerefine, çok sayıda üst düzey İsrailli yetkilinin katıldığı bir resepsiyon düzenledi. Resepsiyona katılanlar arasında, Likud Partisi Genel Başkanı Menahem Begin[4] de bulunmaktaydı.

---

4 Sertlik yanlısı ve aşırı sağ çizgideki Likud Partisi'nin Başkanı Menahem Begin de daha sonraki yıllarda İsrail Başbakanı olacaktır. İsrail'in mevcut Başbakanı Ariel Sharon da aynı partiye mensuptur.

Irak'ta darbe: Baas rejimi ve Barzani

17 Temmuz 1968'de Irak'ta yeni bir darbe oldu ve Baas rejimi işbaşına geldi. Darbenin lideri Hasan El Bakr, ikinci ismi ve güçlü adamı ise Saddam Hüseyin'di.

Bağdat'taki rejim değişikliği Kürt isyanının ateşini söndürmediği gibi, Barzani yeni taktiklere başvurmaya başladı. Mart 1969'da Kürt peşmergeler Kerkük'teki petrol kuyularına sabotaj düzenledi. 12 petrol tesisinden 10'u havaya uçuruldu. Sonuçta, bölgeden çıkan petrol yüzde 50 oranında azaldı. Barzani'nin amacı, Batılı petrol şirketlerini Kürtlere mali yardım yapmaya zorlamak, Irak ekonomisini zayıflatmak ve böylelikle Irak'ı Kürt isyanını bastırmaya yönelik savaşı ekonomik açıdan sürdüremeyecek duruma getirmek ve dünya kamuoyunda Kürt isyanına ilgi toplamaktı.

Şattülarap konusundaki anlaşmazlık, Nisan 1969'da Irak ile İran arasında yeni bir gerginliğe dönüştü. İran, Şattülarap'ta iki ülke arasındaki sınırları belirleyen 1937 tarihli anlaşmayı tek taraflı olarak feshetti. Bununla da kalmayarak, Irak'ı Basra Körfezi'ndeki gemileri taciz etmekle suçladı. Irak'ın bu iddialara verdiği sert yanıtla ortam iyice gerildi.

İki ülke arasında yeniden savaş rüzgârlarının esmeye başlamasıyla İran, Kürt isyanına daha da destek sağlamaya yöneldi.

Barzani liderliğindeki Kürtler, İran ve İsrail'in kendi çıkarlarını korumak için Irak'a karşı kullandıkları beşinci kol durumuna geldiklerinin henüz farkında değillerdi.

Baas'ın iki seçeneği: Ya İran ya da Kürtler

İsrail ve İran destekli Kürt ayaklanması, Bağdat'a zor günler yaşatıyordu. Buna bir de İran'la ilişkilerin gerginleşmesi eklenmişti. Irak'ta iktidarda bulunan Baas rejiminin önünde yalnızca iki seçenek kalmıştı: Ya İran'la ya da Kürtlerle anlaşmak. Irak, İran'la anlaşmanın yolunu arıyordu. Bir anlaşmayla iki ülke arasındaki bütün sorunlar çözüme kavuşturulacak, böylelikle Kürtler için yegâne yardım yolu da tıkanmış olacaktı.

Irak, bu hedefine ulaşmak için Tahran'a bir heyet gönderdi. Irak heyetinin getirdiği mesaj kısa ve netti: Irak, Şah'ın Kürtlere yaptığı yardımları durdurması karşılığında İran'a çeşitli tavizler vermeye hazırdı. Ancak, Şah'ın yanıtı olumsuzdu. Bu durumda Irak'ın önünde, Kürtlerle anlaşmaktan başka seçenek kalmamıştı.

Barzani ise, İran ve İsrail yardımlarıyla Irak'a karşı savaşmasının sonsuza kadar mümkün olmayacağının farkına varmıştı ve Bağdat'ın özerklik kapsamında görüşme önerisini derhal kabul etti.

Kürtler ile Bağdat arasında başlayan görüşmelerde, Irak heyetine rejimin ikinci ancak en güçlü ismi Devlet Başkan Yardımcısı Saddam Hüseyin başkanlık yapıyordu. Saddam Hüseyin, Kürtlerle anlaşmayı istiyordu. Amacı, Baas rejiminin ülkenin kontrolünü tamamen ele geçirmesiydi. Bunun için Kürt ayaklanmasının sona ermesi gerekiyordu. Böylelikle rejim, Kürt ayaklanmasını bastırmak için ayırdığı birlikleri, ülkede hâkimiyetini tesis etmek için kullanabilecekti. Ayrıca, sürekli darbeler yapan Irak ordusunu siyasetten uzaklaştırmış olacaktı. Nihayetinde, İran'ın Irak'a karşı kullandığı en önemli koz olan Kürt kartını da elinden alacağını hesaplıyordu.

1970 Özerklik Anlaşması

Bağdat'ın Kürtlere özerklik tanımasına ilişkin 15 maddeden oluşan 11 Mart 1970 tarihli Özerklik Anlaşması'nda, Kürt bölgelerinde resmî dilin Kürtçe olması, Kürt milletinin varlığının ve

Kürtçe'nin anayasaya dahil edilmesi, ekonomik kaynakların Kürtlere de âdil bir şekilde dağıtılması, Kürt bölgesinin -polis ve güvenlik dahil olmak üzere- Kürtler tarafından yönetilmesi, devlet başkan yardımcılarından birinin Kürt olması, Kürtlerin çoğunlukta olduğu bölgelerin özerklik yönetiminin kapsamına girmesi, özerk bölgenin yasama ve yürütme meclislerinin olması, Kürtlerin Irak parlamentosunda kendi nüfus oranlarına göre temsil edilmeleri hükme bağlanıyordu.

Barzani, Bağdat'la anlaşmasının İsrail'le ilişkilerini sarsacağından endişeliydi. Bu nedenle, İsrail'e bir rapor göndererek, Bağdat'a güvenmediğini ve anlaşmadan çok ümitli olmadığını açıklamak ihtiyacı duyacaktı.

İsrail 3000 Iraklı Yahudi'yi nasıl kurtardı?

Barzani'nin yanında görevli MOSSAD ajanlarının ve İsrailli subayların bölgede kalmaları artık gereksiz hale gelmişti. Ancak, son bir görevleri vardı: Irak'ta çok zor şartlarda yaşayan 3000 Iraklı Yahudi'yi kurtarmaları gerekiyordu. 1967 yılındaki Arap-İsrail Savaşı'ndan sonra Irak Yahudileri büyük baskılara maruz kalmaya başlamıştı. MOSSAD, Barzani'nin yardımıyla, 3000 Iraklı Yahudi'yi Kuzey Irak ve İran üzerinden kaçırdı. Barzani, *Washington Post*'a, "MOSSAD Başkanı Yahudilerin kaçmasına yardım etmem için bizzat ricada bulundu" diyordu.

Anlaşmayı bozan Kerkük sorunu

Bu sırada, Özerklik Anlaşması'nın Irak Anayasası'na derc edilmesi için Irak ve Kürtler arasında oluşturulan komite, çalışmalarına başladı; ancak, iki noktada uyuşmazlık çıktı. Bağdat, KDP tarafından Devlet Başkan Yardımcılığı adayı olarak gösterilen Habib Kerim'i reddetti. Kerkük'ün özerk Kürdistan'da kalıp kalmamasıyla ilgili referandumun yapılması da diğer bir uyuşmazlık noktasıydı.

Bağdat ile Kürtler arasındaki ilişkiler, Bağdat'ın 1970 Özerklik Anlaşması'na getirmek istediği değişikliklerle yeniden gerildi. Kürtler, özellikle, Kerkük'ün özerk bölge kapsamı dışına çıkartılmasına karşı çıkıyorlardı.

Aslında Kürtleri cesaretlendiren, İran Şahı Rıza Pehlevi'nin destek vaatleriydi. İran, 30 Kasım 1971'de Basra Körfezi'ne çıkış noktasındaki üç stratejik adacığı işgal etti. Irak'ın uluslararası alandaki tepkilerine rağmen ABD, İran'ı desteklediğini açıkladı. Irak'ın buna cevabı, İran ile bütün diplomatik ilişkilerini kestiğini açıklamak oldu. İran Dışişleri Bakanı, Kürtlere askerî yardım yapma zamanının geldiğini açıkladı.

Barzani'nin ABD'ye yakınlaşma çabaları

Barzani ise Amerika'ya çok itibar ediyor, bütün sorunlarını ABD'nin desteğiyle çözebileceğine inanıyordu. Barzani, İsrail Savunma Bakanı Moşe Dayan'a bir mektup göndererek, ABD ile Kürtler arasında arabuluculuk yapmasını istedi. 2 Şubat 1971 tarihli mektubunda Barzani şunları söylüyordu:

> Hiç şüphesiz ABD'nin Kürt sorununa karşı kayıtsız kaldığını siz de biliyorsunuz. Orta Doğu politikasında Kürt sorununu önemsemediğini de... Maalesef söylemem gerekiyor ki, ABD'nin bu anlayışında ve tutumunda henüz bir değişiklik olmamıştır. Belki siz ABD'lileri bize yakınlaştırabilirsiniz.

Moşe Dayan, Amerika'nın Kürtlere yardım etmesi imkânları üzerinde çalıştıklarını, ancak henüz bunu yapamadıklarını biliyordu. Barzani'ye gönderdiği cevapta şunları söylüyordu: "Söz veriyorum ki, buradaki temsilcilerimiz size yardım edecektir. Size yaptığımız yardımların devam etmesinde kararlıyız."

Irak-Sovyet Dostluk Anlaşması

1972 yılında Irak, Sovyetler Birliği ile Dostluk Paktı imzaladı. İzleyen günlerde Sovyet silah yardımı Irak'a akmaya başlamıştı. İran Şahı, Irak'ın, Sovyet yardımı sayesinde karşısında ciddi bir askerî güç haline gelmesinden çekiniyordu. İran'ın Irak'la sınır sorunu vardı. Ayrıca MOSSAD'ın raporları, Arap devletlerinin İsrail'e karşı bir cephe oluşturarak yeni bir savaş başlatma hazırlığı yaptıklarına dikkat çekiyordu. Dolayısıyla İsrail, Sovyet askerî yardımıyla giderek güçlenen Irak'ı Arap cephesinin dışında kalmaya zorlamak istiyordu. Bu noktada, İran Şahı'yla İsrail'in çıkarları bir kez daha kesişmişti. Kürtler özerklik anlaşmasından vazgeçirilerek yeniden ayaklandırılacak ve Irak'taki Baas rejimi meşgul edilecekti.

Barzani de Fransız *Le Figaro* gazetesine verdiği demeçte şunları söylüyordu:

> Irak-Sovyetler Birliği yakınlaşması bizim aleyhimizedir. Zira, Sovyetler Irak'a büyük miktarlarda silah satacak ve İran'a karşı kullanmama şartı getirecektir. Çünkü İran'la iyi ilişki içerisindeler. Iraklılar bu silahları İsrail'e karşı da kullanamayacaktır. Çünkü, Iraklılar İsrail karşıtı açıklamalarına rağmen bunu hiçbir zaman başaramayacaklardır. Geriye biz kalıyoruz ki, bu silahların hepsi bize karşı kullanılacaktır.

Kissinger anlatıyor: Şah, Nixon'ı nasıl ikna etti?

3 Mayıs 1972'de Başkan Nixon ve Dışişleri Bakanı Henry Kissinger, Tahran'da İran Şahı'nın konuğu olmuşlardı. Şah, Başkan Nixon'dan, İran'ın bölgedeki en ciddi rakibi olan Irak'a karşı savaşan Kürtlere silah yardımı yapılmasını istedi. Nixon ve Kissinger'ı ikna etmede başarılı oldu. Kissinger bu dönemi, Beyaz Saray'daki anılarını kaleme aldığı *Years of Renewal* adlı kitabında şöyle anlatıyor:

Şah bizim desteğimizi almaya çalışıyordu. Ülkesinin Amerikan stratejisi açısından ne kadar önem taşıdığından bahsederek, savunma ve güvenlik önlemleri için bizden yardım istemişti. Bizim desteğimize karşılık, ülkesinin bütün dünyada Amerikan politikalarını destekleyeceğini ve bizimle daima işbirliği içerisinde olacağını taahhüt etmişti. Ayrıca, Şah yönetimindeki İran'ın Batı ile Doğu arasında bir köprü vazifesi göreceğinden dem vurarak, bunun şüphesiz Avrupalıların ve Amerikalıların yararına olacağını vurguluyordu.

Öte yandan Şah, bölgede İsrail'den başka Amerikan dostluğunu benimseyen ve bunu dış politikasında tatbik eden yegâne ülkenin İran olduğunu, bunun yanı sıra, İran'ın dünya politikasına ilişkin düşüncelerinin Amerikan düşünceleriyle örtüştüğünü söylüyordu.

Doğrusu, Şah yönetimindeki İran, ABD'nin en iyi dostlarındandı ve biz de Şah'ın samimiyetine inanıyorduk. Bu sebeple Savunma Bakanlığı'na İranlılara nükleer silah dışında ihtiyaç duydukları her çeşit silahı vermelerini emrettik.

Şah bu dönemde ABD'de yaptığı temaslarda yeni bir tez ortaya attı, bu da Kürt isyancılara silah yardımı yapılmasıydı.

Şah bu konuda şunları söyledi: "Bu tür bir yardım Iraklılara indirilecek büyük bir darbe niteliği taşıyacaktır. Bu yüzden Iraklılar bizimle doğrudan bir savaşa girişemeyeceklerdir. Ayrıca İran Kürtlerini ve Huzistan'daki Arapları da kışkırtamayacaklardır."

İki ay geçmeden Başkan Nixon, Şah'ın önerdiği, Irak'ta Kürtlere özerklik verme düşüncesine destek sağlamayı kabul etti. Ancak bu olay Amerikan Hükümeti dahilinde olabildiğince gizli tutulmuştur.

Nixon ve Kissinger bu faaliyetlerin gizli bir şekilde yürütülmesini istemişlerdi. Nixon, Kürt sorunu konusunda İran ile görüşmelerde bulunmak üzere Tahran'a gizlice bir heyet gönderdi. ABD'nin desteğini alan Şah, Barzani'yi bir toplantıya çağırarak durumu bildirdi. Barzani, yıllardır peşinde koştuğu Amerikan desteğine nihayet kavuşuyordu.

Mahmud Osman anlatıyor: Barzani-CIA ilişkisi

Barzani ile CIA arasındaki ilişkileri ve gelişmeleri dönemin yakın şahitlerinden biri olan, bugünkü Irak Geçici Yönetim Konseyi'nin üyelerinden Dr. Mahmud Osman'ın Amerikan PBS televizyonuna verdiği bir mülakattan dinleyelim:

> 1968 yılında Irak'ta darbe olduğunda biz yine dağlardaydık. Darbeden önce ve sonra ABD ile ilişkiye geçmek için çok uğraştık. Ancak, Amerikalılar bizimle hiçbir zaman -ne darbe öncesinde ne de sonrasında- resmî olarak görüşmeyi kabul etti.
>
> Darbeden sonra Amerika'nın bizimle temaslara daha menfi yaklaştığını gözlemledik. Bize sürekli olarak yeni rejimle bir sorun yaratmak istemediklerini ve Irak'ın içişlerine karışmayacaklarını söylüyorlardı.
>
> ABD ile temaslarımız 1972'de başladı, muhatabımız CIA'ydi. Temaslarımız gizliydi, siyasi nitelik taşımadığı söyleniyordu. Bu nedenle CIA bizimle açıktan görüşmeye kesinlikle yanaşmıyordu. CIA'deki muhatabımız Richard Helms'di. ABD ile ilişkilerimiz, aslında, Irak'taki Baas rejiminin Sovyetler Birliği ile Dostluk Paktı imzalamasından sonra başladı...
>
> Sovyetler Birliği, 1972 Anlaşması'ndan sonra Irak'a büyük miktarlarda modern silah ve cephane yardımı yapıyordu. 1973'te son Sovyet heyeti bizi görmeye geldiğinde, Irak'la savaşırsak Moskova'nın Bağdat'ı sonuna kadar destekleyeceğini bildirdi.
>
> İran Şahı, Sovyet-Irak yakınlaşmasından korkuyordu. Amerikalılardan, Barzani'yle ilişkiye geçmelerini istedi. Nixon ve Kissinger bizimle ilişki kurmaya karar verdiler; ancak, bu sadece CIA aracılığıyla olacaktı. CIA'nin muhatapları, ben ve Barzani'nin büyük oğlu İdris'ti.
>
> İdris'le birlikte ABD'ye gittim. ABD'yle ilk resmî, ancak gizli temasımız böylece kuruldu. (CIA karargâhının bulunduğu) Langley'e gittik ve Helms'le görüştük. Görüşmede Dışişleri Bakanlığı'ndan ve Pentagon'dan da yetkililer vardı. CIA, bu temasları Helms başkanlığında yürütüyordu, ancak merkez Tahran'daki CIA istasyonuydu.

Washington Kürtlerin bağımsızlığını istemiyor

Dr. Mahmud Osman'ın bahsettiği ziyaret, Haziran 1972'de gerçekleşmişti. Bir Kürt heyeti, ihtiyaç duydukları yardımların mahiyeti hakkında ABD'li yetkililerle görüşmek üzere, önce İsrail'e uğrayarak, Washington'un yolunu tuttu. Heyet üyeleri, Washington'da dönemin CIA Operasyonlar Başkanı Helms ve Kissinger'ın yardımcısı Albay Richard Candy ile görüştü. Amerika, Kürtlerin isteklerini sıcak bir şekilde karşılayarak, 5 milyon dolarlık Rus yapımı silah yardımı sözü verdi. Toplantı sonunda Kürt heyetine bu görüşmeden İsrail'i haberdar etmemeleri söylenmiş, ama Kürt heyeti MOSSAD Başkanından bilgi saklayamayacaklarını belirtmişti.

Aslında Washington, Kürtlerin bağımsızlık özlemini paylaşmıyordu. 1974 tarihli bir CIA bilgi notunda, Kürtler sadece "Irak'ın uluslararası maceralara kalkışmasını engellemeye yönelik eşi bulunmaz bir araç" olarak nitelendirilmekteydi. Kısacası ABD, Soğuk Savaş dengeleri içerisinde Kürt kartını masanın altında, rakiplerine ve bazen de müttefiklerine göstermeden ama varlığını hissettirerek oynamayı tercih edecekti.

Sovyetler Birliği ise, Bağdat ile Kürtlerin arasını bulmaya çalışıyordu. 19 Ağustos 1972'de Sovyetlerin daveti üzerine bir Kürt heyeti Moskova'ya gitti. Sovyetler bu görüşmelere bizzat Barzani'nin katılmasını istemiş, ama Barzani bu teklifi geri çevirmişti.

Baas ile Kürtler arasındaki ip kopuyor

Eylül 1972'de Bağdat'ta iktidardaki Baas Partisi, KDP'ye ültimatom niteliğinde bir mektup gönderdi. Bu mektupta, Kürtler 11 Mart 1970 Anlaşmasına aykırı hareket etmekle, İran'la ilişki kurmakla suçlanmaktaydı. Irak'a göre bu durum, Irak devletinin varlığını ve toprak bütünlüğünü tehdit eder bir mahiyetteydi. KDP, bu mektuba, Kürtlerin 11 Mart 1970 Anlaşmasının bütün hükümlerinin uygulamaya konulmasını istediği yanıtını verdi. KDP bununla da yetinmeyerek, Barzani'ye yönelik suikastın tertipçileri olduğuna inanılan İçişleri Bakanı ve Emniyet Genel Müdürü'nün istifa etmesini istedi. Bu cevaptan sonra Irak ile Kürtler arasındaki ipler tamamen kopacaktı.

Mumcu anlatıyor: MOSSAD-Barzani ilişkisi

Barzani, İran-ABD-İsrail üçgeninde, İsrail ile artık kurumlaşmış bir ilişkiye sahipti. İsrail ajanları Kuzey Irak'ta üçer aylık periyotlar halinde değişerek görev yapıyorlar, peşmergeler İsrail'de askerî eğitimden geçiyordu. İsrail'in asıl amacı, Irak'ın meşgul edilerek, karşısındaki Arap cephesinden uzaklaştırılması ve muhtemel Arap-İsrail savaşına katılmasını önlemekti. Bunun için en iyi araç Kürtlerdi.

Uğur Mumcu bu ilişkileri, katlinden birkaç gün önce *Cumhuriyet* gazetesinde kaleme aldığı 7 Ocak 1993 tarihli yazısında şöyle anlatmıştı:

MOSSAD ve Barzani

Orta Doğu'nun karanlık bir kuyu olduğu her gün biraz daha anlaşılıyor.

Kanıtlanan son ilişki MOSSAD-Barzani ilişkisidir. MOSSAD, İsrail Devleti'nin gizli istihbarat örgütüdür. Bu örgütün, Kürt lideri Molla Mustafa Barzani ile ilişkileri olduğu söylense daha önce kim inanırdı?

Barzani'nin CIA ile ilişkisi artık belgelendi. Kimse bu ilişkiye, "Hayır, olmadı" diyemiyor. CIA-Barzani ilişkileri biliniyordu da MOSSAD-Barzani ilişkileri bilinmiyordu.

MOSSAD'ın Barzani ile ilişkileri Londra ve Sydney'de yayınlanan *Israel's Secret Wars - A History of Israel's Intelligence Services* adlı kitapta sergileniyor. Kitap, İngiliz *The Guardian* gazetesinde 1984 yılından bu yana Tel-Aviv muhabirliğini yapan Ian Black ve Washington'daki Brookings Enstitüsü'nde çalışan öğretim üyesi Benny Morris tarafından yazılmış.

Kitapta MOSSAD-Barzani ilişkileri, İsrail Dışişleri Bakanlığı ve MOSSAD yazışmalarına dayanılarak açıklanıyor. Önsözde, kitabın yayından önce İsrail ordu yetkilileri tarafından da incelendiği yazılıyor.

Kitapta 1967 Arap-İsrail Savaşı'ndan sonra, MOSSAD'ın Kürtlerle ilişki kurduğu (s.327), Mısırlı ünlü gazeteci Hasan el-Heykel'in İsrailli subayların Kürtler aracılığıyla Irak'tan radyo bağlantıları kurduğunu 1971 yılında açıkladığı anlatılıyor. 1969 yılı Mart ayında Kerkük petrollerine yapılan saldırının da İsrail tarafından yapıldığı açıklanıyor. 1972 yılında imzalanan Sovyet-Irak Dostluk Antlaşması'ndan sonra İran Şah'ı ABD Başkanı Nixon ile gizli görüşme yapıyor; bu gizli görüşmeden sonra CIA tarafından "Kürdistan Demokratik Partisi"ne üç yıl içinde 24 milyon dolar gönderiliyor.

Barzani'nin Irak rejimine karşı ayaklandığı yıllarda, ABD-İRAN-İSRAİL üçlüsü bu ayaklanmayı destekliyor. Barzani-ABD ilişkileri, ABD Dışişleri eski bakanı Henry Kissinger eliyle yürütülüyor. MOSSAD-Barzani ilişkileri de İsrail'in Tahran'daki askeri ataşesi Yaakov Nimrodi (MOSSAD Ajanı) aracılığı ile gerçekleşiyor. Nimrodi'nin üstlendiği görev ilginç; Nimrodi Sovyet silahlarının Barzani'nin eline geçmesinde rol oynuyor. (s. 328-329)

Kitapta, MOSSAD'dan Kürtlere 50 bin dolar para verildiği, ABD kaynaklarına dayanarak açıklanıyor (s. 328). '70'li yıllardaki bu ilişkiler bugün sürüyor mu? Kitaba göre sürüyor. "Körfez Savaşı" sırasında Irak'ın attığı Scud füzelerinin Tel-Aviv'e düşmesi üzerine bu ilişkiler yeniden başladı (s. 521). Baba Molla Mustafa ile kurulan ilişkiler, şimdi de oğul Mesut Barzani ile sürüyor. MOSSAD, Barzani'ye Avrupa kahvelerinde çekler vererek bu desteği sürdürüyor.

Kitapta, Mesut Barzani'nin İsrail'e gizlice giderek yardım istediği yazılıyor. Bu ilişkiler sürüyor ve anlaşılıyor ki daha da sürecek... Gizli yollarla sürecek, açık yollarla sürecek... İlgi belli... İlişki de belli...

> Kürtler sömürgeciliğe karşı bağımsızlık savaşı yapıyorlarsa, ne işi var CIA ve MOSSAD'ın Kürtler arasında? Yoksa CIA ve MOSSAD, anti emperyalist savaş veriyorlar da dünya bu savaşın farkında değil mi?

Barzani: "ABD'nin 51. eyaleti olmaya hazırım"

ABD'nin ilk askerî yardımının Kürtlere ulaşmasıyla, Barzani'nin morali iyice yükseldi. Barzani açısından, ABD'nin desteği her şeyden önce moral açıdan önemliydi. Dünyanın en büyük gücünün, arkasında olmasının güvenini duyuyordu. Bu defa özerkliğe kavuşmaları, hatta bağımsız devlet kurmaları hayal değildi. Birkaç ay sonra amaçlarına ulaşacaklardı.

İlk kez 1976 yılında yayınlanan ve ABD Temsilciler Meclisi İstihbarat Komitesi Başkanı Otis Pike'ın adıyla anılan meşhur Pike Raporu'nda[5] yer alan bazı ifadeler, dönemin Kürt lideri Mustafa Barzani'nin, Kuzey Irak'ta özerkliği ancak ABD'nin doğrudan veya dolaylı yardımıyla elde edebileceklerine olan inancını gösteriyordu. Bu durum Irak'taki CIA yetkilisinin CIA Başkanı William Colby'e gönderdiği gizli bir mesajda görülüyordu. Buna göre Barzani, bir keresinde, "Şayet davamızda başarıya ulaşırsak ABD'nin 51. eyaleti olmaya hazırım..." demişti.

ABD-İsrail-İran desteği Barzani'yi iyice şımartmıştı. Haziran 1973'te *Washington Post*'a şunları söylemişti:

> ABD bizi kurtlar karşısında koruyacak olursa, Amerikan politikalarına göre hareket etmeye hazırım. Yeterli destek alabilirsek,

---

[5] İstihbarat Komitesi Başkanı Otis Pike gözetiminde hazırlanan rapor, 1965-75 yılları arasında CIA'nin dünyanın farklı yerlerinde giriştiği gizli operasyonları değerlendirmiş ve bu operasyonların anayasa ve diğer yasaları çiğneyip çiğnemedikleri araştırılmıştı. Raporda CIA'nin bölgedeki faaliyetlerine de yer verilmişti.

Kerkük'teki petrol yataklarını ele geçirebilir ve bu yatakların işletilmesini Amerikan petrol firmalarına veririz.

Endişeli Saddam'ın yanıtsız kalan mektubu

Mustafa Barzani'nin Irak'ın üç önemli düşmanı ile işbirliği yapması Saddam Hüseyin'i de endişelendirmiş, Kürtlere güvenilemeyeceği sonucuna varmıştı. Hatta Saddam Hüseyin, Barzani'ye Eylül 1972'de bir mektup göndererek ikazda bulunmuştu. Saddam, Sadabat Anlaşması'yla belirlenmiş Şattülarap sınırında İran lehinde değişiklik yaparsa, İran'ın Kürtlere destek vermekten vazgeçeceğini kendisine bildirmiş olduğunu söylüyordu.

Kısacası Saddam, Kürtlere "İran size Irak'tan taviz almak için destek veriyor. Ben taviz verirsem size desteğini kesecek. Ayaklanmanız sürerse tavizi vermek zorunda kalacağım, intikamımı ondan sonra alırım" demeye getiriyordu.

Barzani, Saddam'ın bu mektubuna cevap vermeye bile tenezzül etmemişti.

Mısır-Suriye-İsrail savaşı ve Barzani

Barzani, Eylül 1973'te bir kez daha İsrail'in yolunu tuttu. Savunma Bakanı Moşe Dayan ve İsrail Başbakanı Golda Meir'le görüştü.

9 Ekim 1973'te Mısır ve Suriye, İsrail'e karşı ani bir saldırı başlattı. Çok iyi planlanmış bu ani saldırı İsrail ordusunda büyük zayiata ve ilk günlerde Golan tepelerindeki iki cephenin yarılmasına yol açtı.

Irak'ın İsrail'le savaşmak için cepheye asker göndereceğini açıklamasına rağmen, Kürt isyanı nedeniyle bu, söylem olarak kaldı.

Irak Devlet Başkanı Hasan El Bakr'ın aklında ise, İran ile sorunları çözmek vardı. İran Şahı'na bir mesaj göndererek, Kürtlere yardım etmekten vazgeçmeleri koşuluyla, İran'la Şattülarap konusunda anlaşabileceklerini bildirdi.

İran ile Irak arasındaki bu gizli mesaj trafiğinden haberi olmayan ve Mısır-Suriye koalisyonuna karşı savaş veren İsrail, Barzani'nin, özerklik istemiyle Iraklılara yeniden saldırarak, Irak ordusunun İsrail cephesine asker göndermesini engelleyeceklerini tasavvur ediyordu. Nitekim MOSSAD Başkanı, Tahran'daki MOSSAD istasyonunun başkanına bir talimat göndererek, Barzani'yi Irak ordusunun dikkatini dağıtacak eylemler yapmaya ikna etmesini istemişti.

İsrail, benzer bir talebi Amerikalılar vasıtasıyla İran Şahı'na iletmişti. ABD'nin Tahran Büyükelçiliği'ndeki CIA istasyon şefi Richard Helms, böyle bir girişimin Kürtler açısından sakınca doğuracağı düşüncesindeydi. Kürtlerin elinde, Irak'a karşı kullanabilecekleri uygun silahlar bulunmamaktaydı. Böyle bir macera Kürt isyanının tamamen sona ermesine yol açabilirdi. İran Şahı da bu görüşü benimsiyordu. Richard Helms, CIA Başkanı'na, İsraillilerin bu isteğinin kabul edilmemesini tavsiye etti. Kissinger, 16 Ekim 1973'te Tahran'daki Amerikan Büyükelçisi'ne gönderdiği talimatta şunları söylüyordu:

> Başkan Nixon seninle aynı fikirde. Ve Kürtlere başka bir devletin (İsrail) teklif ettiği bir savaşı başlatmamalarını istediğimizi iletmeni istiyor. Ayrıca İranlıların bu konuda bizimle mutabık olduklarını Kürtlere ilet.

Kissinger anılarında bu olaydan da söz etmiştir: "Kürtlerin Irak'a saldırmalarını engelleme kararı İran ve Amerikan istihbaratının ortak görüşüydü. Çünkü Kürtler kesinlikle yenileceklerdi."

İsrail yıllardır desteklediği Kürtlerin Arap ve İslâm dünyası nezdinde kendilerini günah keçisi durumuna sokacak bu adımdan korkacaklarını tahmin etmemişti. Dr. Osman bu durumu şöyle açıklayacaktı: "Şayet Kürtler Iraklılara karşı bir savaş başlatsalardı, bu, Arapları sırtından vurmak anlamına gelecek ve Arapların Kürtlere olan hıncını artıracaktı."

ABD destekli Barzani'den yeni ayaklanma

Baas rejiminin Kürtlerin itirazlarına rağmen 11 Mart 1974'te 1970 Özerklik Anlaşması'nı zayıflatan 33 sayılı yasayı çıkartması, aslında Bağdat ile anlaşmaya gönlü olmayan Molla Mustafa Barzani'ye aradığı fırsatı da vermiş oldu. Barzani, Mart 1974'te Kürt peşmergelerine yeniden ayaklanma çağrısı yaptı. Neticede, bu defa İran'ın yanı sıra, çok önemsediği ABD'nin de desteğini almıştı.

Kürt ayaklanması Baas rejimine zor günler yaşatıyordu. Devlet Başkan Yardımcısı Saddam Hüseyin, ekonomik açıdan Şattülarap'taki egemenlik hakkının ne denli önemli olduğunun farkındaydı. Ayrıca ABD, İran ve İsrail'in Kürtlere yaptıkları yardımların son bulmaması halinde, Kürt isyanını bastıramayacağına inanıyordu. Yıllardır süren Kürt isyanı Bağdat'a o dönemin rakamlarıyla 4 milyar dolara mal olmuş, Irak ordusunun güçlenmesini engellemişti.

Irak-İran anlaşınca kenara atılan maşa: Barzani

Ancak, Barzani fena yanılıyordu. İran-ABD-İsrail üçgeni arasında, günü geldiğinde kenara atılacak bir maşa olarak kullanıldığının henüz farkında değildi.

İran Şahı o dönemde Körfez'deki en güçlü liderdi. Kürt isyanı devam ederken, Hawk füzeleri ve ağır toplarla donanımlı iki

İran tank taburunun Irak'a girmesi talimatını verecek kadar pervasızdı. Ayrıca, İran topçu birliklerinin Kürtlere yardım etmesine izin vermiş ve Kürtlere tanksavar yardımı yapmıştı.

Saddam Hüseyin bu şartlar altında, taviz vererek de olsa İran'la anlaşmadan başka yol kalmadığına karar verdi.

İran Şahı Rıza Pehlevi ile Saddam Hüseyin, OPEC toplantısı için bulundukları Cezayir'de 5 Mart 1975'te anlaşmaya vardıklarında, Mustafa Barzani derin bir hayrete düşecekti. Dr. Mahmud Osman bu gelişmeye Barzani'nin tepkisini şöyle anlatıyor:

> 28 Şubat 1975'te İran Şahı'nı görmek için Tahran'a gittik. İran ile Irak arasında bir anlaşma yapılacağına dair duyumlar alıyorduk. İranlı yetkililer bize, "Biraz bekleyin, Şah Cezayir'e gidecek, geldiğinde sizi kabul edecek" dediler. Şah, Cezayir'e gitti ve Irak'la anlaşmayı imzaladı. Radyodan bu haberi duyduğumuzda Barzani kulaklarına inanamadı. Bu defa resmin içinde ABD vardı ve Kürtlerin bir kez daha kurban edileceğini aklından bile geçirmiyordu. İran'a güvenmemekle birlikte, işin içinde Amerikalılar olduğundan bu defa olayların farklı gelişeceğine inanıyordu.

Şaşıran sadece Barzani değildi

Bu anlaşma sadece Barzani için değil, Şah'ın bakanları ve dahası, Barzani ile ilişkileri yürütmek için Tahran'daki CIA istasyon şefliğine atanan Richard Helms[6] için de büyük bir sürpriz olmuştu. 6 Mart 1975'te Tahran havaalanında İran Şahı'nın karşılanması törenine gittiğinde, Şah'ın uçaktan iner inmez ilk yaptığı işin, İran ordusunun Kürtlere yaptığı askerî, mali ve diğer her türlü yardımın derhal kesilmesi ve İran-Irak sınırının belli bir süre sonra geçişlere kapatılması talimatını vermek olduğunu duyacaktı.

---

6 Richard Helms, daha sonraki yıllarda CIA Başkanlığı yapacaktır.

Richard Helms bir gün sonra Şah'ı ziyaret etti. 3 yıl önce Başkan Richard Nixon ve Ulusal Güvenlik Danışmanı Dr. Henry Kissinger'ı Irak Kürtlerine silah ve para yardımı yapmak için zorlukla ikna eden Şah, ABD'nin de Kürtlere yardımı kesmesini beklediğini söylüyordu.

Helms'in başında bulunduğu CIA istasyonunda Barzani ve KDP operasyonunu yürüten üç CIA ajanı Şah'ın bu ani tavır değişikliğine içerlemişlerdi. Richard Helms ise, İran ile Irak arasında varılan anlaşmayı, bölgeye istikrar gelmesini sağlayacağı gerekçesiyle destekliyordu.

Helms, Şah ile görüşmesinin ayrıntılarını Washington'a bir kripto ile bildirdi. Dr. Kissinger'ın, Tahran-Bağdat ilişkilerinin normalleşmesinden memnuniyet duyacağını düşünüyordu ama yanılmıştı: Kissinger tepkiliydi. Ama bu tepki, bir ilkesel yaklaşımdan veya Kürtlere ihanet edilmesinin yarattığı merhamet duygusundan kaynaklanmıyordu. Kissinger, Kürtlerin Irak'a yönelik mücadelesinin devam etmesini ve böylelikle Irak'ın İsrail'e problem yaratmasının engellenmesini istiyordu. Ancak, bu gelişmeden memnun olmasa da, ABD'nin Orta Doğu politikasının temel direği olan Şah'ı bu kararından döndürmeye teşebbüs etmeyecekti.

Bu anlaşmaya Barzani'den sonra en çok şaşıranların başında İsrail geliyordu. 8 Mart 1975'te SAVAK'ın üst düzey yöneticilerinden biri, MOSSAD'ın Tahran şefini çağırarak, Şah'ın Cezayir'de Irak'la bir anlaşma imzaladığından bahisle, İran'ın Kürdistan'daki faaliyetlerini durdurduğunu, İsrail'in de 11 Mart'a kadar Kuzey Irak'taki bütün İsrail ajanlarını ve subaylarını çekmesini istedi. MOSSAD ajanları için, bölgeyi terk etmekten başka seçenek kalmayacaktı. Bölgeye yeniden yerleşmeleri için 1990'lı yılları beklemeleri gerekecekti.

Kissinger: "Örtülü operasyonlar misyonerlik faaliyeti değildi"

Bakın bu gelişmeler meşhur Pike Raporu'na nasıl yansımış:

> ABD silah ve para yardımını alanlar, müttefikimiz olan bir ülkenin [İran] komşu ülkesinde [Irak] özerklik için savaşan bir etnik gruptu [Kürtler]... Komitenin elindeki belgeler Başkan'ın, Dışişleri Bakanı Dr. Kissinger'ın ve dost ülke devlet başkanının [Şah Rıza Pehlevi], bu yardımları alanların [Kürtler] başarılı olmamasını istediklerini açıkça göstermektedir. Ayaklanmacıların mücadelesinin, müttefikimiz olan ülkenin [İran] komşusunun [Irak] ekonomik kaynaklarını tüketmekle kalmasını tercih ettikleri anlaşılıyor... Örtülü operasyon kapsamında dahi, bu yaptığımız alaycı bir girişimdi.
>
> Ayaklanmacılar tam bir şaşkınlık geçirdi. Yardımın kesildiğini bilen düşmanları, anlaşmayı imzaladıktan bir gün sonra tam bir yıkım savaşı başlattı. Otonomi hareketi artık sona ermişti ve eski müşterilerimiz merkezî hükümetin çok üstün güçleri karşısında ezildiler. ABD ve müttefikinin alaycı tutumu daha sona ermemişti.
>
> Ayaklanmacıların liderinin ve CIA bölge istasyonunun doğrudan yalvarmalarına rağmen, Başkan ve Dr. Kissinger askerî yardımın aniden kesilmesiyle mülteci duruma düşen binlerce insana insani yardım dahi yapmadılar. Bir üst düzey yetkilinin Komite'ye belirttiği ise şuydu: "Örtülü operasyonlar misyonerlik faaliyeti değildir."

İran Şahı: "Başınızın çaresine bakın"

Şah, Mustafa Barzani'nin görüşme talebini 11 Mart'ta kabul etti. Barzani'nin yanında, KDP'nin İran istihbaratı ve Tahran'daki CIA istasyonu ile ilişkilerini yürüten doktoru ve sırdaşı Dr. Mahmud Osman ile Tahran temsilcisi Şefik Kazzaz vardı.

Şah'ın konuşması kısa sürdü. Şah, Kürtlere sağladığı destek yüzünden, tahmin ettiğinden daha fazla savaşa sürüklenmişti. Bunun maliyetine katlanması mümkün değildi ve bu nedenle

Irak'la anlaşmak zorunda kalmıştı. Baas rejimiyle yaptığı anlaşma geçiciydi. Irak'ın bu anlaşmaya saygı gösterip göstermeyeceğini bilmiyordu, zamanla öğrenecekti. İran-Irak sınırı 30 gün süreyle açık kalacak, İran tarafına geçmek isteyen Kürtlere izin verilecekti. Şah, İran'a sığınacak Kürtlere iş verileceği ve İran vatandaşı gibi muamele görecekleri sözü veriyordu. Bir aylık süre dolduğunda sınır kapatılacaktı.

Duyduklarına inanamayan ve büyük bir hayal kırıklığına uğrayan Barzani görüşmede sessizliğini bozmadı. Şah'ın, kararını verdiği açıktı. İtiraz Dr. Osman'dan geldi: "Bize yardım sözü verdiğinizde bir gün aniden keseceğinizden söz etmemiştiniz..." Şah elini kaldırarak, Dr. Osman'ın daha fazla konuşmasına müsaade etmedi: "Size kararımı tebliğ ettim. Tartışılacak konu kalmamıştır."

Barzani'den Kissinger'a yakarış dolu mektup

Barzani, Şah'la yaptığı bu görüşmeden sonra, yakın danışmanlarını ve KDP'nin önde gelenlerini topladı. Kararlıydı, silahlı mücadele devam edecekti. Oğulları İdris ve Mesut'u, 1960'ların vur-kaç gerilla taktiğini yeniden başlatmaları için peşmergeleri örgütlemek üzere Kuzey Irak'a gönderdi. Kendisi de Irak sınırına yakın Nauperdan'daki karargâhına geçti.

Ancak, birkaç gün geçmeden Barzani'nin tavrı değişmeye başladı. 18 Mart'ta KDP'nin askerî liderlerini topladı ve artık silahlı mücadeleye devam edemeyeceğini, yerine geçmek isteyecek kişi varsa destekleyeceğini söyledi.

Tek çaresi, insanları için ABD'den yardım istemekti. Kissinger'a yakarış dolu bir mektup gönderdi:

> Hareketimiz ve insanlarımız inanılmaz bir şekilde imha edilirken herkes sessizliğe gömülmüş durumda. Ekselans, kendilerini

ülkenizin politikasına bağlayan insanlarımıza karşı ABD'nin manevi ve siyasi sorumluluğu bulunmaktadır.

"Örtülü operasyonlar misyonerlik faaliyeti değildir" cümlesinin sahibi Kissinger, bu mektuba cevap yazmaya bile tenezzül etmedi.

Kissinger'ın kaleminden bir dönemin hikâyesi

Kürtleri yüzüstü bırakmakla ve bir de alay etmekle yıllarca suçlanacak olan Dr. Kissinger'ın, anılarında bu dönemi nasıl anlattığını hep birlikte dinleyelim:

> Şah'ın Saddam Hüseyin ile vardığı anlaşma hakkında 9 Mart 1975'te İsrail Dışişleri Bakanı Rabin'e bilgi verdim...
>
> Şah, Zürih'te "Saddam Hüseyin'le Cezayir'de OPEC Konferansı sırasında görüşsem..." diye bana çok üstü kapalı bir şeyler ima etmeye çalıştı. Bundan bir düşünce gibi söz etmişti, neticede ortaya anlaşma çıktı. Kendisine, özerk Kürt bölgesine komünistlerin yerleştirilmeyeceği konusunda Irak'ın verdiği taahhütlere güvenmenin çok yanlış bir düşünce olduğunu güçlü bir şekilde izah ettim.
>
> Şah bana, ne anlaşmanın çok yakın olduğundan, ne de Irak'ın Kürt bölgesini tamamen kontrol etmesine rıza göstereceğinden bahsetti. Sonuçta ben hâlâ Barzani'yi cesaretlendirmeye devam ettim. 20 Şubat'ta, benimle şahsen görüşme talebinde bulunduğu mektubuna yanıt verdim:
>
> > Sevgili Generalim,
> >
> > 22 Ocak 1975 tarihli mektubunuzu almaktan büyük bir memnuniyet duydum. Size ve halkınıza, yürüttüğünüz yiğitçe mücadeleden dolayı büyük hayranlık duyduğumuzu bilmenizi istiyorum. Karşı karşıya olduğunuz güçlükler korkunçtur. Askerî ve siyasi durum hakkındaki değerlendirmenizi büyük dikkatle okudum. Emin olmalısınız ki, mesajlarınız, onlara verdiğimiz büyük önem nedeniyle, ABD yönetiminde üst düzeyde büyük bir dikkatle göz önüne alınmaktadır.

> Durum hakkında daha ayrıntılı bilgi vermek için ABD'ye, güvendiğiniz bir temsilci göndermeyi düşünürseniz kendisiyle görüşmekten onur duyarız. Şimdiye kadar yaptıklarımızı sürdürebilmek için gizliliğin büyük önem taşıdığı kanaatindeyim. Sadece bu nedenle ve özellikle de güvenliğiniz için sizinle Amerika'da şahsen görüşmeyi istemekte tereddütlüyüm. Cevabınızı bekliyorum.
>
> İçten dileklerim ve derin saygılarımla.
>
> H.K.

İki haftadan biraz daha fazla bir süre geçtikten sonra, çıkmaza girmiş Orta Doğu mekik diplomasisine yoğunlaşmışken, Şah'ın, Kürtleri terk etmesi anlamına gelecek şekilde İran'la anlaştığı haberini alınca şaşkına döndük. Şah, İran-Irak sınırını oluşturan Şattülarap nehrinde Irak'ın verdiği birtakım tavizler karşılığında sınırı kapattı ve Kürtlere bütün yardımı durdurdu.

Şah'ın bu davranışı insani açıdan zalimceydi ve savunulması mümkün değildi. Fakat İran'ın güvenliği konusunda soğukkanlı bir değerlendirme yapıldığında, Şah'ın bu tutumu, acı olduğu kadar anlaşılabilirdi de... Kürtleri artık sadece İran'ın açıktan bir müdahalesi kurtarabilirdi, ki bunun maliyetinin Barzani'nin 1974'te talep ettiği 360 milyon doları aşacağı kesindi. Hindiçini sorunuyla meşgul olan ABD'nin yeni bir askerî cephe açmayı tasavvur etmesi bir yana, Kongre'nin yönetime karşı olumsuz tutumu nedeniyle siyasi destek verebileceği bile şüpheliydi.

Şah'ın davranışları ve aldatıcı taktikleri umurumda değildi. 10 Mart'ta kendisine, politikalarını desteklediğimize dair ifadeler içermeyen soğuk bir mesaj gönderdim ve Şah'ın bu yaptıklarının kendisine ne yarar sağlayacağı konusunda şüphelerim bulunduğunu ima ettim:

> Kürt sorunu konusunda son görüşmemizde size şahsen belirttiklerime ekleyeceğim fazla bir şey yoktur. Ülkenizin çıkarlarının ne olduğunu belirlemek, tabiatıyla zatıalinizin bileceği bir iştir. ABD'nin yakın ve güvenilir müttefiki İran'ı destekleme politikamız her zamanki gibi devam etmektedir. Tabiatıyla İran-Irak ilişkilerinin seyrini büyük bir ilgiyle izlemeyi sürdüreceğim.

Her şey bittiğinde, geçmişten hesap sormak isteyen sözde kahramanlar, Kürtleri yüzüstü bırakmakla Ford yönetimini ve özellikle de beni suçladılar. Fakat Şah kararını vermişti ve onu bu kararından vazgeçirecek yeterli argümanımız ve stratejimiz yoktu. Bizi eleştirenlerden birisinin söylediğini yaparak, Şah'a ekonomik yardımı keseceğimiz şeklinde bir tehditte bulunmamızın bir manası yoktu. Kongre'nin, boğazına bıçak dayanmış müttefiklerimize yardımı kestiği bir ortamda, en önemli müttefiklerimizden birine, nasıl kendi başına bir askerî harekata kalkışmasını söyleyebilirdik ki?

Yalnız kalan Barzani'nin Amerika hayalleri

Neticede ABD hedefine ulaşmıştı. ABD'nin Kerkük Konsolosu Lee Dinsmore, 1975 yılında yazdığı bir yazıda, "Her şeye rağmen CIA bu operasyonu (1975) başarı sayıyor. Bunun sayesinde Irak 15 yıl meşgul edildi ve hiç kimse de Kürtleri düşünmüyor" diyecekti.

Kürtlerin efsane ismi Mustafa Barzani artık İran Şahı'nın zorunlu misafiri haline gelmişti. İran Şahı'nın gizli polis servisi SAVAK tarafından tahsis edilen bir evde bir nevi göz hapsinde yaşamaya başlayan Barzani'nin, dünyayla bağlantıları fiilen kopmuş, sağlığı da kötüleşmeye başlamıştı. Temmuz 1975'te, Kerküklü bir Kürt olan Dr. Necmeddin Kerim[7], Barzani'ye yaptığı muayenede akciğer kanserinden şüphelendi. Ancak Barzani tedavisine İran'da devam etmek istemiyordu. Bir kere İran'da

---

7 Dr. Necmeddin Kerim, bugün merkezi Washington'da bulunan Kürt Araştırmaları Enstitüsü Başkanıdır ve ABD'deki Kürt lobisinin etkili isimlerindendir. Türkiye aleyhindeki faaliyetleri ile tanınan Kerim, kapatılan HEP partisi milletvekili Leyla Zana ile de yakın dosttur. Bir dönem KYB ve lideri Talabani'ye yakın olan, daha sonra ilişkileri bozulan Kerim, Irak'a yönelik ABD askerî harekâtından kısa bir süre önce tekrar KYB ile arasını düzeltmiş, ABD tarafından düzenlenen, Irak'ın geleceğinin tartışıldığı toplantılara katılmıştır.

tedaviye başlarsa, bir daha buradaki fiili hapis hayatından kurtulması mümkün olmayabilirdi.

Barzani'nin gönlünde yatan, Amerika'ya gitmekti. Amacı sadece tedavi görmek değil, Dışişleri Bakanı Henry Kissinger ile görüşerek Kürt davasına Amerika'nın yeniden destek vermesini sağlamaktı.

Barzani, Amerikan Kongresi'ndeki bağlantılarına da güveniyordu. Bunların başında, Kürt davasını sürekli savunan Demokrat Senatör Henry Jackson gelmekteydi. Senatör Jackson'ın danışmanı ise, yaklaşık 10 yıl sonra "Karanlıklar Prensi" unvanı alacak Richard Perle'dü. Barzani'nin Washington'daki temsilcisi Dr. Muhammed Dosky, Perle ile irtibatı sağlayan kişiydi.

Ancak, ne Kissinger ne de İran Şahı, Barzani'nin Amerika'yı turlayıp, ABD ve İran'ın ilk önce nasıl Kürtlere gizli yardım sağlayarak ayaklandırdıklarını ve şimdi nasıl ortada bıraktıklarını anlatmasını istiyordu. Buna rağmen, ABD'ye gelmesine de engel olamıyorlardı. Çünkü bu defa Senatör Jackson başta olmak üzere, Washington'daki, Barzani'nin tedavisine engel olunmasına öfkelenecek etkili Kürt dostlarının ortalığı ayağa kaldırmaları muhtemeldi. Bu nedenle, isteksiz de olsa Şah ve Kissinger, Barzani'nin Amerika'da muayene olmasına ve tedavi görmesine izin vermeye razı oldular. Ancak, Barzani'nin Amerika'daki temas ve seyahatleri dikkatli bir şekilde kısıtlı tutulacaktı. Bütün düzenlemeler CIA tarafından yapılacak, masrafları CIA karşılayacak, CIA ve SAVAK ajanları Barzani'nin ve adamlarının yanından ayrılmayacaktı.

Barzani akciğer kanseri

Barzani, nihayet 1975'in Ağustos ayında Amerika'ya ayak bastı. Minnesota Rochester'daki kanser tedavisiyle ünlü Mayo

Clinic'te tedavi görecekti. Teşhis akciğer kanseriydi. Tedavi hemen başladı. Ancak, geç kalınmış ve kanser yayılmaya başlamıştı. Barzani sürekli Washington'a gitmeyi istediğini söylüyor, kendisine eşlik eden CIA ajanları her defasında bir bahane bularak hayır cevabını veriyorlardı.

Barzani'nin ısrarlarıyla, arzusu nihayet gerçekleşti. Ancak CIA ve SAVAK, Mayo Clinic'ten ayrıldıktan sonra Barzani'yi doğrudan Washington'a değil, bir haftalığına California'daki Tahoe Gölü'ne istirahata götürmeyi tercih etti. Washington'a geldiğinde ise, Virginia'da CIA tarafından kullanılan, telefonu çalışmayan bir güvenli eve yerleştireceklerdi. Hatta arabayla şehir turu yaptırdıklarında, Beyaz Saray ve Kongre Binası'nı yakından görmek isteyen Barzani'nin arabadan inmesine izin vermeyeceklerdi.

Aynı günlerde CIA, Barzani'nin İran'a geri dönmesini istedi. Barzani, tedavisinin yarım kalacağını gerekçe göstererek, İran'a dönmek istemediğini söylüyordu. ABD'den ayrılacak olsa bile İran'a değil, tedavisine devam edebileceği İsviçre veya İsveç gibi ülkelere gitmeyi tercih etmekteydi. Barzani'ye verilen yanıt kısa ve netti: Şah, Barzani'nin İran'a dönmesini istiyordu.

ABD: "Kürtlere Şah istedi diye yardım ettik"

Dönmemekte ısrarlı olursa ailesine ve İran'daki yakınlarına zarar verileceğinden korkan Barzani istemeyerek de olsa geri döneceğini söyledi. Ancak ABD'den ayrılmadan önce son bir talebi vardı: Kissinger ile görüşmek istiyordu. Kissinger'ın ise Barzani'yle görüşmeye niyeti yoktu, fakat Barzani'nin tamamen ihmal edilmeye gelmeyeceğini de biliyordu. Kissinger, Yakın Doğu konularından sorumlu Dışişleri Bakan Yardımcısı Joseph Sisco'yu Barzani'yle görüşmeye gönderdi.

Sisco, Barzani'yle, CIA tarafından ikametine ayrılmış olan evde görüştü. Barzani gördüğü muameleye öfkeliydi. ABD ile ilişkilerinin geçmişini anlattıktan sonra, Amerika'ya ne kadar güvendiğinden dem vurdu. Şah'a hiçbir zaman güvenmemişti, ama ABD'nin kendisini yarı yolda bırakmayacağına inanmıştı. ABD'nin taahhütlerinin samimiyetine inanmasa, Bağdat'a karşı savaş açması söz konusu dahi olamazdı.

Sisco ise, ABD'nin Kürtlere Şah Pehlevi istediği için yardım ettiğini, Şah'ın artık yardımın kesilmesini talep ettiğini söyledi. Barzani'nin sözlerini üstlerine aktaracağını belirtmekle yetindi.

Barzani'nin ABD'deki misafirliği 1995'in Ekim ayının son günlerinde son buldu. Uçağa binerken CIA ajanları Barzani'nin 6 aylık ilaçlarını da verecekti.

Dosky'nin şantajı: Barzani yeniden Amerika'da

Tahran'a dönen Barzani, yeniden Şah'ın zorunlu misafiri oldu. Ama Şah sözünde durmamıştı. Irak Kürtleri İran'daki göçmen kamplarında perişanlık içinde yaşıyordu. İran'a döndüğüne son derece pişmandı. Yeniden Amerika'ya gitmek istiyordu. Bir kere daha fırsat olsa, Amerikan yöneticilerini ikna edebileceğine ve olumsuz gidişatı tersine çevirebileceğine inanıyordu. İran Şahı ve Tahran'daki Amerikan Büyükelçiliği, Barzani'nin çağrılarını yanıtsız bırakıyordu. Artık Barzani'nin Washington'daki temsilcisi Dr. Dosky'nin devreye girmesinden başka çare kalmamıştı.

Dr. Dosky, ABD'nin Kürtleri nasıl yarı yolda bıraktığını, Barzani'nin hastalığını ve CIA'nin Barzani'ye nasıl kötü muamelede bulunduğunu el altından yaymaya başladı. Bu haberlerin yarattığı etki, Dr. Dosky'e, Mayıs 1976'da ABD Dışişlerinin kapısını açtı. Davet sahibi, Müsteşar Yardımcısı Sidney Sober' di. Sober, ABD'nin Barzani'ye vize veremeyeceğini ve İran'dan ayrılması için Şah'a baskı yapamayacağını, zira bunun İran'ın içişlerini ilgilendiren bir mesele olduğunu ve ABD'nin müdahale edemeyeceğini söyledi. Dr. Dosky'nin cevabı ise sertti:

> Geçtiğimiz yıl CBS televizyon kanalına, ABD'nin Barzani'ye nasıl muamele ettiğini anlattım. Fakat daha anlatacağım çok şey var. Barzani artık son günlerini yaşayan bir insan; tedavi için ABD'ye gelmesine müsaade etmezseniz hikâyenin tamamını anlatacağım.

Dr. Dosky'nin bu şantaj kokan çıkışı üzerine Sober, Barzani'nin talebini bir kez daha değerlendireceklerini söyledi. İki gün sonraysa, ABD'nin Barzani'ye vize vereceğini bildirdi. Barzani'nin tek yapması gereken, pasaportunu Tahran'daki ABD Büyükelçiliği'ne göndermekti. Bu defa sorun, Barzani'nin pasaportunun olmayışıydı. Sober buna karışamayacaklarını söyledi. Dr. Dosky bir kez daha sert çıkış yaptı:

> Barzani'nin siyasi hayatını zaten bitirdiniz, fiziken de mi öldürmek istiyorsunuz. Tedavisine engel çıkartmakla onu öldüreceksiniz. Bunun mantığı yoktur. İran'la ABD'nin ilişkileri çok iyi. Tedavi için ABD'ye gelmesinin ne ABD'ye ne de İran Şahı'na bir zararı olur.

Neticede, Barzani'nin ABD'ye gidişine izin çıktı. Ancak bu defa CIA'nin bazı şartları vardı: Barzani basına mülakat vermeyecek, siyasi açıklamalar yapmayacak ve dahası masraflarını kendisi karşılayacaktı.

Bu şartların hepsine razı olan Barzani, Haziran 1976'da bir kez daha İran pasaportuyla New York'taki John F. Kennedy havaalanından giriş yaptı.

Bu, ABD'ye son seyahati olacaktı.

CIA ve SAVAK bu defa da Barzani'nin peşini bırakmadı.

Barzani gittiği her yerde izleniyordu. Hatta Mayo Clinic'teki tedavisinin ve Washington'da kaldığı otelin masrafları yine CIA tarafından karşılanıyordu. Birkaç ay geçtikten sonra CIA ve SAVAK, Barzani'nin İran'a dönmesini istedi. Barzani'nin ret yanıtına kızan CIA, masrafları ödemeyi kesti.

Barzani, Washington Georgetown'da kiralanan bir evde yaşamaya başladı. Sık sık Senatör Henry Jackson, Senatör William Proxmire, George Meany ve Temsilciler Meclisi üyesi Stephen Solarz[8] ile görüşüyordu.

Barzani, Carter'a "Kürt tarihi" anlatıyor

Barzani'nin Kongre nezdinde yaptığı lobi sonucunda, yaklaşık 1000 Kürt'ün mülteci olarak ABD'ye gelmesine kapı açıldı. Fakat Barzani'nin asıl amacı, Kürtlere sırt çeviren ABD yönetimini bu kararından caydırmaktı. 1976'da seçimleri Demokratların kazanması ve insan haklarını ABD dış politikasının birinci gündem maddesi haline getiren Jimmy Carter'ın başkanlığa seçilmesi, Barzani'nin yeniden umutlanmasını sağladı. Başkan Carter'a gönderdiği 9 Şubat 1977 tarihli uzun mektubunda şunları söylüyordu:

> Başkan Jimmy Carter
> Beyaz Saray
> Washington, D.C.
> Sayın Başkan Carter,

---

8 Stephen Solarz, Temsilciler Meclisi'nde görev yaptığı uzun yıllar boyunca Türkiye ile de yakın temas halinde oldu. Birçok konuda Türkiye'yi destekledi ve müzahir tutum sergiledi. Seçimleri kaybettikten sonra bu defa lobiciliğe başladı ve halen Türkiye'nin ABD'deki lobiciliğini yapıyor. Irak konusuna ilgisi hiç sona ermeyen Yahudi kökenli Solarz, Irak Kürtleriyle temasını da hiç kopartmamıştır.

Başkanlık seçimini kazanmanızdan dolayı, sizi yeniden kutlarım. Başkanlık seçiminiz sırasında, dünyanın her yerindeki halkların temel insan haklarını açıkça destekleyeceğinizi defalarca belirtmeniz beni çok sevindirdi ve yüreklendirdi.

İşte bu umutladır ki size, Kürt halkının yenilgisine ve bunu izleyen dağılmasına yol açan sorun ve olayların nedenlerini kısaca belirtmek için yazıyorum.

Birinci Dünya Savaşı'ndan sonra Osmanlı İmparatorluğu'nun çöküşüyle Güney Kürdistan, iki nehir arası ülke olarak bilinen yerle birleştirilerek oluşturuldu ve İngiltere'nin yönetimine verildi.

Müttefik devletler, özerk bir Kürdistan'ın kurulmasını vaat etmişlerdi. Çünkü Kürtler; Araplar, Türkler ve Perslerden sonra dördüncü büyük etnik grubu oluşturuyordu.

1920'de yapılan Sevr Antlaşması, geniş Osmanlı İmparatorluğu'nun diğer halklarıyla eşit temeller üzerinde, Kürtlerin kendi kaderlerini tayin hakkını da içeriyordu. Ama uluslararası çıkarlar antlaşmanın gerçekleşmesine olanak vermedi, böylece Kürt halkının durumu bir çözüme ulaşmadan olduğu gibi kaldı.

Ondan sonra Kürtler, kendilerini zorla asimile etmek isteyen işgalcilere karşı, kendi ülkelerinde asgari düzeyde eşitlik ve adalete kavuşmak için, sık sık kendilerini savunmaya zorlandılar.

Irak'ta monarşik sisteme son veren ve General Kasım liderliğinde bir askerî yönetim oluşturan 1958 darbesinden sonra, Kürt halkının ulusal haklarının tanınacağı vaat edildi. Yine rejim, Sovyet etkisi altına girer girmez, komünistlerin Irak'ta yarattıkları kargaşa içinde vaatler unutuldu.

Demokrasi ve özgürlük konusunda Kürtlere düşen sorumluluk nedeniyle, Irak komünistlerinin yaptıkları kitle halinde katliamlara karşı seyirci kalmazdım. Ancak General Kasım ve diğer yüksek rütbeli subaylara durumun ciddiyetini anlatınca, onların öfkelerine maruz kaldım.

Yerel komünistlerin desteği ve Sovyetler Birliği'nin cesaret vermesi ile Irak hükümeti, 1961 yılında silahlı kuvvetlerini silahsız Kürt halkına karşı hücuma geçirdi.

Kürt halkının kendisini korumak için başlattığı devrim o zamandan beri devam ediyor.

Bu süre içinde Irak'ta dokuz hükümet ve beş rejim değişti. Bu zulümlerin her aşamasında, ilişkileri yeniden düzeltmek için çok mütevazı bir dille ricada bulunduk. Ancak bizim tekrarlanan ricalarımıza yalnızca tekrarlanan hakaretlerle karşılık verildi.

Bizim acılarımız, sayın Başkan, sizin dedelerinizin acılarından farklı değil. Ki onları, değerli Amerikalı Thomas Jefferson en iyi şekilde dile getirmiş, belgelendirmişti.

Son olarak, 1968 yılında bugünkü Baas rejimi iktidara gelir gelmez bize savaş ilan etti. Fakat amacına savaş yoluyla ulaşamayacağını anlayınca 1970'te barış görüşmelerine başvurmak zorunda kaldı ve bu görüşmeler aynı yıl 11 Mart Antlaşması'yla sonuçlandı.

Antlaşma, Irak halkının iki asli milliyetten, Araplar ve Kürtlerden oluştuğunu kabul ediyordu. Antlaşma aynı zamanda Kürt milliyetinin haklarını sayıyordu, ki bunlar arasında en önemlisi -dört yıl içerisinde- Irak Cumhuriyeti çerçevesi içinde bir otonom Kürdistan'ın oluşturulmasıydı.

Antlaşmayı imzalamaya istekli oluşumuz, yalnızca onun şartları bizi derinden tatmin ettiği için değildi; fakat aynı zamanda Irak'ta barışın sağlanmasını istiyor ve Kürtlerin hükümete katılmasının Baas'ın Irak halkına ve komşu ülkelere karşı sert ve uzlaşmaz politikasını değiştirebileceğini umuyorduk.

Fakat çok geçmeden bu antlaşmanın Baas'ın zaman kazanmak için başvurduğu bir taktik olduğunu fark ettik. Onların iç barışa ihtiyaçları vardı ve Irak'ın komşularına karşı giriştikleri yeni hareketlerde Kürtlerin desteğini almayı umuyorlardı. İran, Kuveyt, Suudi Arabistan ve Suriye ile yaratılan sürtüşmelerde bizi savaşa sürüklemek istiyorlardı.

Biz bir araç olmayı reddedince, bu kez Kürt bölgesini, özellikle de zengin petrol sahalarını -ki bu sahalar Irak petrol üretiminin yüzde 65'ini ve petrol rezervlerinin yüzde 70'ini kapsamaktadır- Araplaştırma politikasını başlattılar. Demokratik partiler kapatılınca onların yüzlerce üyesi kitle halinde katledildi veya işkence ile öldürüldü.

Ve arkasından, dört yıllık sürenin bitiminde, Antlaşma tüm hükümleriyle uygulanacağına, bize karşı yeni bir savaşın hazırlığına geçildi. Bağdat'la Moskova'nın bağları 1972 başlarında imzalanan yirmi yıllık dostluk antlaşmasıyla daha da güçlendirildi.

Büyük miktarda geliştirilmiş Sovyet silahları, askerî uzmanlar ve teknisyenlerle birlikte Irak'a ulaşmaya başladı. Buna paralel olarak, Irak'taki Sovyet nüfusu da arttı. Baas rejimi hemen Moskova yanlısı Irak Komünist Partisi'yle bir birleşik cephe oluşturmak için çağrıda bulundu. Bizim Kürdistan Demokratik Partisi'nin de katılması istendi. Liberal millî partilerin cephe dışında bırakıldıklarını göz önüne alarak, en iyimser bir yargıyla bile, Irak'ın çıkarlarını temsil etmeyen böyle bir cepheye katılmayı reddettik. Bu da Baas liderlerinin husumetini artırdı. Siyasi cinayetler düzenlemeye ve Kürt halkını zorla yerinden sürmeye başladılar. Bana karşı iki kez suikast teşebbüsü yapıldı.

Baas rejimiyle barış içinde yaşamak imkânsız hale geldi. Böylece biz de, Amerikalı ve İranlı dostlarımıza döndük. Onlara durumu ve Baas'ın politikası böyle devam ederse -yalnız bizim için değil, bölgedeki diğer uluslar için de- doğacak sonuçların ciddiyetini izah ettik.

Aynı zamanda, Sovyetler Birliği tarafından desteklenen bir rejime karşı tek başımıza duramayacağımızı belirttik. Onlar düşüncülerimizi tümüyle haklı buldu.

Bize Kürt devriminin hem Birleşik Devletler'den hem de İran'dan destek göreceği söylendi; o şekilde ki, Kürtler için gerçek bir otonomiyi ve Irak için demokratik bir cumhuriyeti gerçekleştirmek için mücadele eden Kürtlerin, Irak rejimi karşısında dayanabilmeleri mümkün olsun. Bunu ilgili taraflar arasında heyetlerin geliş-gidişi izledi ve bizimle dostlarımız arasında koordinasyon sağlandı.

Asgari Kürt ulusal haklarını tanımayan otonomi yasası Mart 1974'te Irak Hükümeti tarafından kasıtlı bir biçimde ilan edildiği zaman, dostlarımızın bize vaat ettikleri yardıma güvenerek onu reddettik.

Irak ordusunun sekiz tümeni, yüzlerce tankı ve yüzden fazla modern savaş uçağıyla karşılaşınca -bunlardan bir kısmı Rus ve Hintli pilotlar tarafından yönetilmekteydi- böylesine iyi donanmış bir orduya karşı etkin biçimde savaşabilmek için dostlarımızın bize yaptığı yardımın hem miktar hem de kalite bakımından düşük olduğunu çok geç de olsa fark ettik. Üstelik yardımlar daima çok az ve çok geçti.

Bütün bu güçlüklere rağmen halkımız kahramanca savaştı, birçok zaferler kazandı ve Irak Silahlı Kuvvetleri'ne ve donatımına büyük kayıplar verdirdi; Sovyetler'den ânında gelen yardımlar olmasaydı, bu kayıplar Irak tarafından doldurulamaz cinstendi...

Saddam Hüseyin, Moskova'nın öğüdü üzerine, bir kez daha hile ve ikiyüzlülük yöntemine başvurdu. Cezayir Devlet Başkanı Bumedyan vasıtasıyla İran Şahı'yla temas kurmuştu. Ayrıca, Kürt sorunu sona erdiği takdirde Baas'ın, komşularına karşı politikasını değiştirmeye ve Moskova ile olan yakın bağlarını kısmaya hazırlıklı olduğu, dolaylı yollardan Amerika'ya duyuruldu.

6 Mart 1975'te İran Şahı ile Devrim Komuta Konseyi Başkanı Saddam Hüseyin Tıkriti arasında Cezayir İhanet Antlaşması imzalandı. Antlaşma, yiğitçe savaşmış ve böylece bu görüşmeleri mümkün kılmış olan İran'ın Kürt müttefikleri yararına hiçbir şey içermiyordu.

Barzani: "Söz verilen otonomi nerede?"

Sayın Başkan,

Biz İran ile Irak arasında iyi ilişkiler kurulmasına karşı değiliz. Ama bu, bizim kurban edilişimiz pahasına mı olmalı? Biz Kürtler, ABD ve İran'ın şeref sözüne güvenerek düşmana karşı koyduk ve onlarla savaştık. Bize mükafata olarak söz verilen otonomi nerede:

- İran'ın mülteci kamplarında mı?
- Kürt halkının kitleler halinde Güney Irak'a sürülmesinde mi?
- Batılı ülkelere dağılmalarında mı?
- Ailelerin -kadın, çocuk ve yaşlıların- parçalanmasında mı?
- İşkence altında ölümle mi?
- Kürt mültecilerin İran makamlarınca ansızın sürülme, geri iade edilme korkusu içinde yaşamalarında mı?

Bütün halklar için onur, birlik, özgürlük ve demokrasinin temel ilkelerini ilan etmiş olan Amerika Birleşik Devletleri ulusu gibi büyük bir ulus, Kürt yenilgisindeki rolünden sonra, olanlara nasıl kayıtsız kalabilir?

Orta Doğu'da şöyle bir söz vardır: "İyi adam odur ki, sen ona bir iyilik yaptığın zaman, o iki misliyle karşılık verir."

Biz sizden, yaptığımız iyiliğin iki mislini istemiyoruz. Hatta eşitini bile. Biz sadece, Kürtlere vaat edilen otonominin verilmesini istiyoruz.

Barzani: "Biz dostlarımız tarafından yıkıldık"

Sayın Başkan,

Biz dostlarımızın yardım vaadine güvenerek bir savaşa girdik, fakat ansızın savaş alanında kendimizi yalnız bulduk; Amerikan ve İran yardımından yoksun, arkamızda kapalı bir İran sınırı ve karşımızda durmadan akan son model Sovyet silahlarıyla donanmış modern bir ordu.

Kötüleşen ekonomik koşullar, ihanete uğrama duygusunun yarattığı düşük moral ve bunların yanı sıra, İran'da mülteci olarak 250 bin kadın, çocuk ve yaşlının bulunuşu yüzünden, istemeyerek ve acı içinde İran'a çekilmekten ve yurdumuzu Baas'a terk etmekten başka çaremiz yoktu.

Biz düşmanlarımız tarafından askerî yenilgiye uğratılmış değildik. Dostlarımız tarafından yıkılmıştık.

Barzani: "Kürt halkının bir düşü var..."

Sayın Başkan,

Kürt dramının son perdesi henüz yeni başlamaktadır. O ya bir trajedi ile bitecek veya sonun yeni bir başlangıcı olacaktır. Bu size bağlı...

Kürt halkının bir düşü var -belki sizin Thomas Jefferson'unki kadar büyük değil ama bir otonomi düşü bu. Halkım otonomi için savaştı, onun için öldü ve daima onun özlemiyle yaşadı. İnançlarını ve yüreklerini ona bağladı ve inandı ki, Amerika'nın verdiği söz, ister yazılı ister sözlü olsun, demir bir zırh gibi sağlamdır. Halkım kendisine taahhüt edilen mükâfatın verilmesini benden bekliyor. Ben de Sayın Başkan sizden bekliyorum.

Sayın Başkan,

Halkımın uğradığı felaketin nedeni, onların demokrasiye olan inançları, Batı ile olan dostlukları, Amerika'nın prensiplerine olan güvenleri; bu prensiplerin zayıf ulusların korunması ve onların temel insan haklarına kavuşmaları için destek sağlanmasını öngördüğüne dair kanılarıdır.

Biz hiçbir zaman başka ülkeleri işgal etmeyi veya başka halklara baskı yapmayı düşünmedik. Biz yalnızca, kendi ülkemizde barış içinde ve özgür olarak yaşamamıza olanak verilmesini ve bize de, birlikte yaşadığımız halklar gibi âdil ve eşit biçimde davranılmasını istiyoruz. Biz Irak'ın yeni sakinleri ya da göçmen değiliz. Atalarımız binlerce yıldan beri bu ülkede yaşamıştır.

Sayın Başkan,

Eğer Amerika'nın verdiği söze tam olarak inanmasaydım, halkımı bugün içinde düştüğü felaketten kurtarabilirdim. Bu, Baas politikasını tam olarak desteklemek ve onunla güçleri birleştirmek yoluyla yapılabilirdi. Ama bu tutum Amerika'nın çıkarlarına ve ilkelerine ters düşer, Irak'ın komşularına da zarar verirdi.

Ancak üst dereceli Amerikan yetkililerinin teminatı üzerine bu alternatife iltifat etmedim, onun yerine Amerika Birleşik Devletleri ve İran'la işbirliğini tercih ettim. Böylece biz kendi hedefimizi -otonomiyi- ve Irak halkının hedefini -demokrasiyi- gerçekleştirmiş olacaktık, ki bu da tüm bölgenin çıkarlarına olacaktı.

Sizin de seçim kampanyanızda birçok kereler belirttiğiniz gibi, sizden önceki Amerikan yönetiminin dost ve müttefik uluslara karşı izlediği politika hem bu uluslara hem de Amerika'ya zarar verici cinstendi. Bu politika, dostlarının Amerika'ya güvenlerini yitirmelerine, bunun sonucu olarak Amerika'nın etkisinin azalmasına neden oldu; böylece Amerika'nın prestiji ve saygınlığını dünya ölçüsünde tehlikeye sokucu nitelikteydi.

Sayın Başkan,

Amerikan halkı size güvenini gösterdi; çünkü onlar sizin bu güvensizlik havasını değiştireceğinize ve Amerika'nın geleneksel insani prensiplerini gerçekleştirmek için çalışacağınıza derinden inanmaktadır.

Kendisini daima Amerika'nın güvenilir bir dostu saymış olan Kürt halkı, yüklü çalışma programınıza rağmen onların geleceği üzerinde düşünmeye zaman bulacağınız ve sorunlarının çözümü için zaman göstereceğiniz umudundadır.

Barzani: "Kürt sorunu sükût etmemiştir"

Sayın Başkan,

Kürt sorunu Orta Doğu'nun diğer önemli sorunlarıyla yakından ilişkilidir ve sizin ihtimamla ilgilenmenize değerdir. Ümit ediyoruz ki bu sorun sizin Orta Doğu'ya yönelik ve giderek önem kazanan dış politika müzakerelerinizde özel bir yer tutacaktır.

Yine derinden umut ediyoruz ki, Irak Hükümeti'nin, temel insan haklarına saygı göstermesi, Kürtlere yönelik insanlık dışı politikasını değiştirmesi, Güney'e sürülmüş Kürtleri yeniden kuzeydeki anayurtlarına döndürmesi ve 11 Mart 1970 Anlaşmasına tam olarak riayet etmesi hususlarında ikna edilmesi için Amerikan Hükümeti, bölgedeki dost ülkeleri etkinliklerini kullanmaya zorlayacaktır.

Kürt sorunu sükût etmemiştir ve Kürt devrimi yok olmamıştır. Bunu Irak Hükümeti iyi bilir. Her türlü saldırgana yüzyıllar boyunca direnmiş olan Kürt ulusu öyle kolayca yok edilemez. Acı olayların üstünden daha bir yıl geçmeden halkımız ve Partimiz yeniden örgütlenmiş ve öncesine oranla daha dar bir alanda da olsa devrim yeniden başlamıştır. Bu durum Iraklı yöneticilere daha çok uykusuz geceler yaşatacaktır.

Bu arada ümit ediyoruz ki, İran'daki Kürt mültecilerinin Amerika'ya gelmelerine müsaade edilecek ve daha önce başka ülkelerden gelen mültecilere yapıldığı gibi onlara makul bir maddi yardım tahsis edilecektir.

Sayın Başkan,

Dilerim ki, halkımın yaralarına deva bulmak için çaba göstereceksiniz ve onların yurtlarına dönmesi ve temel insan haklarına kavuşmasını sağlayan kahraman siz olacaksınız. Bir zamanlar onların da sizin için kahramanlık yaptığı gibi.

Yarım asırdan fazla bir zamandır ki, halkım bütün güvenini, umudunu bana bağladı. Şimdi ben bu umudu size devrediyorum.

İçten dileklerimle ve derin saygılarımla.

Mustafa Barzani

Kürdistan Demokrat Partisi Başkanı

Barzani'nin ısrarlı görüşme talebi

Başkan Carter, Barzani'nin bu sitem ve yalvarış dolu mektubuna yanıt vermedi. Barzani'nin, yakarışlarına 3 Mart 1977 tarihli mektupla devam ettiğini görüyoruz:

Başkan Jimmy Carter
Beyaz Saray
Washington, D.C.

Sayın Başkan Carter

Sizden doğrudan ya da dolaylı bir yanıt alamadığım 9 Şubat 1977 tarihli mektubumun devamı olarak, hükümetinizin, Amerika Birleşik Devletleri'nin dünyanın her yerinde halkların özgürlüğünün destekçisi olma politikasına yeniden dönüşüne duyduğum hayranlığı bir kez daha ifade etmek istiyorum.

Bir önceki yönetim döneminde ABD'nin dış politikasında insan haklarına yer yoktu. Dışişleri Bakanlığı sık sık Kongre önünde diktatörlerin yaptığı zulümleri savunuyordu. Haklarını arayan Kürtler gibi, sadık ve dost halkların hakları, Amerika'nın çıkarlarına hiçbir zararı olmayacağı halde feda edildi. ABD makamları tarafından, daha sonra sürekli "gizli operasyonlar misyonerlik faaliyeti değildir" şeklinde anılacak olan gizli taahhütler verildi.

Sayın Başkan,

Kürtler düşük düzeydeki CIA yetkilileriyle gizli ilişki yürütmüyordu. Dışişleri Bakanı Kissinger'ın ilişikte sunduğum mesajının da gösterdiği gibi, Kürtlerin muhatabı ABD yönetiminin en üst düzey yetkilileriydi.

Sayın Başkan,

Amerika'nın gerçek değerlerini ön plana çıkartan meşru bir dış politika hedefine vurgu yapıyorsunuz. ABD'nin, insan haklarına olan inancını Sovyet Bloğu dışındaki ülkelere de yaydınız. Irak'ın Kürtlere yaptığı, en doğal insan haklarının kitlesel ihlalidir. Bu nedenle, şimdi insan haklarını yerleştirmeye çalıştığınız ülkeler arasına Irak'ı da dahil etmenizin vaktinin geldiği kanısındayım...

6 Mart 1975 tarihli Cezayir İhanet Anlaşması'nın öncesinde ve sonrasında cereyan eden hadiselerle moralleri yıkılan Irak'taki 3

milyon Kürt sizin ilginize ve alakanıza herkesten fazla mazhar olmalıdır.

Sizinle veya Başkan Yardımcısı Mondale ile görüşmem, Kürt tarihinin bu en karanlık döneminde, halkımın moralinin yükselmesini sağlayacak ve içinde bulundukları şartları anladığınızı gösterecektir.

Sizinle görüşmeyi büyük bir merak ve özlemle bekliyorum.

Saygılarımla.

Mustafa Barzani

KDP Başkanı

Barzani: "Böyle olacağını bilsem Amerika'ya güvenmezdim"

Tarih, ABD'nin kayıtsız kalabildiğine şahit olacaktı. Barzani' nin mektubu yönetim tarafından ciddiye alınmadı. Henüz iki hafta önce başkanlık görevine başlayan Carter ülkeyi yeni bir maceraya sürüklemek istemiyordu. Türkiye bu konuda önemli bir unsurdu. Carter, 1978 yılında Washington'da yapılan bir NATO toplantısında Başbakan Bülent Ecevit'e, ABD'nin artık bölgedeki ayrılıkçı grupları desteklemekten vazgeçtiğini bildirmişti. ABD, Kürtleri kullanmış ve bir köşeye atmıştı.

Barzani'nin son günleri

Ömrünün son günlerini yaşayan Barzani, ABD'ye olan güvenini tamamen yitirmişti. Yakınlarına, "Amerika'nın, benim nereden geldiğimden haberi bile olmayan bu denli karışık milletlerden oluştuğunu bilseydim hiçbir zaman güvenmez ve ayaklanmazdım" diyordu. Bir başka seferinde ise, "CIA'nin Amerikan milletinin bir parçası olmadığını ve Kongre ve Amerikan halkı tarafından bu kadar nefret edilen bir teşkilat olduğunu nasıl bilebilirdim ki" demişti.

1977'nin başlarından, öleceği Mart 1979'a kadar Barzani, başarısız olmanın getirdiği hüsran ve derin azap içinde yaşadı. Amerikalı dostları ise, önemli işler başardığını söyleyerek Barzani'yi teselli etmeye çalışıyordu.

Ocak 1979'da kanser artık iyice vücuduna yayılmış ve sağlık durumu ağırlaşmıştı. Doktorların yapabileceği bir şey kalmamıştı. Barzani'nin son dileği, geri dönmek ve vatanında ölmekti. Kuzey Irak'a gidemese de, İran'daki Kürt topraklarında ölmek istiyordu.

Ancak, Barzani bu son arzusundan da mahrum kalacaktı. Havayolu şirketleri, sağlığının yolculuğa elverişli olduğuna dair rapor istiyorlardı. Doktorları ise Barzani'nin yolculuğu kaldıramayacağını düşünüyorlardı.

Mart ayına yaklaşıldığında Barzani biraz daha iyileşir gibi oldu. Doktorları seyahat için olumlu rapor vereceklerini bildirdiler.

Ama bu, aldatıcı bir iyileşme haliydi.

3 Mart 1979 günü Georgetown Üniversitesi'nde torunu Ferhat Barzani'nin kollarında son nefesini verdi.

Kürt davasına destek sağlamak ve tedavi olmak amacıyla büyük umutlarla geldiği ABD'den, bu defa tabut içinde ayrılıyordu. Tarih 5 Mart 1979'du.

İran Şahı son jestini yaptı ve cenazesi Tahran'dan Irak sınırına mücavir Mahabad bölgesine askerî helikopterle nakledildi. Binlerce kişinin katıldığı cenaze töreninin ardından, 6 Mart günü İran'daki Kürt bölgesinde toprağa verildi.[9]

Kaderin bir cilvesi olsa gerek, 6 Mart, İran Şahı'nın tam 4 yıl önce Cezayir'de Saddam'la anlaştıktan sonra İran'a döndüğü ve Kürtlere desteğin son bulduğunu açıkladığı tarihti.

---

[9] Barzani'nin mezarı, 1993 yılında Irak ve İran'ın izin vermesiyle, doğduğu yer olan Barzan köyüne taşındı.

Barzani'nin ardından Kürtlerin mücadelesi ve Mesut Barzani Dönemi

Barzani'nin ölümü Kuzey Irak Kürtlerinin mücadelesini sona erdirmedi. 1975'te KDP'den ayrılan Celal Talabani, Kürdistan Yurtseverler Birliği'ni (KYB) kurdu. KDP, Barzani'nin büyük oğlu İdris Barzani ile Mesut Barzani'nin önderliğinde yeniden yapılanmaya gitti. Mesut Barzani, 1979'da KDP'nin başına geçti.

Mesut Barzani, KDP'nin kurulduğu 16 Ağustos 1946'da, babası Molla Mustafa'nın Genelkurmay Başkanlığı'nı yaptığı, İran'daki Kürt Mahabad Cumhuriyeti'nde doğdu. "Mahabad'da dalgalanan Kürt bayrağının altında doğdum ve bu bayrağa hizmet etmeye ve gerektiğinde bu bayrak için ölmeye hazırım" diyordu.

Mahabad Cumhuriyeti bir yıl sonra ortadan kalktığında, babası Molla Mustafa Barzani 500 kişiyle birlikte karayolunda uzun bir yürüyüşün ardından Türkiye üzerinden Sovyetler Birliği'ne kaçtı. Mesut Barzani ise ailenin ve aşiretin diğer fertleri tarafından Irak'a götürüldü. Güney Irak'ta başlayan sürgün hayatında, bir Arap ilkokulunda eğitimine başladı. Mesut Barzani'nin sürgün hayatı, 1958'de Irak'ta krallığı darbeyle deviren General Abdülkerim Kasım tarafından babası Molla Mustafa ve aşiretin diğer fertleri için çıkartılan af sayesinde sona erdi. Babasıyla yeniden bir araya geldiğinde 12 yaşındaydı.

Çok geçmeden General Kasım Hükümeti'yle Kürtler arasında çıkan anlaşmazlık ve 1961'de başlayan ayaklanmadan sonra peşmergelerle dağa çıktı. Eğitimi yarım kaldı.

Ağabeyi İdris Barzani ile birlikte, 1970'de anlaşmayla sonuçlanan özerklik görüşmelerini yürüttü. Saddam Hüseyin ile ilk defa bu görüşmelerde karşılaştı.

1975'te silahlı mücadeleyi bıraktığını açıklayan ve kanser tedavisi için ABD'ye giden babası Molla Mustafa Barzani'ye eşlik etti. Babasının 1979'da ölmesinden sonra KDP'nin 9. Kongresi'nde Başkanlığa seçildi.

Evli olan Barzani'nin 8 çocuğu var.

Kürtler ayaklanmayı sürdürüyor

Saddam Hüseyin'in Kürt bölgelerini Araplaştırma politikası, Kürtlerin yeniden ayaklanmasına neden oldu. 1976'da başlayan ayaklanma özellikle 1979'da etkisini iyice gösterdi.

1980'de başlayan İran-Irak savaşı sırasında, Bağdat ile Kürtler arasında yeni bir düşmanlık dönemi başladı. Bağdat'ın Kuzey Irak'taki askerî birliklerini İran'a karşı cepheye sürmesiyle doğan güç boşluğundan istifade eden peşmergeler ayaklandı. KDP, İran'dan ekonomik ve askeri yardım almakta, karşılığında ise İran birliklerine destek olmaktaydı. Stratejik değeri bulunan sınır kasabası Hac Umran'ın 1983 yılında İran'ın eline geçmesi KDP'nin sayesinde olmuştu. Irak, İran karşısında savunmaya geçmek zorunda kalmıştı. Saddam artık KDP'yi İran'ın beşinci kolu olarak görmekteydi.

KDP'nin İran'la ilişkisini dengelemek isteyen Bağdat, KDP ile KYB arasındaki anlaşmazlıktan yararlanmaya çalıştı. Saddam Hüseyin, Hac Umran kasabasının İran'ın eline geçmesinde KDP'nin rol oynamasına muhalefet eden KYB'ye, özerklik görüşmeleri teklifinde bulundu. Bağdat ile KYB arasındaki görüşmeler 1985 yılına kadar sürdü ancak bir netice çıkmadı. Temel sebeplerden birisi, Kürtlerin Kerkük ve Hanakin'i Özerk Kürt Bölgesi'nin sınırlarına dahil etmek istemesiydi.

Bu durum, KYB'nin de İran'a yakınlaşmasıyla sonuçlandı. Savaşın bütün şiddetiyle sürdüğü bir aşamada KYB'nin de kendi saflarına katılması Tahran'ı fazlasıyla memnun etmişti. Saddam Hüseyin ise bir dizi sistematik karşı önlemler almaya başladı.

KYB-İran ilişkisi 1985-1986 yıllarında oldukça gelişti. 1986'da İran ve KYB arasında imzalanan ekonomik ve askerî anlaşmada, iki tarafın da Saddam Hüseyin iktidardan düşeceği güne kadar savaşmaya ve Bağdat'la tek taraflı bir anlaşma yapmamaya kararlı oldukları belirtilmekteydi.

Saddam'ın aldığı bütün karşı tedbirlere rağmen, KDP ve KYB'nin İran'la işbirliği, Bağdat'ın Kuzey Irak'ta şehirler ve anayollar dışında kontrolü kaybetmesine neden oldu. 1987'de bölgedeki durum Irak açısından daha da zorlaştı. 4 Mart 1987' de İran'ın başlattığı ve Rewanduz'a kadar ilerlediği saldırıyı KDP ve KYB peşmergelerinin desteklemesi üzerine Bağdat, Kürtlere karşı daha sert tedbirler alınması gerektiğine karar verdi ve Saddam Hüseyin'in kuzeni Ali Hasan El Macid olağanüstü yetkilerle bölge valiliğine getirildi.

Irak askerî helikopterleri Kürt köylerine karşı kimyasal silahlarla saldırmaya başladı, yüzlerce kasaba ve köy boşaltıldı.

Saddam Hüseyin'in, Irak'ın yıllardır geliştirdiği kimyasal silahlarını İran ordusundan sonra bu defa kendi Kürtlerine karşı kullanmasıyla, 16 Mart 1988'de 5 bin Kürt öldü ve bu olay tarihe "Halepçe Katliamı" olarak geçti.

Mayıs 1988'de sekiz Kürt partisi birleşerek Kürdistan Cephesi adlı oluşumu kurdular. İran-Irak savaşının en hararetli döneminde Iraklı Kürtler İran birliklerine yardım ederek, Süleymaniye vilayetinin İran sınırına yakın Halepçe kasabasını almasını sağladılar.

Ağustos 1988'de İran-Irak ateşkesinin imzalanmasıyla, Kürtler yine kendi kaderleriyle baş başa kaldı. Saddam Hüseyin, Kürt tarihinin en büyük kıyımına girişti. Enfal adı verilen bu kampanyada yaklaşık 200 bin Kürt öldürüldü, on binlercesi Irak'ın güney bölgelerine sürüldü.

Seksenli yıllarda ABD ve Kürtler

Bütün bu ayaklanmalar sırasında, ABD'nin Kürtlere yönelik ilgisi sınırlı kalmıştı. 1980-1988 İran-Irak savaşında ABD, Kürtlerle herhangi bir alışverişe girmemişti. Zira ABD bu defa, mollalar rejiminin işbaşında olduğu İran karşısında Irak'ı desteklemekteydi.

Ancak, ABD '80'li yıllarda da Kürt kartını asla göz ardı etmedi. Dönemin CIA Direktörü Stansfield Turner'ın 28 Eylül 1979'da bölgedeki CIA şeflerine gönderdiği kripto durumu somut olarak kanıtlıyordu:

> Genel merkezin İran'da otonomi veya bağımsızlık isteyen Kürt ve diğer azınlık gruplarına dair muhtemel destek konusunda ek bilgilere ihtiyacı vardır. Bu tür bilgileri abartarak kullanma konusunda eğilimimiz bulunuyor.

Ankara'daki istasyon şefinden kriptoya verilen yanıt ise şöyleydi:

> Sovyetlere karşı, İran'daki veya uzantısı olarak Türkiye'deki Kürt azınlıkla bağlantılı olduklarını göstermeye yönelik gizli bir harekâta girmemiz için bunu kesin ve sağlam kanıtlara oturtmamız gerekiyor. Aksi takdirde hareketimiz bölgede "ABD ne arıyor?" şeklinde, ABD'ye yönelik kuşkuların artmasına neden olacaktır.

Kısacası CIA, ABD'nin bölgedeki etkinliğini artırmak için Sovyet korkusu yaratmayı ve yine Kürt kartını kullanmayı planlıyordu. Ne var ki, CIA yönetimi böyle bir girişimin olası risklerinin de farkındaydı.

Ancak, dönemin koşulları nedeniyle ABD Kürtleri desteklemekten kaçınmak zorundaydı. Neticede Saddam Hüseyin, ABD'nin can düşmanı Humeyni'ye karşı savaşıyordu.

Bu dönemde ABD'nin Kürtlere bakışını, Kürt hareketinin temsilcisi olarak 1980'lerde ABD'ye giden Dr. Mahmud Osman' ın ağzından dinleyelim:

> 1986 yılında Kürt hareketinin temsilcisi olarak Washington'a gittim. Kimseyi göremedim. O zaman Amerika'nın Saddam'la arası iyiydi. Çünkü ABD, tehdit olarak gördüğü Humeyni'ye karşı savaşan Saddam'ı destekliyordu.
>
> ABD'ye 1988 yılında yeniden gittim. Bu defa, 1988'de kurulan Kürt Cephesi'nin temsilcisiydim. 1987-1988'de Saddam Hüseyin'in kimyasal saldırılarına maruz kalmıştık. Washington'da Dışişleri Bakanlığı'nda Irak veya insan hakları masası ile görüşmeye çalıştık. Amacımız, ABD'nin Kürtler için olmasa da, uluslararası hukuku ihlal ederek kendi halkına karşı kimyasal silah kullanan Saddam Hüseyin'in zulmüne dikkat çekmekti.
>
> Jonathan Randolph, Jim Hoagland, William Safire ve David Ottoway'in çok yardımını gördük.[10] Dışişleri Bakanlığı'yla temasa geçerek, bizimle görüşmelerini sağlamaya çalıştılar...
>
> Ancak o dönemde, ABD Dışişleri Bakanı George Schultz'un Amerikan görevlilerinin Irak muhalefeti ile görüşmesini yasaklayan bir emri vardı. Üç ay Amerika'da bir yetkiliyle görüşmek için didindim ancak kimse kabul etmedi.

---

10 Bu isimlerin hepsi de ABD'nin meşhur köşe yazarlarıdır. Türk kamuoyunun yakından tanıdığı isimlerden biri olan ve Yahudi asıllı William Safire, Ford'un başkanlığı döneminde konuşmalarını yazmıştır. *The New York Times*'daki köşesinde zaman zaman Türkiye lehinde yazılar yazsa da, özellikle Irak Kürtleri söz konusu olduğunda Türkiye'ye sert eleştiriler yöneltmekten geri kalmamaktadır. Amerikan derin devleti ile ilişkili olduğu, yazılarını bu doğrultuda kaleme aldığı söylenmektedir. *Washington Post*'un önemli köşe yazarlarından biri olan ve yine Yahudi asıllı Jim Hoagland da, ABD' nin önde gelen kanaat önderleri arasında sayılmaktadır.

Oğul Barzani de MOSSAD'ın emrinde

Irak Kürtleriyle İsrail arasındaki ilişkiler 1980'li yıllar boyunca da devam etti.

İsrail Başbakanı Menahem Begin, 28 Eylül 1980'de İsrail'in Kürtlere para, silah ve eğitim sağlandığını açıklayan ilk İsrailli yetkili oldu. Bu açıklamanın ardından 29 ve 30 Eylül tarihli gazeteler, Molla Mustafa Barzani'nin 1960'lı ve 1970'li yıllarda İsrail'e birkaç gizli ziyaret gerçekleştirdiğini yazdılar.

İsrail-KDP ilişkisi sonraki yıllarda da sürdü. Molla Mustafa Barzani'nin 1979'da ölümünden sonra yerine geçen Mesut Barzani de babasının izinden gitti. Bu tezi doğrulayan cümleler, gazeteci Turan Yavuz'un *ABD'nin Kürt Kartı* adlı eserinde çarpıcı tespitlerle ortaya konur:

> İdris ve Mesut bir aralar sık sık Tahran, Tel-Aviv ve Washington'da görülüyordu. İran pasaportu ile kimlik değiştirerek seyahat eden İdris ve Mesut bu başkentlerdeki CIA, SAVAK ve MOSSAD genel merkezlerinden çıkmıyordu.

Saddam'ın 2 Ağustos 1990'da Kuveyt'i işgal etmesi, bütün dünyada şaşkınlığa yol açmıştı. Irak Kürtleriyse, kendileri açısından yeni bir dönemin başladığının henüz farkında değillerdi. Farkına varmaları için Başkan Bush'un Irak'ın Kuveyt'ten çıkartılmasıyla sonuçlanacak Körfez Savaşı'ndan hemen sonra yaptığı ayaklanma çağrısını beklemeleri gerekecekti.

Saddam'ın yenilgisiyle sona eren Körfez Savaşı sonrasında, İsrail'in yanı sıra ABD'nin de desteğini alan Barzani, diğer Kürt lider Celal Talabani'yle birlikte, Irak'ta bir Kürt devleti kurmak için kolları sıvadı. Başkaldırının perde arkasında yine İsrail vardı. 1975'lerde ABD'nin kendilerini yarı yolda bırakmasıyla bu ülkeye düşmanlık besleyen Kürt örgütlerle Washington arasında yeniden sıcak temaslar başlamıştı. Barzani, MOSSAD ve CIA'den Saddam'a karşı kullanmak üzere silah ve mühimmat desteği istiyordu. Körfez Savaşı'nın hemen ardından MOSSAD' ın İsrail'deki merkezini ziyaret eden Mesut Barzani, daha çok destek istiyordu.

Hayfa Üniversitesi'nden Dr. Amatzia Baram, Kuzey Irak'taki ayrılıkçı Kürt hareketine destek veren İsrail'in Talabani ve Barzani'yle yürüttüğü ilişkiye dair şu çarpıcı tespitleri yapıyordu:

> 1991-92'den bu yana, Kürt kampının en güçlü iki bloğunun liderleri Mesut Barzani ve Celal Talabani, İsrail ile en azından dolaylı olarak diyalog kurmaktadırlar. 1992 yılından beri her iki Kürt liderinin de bölgelerinde ufak bir İsrailli ekibi barındırdıkları yolunda birtakım söylentiler vardır.

Kürt-Yahudi ilişkileri, Kudüs'te Nisan 1994'te kurulan İsrail Kürdistan Dostluk Derneği aracılığıyla daha da yoğunlaştı. ABD'de yayınlanan *The Kurdistan Review* adlı dergi, derneğin amacını "İsrail kamuoyunda Kürt örgütlerin bağımsızlık mücadelesine destek sağlamak" olarak açıkladı.

Ankara'da "Kürdistan" skandalı

İsrail'in Orta Doğu'ya dair hedefleri ve bunlara ulaşmak amacıyla kullandığı *Kürt kartı*, yakın dönemde Türkiye'nin de başını ağrıtmaya başladı. 24-26 Ocak 1994'te Başbakanlığa bağlı Politik Psikoloji Merkezi tarafından organize edilen "Türkiye Terörizm Olgusunun Psikolojik Açıdan Değerlendirilmesi" başlıklı toplantıya katılan ABD'li iki Yahudi akademisyen, Türkiye' nin Güneydoğusu'nu *Kürdistan* olarak nitelendirerek büyük bir skandala sebep oldular. Bu skandalın ardından Türkiye'yi ziyaret eden İsrail Cumhurbaşkanı Ezer Weizman, Güneydoğu bölgesini dolaşarak, *bölücü gruplara* dolaylı bir destek verdi.

İsrail'in Kuzey Irak'a yönelik ilgisi Türk kamuoyunda sürekli tartışılan bir konu olmuştur. Örneğin 1995 ve 1996 yıllarında Kuzey Irak'tan İsrail'e götürülüp eğitilen kişiler olduğu ifade ediliyordu. MİT kaynakları bu konudaki bilgileri Türkiye'nin en üst düzeydeki toplantılarında dile getirdi. Çünkü İran makamları bu konuda bilgiler aktarıyordu. Dönemin MİT Müsteşarı Köksal, "kendilerine gerekli açıklamayı yaptığını, bu konuda herhangi bir bilginin kendilerine ulaşmadığını, bunu İran'ın İsrail'e yönelik politikasının bir parçası olarak değerlendirdiğini". ifade ediyordu. Aslında Ankara İsrail'in bir Kürt devletinden yana olan tutumunu biliyor ve değerlendiriyordu. Ama yapılan araştırmalarda İsrail'in Kuzey Irak'ta terörist eğittiğine dair hiçbir bulgu elde edilemedi. Daha çok bölgede etkin olan sivil kuruluşlar üzerindeki faaliyetleri saptanıyordu.

İsrail'in Kürt devleti ve Kuzey Irak'taki faaliyetleri konusunda Türk kamuoyu hep hassas oldu. Bu noktada bir spekülatif senaryo analizi olarak, Türkiye'de yayınlanan bir dergiden Hakkı Öznur'un yazısını alıntılamak istiyorum. Bu komplo analizi, Türkiye'den bazı çevrelerin olaylara nasıl baktığının yanı sıra, bazı bilgileri okuyucuya aktarmak bakımından da belirli derinlikler yaratabilir.

BARZANİ YAHUDİ KÖKENLİ Mİ?

Konu Irak'taki Kürtçü hareket olunca, kafalara takılan iki temel soru vardır: "1930'lardan bu yana Irak'taki Kürtçü hareketin liderliğini yapan, Barzan bölgesindeki Barzani aşireti ile İsrail arasındaki ilişki köklü müdür? Irak'ın kuzeyinde yüzyıllardır yaşamakta olan Kürt Yahudilerinin Barzanilerle ilişkisi var mıdır?"

Her iki sorunun cevabı da "evet"tir.

MÖ 7. yüzyılın sonlarında Filistin'deki Yahudileri yenen Babil Kralı Nabukkadnassar, buradaki Yahudileri Irak'a sürmüştü. Yahudi tarihinde önemli bir olay olarak kayıtlara geçen sürgünlerin ardından Yahudi dini bölge halkı arasında gelişti. Dr. A. Medyalı ismiyle kaleme alınan *Kürdistanlı Yahudiler* adlı eserde, Kürtler ile Yahudiler arasındaki tarihsel ilişkiye dikkat çekilir. Dr. Sinan Marufoğlu'nun Osmanlı arşivlerini tarayarak yazdığı bir inceleme olan *Osmanlı Döneminde Kuzey Irak 1831-1914* adlı eserde de, Barzan bölgesi Yahudi dini önderlerin yetiştiği bir yer olarak zikredilir. Ünlü hahamlardan Salim Barzani, sözü edilen dini liderlerdendir. Dr. Marufoğlu'nun eserinde geçen şu paragraf hayli dikkat çekicidir:

> Kürtlerin Yahudi hahamlarından, Musul'da bulunan "Haham Salum Barzanî", 1855 senesinde bir Müslüman'a hakaret etmesi üzerine açılan hukukî dava sonucu, adı geçen Kürt Haham'ın önce Dârsaadet'e oradan da Selanik'e uzaklaştırılmasına karar verilmiş ise de, İstanbul Haham başından gelen bir istirham dilekçesinde, adı geçen Haham' ın Selanik havasından rahatsız olduğu, uyum sıkıntısı çektiğini ve Musul'da kalan çocuklarının perişan halde olduklarını, bu yüzden adı geçen Haham'ın ailesi ile birlikte Selanik yerine Kuds-i Şerif'e nef'i edilmesi talebi, Musul Meclis-i Vâlâ tarafından kabul edilmiştir.

İsmail Beşikçi de *Kürt Aydını Üzerine Düşünceler* adlı çalışmasında Kürtler ile Yahudiler arasındaki ilişkiye dair şunları yazar:

> Kürtlerin Orta Doğu'da Yahudilere karşı düşmanlık hisleri beslemelerinin hiçbir yararı yoktur. Kürtler Yahudi toplumu ile daha sıcak ilişkiler kurmak durumundadır. Yahudi toplumunun demokratik kurumlarını görmezden gelemezler. Yahudi toplumu Orta Doğu'daki Kürtlerin doğal ittifakçısıdır.

MOSSAD 1950'li yıllarda gerçekleştirdiği Ezra ve Nehemya

Operasyonu ile, Kürt Yahudilerinin büyük bir bölümünü İsrail'e getirmiştir. İsrail'de yaşayan Kürt kökenli Yahudilerin kurduğu *İsrail'deki Kürt Yahudileri Ulusal Örgütü* (KYHU) [The National Organization of Kurdish Jews in Israel] başkanlığını yapmış olan Haviv Şimoni, 1973'te yapmış olduğu bir açıklamada, bu ülkede 90 bin Kürt bulunduğunu belirtmişti. Kürt Yahudileri Irak'taki Kürtlerle ilgili konularda da oldukça hassastır. İsrail' deki KYUH Başkanı Şimoni, 1991'de İsrail Dışişleri Bakanı David Levy ile görüşerek, ABD'nin Kürt yanlısı politikalar yürütmesini istemiştir.

Barzani aşiretindeki Yahudi Kürtler

Daha da ilginç olanı, Kürt Yahudilerin Barzani aşiretinin bir kolu olması ve bu aşiretten yüzlerce haham çıkmasıdır. *Kürdistanlı Yahudiler* adlı kitapta Barzani hahamları şöyle anlatılır:

> 16. ve 17. yüzyıllarda Kürdistanlı hahamlar tarafından yazılmış olan çeşitli belgeler ve elyazması kitaplar, genel olarak Kürdistanlı Yahudilerin başta dinsel olmak üzere, sosyal ve ekonomik yaşantıları hakkında ayrıntılı bilgilerin yanı sıra Kürdistan'la ilgili bazı dolaylı bilgiler de içermektedir. Bu dönemlerde kimi Yahudi toplulukları Kürdistan halklarının genel yoksulluk tablosu içinde yer alırken, öte yandan özellikle ünlü Barzani Ailesi'nden gelen hahamlar Kürdistan'ın birçok yerinde dinsel çalışmalar ve eğitim için merkez kurmuşlardı. Bu dinî merkezler Mısır ve İsrail gibi uzak yerlerden bile öğrenci kabul ediyorlardı.

1975'teki yenilgiden sonra İsrail'in müdahalesiyle birçok Kürt Yahudi İsrail'e göç etmiştir. KDP içinde 30 kadar Kürt Yahudi'nin görev yaptığı da bilinmektedir. *Haber Extra* dergisinin 9 Nisan 1998 tarihli sayısında bu üst düzey yöneticiler arasında KDP Genel Başkan Yardımcısı Sami Abdurrahman, KDP Dohuk kenti sorumlusu Fazıl Miran, asayiş sorumlusu Franso Hariri ve Kerim Sincari'nin adlarını vermektedir. 16 Nisan 1996'da Ankara'da MİT ve Dışişleri yetkilileriyle görüşmeler yapan Mesut Barzani'nin sağ kolu Evair Barzani'nin İsrail pasaportlu bir Kürt Yahudi oluşu oldukça dikkat çekicidir.

İkinci Bölüm
KÖRFEZ SAVAŞI VE ÇEKİÇ GÜÇ

ABD'nin Kürt politikasında en büyük değişiklik, Irak'ın 2 Ağustos 1990'da Kuveyt'i işgali ve bunun sonucunda ABD'nin liderliğindeki koalisyon güçlerinin 17 Ocak 1991 tarihinde I. Körfez Savaşı'nı başlatmasıyla gerçekleşti. 42 gün süren Çöl Fırtınası operasyonu ABD açısından tam bir zaferle sonuçlandı ve Başkan Bush 27 Şubat'ta ateşkes ilan etti.

Bush'tan Irak halkına çağrı: Saddam'ı devirin

Bush, Şubat ayı ortalarında yaptığı bir konuşmada, Irak halkını ayaklanarak Saddam Hüseyin rejimini yıkmaya çağırdı. Bunun anlamı, ABD'nin hedeflerinin sadece Kuveyt'in işgalden kurtarılmasıyla sınırlı olmadığıydı.

Bush'un konuşması aslında Irak'taki Sünni Araplara yönelikti ama mesaj yanlış adrese gitmiş, Şiiler ve Kürtler harekete geçmişti. 2 Mart 1991'de ayaklanan Şiileri, 9 gün sonra Kürtlerin Ranya kasabasında başlattığı ayaklanma izledi. İlerleyen günlerde, KDP lideri Mesut Barzani ve KYB lideri Celal Talabani ayaklanmada kontrolü ele aldılar. Mart'ın son haftasına gelindiğinde Kürtler, önemli başarılar kazanmış ve yerel yönetimler kurmaya başlamıştı. Ancak işler çok kısa bir süre zarfında tersine dönmeye başladı. Irak kuvvetleri, askerî helikopterlerin yardımıyla Kuzey Irak'a saldırdı ve kısa zamanda ayaklanmayı bastırdı. Kürtler, 1975'te olduğu gibi, yine ABD tarafından yalnız bırakılmıştı. Binlerce Kürt, Türkiye ve İran sınırlarına kaçıyordu.

Mülteci krizi ve Özal'ın çözüm önerisi

Özal, büyüyen mülteci krizini çözmek amacıyla, 7 Nisan'da ABC televizyonuna verdiği demeçte "Güvenli Bölge" fikrini ortaya attı. Bu açıklamadan 3 gün sonra Bush, 36. paralelin kuzeyinde Uçuşa Yasak Bölge uygulaması başlattı. Yasak sadece askerî uçakları değil, helikopterleri de kapsamaktaydı. ABD bu uygulamayı Birleşmiş Milletler Güvenlik Konseyi (BMGK)'nin 688 sayılı kararına dayandırmıştı.

11 Nisan'da da Operation Provide Comfort (OPC) [Huzur Harekâtı] olarak adlandırılan operasyon başladı. Bu gelişmelerden yaklaşık bir hafta sonra koalisyon güçleri Irak'a girdi. Yine Türkiye ve ABD arasında varılan anlaşmaya göre, ABD askerleri Irak'a girerek mültecilere yardım edecekti. Türk askerleri ise sınırın diğer tarafında kalacaktı.

Sınırın Irak tarafındaki düzlüklerde bir güvenli bölge oluşturulacak ve Kürt mültecilere bu bölgede insani yardım sağlanacaktı. ABD'nin başlattığı bu operasyona koalisyon kuvvetleri de katıldı ve ilk koalisyon birlikleri 17 Nisan'da Kuzey Irak'a girdi. Bağdat bu gelişmeyi protesto etmekle birlikte, 688 sayılı karar uyarınca BM insani yardım ekiplerinin bölgeye girmesine izin veren bir Mutabakat Zaptı imzalamak zorunda kaldı.

Nisan sonunda Kuzey Irak'ta Kürt mülteciler için bir güvenli bölge tesis edilmiş, Türk sınırındaki Kürtlerin bu bölgeye dönmeleri büyük ölçüde sağlanmış, Türkiye büyük bir baskıdan kurtulmuştu. Güvenli Bölge, yaklaşık olarak Doğu-Batı genişliği 160 mil, kuzey-güney derinliği 50 millik bir alandan oluşmaktaydı. Bölgenin güvenliği İncirlik üssünde konuşlandırılmış ABD, İngiliz ve Fransız askerî uçakları ile Silopi'deki karargâhta görevli kara birlikleri tarafından sağlanmaktaydı. Kuzey Irak'ta Zaho'da ise bir irtibat bürosu niteliğindeki Askerî Eşgüdüm Merkezi kurulmuştu. Bu güçlerin resmî adı Birleşik Görev Kuvveti'ydi.

Türkiye'de yıllarca tartışmaya yol açacak Çekiç Güç, Ankara'nın beklemediği mülteci akını üzerine, Cumhurbaşkanı Turgut Özal'ın ısrarı sonucunda, Türkiye'ye yardımcı olmak amacıyla kurulmuştu. Çekiç Güç'ün başlangıçtaki bu masum amacından uzaklaşması ise daha sonra gerçekleşecekti.

Huzur Harekâtı'nın gerçek amacı

Birinci Huzur Harekâtı, 12 Temmuz'da başlayan ve Türk kamuoyunda Çekiç Güç olarak adlandırılacak İkinci Huzur Harekâtı'na kadar dikkat çekmedi. Ancak, bu dönemde yaşanan bazı olaylar, Huzur Harekâtı'nın gerçek amacı ve ABD'nin Kürt politikasıyla ilgili olası bir gizli ajandası olduğuna dair şüpheler yarattı. Örneğin, Mayıs ayında Washington'dan Ankara'ya gönderilen nota, varış noktası Kuzey Irak olarak bildirilen ve 600 askerden oluşan bir özel tim grubunun Türkiye'ye getirileceğini bildiriyordu. Kuzey Irak'ta oluşturulan tampon bölgeye ABD askerleri yerleşmişlerdi bile. Kürtlerin evlerine dönmeye başlamasına rağmen Washington'un ek bir gücün daha bölgeye gönderilmesi için istekte bulunması kuşkuyla karşılanmıştı.

Özel Kuvvetler'in özellikleri

Ayrıca bu gücün niteliği de dikkat çekiciydi. İngilizce'de Special Forces olarak bilinen gücün adı ABD tarafından verilen notada Task Force Alpha olarak bildiriliyordu. Söz konusu özel güç, daha önce çeşitli dönemlerde Vietnam, Lübnan, Panama gibi dünyanın sıcak noktalarında kullanılmıştı. Hatta Irak Kuveyt'e saldırmadan önce de, söz konusu güç Irak'ta bir hayli faal durumdaydı.

Bu gücün bir özelliği de şuydu: İşgal edilen topraklarda kendilerine yakın gördükleri insanlarla ilişki kurup, mahalli idare ve hükümete karşı koyma, çeşitli sabotaj ve kontrgerilla taktiklerini öğretiyordu.

Söz konusu özel güçte yer alan bazı askerlerin Arapça ve Kürtçe konuşabilir olması da oldukça ilginçti. Özel Güç, Kuzey Irak'ta kısa bir süre kaldı. Haziran ayından itibaren, kademeli bir şekilde, geldiği gibi sessizce Kuzey Irak'tan ayrılırken ardında bir dizi soru bırakmıştı:

Bu özel grupta askerlerin dışında kimler vardı? Irak'a denetimsiz neler soktular? 6 ay boyunca Irak'ın kuzeyinde neler yaptılar? Kürtleri hangi konularda eğittiler, ne tür taktikler verdiler?

Bu sorular hâlâ yanıtlanmış değil. Ancak, özel gücün daha önceki faaliyetleri ve bölgede o dönemdeki konjonktür dikkate alındığında, Birinci Huzur Harekâtı ile ilgili çeşitli spekülasyonlar yapılması son derece normaldi.

Buna göre, bu operasyon ile Amerikalılar Iraklı Kürtlere *hükümete karşı koyma* yöntemlerini öğretmiş; Kuzey Irak'ta bir Kürt oluşumu için gerekli askerî altyapının kurulması bakımından temel bilgiler ve eğitimler vermişti.

İkinci Huzur Harekâtı ya da Çekiç Güç

12 Temmuz 1991 tarihinden itibaren İkinci Huzur Harekâtı ya da kamuoyunda bilinen adıyla Çekiç Güç başladı. Türkiye' de konuşlanan uluslararası güçte toplam 1862 kişi görevliydi. Güç' ün 1803'ü İncirlik'te, 49'u Pirinçlik'te, 10'u da Zaho'da görev yapıyordu. Grubun ülkelere göre asker dağılımı şöyleydi: ABD (1416), İngiltere (183), Fransa (139), Türkiye (74).

Güç'ün sahip olduğu silah potansiyeli ve bunların ülkelere göre dağılımı konusunda şu rakamlar mevcuttu: ABD (3 kargo destek ve tanker uçağı, 9 helikopter, 32 savaş uçağı), İngiltere (8 savaş uçağı, 2 tanker uçağı), Fransa (8 savaş uçağı, 1 tanker uçağı), Türkiye (4 savaş uçağı).

Çekiç Güç'ün resmî görevi şu şekilde anlatılıyordu:

> 36. enlemin kuzeyinde Irak silahlı kuvvetlerinin faaliyetini hava keşfiyle saptamak, keşif sırasında yalnızca meşru savunma gerektiğinde silahlı çatışmaya girmek, keşif sonuçlarını Pirinçlik ve Zaho' da kurulan Askerî Eşgüdüm Merkezi'ne bildirmek ve verilecek karara göre hareket etmek. Diyarbakır ve Zaho arasında helikopter ulaşımı sağlamak. Bölgede askerî gelişmeleri izlemek ve ilgili makamlara rapor vermek. İnsani yardım veren kuruluşlarla eşgüdümü sağlamak. Güvenlik sığınma bölgesinde hükümet dışı yardım kuruluşlarıyla eşgüdümü sağlamak.

Damgasız pasaportlu "yetkililer"

Çekiç Güç'ün daha bölgeye yerleşme aşamasında birbirinden ilginç olaylar yaşanıyordu. İlk olarak, Türkiye'de sivil kıyafetlerle dolaşan ABD'li ve İngiliz yetkililerin sayılarında artış görüldü. O günlerde Dışişleri Bakanlığı'na vize almak üzere gönderilen yabancı pasaportların sayısı oldukça kabarıktı. Özellikle ABD ve İngiltere büyükelçiliklerinden gönderilen pasaportlarda, söz konusu yetkililerin Kuzey Irak'a giriş çıkışları için Türkiye'den izin istenmekteydi. Dışişleri yetkilileri pasaportları inceledikçe şaşkına dönüyordu. Bazılarının normal olarak Türkiye'ye giriş damgaları vardı; ancak bazı pasaportlarda da giriş damgasından eser yoktu. İşin ilginç yanı, hem Türk vizesi hem de giriş damgası olmayan bu yetkililer o sırada Türkiye'deydi.

Dışişleri yetkilileri bu kişilere Türkiye'ye nasıl girdiklerini sorduğunda, İncirlik ve Diyarbakır yakınlarındaki Pirinçlik Üssü'nden Türkiye'ye giriş yaptıklarını ve vize almak için de vakitleri olmadığını belirtiyorlardı. Ayrıca, söz konusu damgasız ziyaretler için, NATO ülkelerinde askerî yetkililerin serbestçe giriş çıkış yapmasına olanak veren NATO seyahat belgelerini gösteriyorlardı. Bu durumda Ankara'nın yapacağı fazla bir şey yoktu. Böylece damgasız ziyaretçilerin pasaportlarına Türk vizeleri verildi. Bu ziyaretçiler Türkiye'nin Güneydoğu bölgelerinde oldukça faal günler geçirdiler ve geldikleri gibi sessizce çekip gittiler.

Çekiç Güç'ün ABD'ye taşıdığı peşmergeler

Daha da ilginci, ABD ve İngiliz helikopterleri düzenli olarak İncirlik üssüne ABD'ye götürülmek üzere bazı Kürtleri taşıyordu. ABD Büyükelçiliği tarafından bazı kamplarda kurulan konsolosluk masaları bazı Kürtlere ânında vize veriyor ve bu kişilerin İncirlik üzerinden ABD'ye uçmalarını sağlıyordu. Götürülenler arasında Süryani din adamları da bulunuyordu. Kamplarda, ABD'ye gitmek isteyen normal Kürtlerin hemen hepsi geri çevrilirken, Washington'dan isimleri bildirilenlere vize veriliyordu. Bu kişilerin neye göre ve ne için seçildiği ve sayılarının ne olduğu belirsizdi.

Bu gelişmeler, ABD'nin uzun vadede Orta Doğu'da fiilî anlamda kendisine bağlı üsleştirilmiş bir Kürt oluşumu peşinde olduğu iddialarına yol açıyordu. Buna göre, Körfez Savaşı sonrası OPC-1 ve OPC-2 operasyonları ile Kuzey Irak'ta yaratılan iktidar boşluğu bu planın ilk adımını oluşturuyordu. Kürtlerin 1991 yılındaki isyanda yaşadıkları bozgun ve CIA'nin bölgedeki istihbaratları, yerel güçlerin kendi başlarına gerçek anlamda iktidar oluşturamayacağını gösteriyordu. Task Force Alpha ve diğer ABD güçlerinin bölgedeki çalışmaları, önceden tespit edilmiş peşmergelerin ABD'ye götürülmesi bu planın bir parçası olarak algılanıyordu.

Kürtlere Saddam'dan ekonomik baskı

ABD'nin Kürt mültecilere yardım çalışmalarının başını çektiği bu sırada, KYB ile Bağdat arasında bir kez daha özerklik görüşmeleri başladı. Mayıs ayındaki görüşmelere KDP lideri Barzani bizzat katıldı. Görüşmeler, özerk bölgenin coğrafi sınırları ve özellikle de Kerkük'ün statüsü konusunda baş gösteren uyuşmazlık nedeniyle yeniden kesildi. Kürtler, Kerkük'ün Kürt özerk bölgesinin sınırlarına dahil edilmesi karşılığında, Kerkük'teki petrol sahalarından elde edilecek gelirlerin Bağdat'a bırakılmasına razı olmaya hazırdı. Bağdat ile Kürtler arasındaki anlaşmazlıklara rağmen, 20 Ağustos'a gelindiğinde taslak bir anlaşma metni ortaya çıkmıştı.

Ancak, bu defa KDP ve KYB arasında taslak anlaşma metni konusunda görüş farklılıkları çıktı. Bu anlaşmazlığın giderilmesi bir yana, peşmergeler ile hükümete bağlı birlikler arasında yeniden çatışmalar başladı. KDP ve KYB, özerklik anlaşması sonuçlandırılıncaya kadar hükümetle görüşmeme karar aldı. Eylül ve Ekim ayında Bağdat ile peşmergeler arasındaki çatışmalar yoğunlaştı.

Saddam Hüseyin bu gelişmeler üzerine, Ekim ayının son günlerinde, 1970 Özerklik Anlaşması'nın sınırlarına giren bölgedeki bütün sivil idareyi ve askerî birliklerini çektiğini açıkladı ve bu hattın doğusunda Kürtlere ambargo başlattı. Kürt memurların maaşları kesildi, bölgeye girenlerin yanlarındaki yakıt ve yiyeceklere el kondu.

Kürtlere karşı askerî önlem alma imkânından mahrum kalan Saddam Hüseyin bu defa ekonomik tedbirlere başvurmuş, Kürtleri bu şekilde cezalandırmak yolunu tercih etmişti. Nitekim, ambargonun etkileri kısa zamanda kendini gösterdi: benzinin fiyatı 200 katına, pirincinki 8 katına çıktı. Ambargonun başlamasından 3 hafta sonra 12 Kasım'da KDP ve KYB, ambargonun kaldırılması karşılığında Erbil'in güneyindeki birliklerini çekeceklerini açıkladılar. Hükümet ile Kürtler arasında bir uzlaşma sağlandı ancak kısa sürdü.

Saddam Hüseyin'in Kürtleri cezalandırmak amacıyla giriştiği bu taktik hamle, nihayetinde stratejik bir mağlubiyetle sonuçlanacak ve Kürtler birkaç yıl içinde sadece bölgede denetimi sağlamakla kalmayacak, bölge aynı zamanda Bağdat karşıtı Irak muhalefetinin de merkezi haline gelecekti.

Saddam'ın bu taktik hamlesinin fiilî bir Kürt devletinin doğmasına yol açabileceğini ise ne Saddam'ın kendisi, ne de Irak'taki koşulları geçici gören ve Saddam'ın yakın zamanda bir darbeyle devrilmesi ümidini taşıyan ABD ve gelişmelerden endişe duyan bölge ülkeleri görebilmişti.

Kürtler Çekiç Güç koruması altında

Çekiç Güç'ün tam anlamıyla bölgeye yerleşmesini izleyen aylarda ABD yönetimi, Kürt politikasında somut değişim sinyalleri vermeye başladı. 3 Kasım 1992'de yapılan başkanlık seçimleri öncesinde Bush, Irak politikası nedeniyle kamuoyunda ciddi şekilde eleştirilmeye başlanmıştı. Muhalefet Saddam'ın, koltuğunda eskiye kıyasla daha güçlü bir şekilde oturmaya devam ettiğini savunuyordu. Bu gelişmelerin de etkisiyle, 1992 yılının başından itibaren ABD yönetimi, Saddam'ı devirme konusunda Kürt alternatifini değerlendirmeye başladı. Bu günlerde Kürtlere bazı Çekiç Güç yetkilileri tarafından, "Seçim yapın. Kuzeyde *de facto* bir idare oluşturabilirsiniz" mesajları gitmeye başlamıştı. Ancak, ilerleyen aylarda CIA tarafından hazırlanan değerlendirmeler, Saddam'ın Kürtler tarafından devrilmesi projesinin gerçekçi olmadığını gösterdi.

Çekiç Güç her taşın altında

Çekiç Güç, göreve başlamasından itibaren yaptığı kuraldışı ve şüpheli davranışlarla sürekli Türkiye'nin gündeminde kaldı. Bu dönemde gerek sembolik açıdan gerekse içerik açısından önemli gelişmeler yaşandı: Bir kaymakam Eylül 1991'de Çekiç Güç'ün kara personeli tarafından tartaklandı; Kuzey Irak'ta seçimler yapıldı; Kürt Federe Devleti ilan edildi; Bu gelişmeden endişelenen Türkiye, benzer kaygıları paylaşan Suriye ve İran'la Irak'ın toprak bütünlüğünün teyidi için bölgesel üçlü zirveler düzenledi; Viyana Konferansı, Dublin Zirvesi gerçekleştirildi.

Bu olaylara kıyasla çok daha ciddi iddialar da gündeme geldi: Çekiç Güç'ün PKK'ya örtülü destek verdiği iddia edildi. Jandarma Genel Komutanı Eşref Bitlis'in 17 Şubat 1993'te Çekiç Güç'e karşı çıktığı için bir komplo sonucu öldürüldüğü gündeme taşındı. Yine, Çekiç Güç'e bağlı bir F-15'in 2 Blackhawk helikopterini tanıyamayıp vurması, tartışmaları artırdı. Helikopterlerde Kürtlerin de bulunduğu iddiası ortaya atıldı.

Ayrıca, Çekiç Güç'e bağlı uçak veya helikopterler, Türk yetkililerin izin ve bilgisi dışında, Güneydoğu'ya amacı belli olmayan inişler yapıyordu. Amerika'ya ait bir C-130 uçağının, Türk güvenlik güçlerinin bilgisi dışında Yüksekova karayolu pistine iniş yaptığı, gazetelerde yazılıyordu. Yine sarp dağ tepelerinde ele geçirilen ağır silahların oralara Çekiç Güç tarafından taşındığı savunuldu. Bu savın sözcüsü, dönemin Genelkurmay Başkanı Orgeneral Doğan Güreş'ti; Güreş, izinsiz kalkan Amerikan helikopterlerinin vurulması emrini vermişti.

Bu sıkıntıların en önemli nedenlerinden birisi, Türkiye'nin Çekiç Güç'ün denetimini sağlayamıyor olmasıydı. AWACS uçakları ile helikopterlere bir Türk subayı biniyordu, ama bunların istihbarata ulaşımı konusunda kuşkular vardı. Yine savaş uçaklarına Türk subayları binemiyordu. Zaten bunların büyük çoğunluğu tek kişilikti. PKK bölgede *bayrak* gösteriyordu.

ABD'nin Irak'ta darbe beklentisi

Beyaz Saray, Pentagon, Dışişleri ve CIA, BM yaptırımlarının Saddam'ın elini kolunu bağlayacağına ve nihayetinde içeriden düzenlenecek bir darbeyle devrilmesine yol açacağına inanmaktaydı. Beklenti, Irak'ta yumuşak bir geçiş olmasıydı.

Saddam'ın içeriden darbeyle devrilmesi en kolay çözüm yolu olarak görülüyordu. Nitekim Başkan Bush, CIA'ye 1991 yılının son günlerinde, Saddam'ın öldürülmesi veya devrilmesi talimatı vermişti.

ABD, ayrıca, Arap istihbarat örgütlerinin finansmanıyla, MOSSAD'ın ve İngiltere'nin MI-6 isimli istihbarat teşkilatının yardımlarıyla Irak muhalefetini örgütlemeye çalışıyordu. Ahmet Çelebi ve Ayad Alawi gibi Irak'lı muhalifler bu dönemde CIA karargâhındaki popüler isimlerdi.

Iraklı muhalif grupların birleşik bir cephe kurmalarını ve

birlikte hareket etmelerini isteyen Washington, Kürtleri hala Irak muhalefetinin bir parçası olarak görmekteydi.

Kürtlerin kontrolündeki bölge, Haziran 1992'de Viyana'da kurulan Irak Ulusal Kongresi'ni (INC) oluşturan muhalif grupların, Ekim ayında Selahaddin'de düzenlenen toplantısına ve bundan sonra Irak muhalefetine ev sahipliği yapacaktı.

Selahaddin toplantısında alınan kararlar uyarınca INC, Selahaddin'de karargâhını kurdu ve hemen psikolojik harekât faaliyetlerine geçti. Bir gazete yayımlamaya ve Irak geneline radyo ve televizyon yayını yapmaya başladı. Ülke genelinde önemli konumlarda bulunan görevlilerle irtibata geçti ve istihbarat ağı kurdu.

ABD, İngiliz ve Fransız uçaklarının Türkiye'deki İncirlik üssünden gerçekleştirdikleri Çekiç Güç'ün güvenlik şemsiyesi altında olan bölge, ülke içi muhalefetin merkezi haline gelmişti.

Orta Doğu'da görevli CIA ajanları ise, bir *saray darbesi* planlamak için, Irak ordusunda veya güvenlik birimlerinde bağlantısı olan kişileri gece-gündüz araştırmaya başladı. CIA'nin maddi kaynak sıkıntısı da yoktu. Genelde CIA'ye zorluklar çıkartan ABD Kongresi, Irak'a yönelik örtülü operasyonlarda kullanılmak üzere 40 milyon dolar tahsis etmişti.

CIA, bir yandan da Saddam Hüseyin aleyhinde yoğun bir propaganda çalışması başlattı. Kampanyayı yürütmek üzere profesyonel bir halkla ilişkiler uzmanı görevlendirildi.

Kuzey Irak'ta seçim ve Kürt devletine giden yol

ABD'nin sağladığı yeni güvenlik şemsiyesi altında yaşayan Barzani ve Talabani, bir Kürt Ulusal Meclisi oluşturulması için 1992'de anlaştılar. Amaçları Saddam'ın güçlerini çekmesiyle fiilen özerk hale gelen bu bölgede bir meşruiyet inşa etmekti.

Seçim 19 Mayıs 1992'de yapıldı. Üç gün sonra açıklanan sonuçlara göre, Barzani'nin KDP'si yüzde 44,58, Talabani'nin KYB'si ise yüzde 44,33 oy aldı. Her iki partinin Meclis'teki sandalye sayısı 50-50 olarak tespit edildi. 105 üyeden oluşacak meclisin 5 üyeliği ise Süryanilere ayrıldı. Kuzey Irak'ta yaşayan Türkmenler, "Bu seçime yalnızca Kürdistan vatandaşları katılabilir" koşulu bulunduğundan oy kullanmadı.

Kürt bölgesinin liderliği için yeni bir seçim yapılması öngörüldü, ama Barzani ve Talabani bölgeyi birlikte idare etmeye karar verince liderlik seçimine gerek kalmadı.

Irak, seçimleri yasadışı ilan etti. Türkiye, yalnızca *yerel işlerle* uğraşmayacağı anlaşılan Kürt Ulusal Meclisi'ni ve gelişmeleri başından itibaren kaygıyla izledi. Kürt liderler ise özellikle Türkiye'yi yatıştırmak ve yabancılaştırmamak için, amaçlarının bağımsızlık olmadığını belirtmeye özen gösterdiler.

Kürtler 4 Temmuz'da, Basra Üniversitesi'nde felsefe profesörü olan KYB'li Fuat Masum'un başbakanlığında, 11 Mart 1974 tarihli ve 33 sayılı yasada Özerk Bölge Yönetiminin *merkezi* olarak tanımlanan Erbil'de bir hükümet kurdular. Başbakan Yardımcısı KDP'den seçildi. 17 kişiden oluşan Bakanlar Kurulu'ndaki 7 bakan KYB'den, 7 bakan KDP'den idi; diğer 3 bakanlık ise Süryaniler, İslâmi Kürt Hareketi ve Komünist Parti arasında paylaştırılıyordu. Türkmenler ise, kendilerine önerilen 1 bakanlığı kabul etmeyerek hükümete girmemişti.

Barzani ve Talabani, Türkiye'yi bağımsızlık peşinde olmadıklarını söyleyerek yatıştırmaya çalışsa da, gelişmelerin bir Kürt devletine doğru yol almakta olduğunu görmemek imkânsızdı.

İçerde karmakarışık bir durum ve terör devam ederken Türkiye hep I. Körfez Savaşı'nda yapılan hataların bedelini ödemek durumunda kaldı. Örneğin, Turgut Özal bile Talabani-Barzani ikilisine karşı ayrı, devlete ayrı konuşmak zorunda kalıyordu. Özal, bütün karşı çıkmalara rağmen Talabani ile de görüştü. Bu görüşmeleri sırasında bazı gazetecileri aracı olarak kulandı. Bu gazetecilerden bazıları daha sonra şirketleri aracılığıyla iş de yapmaya başladı. Bunlar arasında *Turkish Daily News*'ın o dönemki sahiplerinden İlnur Çevik de bulunuyordu. Çevik daha sonra Talabani ile ticareti geliştirdi. Talabani'nin AKP iktidarı sırasında yaptığı Türkiye ziyaretinde onun çevirmenliğini üstlendi. Talabani'nin bütün özel işlerini devlet katında o takip etti. Hatta bu takip, Talabani'nin özel ilaç ve diğer ihtiyaçlarının gümrüklerden geçirilebilmesi için Turgut Özal'ın ve Süleyman Demirel'in devreye sokulmasına kadar uzanmıştır. Arada iş ortaklığı bulunmaktadır.

Talabani'nin Türkiye'ye ilk gelişi olaydı. Ankara'da devlet bu ziyaretten rahatsızdı. Çünkü düne kadar birkaç ajan ile görüştürülen bu *Kürt aşiret lideri,* Turgut Özal sayesinde *Kürt lider* statüsüne geçiyordu. Ankara bu ilk görüşmeye direndi. Ama ABD politikalarının şaşmaz temsilcisi Özal direnemedi.

Talabani'nin kehanetleri

Tarih 26 Haziran 1992. Yer Ankara, Balgat. Dışişleri Bakanlığı ana binası. Kürdistan Yurtsever Birliği (KYB)'nin lideri Celal Talabani binadadır. 25 Haziran 1992 tarihinde Ankara'ya gelmiştir ve 26 Haziran 1992 tarihinde bakanlık koridorlarını aşarak girdiği toplantı salonunda, İstihbarat Araştırma Dairesi Başkanı Büyükelçi Cenk Duatepe ve diğer üst düzey Dışişleri mensupları Burhan Ant, Türkekul Kurttekin ile bir toplantı halindedir. Talabani'ye Ankara'daki İrtibat Görevlisi Serchill Kazzaz da eşlik etmektedir. Görüşme tutanaklara şöyle yansıdı:

Talabani: Viyana'da düzenlenen Irak muhalif gruplarının toplantısı başarıyla sonuçlandı. Toplantıda çeşitli muhalif gruplardan oluşan heyetlerin temaslarda bulunmak için bazı ülkeleri ziyaret etmeleri kararlaştırıldı. İlk ziyaret edilecek ülkenin Türkiye olmasında ısrar ettik ve bu isteğimizi size ilettik. Ziyaretimin nedenlerinden biri de bu konudaki cevabınızı öğrenmek.

Kurttekin: Devlet erkânının halen Ankara dışında bulunduğunu biliyorsunuz. Biz Viyana'daki Büyükelçiliğimizin heyetle görüşmesini öngördük. Ancak, anladığımız kadarıyla grup Londra'ya geçmiş. Dolayısıyla görüşme Londra Büyükelçiliğimizle yapılabilir.

Talabani: Heyet Londra'da değil; üyeleri Kahire, Riyad gibi bulundukları ülke başkentlerine döndüler. Önemli bir adım olarak gördüğümüz bu girişim için, heyetin gidilen ülkede üst düzeyde kabul edilmesini istiyoruz. Oysa sizin bu cevabınız önerimizin reddi gibi bir mahiyet arzediyor.

Kurttekin: Talebinizi üst makamlarımıza ilettik. Pratik olacağı gerekçesiyle, belirttiğim usulün izlenebileceği talimatını aldık. Ancak grup dağılmışsa, üyeleri bulundukları ülkedeki Türk Büyükelçiliği ile görüşebilirler.

Talabani: "PKK, İran ve Ermenistan'ı üs yaptı"

Talabani: Esasen biz ziyaret edilecek ilk ülke olarak Türkiye'yi önerdiğimizde birçoğu buna karşı çıktı. Sizin bu tavrınız bu çevrelerin işini kolaylaştırıyor. Heyetin ABD'de Baker ve Kongre üyeleri ile görüşmesi öngörülüyor. Belki de Başkan Bush'un da kabulü söz konusu olabilir. İngiltere'de Major ve Hurd kabul edecek. Türkiye'de de üst düzeyde bir kabul beklerdik. Ben bu cevabınızı önerimizin reddi şeklinde kabul ediyorum. Heyete, ziyaretlerine Arap ülkelerinden başlamalarını telkin edeceğim.

Kurttekin: Pek tabiî, ziyaretlerine istedikleri yerden başlayabilirler. Biz de bu ifadelerinizi üstlerimize aksettiririz.

Talabani: Ziyaretimin birinci nedeni, bu durumu size aktarıp cevabınızı öğrenmekti. İkincisi ise, PKK ile ilgili bazı yeni gelişmeler konusundaki fikirlerimi sunmak olacak. PKK şu anda İran ve Ermenistan'ı üs olarak kullanıyor. Öte yandan, bu örgütün Suriye tarafından dışlanmış olduğu konusunda tereddütlerim var. Suriyeliler oyunlarının bir parçası olarak, belki şimdilik bu rolü oynuyorlar, ama PKK'nın bu ülkeden çıktığına inanmak güç. Bir diğer izlenimleri de, PKK'nın Türkiye'deki etkisinin giderek kaybolmasıdır. Buna Abdullah Öcalan'ın deliliklerinin de büyük katkıda bulunduğunu söylemeliyim. Kürtler Abdullah Öcalan'ın, davalarına zarar verdiğini kabul etmeye başladılar. Bu hem sizin hem de bizim için çok olumlu bir gelişme. Bundan bir yıl evvel Mehdi Zana ile görüşürken, kendisi bana Abdullah Öcalan'ı desteklememiz gerektiğini kararlı bir ifadeyle söyledi. Ben de kendisine "Şam'a gidip Öcalan'la bir görüş, döndüğünde aynı fikirdeysen bundan böyle senin her sözünü dinlerim" dedim. Gitmiş görüşmüş, döndükten sonra kendisini gördüğümde, "Haklıymışsın" dedi.

Talabani: "Öcalan'ı serbest bırakırsanız Kürtler ondan kurtulmanın çaresini arar"

Diyeceğim o ki, Öcalan'ı Türkiye'de serbest bıraksanız Kürtler ondan bir an evvel kurtulmanın çaresini ararlar. PKK'ya yaklaşım konusunda aramızda bir fark var. Ben siyasetçiyim, bir devleti de temsil etmiyorum. Benim PKK ile kavgam siyasi düzeyde olur. Ben PKK'yı Kürt milletinin gözünde afişe etmek için caniliğini, barbarlığını, Kürt milletine verdiği zararı, Saddam'la yaptığı işbirliğini herkese açıklayan siyasi bir kampanya sürdürürüm ama onunla savaşamam. Sizi de anlayışla karşılıyorum. Siz bir devletsiniz ve PKK'ya karşı yumuşak davranamazsınız. Ama silahla da her şeyin halledileceğine inanmak zordur. İngiltere gibi, tüm imkânları olan bir ülke IRA'yla baş edemiyor. Kanaatimce, İçişleri Bakanınızın teslim olan PKK'lı militanların hoşgörüyle karşılanacağı yolundaki açıklaması çok olumlu bir tutum. PKK'yı tecrit etmek istiyorsak, daha siyasi davranmak gerektiğini ve onların silahını ellerinden almak gerektiğini düşünüyorum.

Ben PKK'ya daha farklı yaklaşabiliyorum, çünkü ben Kürt'üm ve onların anlayabileceği lisan ve üslupla düşünüyorum. HEP'lilerle burada yaptığım görüşmelerde hata yaptıklarını söylüyorum.

Önceleri bana inanmıyorlardı. Şimdiyse ne kadar haklı olduğumu teslim ediyorlar. Onlara, SHP'den ayrılmalarının hata olduğunu söyledim. Şimdi bana hak veriyorlar. Zaten bizde Türkmenler tarafından söylenen bir atasözü vardır: "Bir Kürt'ün beyninin ancak olaydan sonra çalıştığı" tasvir ediliyor. Diğer taraftan, PKK'nın işlediği cinayetlere ilişkin olarak hazırlanan kasetler de çok faydalı, bunların televizyonlardan yayınlanması halkı etkiliyor. Biz Kuzey Irak'ta bunu yapıyoruz ve netice alıyoruz.

Talabani: "Belki bağımsız bir devlet kurarız"

Duatepe: Yeri gelmişken söyleyeyim. Talebiniz üzerine, PTT ve TRT teknisyenlerinden oluşan bir ekibi Kuzey Irak'a gönderdik. Ancak, adı geçenler Kuzey Irak'ta bizim anladığımız tarzda bir televizyon yayın şebekesi bulunmadığını, kısıtlı ve bölgesel yayın kapasitesi olan 3 verici bulunduğunu, TV yayın şebekesinin tam anlamıyla kurulması için ise büyük bir proje hazırlanması, bunun da yüklü bir bütçeyle desteklenmesi gerektiğini bildirdiler. Bu görevliler ayrıca, kendilerine yakın ilgi gösterilmediği gibi, tecrit dahi edildiklerini bildirdiler.

Talabani: Kuzey Irak'ta 4 istasyon ve her biri 1 KW gücünde 4 vericimiz var. Bunlar Kerkük'teki Irak vericisinden daha güçlü ve 200 kilometre karelik bir alana yayın yapabiliyor. Bizim sorunumuz, bunlardan 3'ünün devre dışı bulunması. Bunların yedek parçalarının karşılanmasını istiyoruz. Büyük projeye gerek yok. Bu yedek parçaların bedelini de ödemeye hazırız. Bu teknisyenlere ilgi gösterilmediği, tecrit edildikleri iddiasına gelince, ben kendilerine evimde yemek verdim. Gittikleri her yerde de yakın ilgi gördüklerini söyleyebilirim.

Kurttekin: Benim dikkatinizi çekmek istediğim bir husus, Avrupa'daki gazetecilere verdiğiniz demeçlerle ilgili. Bu demeçleriniz belki de basın organlarınca tam yansıtılmıyor ve tutumunuzda dalgalanmalar olduğu izlenimi yaratıyor. Örneğin İtalyan *La Republica* gazetesine verdiğiniz demeçten, (Roma Büyükelçiliği'nin 740 sayılı açık teli), Irak'ta sadece Kürtler ve Arapların yaşadıkları gibi bir netice ortaya çıkıyor. Yine bu demecinizde, yarın bir gün Kürdistan'ın bağımsızlığına kavuşabileceğini söylüyorsunuz. (Sayın Kurttekin, daha sonra makalenin metnini okumuştur.)

Talabani: Bu makalede yer alan her şeyi söyledim ve bugün bana aynı sorular sorulsa aynı şeyi söylerdim. Her şeyden önce, benim Irak'ta sadece Kürt ve Arapların yaşadığı gibi bir fikir öne sürmem imkânsız. Ben Türkmenlerin talebi üzerine onların da sözcülüğünü yapıyorum. Bunu Türkmenlere sorabilirsiniz. Kürdistan'ın bağımsızlığı konusuna gelince, cümleyi tam okursanız, benim "Eğer bir gün Araplar birleşirse Kürdistan bu ülkenin bir parçası olmayacaktır" dediğimi göreceksiniz. Biz Irak'ın bölünmesini istemiyoruz, ayrıca gerçekten de yarın bir gün Araplar birleşirse, Kürtler Arapların bir kolonisi olmayacaktır. Belki Türkiye'yle birleşmeye karar verir, belki bağımsız bir devlet kurarız, ama artık hiçbir zaman Arap sultasında yaşamak istemiyoruz. Samimi olarak ifade edeyim ki, şimdi Irak'ın bölünmesi için en müsait vakit. Buna rağmen biz, Irak'ın bütünlüğünün korunmasına taraftarız. Eğer bölünmeyi isteseydik çoktan harekete geçerdik. Bizim tavrımız çok açık. Bu bakımdan, makalede yazılarının hepsinin doğru olduğunu ve bizi anlayışla karşılamanız gerektiğini düşünüyoruz.

Irak ile Suriye birleşir mi?

Kurttekin: Söylediğiniz çerçevede evet. Ancak, gazetelerde yayımlanan demeçler bazen çarpıtılabiliyor. Bu bakımdan sizi uyarmak istedim.

Talabani: Açıkça söyleyeyim, artık biz Araplarla açıkça mücadele edeceğiz. Bugün Irak için bir komplo hazırlandığını, buna göre Irak Baas partisinin yapısının değiştirilerek Irak'ın Suriye'yle birleşmesi öngörüldüğünü biliyoruz. Zaten bu tür planlar yıllardır tatbik edilmek isteniyor. Biz Araplarla içiçe yaşadığımız için, Arap meseleleri ve Arapların birleşmeleri yönünde el altından sarf edilen gayretleri bilmiyor değiliz. Zaten biraz evvel bahsettiğiniz demecimde de bunu vurgulamak ve bu tür bir olasılık halinde Arap dünyasının dışında kalacağımızı belirtmek istedim.

Duatepe: Musul Vilayet Konseyi ile ilgili girişimin arkasında kimin olduğunu biliyor musunuz?

Talabani: Biz bunun Türk askerî çevreleri tarafından desteklendiği izlenimini edindik. Musul Vilayeti projesinin hukuki temelini hazırlamış olan Mr. Keller bana, projeyi üst düzeyde bazı askerî makamlarınızla görüşüldüğünü söyledi. [Keller, Cenevre'deki Good Offices Group of European Lawmakers isimli kuruluşun Genel Sekreteri.] Türkiye tarafından desteklendiğini düşündüğümüz için de karşı çıkmadık. Doğru söylemek gerekirse, bunu Türkiye' nin kara kaşı, kara gözü için değil, bizim işimize de geldiği için destekledik. Musul Türkiye ile birleşirse, bu bizim de Türkiye ile birleşmemiz için bir ön adım teşkil eder. Bakın, size samimi olarak fikirlerimizi söylemek istiyorum. Biz gerçekçiyiz. Bağımsızlık peşinde değiliz. Eğer bir ülke ile beraber yaşamamız gerekiyorsa bunun Türkiye olmasını istiyoruz. Musul Türkiye'ye geçerse Türkiye'nin petrol sorunu kalmaz. Biz de Türkiye ile birleşirsek PKK sorunu da ortadan kalkar. Biz de sizinle aynı parlamentonun çatısı altında konuşuruz. Ben bunu Sayın Başbakana daha söyledim ve Sayın Başbakan bu fikrime güldü. Bizim içten dileğimiz bu, demokratik bir ülke olan Türkiye sadece bizim için değil, başkaları için de çekici bir ülke olmaya başladı.

Duatepe: Musul Vilayet Konseyi girişiminin arkasında Türkiye yok. Bunun Türk askerî çevrelerince desteklendiği yolundaki görüşü ilk defa duyuyorum. Bu kişiler filhakika önce askerî yetkililerimizle temas etmişler, onlar da bize gönderdiler. Mesele bundan ibaret.

KYB Temsilcisi Kazzaz: Buradaki otel masrafları olan 128 milyon Türk lirasını kimlerin ödediğini merak ediyorum.

Talabani: Bu işin arkasında Almanlar ve petrol işinden büyük kazanç sağlamayı uman Avrupalılar olduğunu düşünüyorum. Yanlarındaki Keller adlı şahıs bunları yönlendirip idare ediyor. Ancak tekrar ifade edeyim ki, Musul Vilayet Konseyi ile ilgili olarak sunulan proje son derece iyi hazırlanıyor. Çok iyi bir çalışmanın ürünü. Bunu kimin hazırladığını merak ettim. Amerikalılar da, İngilizler de bunu bilmediklerini söylüyorlar. Ben zaten Türkiye ile birleşme fikrimizi üst düzey Amerikan yetkililerine açmak, işe karışmak istemiyoruz. "Bu Türkiye'nin meselesidir" dediler ama menfi bir tepki de göstermediler.

Talabani: "Her şey Amerika'nın tutumuna bağlı"

Kurttekin: Bizim 70 yılda gerçekleştiklerimizi, üstelik bunu petrolsüz gerçekleştirdiğimizi dikkate aldığınızda bu tür projelerin bizim için önemli olmadığını takdir edersiniz.

Talabani: Çok diplomatça davranıyorsunuz. Artık eski politikalarınızı bırakın. Musul'u alın ve biz de sizinle birleşelim. Beni üst düzey askerî yetkililerinizle de görüştürmenizi istiyorum. Jandarmayla pratik önlemler için görüşüyorum, ama ben askerlerle görüşmek istiyorum.

Duatepe: Sayın Başbakan burada olmadığı için, bu talebinizi sonra değerlendirebiliriz. Muhalefet grupları olarak Viyana'da ne kararlar aldınız?

Talabani: Ana fikir bir hükümetin kurulması oldu. Erbil'de kurulmasına karar verilen hükümeti Suudi Arabistan gibi bazı ülkeleri de tanıyacaklarını ümit ediyoruz. Ancak her şey ABD'nin tutumuna ve bu işe ne diyeceğine bağlı. Heyet ABD'ye gittikten sonra fikirlerin netleşeceğini bekliyoruz. Bu arada bizim ihtiyaç duyduğumuz bazı maddelerin Kuzey Irak'a geçirilmesi için yardımlarınızı bekliyoruz. Örneğin, sigara fabrikası için getirdiğimiz kâğıt Kapıkule'de bekliyor. Sayın Başbakan buna müsaade edileceğini söylemişti.

Duatepe: Bu konuda Sayın Ant size cevap verecek. Ancak Sayın Başbakan bu sigara kâğıtları için özellikle bir talimat vermeden, genelde Kuzey Irak için neler yapılabileceğini sorduğunu hatırlatmak isterim.

Ant: Kuzey Irak'a mal sevkıyatı için Birleşmiş Milletler Yaptırımlar Komitesi'nin müsaadesi gerekli. Eğer söz konusu sigara kâğıtları için bu müsaade verilmemişse, Kuzey Irak'a gitmesini sağlamamız söz konusu olamaz. Biz elimizden gelen kolaylığı göstermeye çalışıyoruz. Örneğin, bir İsveç NGO'su tarafından Kuzey Irak'a gübre ve tahta sevkıyatı için yapılan başvuruları Yaptırımlar Komitesi kabul etmiş. Ama takdir edersiniz ki, kararları biz almıyoruz. Bu konuda BM çok hassas davranıyor.

Talabani: Yaptırım Komitesi'nin kararları zaten ihlal edilmiyor mu? Kuzey Irak'tan getirilen ihtiyaç dışı mazota göz yumulmuyor mu?

Ant: Bunu bizden herkes talep etti ve başta BM istedi. Çünkü size sağladıkları insani yardım projeleri için gerekli malzemeyi taşıyacak kamyon bulamıyorlardı. Biz de zararımıza olmasına rağmen kabul edilebilir bir miktarın sevkine izin verdik.

Talabani: O halde bize yardımcı olamayacaksınız. Biz de bu malzemeyi İran üzerinden geçiririz. Bir seneden beri, sizden talep ettiğimiz hiçbir şeyi sağlayamadık. Bundan üzüntü duyuyoruz.

Görüşmenin sonunda Talabani, muhalif grupları temsilen bir heyetin Türkiye'yi ziyaretinin, ABD ziyaretinden sonra gerçekleştirebileceğini düşündüğünü söylemiştir.

Türk pasaportuyla Kürtlere açılan ABD yolu

Kürtlerin meşruiyet oluşturma çabalarının sonuç vermesiyle, Talabani ve Barzani'ye ABD yolu açıldı. Ceplerindeki Türk diplomatik pasaportuyla yola çıkan Talabani ve Barzani'nin Ankara'dan sonraki durağı Washington'du. Molla Mustafa Barzani yıllar önce ABD'ye İran pasaportuyla gitmişti. Kaderin garip bir cilvesi olsa gerek, oğlu Mesut Barzani'nin cebinde ise Türk kırmızı pasaportu vardı.

Kürt liderler, ABD Dışişleri Bakanı James Baker tarafından kabul edildi. Böylelikle, Barzani ve Talabani'nin ilerleyen yıllarda Washington'u sıklıkla ziyaret etmeleriyle devam edecek ve ABD ile Kürtler arasında giderek gelişecek bir diyalog da başlamış oluyordu.

Kürtler bir kez daha ABD'nin ilgisini çekmekte başarılı olmuştu. Bu defa amaçları, ABD'nin desteğini sürekli kılmaya çalışmak ve ABD'nin yardımları ve güvenlik şemsiyesi altında, nihai hedef olan bağımsızlığa doğru yol almaktı.

ABD'nin cesaretlendirmesinden güç alan KDP ve KYB bir adım daha ileriye giderek, kendilerine bağlı peşmerge birliklerini birleştirme kararı aldılar. Böylelikle 50 bin kişilik bir Kürt ordusu kuruldu.

Kürtler rüzgârı yakalamıştı. Nitekim Kürt Parlamentosu, 4 Ekim 1992'de Irak Federal Devleti'nin parçası olarak, Kürdistan Federe Kürt Devleti'nin kurulduğunu ilan etti. Barzani yaptığı açıklamada, bu kararın "bağımsızlık ilanı değil, Kürtlerin kendi kaderlerini tayin hakkının birleşik, demokratik ve bağımsız bir Irak içinde korunması amacıyla federal sistemin benimsenmesi olduğunu" belirtti. Barzani'ye göre, Haziran 1992'de Viyana'da toplanan Irak Ulusal Kongresi, Kürtlerin "Irak'tan ayrılmaksızın kendi kaderlerini tayin hakkını garanti etmişti."

Türk hükümeti gelişmelere sert tepki gösteriyor, Türk kamuoyunda ABD'nin bölgede bir Kürt devleti kurmaya çalıştığı iddiaları genel kanı haline geliyor ve Güneydoğu Anadolu'da tırmanan PKK terörünün arkasında Çekiç Güç ve Batı'nın bulunduğuna hükmediliyordu.

Türkiye, Körfez Savaşı'nın başlangıcında hiç tahmin etmediği bir gelişme ile karşılaşmış, on binlerce Kürt mülteciden kurtulmak amacıyla başlatılan uluslararası yardım operasyonu Kuzey Irak'ta bir Kürt devletinin fiilî oluşumuna yol açmıştı. PKK terörü ise neredeyse kâbusa dönüşmüştü.

Sönmez Köksal CIA ziyaretini değerlendiriyor

Bu günlerde Türkiye'ye gelen CIA görevlileri, dönemin MİT Müsteşarı Sönmez Köksal'ı ziyaret etti. Bu ziyaret sırasında Türkiye'nin eski Bağdat Büyükelçiliğini yapmış olan Köksal'ın değerlendirmeleri şöyleydi:

> 14 Kasım 1992 akşamı ABD Heyeti ile yapılan toplantıda Irak konusundaki özellikle ilgimi çeken bazı ifadelerle bunlara ilişkin bazı kısa yorumlarımı bilginize sunuyorum:

1) "The only unacceptable Tikriti is Saddam" (Kabul edilemeyecek tek Tikriti Saddam'dır). Bu ifadeyle Saddam'ın etrafındaki Tikriti ailesine mensup olanlara, Saddam'ın devrilmesinden sonra bir halel gelmeyeceğini ve Saddam'ın politikalarından sorumlu tutulmayacakları mesajı verilmektedir. Yakın çevresine devirme daveti çıkarılmaktadır.

2) "INC şimdilik bir iktidar alternatifi değildir. Sadece Saddam üzerinde bir baskı aracıdır ve Saddam sonrası için iktidara yardımcı olabilir." INC, 63 ayrı gruptan oluşmaktadır. Saddam'ın devrilmesine yol açabilecek bir halk hareketini başlatması mümkün görülmemektedir. Yukarıdaki davetiyenin muhatap bulması ve başarılı olması halinde, Bağdat'taki otoritenin INC ile ya iktidarı paylaşması ya ona devretmesi veya hiç olmazsa halk tabanı oluşturması gibi bir senaryo üzerinde durulduğu izlenimi edinilmektedir.

3) Aslında Saddam sonrasında Irak'ı uzun ve kanlı bir iç kavgaya ve dolayısıyla büyük bir "destabilization"a (düzensizlik) sürükleme ihtimali olan INC yerine, ülkede saygınlığı olan ve süratle merkezî otoriteyi ve ülke bütünlüğünü tesis edecek tecrübeli birisinin iktidara talip olmasının ülkemiz açısından teorik olarak ideal gelişmeyi oluşturacağı söylenebilir. Bu adaylardan birisi, 1988'de İran'a karşı FAO savaşını kazanan, o zamanki 7'nci Ordu Komutanı General Raşit olabilir. FAO yarımadasının 1988 baharında İran'dan geriye alınışında bütün başarı Irak Silahlı Kuvvetleri'ninken, Saddam'ın, bu zaferi Cumhuriyet Muhafızları'na mal etmesi üzerine General Raşit madalyalarını iade ederek çiftliğine çekilmiştir. Kızı Saddam'ın küçük oğluyla evliyken bu olaydan sonra ayrılmışlardır. Generalin kardeşi iki dönem Sanayi Bakanlığı yapmış ve ülkemize çok yakındır. Daha sonra o da görevden ayrılmıştır. Bu aileyle temas imkânlarının araştırılmasının yararlı olabileceği akla gelmektedir.

4) Kuzey Irak'taki gelişmelerle ilgili olarak özellikle dikkati çeken ifadeler ise şöylece sıralanabilir:

- "We are as uneasy as you with the federalism" (Federalizm konusunda biz de sizin kadar rahatsızız).
- "PKK içine sızamadık."
- "Irak'ın toprak bütünlüğünün muhafazası gereğine inanıyoruz."

• "Separatism will be a suicide" (Ayrılıkçılık intihar olur).

• Bağımsız Kürt devletinin "viable" (yaşayabilir) olamayacağını Iraklı Kürt liderlere ısrarla belirtiyoruz.

5) "Doların değeri bu yaz bir ara 20-25'ten 40-45 dinara çıkmıştır." Savaş öncesinde 1 dolar karaborsada 4-5 dinar idi.

6) "Petrol alanında Irak savaşın bütün tahribatını gidermiştir." Ham petrol fiyatında son dönemde görülen düşüşün birçok nedenleri (günlük OPEC petrol üretiminin 1980'den bu yana ilk kez 25 milyon varil/gün'e çıkması, Kuveyt'in 2 mvg, İran'ın 4 mvg, Suudi Arabistan'ın 8.8 mvg üretime çıkabilecekleri tahmini ve ABD stoklarının artması) yanında Clinton'dan kaynaklanabilecek politika değişikliği nedeniyle, Irak'ın da yakında petrol piyasasına girebileceği varsayımının rol oynadığı anlaşılmaktadır. Piyasanın gösterdiği tepki de yukarıdaki beyanı doğrulamaktadır."

CIA'nin Kürt projesi

ABD'nin Kuzey Irak'taki Kürt gruplarla bu kadar içli dışlı hale gelmesinin nedenleri hakkında ise farklı yorumlar yapıldı. Bazı yorumlara göre, ABD bölgede bir Kürt devleti kurmak istiyordu. CIA, Kürtleri bağımsız devlet kurmaya hazırlamak amacıyla bölgedeydi.

Amerikan kaynakları ise, CIA'nin bölgedeki varlığını, Saddam Hüseyin'i darbeyle devirme stratejisinin bir parçası olarak takdim ediyordu. Buna göre, Irak'ta Saddam karşıtı bir kampanya yürütmek için, Kuzey Irak'tan başka alternatif bir yer yoktu. CIA iki Kürt grubu diğer muhalif Irak gruplarıyla birleştirerek, şemsiye bir örgüt olan Irak Ulusal Kongresi'ni kurmuştu. CIA, INC'yi finanse ederek, Kürt gruplar arasındaki işbirliğini sürdürmek, Irak ordusunu kuzeyden uzak tutmak ve Saddam Hüseyin karşıtı bir muhalefet zemini oluşturmak peşindeydi.

Amerikan makamları, CIA'nin bu faaliyetlerine katılan Kürt

grupların motivasyonlarının farklı olduğunu, en azından siyasi özerklik peşinde koştuklarını kabul ediyordu. Ancak, Türkiye'nin bu konudaki kararlı tutumu nedeniyle, Washington sürekli olarak, bağımsız Kürt devletine karşı olduğu yönünde resmî bir söylem benimsemek zorunda kalıyordu. Hatta, zaman zaman bu durumun CIA ile Kürt gruplar arasında ciddi gerginliğe yol açtığı da belirtilmekteydi. KDP ve KYB, CIA'den tanksavar, roketatar gibi silah yardımı yapılmasını istemiş ama CIA bu talebi reddetmişti.

Habur'da kamyon pazarlığı

KDP ve KYB arasındaki bahar havası çok sürmedi. Geçmişte zaten sürekli çatışmış olan KDP ile KYB arasında, Mayıs 1994'te düşük yoğunluklu bir çatışma başladı. Çatışmanın nedeni, Türkiye'den gelen ve Habur sınır kapısından geçen kamyonlardan elde edilen gelirin paylaşılamamasıydı.

İnsani malzeme getiren ve Türkiye'ye mazot götüren kamyon trafiğinden Kürtler kamyon başına 20 dolar vergi alıyordu. Kürt bölgesinin tek ciddi geliri, Türk kamyonlarından alınan ve yılda yaklaşık 14 milyon dolar tutan bu vergiydi.[11]

KYB, KDP'nin bu geliri hükümetin kasasına koymak yerine, kendi kasasına koyduğunu ileri sürüyor; KDP ise KYB'nin kurulan Kürt yönetiminin kasasından 14 milyon dolar tutarında

---

[11] O dönemde 14 milyon dolar tutan bu gelir bugün 300 milyon dolar civarına ulaşmıştır. Habur sınır kapısından Türkiye ile Irak arasında yürütülen ambargo dışı mazot-kamyon trafiği işinde, Irak savaşı başlamadan önce Saddam Hüseyin'in büyük oğlu Uday Saddam'ın, KDP lideri Barzani'nin yeğeni ve KDP'nin sözde Başbakanı Neçirvan Barzani'nin ve *Turkish Daily News* isimli gazetenin kurucusu gazeteci İlnur Çevik'in ortak oldukları ve bu işi Asya Nakliyat isimli bir firma aracılığıyla yürüttükleri yolunda rivayetler bulunmaktaydı.

bir paraya el koyduğunu iddia ediyordu.

Aslında hükümet içinde de sorunlar başlamıştı. Erbil'in kontrolü KYB'nin elindeydi. KDP ise şehirde ortak söz hakkı istemekteydi.

Kuzey Irak'taki çatışmaların yaratacağı boşluğun PKK'nın işine yarayacak olması Ankara'yı harekete geçirdi. Türkiye'nin, ağırlığını koyarak, Haziran ayında KDP-KYB'yi Silopi'de bir araya getirmesiyle çatışmalar hafifledi. Talabani ve Barzani, Temmuz ayında Paris'te buluşarak, bölgede yeni bir seçim yapma ve silahlı kuvvetlerini birleştirme kararı aldılar. Bu gelişme, toplantıdan dışlanan Ankara'yı ürkütmüştü. Ankara'nın endişesi, gelişmelerin yine bir Kürt devleti oluşumuna yol açmasıydı.

Ancak, KDP ile KYB arasındaki düşük yoğunluklu çatışmalar kesilmedi. Irak muhalefetinin şemsiye örgütü INC'nin karargâhı ve örtülü ABD operasyonlarının merkezi haline gelen Kuzey Irak'ta işlerin karışması ve Saddam Hüseyin'in bölgeye müdahale ihtimali, ABD'nin devreye girmesine yol açtı.

ABD'nin baskısıyla KDP ve KYB, Kasım ayında yeni bir ateşkes imzaladı. Ateşkesin mimarı, INC lideri Ahmet Çelebi'ydi. Bu başarı Çelebi'nin bölgedeki ve ABD'deki itibarını artıracaktı. Ancak, bu ateşkes de başarılı olamadı. Aralık ayında Erbil'i tamamen işgal eden KYB, KDP'li parlamenterleri ve bakanları şehirden çıkarttı. KYB'nin amacı KDP'yi müzakereye çekebilmekti, ama KDP'nin silahla yanıt vermesiyle çatışmalar yeniden yoğunlaştı.

Türkiye'nin önündeki üç seçenek

Bu dönemde Türkiye'nin başı PKK terörüyle beladaydı. Her gün bir yeni terörist saldırı meydana geliyor, asker ve sivil onlarca insan hayatını kaybediyordu.

PKK'yı etkisizleştirmenin tek yolu, Kuzey Irak'taki otorite boşluğunu doldurmaktı. Türkiye'nin önünde üç seçenek vardı. Bunlardan ilki ve en uzak olanı, Kuzey Irak'a girerek bölgeyi geçici bir süre işgal etmekti. Ancak, dünyanın göstereceği tepki ve bir dış sorun olan Kuzey Irak'ın iç sorun haline dönüştürülecek olması gibi gerçekçi nedenler bunu imkânsız kılıyordu.

İkinci seçenek, bölgedeki Kürt grupların, yani KDP ve KYB'nin otoriteyi sağlaması ve PKK'ya müsaade etmemesiydi. Türkiye bunu denemiş ama birçok nedenle sonuç hüsran olmuştu. PKK ile mücadele etsin diye KDP'ye verilen silahlar, yapılan maddi yardım ve sınırda kurulan karakollar işe yaramadığı gibi, peşmergeler silahlarını PKK'ya satmış, Türkiye'nin sıkıntısı katlanmıştı. Nitekim, o günlerde Dışişleri Bakanlığı İstihbarat Dairesi Başkanı Cenk Duatepe bu gerçeği şu şekilde dile getirmişti:

> 1992'de bir sistem getirdik, hudut boyunca Irak tarafında 65 karakol kuruldu. Barzani ve Talabani buraya peşmerge yerleştirecekti. O karakollar yapıldı, işlemedi, yürümedi. Taraflar niçin işlemediği konusunda birbirlerini suçladı. Bu nedenle 1992'de Türkiye buraya 5000 kişilik bir güç göndermişken, 1995'te 35000 kişi göndermek zorunda kaldı. 1992 formülü iflas etti, müdahale ettik.

Bu seçeneğin başarısızlığının temelinde yatan ikinci etken, KDP ve KYB arasındaki çıkar çatışmasından kaynaklanan silahlı çarpışmalardı. Habur sınır kapısından elde edilen gelirin paylaşılamaması çatışmaların temel sebebi gibi gözükse de, asıl sorun her iki grubun da Kuzey Irak'ta kendilerinin merkez olduğu bir düzen kurmaya çalışmalarıydı.

Ayrıca otorite boşluğunun KDP ve KYB ile doldurulması Türkiye'nin hiç de istemediği bir sonuca yol açmaktaydı. Kürt gruplar kendi aralarındaki çatışmalara son verdiklerinde bağımsızlığa yönelik adımlar atmakta, her geçen gün Bağdat'tan biraz daha uzaklaşmaktaydı. Türkiye, KDP ve KYB'ye karşı derin bir güvensizlik duymaya başlamıştı.

Kısacası bu seçenek, Türkiye'yi ciddi bir açmazla karşı karşıya bırakıyordu. Bölgedeki otorite boşluğunun Kürt gruplarca doldurulması, aralarındaki çarpışmalara son vererek işbirliği yapmalarından geçiyordu. Ancak, çatışmalar sona erip işbirliğine başladıklarında doğrudan devletleşmeye yöneliyorlardı. KDP ve KYB arasındaki çatışmalar sürdüğü müddetçe de, PKK bölgedeki otorite boşluğundan daha fazla yararlanıyor ve Türkiye'ye yönelik hain saldırılarını artırıyordu.

Nitekim 1995 yılına gelindiğinde Türkiye, bu açmazlar karşısında en cazip seçeneği, Bağdat'ın Kuzey Irak'ta egemenliğini yeniden tesis etmesi olarak görmekteydi. Ancak, bunun için ABD'nin Irak'a yönelik kuşatma politikasından vazgeçmesi, Saddam Hüseyin'le barışması ve Çekiç Güç uygulamasına son vermesi gerekiyordu. Bu ise imkânsızı istemekti.

Dahası, Çekiç Güç, Türkiye açısından bir çıban başı olmaya başlamıştı. Çekiç Güç'ün Kuzey Irak'ta Zaho'daki Askerî Koordinasyon Merkezi isimli karargâhı bir irtibat ofisinden daha çok, Kuzey Irak'taki Kürt grupların örgütlendiği bir merkez olarak çalışıyor, CIA bölgede insana dayalı istihbarat altyapısını bu karargâhtan örgütlüyordu.

Kuzey Irak'ta, insani yardım amaçlı olduğu söylenen onlarca hükümet dışı kuruluş faaliyet sürdürüyordu. Sadece CIA değil, MOSSAD, MI-6, SAVAK ve diğer birçok ülke istihbarat örgütü, kendileriyle ilişkili bu kuruluşlar aracılığıyla Kuzey Irak'ta istihbarat ağı kurmuştu. Ajanlar bölgede cirit atıyordu.

Türkiye bu gelişmelerden son derece rahatsızdı. Bir yandan PKK terörüyle mücadele ederken, başına bir de Batılı ülkelerin ve MOSSAD'ın Kuzey Irak'taki faaliyetlerini izlemek ve bölgedeki yapılanmanın Kürt devleti oluşumuna gitmesini önlemek belası çıkmıştı.

Kuzey Irak'ta bir casus: Suzanne McCormick

Türkiye'nin Çekiç Güç'ten duyduğu rahatsızlık, Güç'te görevli Amerikalı yetkililerin görev tanımını aşan faaliyetleriyle, giderek artıyordu. Hiçbir Çekiç Güç yetkilisi, Türkiye'yi, ABD'li eş-komutanının siyasi danışmanı sıfatını taşıyan Amerikalı kadın görevli Suzanne McCormick kadar rahatsız etmemişti.

McCormick bu göreve, görünürde, ABD Dışişleri Bakanlığı tarafından atanmıştı. Ancak, faaliyetleri bir diplomatınkinden çok, ajanları andırıyordu.

Ankara'nın Suzanne McCormick'e tepkisinin büyüklüğü, devletin üst makamlarına sunulan raporlara da yansımıştı:

> Birleşik Görev Kuvveti'nin (BGK - Çekiç Güç) siyasi danışmanı Suzanne McCormick'e, yaptığı açıklamalarla bağlantılı olarak, kendisinin BGK karargâhının bir unsuru olmasına rağmen zamanının önemli bir bölümünü Kuzey Irak'ta geçirmesinin ve Kuzey Iraklı ileri gelenlerle sürdürdüğü temaslarının Kürtler tarafından yanlış anlaşılabileceği belirtilerek, Kürtleri bağımsızlık yönünde umutlandırabileceğinden endişe duyulmakta olduğu hatırlatılmış; bunun üzerine McCormick, burada karaya sıkışmış bir bağımsız devletin kurulamayacağını, kurulsa da yaşamayacağını, Kürtlerin Mayıs 1995'te yapmayı tasarladıkları seçimin hükümet kurmak amacına yönelik olmadığını, Irak Anayasası'nda sözü edilen Milli Meclis olduğunu (*not government, but national assembly*) ifade ederek, Türk heyetini tatmin etmek amacıyla, Irak'ın toprak bütünlüğünden yana olduklarını âdet üzere tekrarlamıştır. Kendisine Dışişleri Bakanlığı temsilcisi tarafından, politik faaliyetlerden kaçınılmasına özen gösterilmesi hatırlatılmıştır...

Bir başka raporda ise şunlar belirtiliyordu:

> İncirlik'teki Birleşik Görev Kuvveti Komutanlığının ABD'li politik danışmanı, zamanının büyük bölümünü asli görev mahallinin dışında, Kuzey Irak'ta geçirmektedir. Kuzey Irak'taki faaliyetlerinin, orada görev yapan Askerî Koordinasyon Merkezi'nde (AKM - MCC) görevli Türk askerî personel tarafından kontrol edilmesi mümkün görülmemektedir. Çünkü, bahse konu şahıs AKM askerî temsilcileri ve güvenlik bölgesi dışındaki kişilerle temaslarını sürdürmekte, ayrıca Kürt liderler veya diğer kişi ve kuruluşlarla görüşmeler yapmakta, sonuçta bu faaliyetleri bilahare öğrenilmektedir. Bu nedenle, Birleşik Görev Kuvveti Karargâhı'nın bir unsuru olan ABD'li politik danışmanın olumsuz faaliyetlerine sınırlama getirilmesi, bu mümkün olamayacaksa, çalışmalarının Dışişleri Bakanlığı'ndan muadili bir personel görevlendirilerek çalışmalarının kontrol altında tutulması gerekmektedir.

Bu rapor üzerine, Çekiç Güç'ün ABD'li eş-komutanının siyasi danışmanı Suzanne McCormick, Türk yetkililer tarafından, ikaz edilmek için Ankara'ya davet edildi. Tarih 12 Ocak 1995'ti:

> **Türk yetkili:** Birleşik Görev Kuvvetinin (Çekiç Güç) ABD'li eş-komutanına bağlı politik danışmanın esas görevi, BGK ile Türk makamları arasında koordinasyon sağlanmasıdır. Zaman zaman Kuzey Irak'a gidebilirsiniz, ama bölgeyi sık sık ziyaret etmeniz ve bölgede uzun süre kalarak Kürt gruplarla görüşmeniz Huzur Harekâtı'nın kapsamı dışına çıkan bir faaliyettir.
>
> Kuzey Irak'taki faaliyetleriniz, Türk makamlarında tereddüde ve çeşitli yorumlara yol açmaktadır. Bu konuda son derece duyarlıyız ve bu duyarlılığımızı âmirlerinize aktarmanızı ve Kuzey Irak'a yaptığınız seyahatlerin sayısını ve süresini azaltmanızı istiyoruz.
>
> **McCormick:** Kuzey Irak'a görevim gereği gidiyorum. Siyasi danışmanın görevi, Türk makamlarıyla koordinasyondan çok, Kuzey Irak'taki gelişmeleri takip etmektir. BGK'nın ABD'li eş-komutanının Washington'da bağlı olduğu Körfez Masası yetkililerinden aksine talimat alıncaya kadar Kuzey Irak'a gitmeye devam edeceğim.

Bundan önce olduğu gibi, bölgeye yaptığım ziyaretlerden BGK'nın Türk eş-komutanına bilgi vereceğim. Kuzey Irak'taki faaliyetlerimden duyduğunuz hassasiyeti üstlerime iletirim.

Ziyaretlerim sırasında, Kuzey Irak'taki liderleri yönlendiren telkinlerde bulunmam söz konusu değildir. Bölgedeki temaslarım Türkiye'nin de menfaatinedir. Görüştüğüm herkese Irak'ın toprak bütünlüğünün korunmasının önemini ve bağımsız bir Kürt devleti kurulmasının kabul edilemeyeceğini vurguluyorum.

Suzanne McCormick'in görüşmedeki küstah tavrı dikkat çekiciydi. Ancak, Ankara, McCormick konusundaki ısrarını sürdürmekte kararlıydı.

McCormick'in küstah tavrı üzerine Türk makamları konuyu bir defa da Kuzey Iraklı liderlerle görüşmek amacıyla, İncirlik üzerinden uçan ve Kuzey Irak'ta Selahaddin kentine gitmekte olan ABD Dışişleri Bakanlığı Orta Doğu Dairesi Direktörü David Litt'le ele aldı. Tarih ise 23 Ocak 1995'ti.

Türk yetkili: Kuzey Irak'a yapacağınız seyahatte, bir Türk yetkilinin heyetinize refakat etmesini öngörüyoruz.

Litt: Bundan memnun oluruz. Kuzey Irak'ta KDP ve KYB ile yapacağımız temasların amacı, yeni çatışmalar çıkmasını önleyecek bir mekanizmanın kurulmasıdır.

Türk yetkili: Birleşik Görev Kuvveti'nin ABD'li eş-komutanının siyasi danışman Suzanne McCormick'in faaliyetlerinden Türkiye olarak son derece rahatsızız.

McCormick'in Irak'la ilgili temaslarına müdahale etmek niyetimiz bulunmamaktadır. Ancak McCormick'in, Huzur Harekâtı'nın amaçlarıyla bağdaşmayacak faaliyetlerden kaçınması gerekir.

Litt: McCormick'in Kuzey Irak'ta hiçbir siyasi rol oynamadığı konusunda sizi temin etmek isterim. Huzur Harekâtı'nın başarısı ve geleceği bakımından, Kuzey Irak'taki gelişmeleri iyi anlamak ve tahlil etmek zorundayız. Bu harekât, Kuzey Irak'a açılan tek penceremizdir. Bir bilgi boşluğu içinde faaliyet göstermemiz mümkün değildir. Suzanne McCormick bu amaçla bölgeye gitmektedir ve öncelikle insani yardım çalışmalarının engellenmemesi üzerinde durmaktadır. Yaptığı temaslarda, Irak'ın toprak bütünlüğünün korunması gerektiğini vurgulamaktadır. Bölgeye gidişlerinin son dönemde sıklaşması ve uzun sürmesi, tamamen bu döneme rastlayan olağanüstü durumdan kaynaklanmaktadır.

Türk yetkili: Bu hususları anlıyoruz. Ancak, ortada bir ilke sorunu bulunmaktadır. Huzur Harekâtı, hiçbir şekilde başka siyasi amaçlar için kullanılmamalıdır. Bu nedenle, İncirlik'te görevli siyasi danışmanın çalışmaları sadece Huzur Harekâtı'yla sınırlı olmalıdır. Türkiye, amacından saptırılmış faaliyetlerin bir an önce durdurulmasını beklemektedir.

Litt: Sorunun bu yönünü anlıyoruz. McCormick ile konuşarak, faaliyetlerini, öngördüğümüz sınırlar içine çekmek imkânını araştıracağım. McCormick'in gerek İncirlik'te gerekse Ankara'da ilgili Türk makamlarına faaliyetleri hakkında bilgi vermesinin yararlı olabilir. Bu konudaki düşüncelerinizi öğrenebilir miyim?

Türk yetkili: McCormick, öncelikle İncirlik'teki Türk eş-komutanına düzenli bilgi vermelidir. Başka brifinglere katılmasının yararını ayrıca değerlendireceğiz.

CIA Kuzey Irak'a iyice yerleşiyor

Türkiye ABD'nin bölgedeki istihbarat faaliyetlerinden rahatsız olmakta haklıydı. 1995 yılının ilk aylarında, CIA Kuzey Irak'ta INC ve Kürt gruplar üzerindeki denetimini artırmak amacıyla bölgede orta büyüklükte bir istasyon kurmuştu. Aralarında CIA'nin Afganistan'da Sovyet işgaline karşı yürüttüğü örtülü operasyonlara katılmış eski bir ajanın da bulunduğu onlarca CIA ajanı Selahaddin'de bir ofis açmıştı. CIA, olası bir aksi gelişme halinde ajanlarının bölgeden Türkiye üzerinden tahliyesi için Pentagon ile birlikte ayrıntılı bir plan hazırlamıştı. Daha sonra, Selahaddin'deki bu ofis kendilerini kurtaran Türk askerlerinin başına bir baskınla bir çuval geçirilip esir alınmalarını sağlayacaktı.

CIA ajanları Selahaddin'de 4 müstakil ev kiralamış, kriptografik ve uydu haberleşme sistemleri kurmuştu. Evlerin korunması, maaşları CIA tarafından ödenen Kürt peşmergelerden kurulan bir birlikle sağlanıyordu. Yerel halk, bu evlerin CIA ajanlarına ait olduğunu biliyordu.

CIA ajanları, sadece Kürt gruplar ve INC ile örtülü faaliyetler yürütmekle kalmıyor, kendi istihbarat ağını da kuruyordu. Bu amaçla, çoğunluğu Kürtlerden oluşan yerel bir istihbarat ağı oluşturmuştu. CIA ajanları istihbarat faaliyetlerinde ABD'nin uluslararası insani yardım çalışmalarını yürüten Dış Felaket Yardımları Ofisi'nden (OFDA, Office of US Foreign Disaster Assistance) de yararlanıyor ve Kürt muhbirlere maaşları bu ofis vasıtasıyla ödeniyordu. Hatta bu kişilere, ABD hükümeti adına çalıştıklarına dair kimlik belgeleri bile düzenlenmişti. Amerika insani yardım kuruluşlarını örtülü operasyonlarında kullanıyordu.

CIA ajanı Robert Baer anlatıyor

Bu dönemi CIA'de Irak Operasyonlar Grubu'nda çalışan ve daha sonra Kuzey Irak'taki CIA istasyonunu kuran CIA ajanı Robert Baer'in *See No Evil: The True Story of a Ground Soldier in the CIA's War on Terrorism* adlı, anılarını anlattığı kitabından okuyalım:

> 21 Ocak 1995'te ekibimle birlikte Kuzey Irak'a girdiğimde, birilerinin Saddam Hüseyin'e karşı eyleme girişme hazırlıkları yaptığından habersizdim. Kuzeye gidecek CIA ekibine önderlik etmeye gönüllü olmuştum, çünkü Saddam'ın bir başka komşu ülkeyi daha işgale kalkışması halinde CIA'nin önceden haber almasının tek yolu buydu. Bölgenin, Irak subaylarını angaje etmemiz bakımından da en iyi yer olduğunu biliyordum.
>
> Sınırı geçtikten sonraki ilk vazifemiz, 1991'deki ayaklanmadan

sonra Kürtlerin eline geçen küçük bir kasaba olan Zaho'da, Kasım 1994'te Kuzey Irak'a kaçıncaya kadar Irak Devlet Başkanı'nın danışmanlığını yapan Iraklı bir Korgeneralle (Vefik el-Sammarai) görüşmekti.

Baer kitabında, General Vefik el-Sammarai'yle Irak'ta ordu içinden bazı birliklerin Sammarai'nin saflarına geçmesiyle başlatılacak bir askerî darbe planlarını anlatıyor ve Langley'deki CIA karargâhından uzun süre bu plana destek gelmediğinden bahsediyor. Buna rağmen, planların ayrıntılarını öğrenmek için Sammarai ile darbe konusundaki görüşmelere devam ettiğini belirtiyor.

Baer, kitabında CIA'nin Irak'ın Kuzey Irak dışında kalan bölümlerindeki durumunu şöyle anlatıyor:

> Saddam Hüseyin'e karşı, birçok devletin desteğiyle ve yarım milyondan fazla koalisyon askerinin katılımıyla gerçekleştirilen savaşın üzerinden 3 yıl geçmişti, ancak Irak içinde Generalin (Sammarai) bize anlattığı darbe ihtimalinin doğruluğunu destekleyecek ya da tekzip edecek tek bir CIA kaynağı dahi yoktu.
>
> Bırakın, Irak içinde insana dayalı istihbarat kaynaklarımızın olmasını; İran, Ürdün, Türkiye ve Suudi Arabistan gibi, Irak'a komşu ülkelerde de Irak hakkında haber aldığımız bir kaynak da mevcut değildi. ABD hükümetinin geri kalan kurumları gibi, istihbarat birimleri de Irak söz konusu olunca tamamen kör durumdaydı...
>
> Kürtlerin darbede en azından başlangıçta hiçbir rolleri olmamasına rağmen, aralarındaki çatışmaların devamı yüzünden planlarımızı suya düşürmeleri ihtimal dahilindeydi. Şubat ayının ortalarında KDP ile KYB arasındaki çatışmalar kuzeyin tamamına yayılmıştı. İran ve Türkiye müdahale etmek üzereydi ve bu durum Saddam Hüseyin'e olaylara burnunu sokma fırsatı veriyordu... Kürt gruplardan birinin Saddam'dan yardım istemesi, darbe şansını tamamen ortadan kaldırabilirdi...
>
> Zor durumda olan sadece Kürtler değildi. INC lideri Ahmet Çelebi de durumun ne kadar hassas olduğunun farkındaydı... Sad-

dam Hüseyin'in kuzeyi işgal etmesi halinde, sadece INC faaliyetlerinin merkezi olan Kuzey Irak'ı değil, Kürtleri de kaybetme riskiyle karşı karşıyaydı...

Çelebi ile Washington'da daha önceki dönemde görüşmüştüm. Yılın yarısını geçirdiği Selahaddin'deki INC karargâhından güvenli bir telefon hattından arıyor ve CIA'nin Kuzey Irak'ta bir istasyon kurması için beni ikna etmeye çalışıyordu. Kürtler arasındaki çatışmaların kontrolden çıkmak üzere olduğunu ve sadece bölgede ABD'nin mevcudiyetinin bunu durdurabileceğini söylüyordu. Dışişleri Bakanlığı Kuzey Irak'ta misyon kurmaya hâlâ karşı çıktığı için, geriye kalan en iyi alternatif CIA'ydi. Çelebi'nin söylediklerinde hak verdiğim noktalar vardı, ama General (Sammarai) Saddam'ın ordusundan kaçarak Kuzey Irak'a sığınıncaya kadar, üstlerimi bir ekip kurarak Kürdistan'a gitmek konusunda ikna edememiştim...

Ekibimi Zaho'da Türkiye sınırına yakın şekilde tutmayı planlıyordum. Zaho, Kürtlerin çatışmalarından etkilenmiyordu. CIA karargâhı, çatışmaların tam orta yeri olan Selahaddin'e gitmemize hevesli değildi...

Çelebi'den bir telefon aldım. Litt'in ziyareti sırasında mutlaka Selahaddin'e gelmem gerektiğini, Kürtlerin görüşmede bulunmamamızın sebebini anlayamayacağını söylüyordu.

Litt, ABD Dışişleri Bakanlığı'nın Kuzey Körfez İşleri Dairesi direktörüydü ve fiilen Irak Büyükelçimizdi. Yılda bir veya iki defa Kuzey Irak'a seyahat ediyor, bölgede birkaç saatten fazla kalmıyordu. Kuzey Irak'a karayolu ile gelmek zorunda kalan CIA personelinin aksine, ABD ordusuna ait Blackhawk helikopterleri ile seyahat ediyordu...

Selahaddin'de doğrudan Çelebi'nin evine gittik. Litt beni gördüğünde neredeyse dilini yutacaktı. Bana başıyla bile selam vermeden, yanındaki koyu renk takım elbiseli seçkin kişiye dönüp kulağına bir şeyler fısıldadı. İkisi de ayağa kalktı, Çelebi'nin elini sıkarak kapıya doğru yürüdüler...

Ayrıldıklarında Çelebi'ye Litt'in yanındaki kişinin kim olduğunu sordum. Türk Dışişleri Bakanlığı'nda Irak dairesinin başında bulunan bir Türk diplomat olduğunu söyledi. Çelebi durumun ilgençliğinin de farkındaydı. Türk hükümeti ABD Dışişleri Bakanlığı'nın Irak'ta ne yaptığına vakıftı, ama CIA'nin haberi yoktu.

Çelebi, Litt'in Talabani ve Barzani ile yaptığı görüşmelerde, ABD'nin Kürtler arasındaki çatışmalara son vermek ve aralarında bir ateşkes gözetleme gücü kurmak için 2 milyon dolar vermeyi planladığını söylediğini anlattı. Dışişleri Bakanlığı'nın bu parayı nereden bulacağını sorduğumda, Çelebi, Litt'in CIA'den bahsettiğini söyledi.

O akşam telefonla Washington'u aradım. Kimsenin 2 milyon dolardan haberi yoktu. Bir saat sonra karargâhtan bir telefon aldım. CIA, kurulacağı söylenen bu askerî güce hiçbir mali kaynak sağlamayacağı gibi, böyle bir kaynak aktarımı kanunlara son derece aykırıydı...

Kürtler açısından CIA ve Dışişleri Bakanlığı arasında fark yoktu. Neticede, sözü Litt vermişti ama ceremesini ben çekecektim...

Birkaç hafta sonra, Litt'in söz verdiği paranın gelmeyeceği anlaşılınca, Kürtler arasında çatışmalar yeniden alevlendi. Talabani'nin KYB'si takatinin son noktasına gelmişti. Ya KDP'ye nihai bir saldırı düzenleyecek ya da son koz olarak, Saddam Hüseyin'i yardıma çağıracaktı. Acilen bir şeyler yapılması gerekiyordu.

Çelebi, zamanın tükenmekte olduğunu, Litt'in güvenilirliğimizi zedelediğini ve Kürtlerin artık kesinlikle bizi dinlemeyeceklerini söyledi. Çelebi'ye göre sadece önleyici bir saldırı durumu kurtarabilirdi...

Bana, Saddam'a karşı bir ayaklanma organize ederse Washington'un ne yapacağını sordu... Kendisine, ilk önce bir ayaklanma planı hazırlamasını, ne yapacağımızı ondan sonra sormasını söyledim.

•

Baer bundan sonraki bölümde, Çelebi'nin öncülük ettiği ve *Entrikalar Savaşı* isimli kitabımda ayrıntılı bir şekilde anlatılan ayaklanmayı nasıl cesaretlendirdiğini, KDP lideri Barzani'nin ayaklanmaya engel olmaya çalışmasını anlatıyor. Washington'un son anda gönderdiği talimatla ayaklanmanın durdurulmasını istediğini ve CIA karargâhının, başında bulunduğu ekiple birlikte bölgeyi hemen terk ederek ABD'ye geri dönmesi talimatı aldığını aktarıyor. Baer hakkında, Kuzey Irak'ta bulunduğu sırada İran istihbaratı ile temaslarda bulunarak Amerikan yasalarını çiğnediği için soruşturma açıldığını da hatırlatalım.

Baer, CIA istasyonunun Kuzey Irak'ta nasıl kurulduğu hakkında da şu dikkat çekici noktaları belirtiyor:

> Ulusal Güvenlik Danışmanı A. Lake'in imzasını taşıyan kriptoyu okudum. Yaşadığım şaşkınlığı atlattıktan sonra kendime sürekli neden diye sordum. Neden böyle ve neden bu kadar geç? Ulusal Güvenlik Konseyi'nin bilgisi dışında basit bir CIA operasyonunu yürütmüyordum. Kuzey Irak'ta gizli bir CIA istasyonunun kurulmasına Lake'in Yakın Doğu konularından sorumlu yardımcısı Martin Indyk[12] bizzat izin vermişti. Dışişleri Bakanlığı CIA istasyonu-

---

12 ABD'nin Irak ve İran'ı uluslararası politikadan tecrit etmesine yönelik *çifte çevreleme* (dual containment) siyasetinin de mimarı olan Martin Indyk, Avustralya asıllı bir Yahudi göçmendi. ABD'ye 1983 yılında göç etmiş, İsrail'in ABD'deki lobiciliğini yapan en etkili Yahudi kuruluşlarından American-Israel Public Affairs Committee (AIPAC)'nin yönetiminde görev almıştır. AIPAC'ın finansmanıyla 1985 yılında The Washington Institute for Near East Po-licy isimli, Türkiye'ye müzahir tutumuyla bilinen think-tank'ın kuruculuğu-nu yapmıştır.
1993 yılında Amerikan vatandaşı olan Indyk, AIPAC ile yakın ilişkiler sürdüren Clinton Yönetimi döneminde Ulusal Güvenlik Danışmanı A. Lake'in yardımcılığı görevine atanmıştır. Bu görevinden 1995 yılında ABD'nin İsrail Büyükelçiliği'ne tayin edilmiştir. Bu göreve atanan ilk Yahudi büyükelçi olan Indyk, 1997 yılında görevini tamamlayarak Washington'a dönmüştür. 1997 yılında Orta Doğu Barış Süreci'nden Sorumlu Dışişleri Bakan Yardımcılığı görevine getirilmiştir. 1999 yılında dönemin İsrail Başbakanı Ehud Barak'ın özel ricası üzerine Clinton tarafından yeniden ABD'nin İsrail Büyükelçiliği'ne atanmıştır. Gizli belgeleri içeren dizüstü bilgisayarını kurallara aykırı olarak Büyükelçilik dışına çıkardığı için güvenlik ve gizlilik kleransı Dışişleri Bakanlığı tarafından 12 Eylül 2000'de askıya alınmış, hakkında Dışişleri ve FBI tarafından soruşturma açılmıştır. Hakkındaki asıl iddia, Amerikan gizli belgelerini Amerikan hükümetinde görev yaptığı süre zarfınca

nun faaliyete geçmesini veto etmek istemiş, ancak Indyk'in iradesi üstün gelmişti.

Baer ve ekibi, CIA karargâhından aldıkları talimat uyarınca 12 Mart 1995'te Türkiye üzerinden Kuzey Irak'ı terk ettiler.

NGO'ların Kuzey Irak'taki istihbarat faaliyetleri

Türk devlet kurumlarının rahatsızlığı sadece Çekiç Güç'teki görevlilerin faaliyetleriyle sınırlı değildi. Hükümet dışı kuruluşların (NGO) sivil insani yardım kuruluşu adı altında istihbarat faaliyetleri de artık Türkiye'nin sabrını taşırmak noktasına gelmişti. Bakın, devletin raporlarına Çekiç Güç'ün ve NGO'ların Kuzey Irak'taki istihbarat faaliyetleri nasıl yansımıştı:

> **1. KONU:**
>
> Provide Comfort (PC) faaliyetlerini yerinde izlemek amacıyla 6-7 Aralık 1994 tarihleri arasında İncirlik-Diyarbakır ve Zaho'yu kapsayacak şekilde yapılan tetkik görevi hakkında bilgi sunmak.
>
> **2. ZİYARET EDİLEN YERLER:**
>
> - İncirlik Birleşik Görev Kuvveti (BGK) Karargâhı
> - Diyarbakır 2. Taktik Hava Komutanlığı
> - Kuzey Irak Zaho, Faydah Tepesi, Dola Köyü
>
> **3. GÖREV ÖZETİ:**
>
> **a)** İncirlik'te önce Birleşik Görev Kuvveti (BGK) Karargâhında, Provide Comfort (PC - Huzur Harekâtı) brifingi alınmıştır. Brifingin en son bölümünde, BGK karargâhının bir elemanı olan ABD'li politik-askerî danışman tarafından, kendi görev alanı ile ilgili bilgiler sunulmuştur. Daha sonra soru-cevap periyoduna geçilmiştir.
>
> **b)** Harekât konularının açıklandığı bölümde kayda değer en

---

İsrail'e sızdırmaktır. Ekim ayında güvenlik ve gizlilik kleransını askıya alan karar kaldırılmıştır. 2001 yılında İsrail'deki büyükelçilik görevi son bulmuş, aynı yıl Brookings Institute isimli düşünce kuruluşunda çalışmaya başlamıştır.

önemli husus, angajman kurallarıdır (Rules of Engagement - ROE). Brifingde ABD tarafının hâlâ kendi angajman kurallarını uygulamakta oldukları; Genelkurmay Başkanlığı'nca yayınlanan angajman kurallarının bazı kısımlarını benimsemediklerini ve yakın zamanda bu konuda makamlarımız nezdinde girişimde bulunacaklarını ifade etmişlerdir. Kendilerine bundan böyle Genelkurmay Başkanlığı'nca yayınlanan angajman kurallarının geçerli olacağı hatırlatılmıştır.

c) Irak'a ait istihbarat değerlendirmesinde, Bağdat'ın kuzeyinde 5. ve 1. Kolorduların bulunduğu, bu bölgedeki toplam tank sayısının 372, personel miktarının 66-76 bin olduğu, muharip uçak sayısının 311, diğer tiplerin 677 olduğu, toplam aylık sorti sayılarının 3000 olduğu açıklanmıştır. Irak'tan, Kuzey Irak bölgesine içinde bulunulan ortamda bir taarruz beklenmediği ifade edilmiştir.

d) Harekât Brifingini takiben; ABD tarafına AWACS uçuşlarında Türk AWACS gözlemci subayına belli haberleşme kurallarının neden dinletilmediği hususu sorulmuş, ODC Başkanı tarafından konunun araştırılacağı ve sonuçlandırılacağı beyan edilmiştir.

e) İncirlik'te Birleşik Görev Kuvveti (BGK-CTF) karargâhının istihbarat odasında (C-2) Türk istihbarat subayının çalışmasına gizlilik nedeniyle izin verilmemesinin, kurallar ve anlaşmalarla bağdaşmadığı, 1991 yılı Temmuz ayında Orgeneral Güreş ile Orgeneral Galvin arasında Huzur Harekâtı'nda tam şeffaflık ilkesinde mutabık kalındığı kendilerine hatırlatılmış ve bu husustaki mevcut anlaşmaların listesi, talebi üzerine ODC Başkanı Tümgeneral P. Nuber'e verilerek bu soruna bir an önce son verilmesi talep edilmiştir.

f) İnsani Yardım Faaliyetleri: PC kapsamındaki Askerî Koordinasyon Merkezi (AKM, MCC) 1991-1992 yıllarında yardım malzemelerinin dağıtımına bizzat katılırken daha sonra ABD, hükümete bağlı Relief Coordination Center (RCC) adlı ayrı bir yardım teşkilatı kurarak, MCC'nin güdümünde bu organizasyon vasıtasıyla yardımları yapmaktadır. Yardım için ABD tarafından Savunma Bakanlığı'na 1993 yılı için 78 milyon dolarlık, 1994 yılı için 32 milyon dolarlık bir tahsisat verilmiştir. Bu para BGK (CTF) ABD Komutanlığı'nın kontrolünde Office of Foreign Disaster Assistance (OFDA, ABD Dış Felaket Yardımları Ofisi) adlı, ABD hükümetine bağlı bir organizasyon tarafından yürütülmektedir. Bu teşkilatın bütün tedarik faaliyetleri BGK ABD'li Lojistik Şube Müdürlüğü'nce yürütülmekte ve para ödemeleri yapılmaktadır. OFDA aynı zamanda BM ve bölgedeki NGO'ların (Non-Governmental Organizations) faaliyetlerinin önceliğini saptayarak yönlendirmektedir. Yapılan yardımların geçen zaman içinde giderek nitelik değiştirdiği ifade edilmiştir. Bu açıdan bakıldığında, başlangıçta hayatta kalmak için gerekli malzemelerden (su, gıda, battaniye, ilaç, çadır), rahatlık sağlayacak malzemelere (tohum, yağ, hastane teçhizatı, veterinerlik hizmetleri, mayın temizleme, su kuyusu açma, tarım elektrik temini) ve daha sonra da iskân çalışmalarına (yol yapımı, çimento, kereste, su pompası, demir çelik, galvanizli boru temini, yol yapımı) yönelinmiştir.

g) Kuzey Irak'ta faaliyet gösteren NGO'ların çoğu ABD hükümetinin parasal desteği ile faaliyet göstermekte ve bunların tamamı, ABD hükümet kuruluşu olan OFDA tarafından yönetilmekte, yönlendirilmekte ve mali destek almaktadırlar. OFDA kuruluşunun Kuzey Irak'ta geniş bir teşkilatı (Zaho, Dohuk, Erbil, Süleymaniye) bulunmaktadır. Yalnız Zaho'da 5 ayrı binada faaliyet göstermektedirler. Sürekli olarak, Zaho'daki Askerî Koordinasyon Merkezi (AKM, MCC) ile temas halindedirler ve özellikle de ABD'li politik danışman (Suzanne McCormick) tarafından yönlendirilmektedir. Politik danışman ve bazı ABD'li yetkililer Türkiye'den Kuzey Irak'a vardıklarında, Zaho'daki helikopter pistinden OFDA temsilcileri tarafından alınarak, doğrudan Dohuk, Erbil, Süleymaniye veya başka bölgelere götürülmekte ve muhtelif temaslarda bulunmaktadırlar. Bu tür temasların AKM'deki Türk personel tarafından denetlenmesinin çok zor olduğu görülmüştür. Yardım kuruluşları belli bir alanda ihtisaslaşmış olup, genellikle şu alanlarda çalışmaktadırlar:

1) Tıbbi yardım ve destek
2) Yiyecek yardımı
3) Köylerin yeniden inşası
4) Tarımsal destek ve tarımın geliştirilmesi
5) Su projeleri, kuyu açılması ve içme suyu temini
6) Altyapı sistemlerinin geliştirilmesi
7) Okul inşası ve eğitim faaliyetlerinin desteklenmesi

8) Yakıt dağıtımı

h) Yardım kuruluşlarının çok büyük bir çoğunluğu Kürt Bölgesinde faaliyet göstermektedir. Ayrıca, ABD tarafı, orta ve güney Irak'a herhangi bir yardımda bulunulmadığını da açıklamıştır.

i) PC unsurları ve NGO'lar tarafından yürütülen insani yardım faaliyetlerinin amacı dışına taşmaması hususu tarafımızdan hatırlatılınca, Birleşik Görev Kuvveti'nin ABD'li Komutanı Carleton bu faaliyetlerin niteliğinin birbirinden siyah-beyaz gibi kolayca ayırt edilemeyeceğini, arada bir gri saha olduğunu söylemiştir. Diğer bir deyişle, tarafımızdan insani yardım kapsamında görülmeyen bazı faaliyetlerin kendilerince doğal karşılandığını açıklamak istemiştir.

j) Zaho'da MCC'nin karargâh olarak kullandığı kasabanın içindeki kiralık binalara gidilmiştir. Burada MCC'ye ilişkin bilgiler alınmıştır. Bu bilgiler kapsamında;

1) MCC vasıtasıyla ABD hükümetinden para ve talimat alan OFDA tüm NGO'ları yönetmekte ve yönlendirmektedir.

2) Eğitim faaliyetlerine büyük önem verilmektedir. Süratle okul binaları yapılmakta, kırtasiye malzemesinden kitap yazımına kadar destek verilmektedir. Başlangıçta Kürt yönetiminin mali güçsüzlüğü nedeniyle 3-4 dolar aylık vermesi üzerine bir NGO, Kürt okullarındaki öğretmenlerin maaşlarını vermeyi üstlenmiş ve konu cazip hale getirilerek eğitime hız verilmiştir.

3) Yıkılan köylere ev yapım işlemleri %80 oranında tamamlanmıştır. Kürtlerin arasında tartışma çıkmasını önlemek amacıyla evler standart bir projeye göre yapılmaktadır. Malzemeler NGO'lar tarafından verilmekte, yöre halkı onların gözetiminde evlerini yapmaktadır. Evler; betonla örülmüş taş duvarların üzerinin ağaç kirişler hasır ve toprakla örtülmesi suretiyle inşa edilmektedir.

4) MCC'nin ziyaret ettiği ve yardım faaliyetlerini organize ettiği 4000'in üzerinde köy bulunmaktadır ve her biri bilgisayara kaydedilen bir program çerçevesinde izlenmektedir.

k) Askerî Koordinasyon Merkezi'nin Türk eş-komutanından alınan bilgilerden şu tespitler yapılmıştır:

1) MCC'nin toplam personeli daha önce 18 iken 21'e çıkmıştır. ABD iki, İngiltere bir personel artışı yapmıştır.

2) Birleşik Görev Kuvveti Karargâhı'nda yeni göreve başlayan

ve Zaho'ya Askerî Koordinasyon Merkezi'ni ziyarete gelen BGK' nın ABD'li Kurmay Başkanı Albay Guy'un bir konuşma esnasında "Türkiye'nin artık yeni Kürdistan gerçeğini kabul etmesi gerekir..." şeklinde bir ifade kullanması; ABD'nin Kuzey Irak hakkında Türkiye ile resmen paylaşmadığı başka emelleri olduğunu gösteren diğer tespitlerimizi teyit eden ve tedbirsizlik sonucu ağızdan kaçırılmış bir ifade olarak değerlendirilmektedir.

3) Zaho helikopter pisti ve MCC karargâh binalarının güvenliği, mahallinden parayla tutulan, silahlı 140 civarında peşmerge güçleri tarafından sağlanmaktadır.

4) Koalisyon ülke temsilcileri tarafından, zaman zaman politik konulara girme, bölgedeki yerel yöneticileri yönlendirme girişimleri olmakla birlikte bu faaliyetler Türk personel tarafından önlenmektedir.

5) Kızılay yörede Erbil, Dohuk ve Süleymaniye'deki faaliyetleri ile 13,5 milyon dolarlık bir yardım yapmıştır. Yardımlar genellikle sosyal yardım kuruluşlarına, yerel yardım temsilciliklerine yapılmaktadır. Bu nedenle doğrudan yöre halkına ulaştırılamaması ve propagandasının yapılamaması nedeniyle halk üzerinde Türkiye lehinde elde edilmesi gereken olumlu etki sağlanamamaktadır. MCC tarafından yapılan köy ziyaretlerinde de, halkın Kızılay yardımlarından hiç bahsetmemesi dikkate değer bulunmuştur. Ayrıca, Kızılay'ın yöredeki temsilcilikleri ile MCC Türk Komutanlığı arasında istenen düzeyde irtibat ve koordinasyon tesis edilememiştir. Ayrıca, Kızılay temsilciliklerinin BM ve NGO'larla ilişkilerinin de zayıf olduğu, bu kuruluşların yaptığı koordinasyon toplantılarına katılmadıkları, bu nedenle de söz konusu toplantılarda düzenlenen sonuç raporlarında Kızılay'ın yardımlarından hiç bahsedilmediği ve Türkiye aleyhine gerçek dışı birçok konunun rahatlıkla yazıldığı görülmüştür.

l) Dohuk ve Erbil'e giden karayolunun belli bir bölümü Irak kontrolündeki bölgeden geçtiği için, bir NGO tarafından, Kürt bölgesi içinden iki büyük kenti birbirine bağlayan 70 km.lik bir yolun tamamlanma aşamasına geldiği görülmüştür.

m) Türk hükümetinin aldığı karar nedeniyle Habur ve Zaho civarında 10-12 km uzunluğunda, Türk kamyonlarının kuyruk oluşturduğu görülmüştür. Kamyonların yanlarına taktıkları büyük harici tanklarla yakıt naklinden, devrede olan tüm insanların memnun olduğu gözlemlenmiştir. Habur'dan Türkiye tarafına geçişte Kürt idaresi mal (yakıt vb.) veya para olarak haracını almakta ve bu haraç (onlara göre vergi) Kürt idaresinin 14 milyon dolarlık bütçesinin %90'ını oluşturmaktadır.

n) ABD hükümetinin 1995 mali yılı yardım programı 30 milyon dolar olarak programlanmıştır. Bu yardımın; bölge halkının dış ülkelerin yardımına bağlı kalmadan kendi kendilerinin yaşamlarını sürdürebilme (self-sustaining) yeteneğine kavuşmaları amacına yönelik olduğu öğrenilmiştir.

5. SONUÇ VE ÖNERİLER:

a) Sonuç:

PC Harekâtı bölgede, Saddam'ın Kürt bölgesine karşı girişeceği muhtemel bir harekâta caydırıcılık temin etmeye devam etmektedir. İncirlik'teki Birleşik Görev Kuvveti (BGK, CTF) Karargâhı'nın bir elemanı olan ABD'li politik danışman (McCormick) zamanının önemli bölümünü Kuzey Irak'ta önemli temaslar yaparak geçirmektedir ve bu faaliyetlerin bölgede MCC'de görevli iki Türk subayı tarafından kontrol ve denetimi mümkün değildir.

MCC, bölgedeki yerleşim birimlerini mutat ziyaretlere devam etmekte olup, politik konulara girmeleri Türk MCC eş-komutanı tarafından önlenmektedir. Ancak, bu ziyaretler vasıtasıyla Kürtlere güven verilmekte, tespit edilen ihtiyaçları yardım kuruluşlarına aktarılmakta veya bir yardım kuruluşu daha önce hizmet verdiyse bu faaliyetinin etkinliği denetlenmektedir.

Tarafımızdan "insani yardım" (humanitarian assistance) kapsamına girmediği değerlendirilen birtakım faaliyetler, koalisyonun diğer üyelerince insani yardım olarak nitelenmektedir. (Yeni yol inşası, eğitim sisteminin her yönüyle geliştirilmesi vb.)

Bu tetkik görevinin en önemli tespitlerinden biri de tüm uluslararası yardım kuruluşlarının, bir ABD devlet kuruluşu olan OFDA (Office of Foreign Disaster Assistance) tarafından merkezî olarak kontrol edilmesi ve yönlendirilmesidir. OFDA'nın çalışanları Kuzey Irak'ta etkin bir şekilde örgütlenmiştir ve CTF Karargâhı tarafından yönetilmektedir. NGO'ların birçoğu ABD hükümeti tarafından finanse edilmektedir. Bu temas, MCC ABD'li eş-komutanı ve Türkiye üzerinden Kuzey Irak'ı ziyaret eden ABD'li yetkililer vasıtasıyla sağlanmaktadır.

Doğrudan doğruya Huzur Harekâtı unsurlarının olmasa dahi, harekâtın ABD'li unsurlarının denetim ve yönetiminde, bölgede faaliyet gösteren yardım kuruluşları, Kürtlere insani yardım faaliyetlerine ilaveten eğitim, kültür, altyapıya yönelik destek faaliyetlerine devam etmektedirler. Türkiye'nin titizliği nedeniyle asker unsurların doğrudan siyasi faaliyetlerde bulunmamasına gayret gösterdikleri izlenimi edinilmiştir.

BM kararında, Irak'ın toprak bütünlüğü ve siyasi egemenliği yer almasına rağmen; Kuzey Irak'ta, Irak yönetiminin egemenliğine ilişkin hiçbir emareye rastlanmamıştır. Dolayısıyla, fiilî durumun devamı, Kürtler ile Irak yönetiminin arasının giderek soğumasına sebep olmaktadır. Huzur Harekâtı'nın asli görevlerinden biri de Irak askerî makamları ile bu yönde teması sağlamak olmasına rağmen, ne kendileri bu teması kurmaya çaba sarf etmekte, ne de Kürtlere bu yönde bir teşvikte bulunmaktadırlar. Tam tersini yaptıklarına dair emareler vardır. Diğer bir deyişle, BM kararının bazı hükümleri ihlal edilmektedir diyebiliriz.

TC hükümetinin Kuzey Irak'a yaptığı yardımları dağıtan Kızılay'ın faaliyetlerinin daha etkin hale getirilebileceği değerlendirilmektedir.

Huzur Harekâtının uzatılması durumunda, Türk tarafının katılımını etkin hale getirmek için bazı idari düzenlemeler yapılmasına ihtiyaç olduğu saptanmıştır.

b) Öneriler:

BGK Karargâhının (CTF) bir unsuru olan ABD'li politik danışmanın olumsuz faaliyetlerine sınırlama getirilmesi, bu mümkün olamayacaksa Dışişleri Bakanlığı'ndan muadili bir personel görevlendirilerek çalışmaları kontrol altında tutulmalıdır.

Uluslararası yardım kuruluşlarının Kuzey Irak'ta yürüttüğü faaliyetlerin daha yakından izlenmesi ve amacı dışına taşanlara kısıtlama getirilmesinin gerekli olduğu değerlendirilmektedir.

Şayet PC'nin görev süresi, Genelkurmay Başkanlığı'nın Dışişleri Bakanlığı'na önerdiği tarzda -fonksiyonlarını tedricen azaltarakuzatılırsa, en önce MCC'nin fonksiyonları azaltılmalıdır.

Kızılay'ın yaptığı yardımlar, daha geniş bir teşkilatlanma ile bizzat ihtiyaç duyanlara yapılmalı ve yapılan yardımların propagandasına da gerekli ağırlık verilmelidir. Bu amaçla Dışişleri Bakanlığı koordinatörlüğünde bir toplantı düzenlenmelidir.

Dışişleri Bakanlığı'nca ilgili BM kararı doğrultusunda, Kürtlerin ve PC unsurlarının Irak makamları ile temas kurması istikametinde çalışmalar başlatılmalıdır.

Bu rapor sonucunda, Çekiç Güç'ün daha etkin bir şekilde kontrol edilebilmesi amacıyla ilave birtakım askerî tedbirlerin yanı sıra, aşağıdaki tespitler doğrultusunda gerekli önlemlerin alınmasına karar verildi:

1) İncirlik'teki Birleşik Görev Kuvveti Komutanlığının ABD'li politik danışmanının görev alanının dışına çıkan olumsuz çalışmalarına sınırlama getirilmesi; bu mümkün olamayacaksa, çalışmalarının Dışişleri Bakanlığından muadili bir personel görevlendirilerek izlenmesi,

2) Uluslararası yardım kuruluşlarının Kuzey Irak'ta yürüttüğü yardım faaliyetlerinin daha yakından izlenmesi ve amacı dışına taşanlara kısıtlama getirilmesi,

3) Kızılay'ın yaptığı yardımların, uygun bir teşkilatlanma ile bizzat ihtiyaç sahiplerine yapılmasının sağlanması ve yapılan yardımlarla ilgili propagandaya da gereken önemin verilmesi,

4) BM Güvenlik Konseyinin 688 sayılı kararında da ifadesini bulan, Irak'ın toprak bütünlüğü ve siyasi birliği ilkesi göz önünde bulundurularak, Koalisyona katılan ülkelerin Kürt liderlerle yaptığı temaslarda, Huzur Harekâtı kapsamında veya korumasındaki faaliyetlerin, Irak'ın toprak bütünlüğü içinde çözümlenmesi gerektiği şeklinde mesajlar vermeleri, telkin ve tavsiyelerde bulunulması.

Ancak bu raporların gereği bir türlü yerine getirilemedi.

NGO'ları yakından okumak

Devlet raporlarında sözü edilen NGO'lar konusunu biraz daha açmakta fayda var. Açılımı "Hükümet Dışı Kuruluşlar" olan NGO'lar Batı'da özellikle 1990 sonrasında Demir Perde'nin yıkılmasıyla birlikte önem kazanmıştı. Kamu sektörü ve özel sektörün dışında yer alan NGO'lar bu çerçevede üçüncü sektör olarak da adlandırılıyordu. NGO'ların "demokrasinin önkoşulu olan piyasa ekonomisinde özel finansman kaynaklarını kâr paylaşma amacı gütmeden kamu yararına yönlendirerek kurumlaştırmasını sağladığı" iddia ediliyordu.

NGO'ların Kuzey Irak'taki etkinlikleri Birleşmiş Milletler Mülteciler Yüksek Komisyonu'nun 7 Haziran 1991 tarihli kararıyla başlamıştı. Bölgedeki tüm sığınmacıların *beslenme ve barınma* sorumluluğunu Yüksek Komisyon üstlendi. Kararda BM yardımının Kızılhaç ve Kızılay gibi bilinen yaygın kurumlar aracığıyla değil, özel kuruluşlar marifetiyle yapılması yer alıyordu.

NGO'lar Çekiç Güç ve MCC ile birlikte çalışıyordu. Bu kuruluşların gerçekleştirdiği birçok şüpheli faaliyet, NGO'ların bölgede bağımsız bir Kürt devleti için gereken altyapının oluşması yönünde çalıştığı iddialarını gündeme getirdi. Zaten NGO'ların bölgeye akını, Çekiç Güç'ün yerleşmesini izleyen günlerde başlamıştı. Aynı dönemde ABD, Kuzey Irak'ta Erbil ve Süleymaniye'de birer temsilcilik açtı. Bu temsilciliklerin *yardım koordinasyon* büroları niteliğinde olduğu belirtildi. BM tarafından Türk Dışişlerine iletilen listeye göre, bu dönemde bölgede çok sayıda NGO vardı. Bu NGO'lar Amerika'nın Irak'ı işgal etmesinin ardından Amerikan askerleri tarafından bölgeden kovuldu ve tüm faaliyetleri yasaklandı. Amerika buna gerekçe olarak "Ben varken size gerek yok" dedi. AB kaynaklı NGO'ların cılız itirazları dışında bu gerekçeye hiç bir itiraz gelmedi.

Mart 1995'te Türkiye'nin gerçekleştirdiği Çelik Harekâtı'ndan önce Kuzey Irak'ta faaliyet gösteren NGO'lar şunlardı:

- Office of Foreign Disasters Assistance (OFDA)
- Northwest Medical Teams International
- Shalder Now International
- Assyrian Relief Fund Mission
- Impact Teams International
- Horrizons International
- Global Partners
- Wells of Life International
- Adventist Development and Relief Agency Int (ADRA)
- International Catholic Relief Services (ICRS)
- Kurdistan Human Rights Watch
- Concern for the Kurds
- Servant Group Int
- Interfect
- Third World Development Organization
- Equilibre
- Pharmaciens Sans Frontieres
- Medecins Sans Frontieres
- France Libertes/Fondation Danielle Mitterrand
- Aide Medicale Internationale
- Aide aux Enfants du Monhde
- Mission France**Hata! Yer işareti tanımlanmamış.**
- Retour
- Assoceation d'Aide auxAgricultuers
- Caritas
- English Resource Centre-Kurdistan
- Vlaams International Centrum
- Handicap International
- Broederlijk Delen
- A Community Oriented Rehabilitation Network, ACOM
- Dutch Consortium/Memisa Medicus Mundi
- Info Services

- Associazione di Partecipazione Allo Sviluppo
- Centro Internazionale di Cooperazione Allo Sviluppo (CICS)
- Swedish Organization For Individual Relief
- Swedish International Development Authority (SIDA)
- Swedish International Liberal Centre (SILC)
- Swedish Red Cross
- Save the Children Sweden
- Diakonia
- Quanhdil Projekt
- Opetarion Mercy
- Danchurchaid
- Rio-Negro-Worldwide
- Norsk Folkehjelp
- Verein fur Entviclungzusammenarbeit und Humanitare Hilfe e.V (HAD/VEH)
- Medico Internatioram e.V
- Arbeitskreis Dritte Welt
- Hummanitas e.V
- Voluntary Relief Doctors e.V
- German Emergency Doctors
- Kirslicher Entwicklungsdienst
- Arche Nova e.V
- Bremer Hilfe e.V
- Hilfe fur kinder int Not
- Arbeiter-Samariter-Bund
- Wadi e.V
- Nurnberg Hilft Kurdinnen e.V
- Durtmunder Hilfer kurden
- Help
- Austrian-German Red Cross
- Minez Advisory Group (MAG)
- Christian Aid
- Middle East Development Services
- Overseas Development Administration (ODA)
- Save the Children Foundation
- Response, Relief, Resetlement

- Kurdish Life Aid (KLA)
- Oxfam
- World in Need
- Disaster Aid Centre
- War Child
- English Resource Centre
- Care International
- European Cummunity Humaniterian Office (ECHO)
- International Organization for Migrasyon (IOM)
- International Catholic Migrasyon Comission (ICMC)
- International Committee of the Red Cross (ICRC)
- World Food Program (WFP)
- Kurdish Agrucultural Recontruction and Development Organization (KARDO)
- Cooperation Organization for Recontuction of Kurdistan
- Kurdistan Reconstruction and Development Organization (KURDS)
- Kurdistan Shelder and Recontruction Organization (KSRO)
- Kurdistan Organization for Educational Aid
- Kurdish Recontruction Organization (KRA)
- Kurdistan Save Children
- Kurdistan Charity Society
- Kurdistan Health Foundation
- Kurdistan Rehabilitation and Development Society
- Kurdistan Medical Organization
- Kurdistan Medical Society
- Islamic-Kurdish Leage
- Iraq Trust
- Iraq Amal Association

Kuzey Irak'ta farklı tarihlerde faaliyet gösteren NGO'ların büyük çoğunluğu ABD, Almanya, Fransa ve İngiltere merkezliydi. Bu örgütlerin bazılarının niteliği özellikle tartışma konusu oldu.

Bunların başında, eski CIA Direktörü William Casey'nin akıl

hocası Leo Cherne tarafından yönetilen International Rescue Committee (IRC, Uluslararası Kurtarma Komitesi) geliyordu. IRC'nin bilinen misyonu, göçmenleri korumaktı. Örgütün daha önce faaliyet gösterdiği bölgeler ve bu faaliyetlerin zamanı da dikkat çekiciydi: 1948-1949 ablukası döneminde Berlin'de, 1956'da Macaristan'da, 1959'da Küba'da, 1968'de Çekoslovakya'da, savaş dönemi boyunca Vietnam'da, Pol Pot yönetimi süresince Kamboçya'da, Portekiz işgalcilerine karşı ayaklanma döneminde Angola ve Mozambik'te ve son olarak da Kuzey Irak'ta görev yapıyordu.

Örgütün ABD'nin örtülü faaliyetlerinde aktif rol aldığı ifade ediliyordu. 1951 yılından itibaren IRC'nin yöneticiliğini yapan Leo Cherne, aynı dönemde yine IRC gibi gizli operasyonlarda yer aldığı belirtilen Freedom House'un da başkanlığını yürütüyordu. Cherne, 1981-1991 arasında ise ABD Başkanı'nın Dış İstihbarat Danışmanlar Kurulu (PE-TAP) Başkan Yardımcısı'ydı. Bu kuruluş eski istihbaratçılarından oluşuyor; CIA, Dışişleri Bakanlığı, Pentagon gibi kuruluşlara tavsiyelerde bulunuyordu.

IRC'nin eski başkan ve yöneticilerinin nitelikleri örgütün hakkında başka ipuçları da veriyordu. Örneğin IRC'nin eski başkanlarından Joan Richardson, Macaristan'da ayaklananlara Pfizer firmasının ilaçlarını göndermişti. Richardson daha sonra 1961'de, Doğu Avrupa'ya ABD propagandası yapan Radio Free Europe'un başına geldi. Bu dönemde 1968 Çekoslovakya olaylarında rol oynadı. Sonraları bu radyonun bir CIA kuruluşu olduğu açıklandı. Richardson *emeklilik döneminde* ise, Nikaragua kontralarına yardım yollayan Youth for Understanding Inc. adlı şirkete başkan oldu. 1984'te National Endowment for Democracy'nin başına getirildi. IRC'nin diğer başkanları William vanden Heuvel, William Casey, Mary Pillsbury, Leonard Marks, John Whitehead gibi isimlerin hepsi, zamanında Amerikan Dışişlerinde ve CIA'de görev yapmışlardı.

IRC'nin Kuzey Irak'ta faaliyet gösterdiği dönemde bölgedeki yetkilisi Zaho'da Bağdat Oteli'nde kalıyordu. Daha önce Nikaragua'da bulunmuştu. Yanında sürekli olarak bulunan kişiyse eski bir bakandı. Savaş öncesi Irak'taki Kürt otonom yönetiminde görevli bakanın Kürtçe-Arapça kitapları da vardı. IRC yetkilisinin Diyarbakır'da da sıkı bağlantıları olduğu belirtiliyordu.

Geçmişte CIA operasyonlarında yer aldığı iddia edilen bir başka NGO ise, CARE'di. Oldukça yüksek bir mali güce sahip olan CARE'in dünyanın birçok yerinde CIA operasyonlarına dahil olduğu belirtiliyordu.

Bölgedeki NGO'lar arasında misyoner örgütleri de yer alıyordu. Gözyaşı Fonu isimli organizasyonlar bunların en tanınmışlarından birisiydi.

Bölgeye Avrupa ülkeleri de ilgisiz değildi. Dönemin AT Türkiye Temsilciliği 24 Kasım 1992'de düzenlediği basın toplantısında, topluluğun hükümet dışı kuruluşlar eliyle dağıtılmak üzere hazırladığı 10,3 milyon ECU'lük fondan hangi NGO'nun ne kadar para aldığını açıkladı. Listede 10 tane NGO vardı. Bu fondan en büyük payı, 7 milyon ECU ile, yukarıda adı geçen CARE örgütü alıyordu.

Son derece masum bir kılıf altından bölgeye geldiklerini iddia eden NGO'ların faaliyetleri ilerleyen günlerde Türkiye'nin tepkisini çekmeye başladı. Bu organizasyonların, istihbarat amaçlı ekolojik ve jeolojik araştırmalar, kamuoyu örgütleme operasyonları, espiyonaj, propaganda aktiviteleri ve hatta PKK gibi terör örgütlerine mali ve maddi destek sağladığı iddiaları gündeme geldi. Hizmet için bölgeye gelen NGO'lar neredeyse tamamıyla stratejik ve ekonomik önemi olan bölgelerde çalıştılar. Bu bölgelerde ABD yönetimi ve daha spesifik olarak CIA için işbirlikçi devşirilmesi faaliyetlerinde bulundular. Bölgedeki en ücra köylerde dahi, ilerleyen yıllarda çok işlerine yarayacak istihbarat ağı kurdular.

NGO'ların faaliyetlerindeki bazı nüanslar, ABD'nin bölgeyle ilgili uzun vadeli politikasının ipuçlarını verir nitelikteydi. Buna göre, yapılan yardımlar spesifik olarak Kürtlere yöneltildi. Kürtlerin dışındaki diğer gruplar ne yapılan yardımlardan, ne de NGO'lar vasıtasıyla bölgeye gönderilen paradan pay alabildiler. Örneğin, Erbil'in dış mahallelerinde maddi anlamda zor durumda bulunan Türkmenler bu yardımlardan yararlanamadı. Türkiye'nin gönderdikleri yardımlar dahi ABD ile işbirliği yapan peşmergelere gitti. ABD bu sayede Kürtlere dolaylı şekilde önemli bir mesaj veriyor ve onlarla ittifakın psikolojik altyapısını hazırlıyordu.

Türkiye bölgedeki NGO'lardan sürekli şikâyet etti. Ekim 1992'de Dışişleri Bakanlığı tarafından hazırlanan bir raporda, bu kuruluşların çoğunun, bağlı olduğu ülke adına bölgede istihbarat faaliyetleri yaptığı belirtiliyordu. Ancak Türkiye NGO' ların bu faaliyetlerine uzunca bir süre seyirci kaldı.

NGO'ların Kuzey Irak'taki faaliyetlerinden sadece Ankara değil, Kuzey Iraklıların önemli bir bölümü de rahatsızdı. Bölge halkı NGO'ların, amacı olan insani yardım konusunda etkin olmadığına inanıyordu. NGO'lar projelerinde iş vererek veya başka yollarla desteklediği kişileri âdil kıstaslara göre seçmiyordu. Bu insanları, bağlı bulundukları ülke adına devşirmek istiyordu. Örneğin, bir köyde okul yapımında çalışan peşmergeler, CIA ile işbirliği yapmayı kabul edinceye kadar paralarını alamamıştı. Yine, KYB'li Saadi Ahmed'e göre, NGO'ların önemli bir bölümü, inşasını ve tesisini vaat ettikleri projelerin çoğunu yerine getirmemişti. Projeler genel olarak ya çok yavaş yürüdü ya da plansızdı. Bölge halkına göre, NGO'ların bir bölümü üstlendikleri projeleri bitirmeden ortadan kaybolurken, bazıları ise yaptıkları "kamu yararına ve kâr amacı gütmeyen" etkinlikler için fatura bile çıkarmıştı.

Kuzey Irak'a sokulan istihbarat cihazları

İnsani faaliyetlerde iyi bir performans sergileyemeyen bu organizasyonlar, bölgede kendi kendini yönetebilecek bir Kürt oluşumunun hayat bulması için önemli bir çaba sarf etti. NGO'ların bu çabalarını anlamak için, sınır ve çıkış kapılarından geçirmeye çalıştığı cihazları ve yapılan incelemeler sonunda kaleme alınan muayene tespit tutanaklarını incelemek gerekiyor. Bu belgelerden bazıları, sınırdan geçirilmeye çalışılan cihazların önemli bir bölümünün insani faaliyetlerde değil, istihbarat faaliyetlerinde kullanılabilecek cihazlar olduğunu gösteriyordu.

Örneğin, bu cihazlardan bazılarıyla, insani faaliyetler için hiç de gerek olmadığı halde, NGO merkezlerine uzak bölgelerle görüşmek, helikopter ve uçaklarla mesaj alışverişinde bulunmak, bölgedeki telsiz konuşmalarını dinlemek, engellemek ve gerektiği zaman televizyonların ses frekansını bastırarak yayın yapmak mümkündü.

Maliye ve Gümrük Bakanlığı'na bağlı Habur Gümrükleri Başmüdürlüğü tarafından Şırnak Valiliği'ne gönderilen 30 Temmuz 1992 tarihli faks yukarda belirtilen iddiaları kanıtlıyordu:

> İlgi: Habur Sınır Kapısı Mülki Amirliği'nin Başmüdürlüğümüze muhatap, 20.07.1992 gün ve 06/51 sayılı yazısı
>
> İlgi'de kayıtlı yazıda telsiz cihazı ile eki teçhizatın gümrükten geçişinden önce askerî makamlarca incelenmesinin sağlanması istenmektedir.
>
> Yazımızın ekinde sunulan belgelerden de anlaşılacağı üzere; Esenboğa Yolcu Salonu Gümrük Müdürlüğü'nce tanzim ve tescilli, 22.07.1992 gün ve 137 sayılı aktarma beyannamesi, buna bağlı aynı

tarihli 102 sayılı kara manifestosu muhteviyatı eşyaların gümrüğümüze sevkine müteakip, yapılan muayene ve tespitinde idarenin aç-tam tespit havalesi ile, gümrük işlemlerine başlanmış olup, ilgi yazı gereğince 2. Piyade Taburu (Kapılı)'dan eşyaların tespiti hususunda Askerî Heyet talep edilmiş ve görevlendirilen heyet huzurunda eşyaların muayene ve tespit işlemine geçilmiştir.

Ekte sunulan bilirkişi Muayene ve Tespit Tutanağı'ndan da anlaşılabileceği üzere Türkiye üzerinden Kuzey Irak'a götürülmesi için Zaho'da kurulu ASB Arbeiter Samariter Bund Deutchland E.V. Yardım Kuruluşu'na gönderilmek istenilen cihazın muayenesi sonucunda, teknik özelliklerinden dolayı 150 W yükseltilme ile 150-200 km uzaklıktaki ana üs merkezler arası telsiz muhaberesi ve dinlemesi sağlayacağı görüşü hasıl olmuştur.

Diğer taraftan, mevcut 2-30 MHz frekans bandının 30 MHz uygun olmadığı ve diğer frekansların yapılacak bir değişiklikle alt bant muhabereyi tehlikeye sokacağı, ayrıca anten otomatik AR taramasından dolayı yapılan muhabereyi otomatik olarak frekansına girip yakalayacağı, ekranda frekansını göstereceği tespit edilmiştir.

Gümrüğümüzce düzenlenen muayene tespit tutanağından da görülebileceği üzere, eşyaya ait ayniyat tespiti yapılmıştır. Konuya ilişkin tüm belgeler yazımız ekinde sunulmuş olup, Habur Sınır Kapısı Mülki Amirliği'nin ilgi yazıları da göz önünde bulundurularak, söz konusu eşyaların gümrüğümüzce çıkış işlemlerinin yapılıp yapılamayacağı hususunda tereddüt hasıl olmuştur.

Bu yazının ekinde yer alan ve yazıya dayanak oluşturan muayene tespit tutanağında da şu bilgiler yer alıyordu:

30.09.1992 günü Gümrük Müdürlüğü isteği üzerine yapılan, Türkiye üzerinden Kuzey Irak'a götürülmesi için Zaho'da kurulu ASB Arbeiter Samariter Bund Deutchland E.V. yardım kuruluşuna gönderilmek istenilen cihazın muayenesi sonucunda içerisinde bulunan teknik özelliklerinden dolayı 150 W bir yükseltme ile 150-200 km uzaklıktaki ana üs merkezleri arası telsiz muhaberesi ve dinlemesi sağlayacağı, Mevcut 2-30 MHz frekans bandının 30 MHz uygun olmadığı ve diğer frekansların yapılacak bir değişiklik ile alt

> bant hava-yer irtibatını ve birlikler arası alt bant muhabereyi tehlikeye sokacağı, anten otomatik AR taramasından dolayı yapılan muhabereyi otomatik olarak frekansına girip yakalayacağı ekranda frekansını göstereceği tespit edilmiştir.

Dışişleri Bakanlığı ile Ulaştırma Bakanlığı'na bağlı Telsiz Genel Müdürlüğü arasında bir yazışma da ilgili iddiaları güçlendirir nitelikteydi:

> Malumları olduğu gibi, Kuzey Irak'ta insani yardım faaliyeti sürdüren uluslararası kuruluşların, ülkemiz üzerinden personel ve malzeme geçişlerinin düzenlenmesine ilişkin kuralları kapsayan ve tüm taraflara dağıtımı yapılan ilgi'de takdim kılınan notamızla, bölgeye askeri nitelikli malzeme ile haberleşme cihazlarının geçişine izin verilmeyeceği açıklanmıştı.
>
> Bu konuda, özellikle bölgede iletişim altyapısının bulunmayışından kaynaklanan gerekçelerle yardım kuruluşlarının başvuruları, söz konusu ilke kararımızın bilinmesine karşın, zaman zaman yinelenmekte ve bu talepler Bakanlığımızda mevcut genel teknik veriler dikkate alınarak değerlendirilip reddedilmektedir.

Yukarıdaki örnekte de görüldüğü üzere, NGO'ların sınırdan geçirmeye çalıştığı telekomünikasyon cihazları dikkat çekiydi. Bu girişimler Maliye ve Gümrük Bakanlığı, Dışişleri Bakanlığı, İçişleri Bakanlığı, Ulaştırma Bakanlığı, Olağanüstü Hal Bölge Valiliği, Genelkurmay Başkanlığı ve Milli İstihbarat Müsteşarlığı'na bağlı, konu ile ilişkilendirilmiş birimler arasında yazışmalara neden oluyordu. Yazışmaların önemli bir bölümünde bu cihazların sevkinde sakınca olduğu ifade ediliyordu.

Türkiye'den NGO'lara karşı önlemler

Yine birçok NGO'nun PKK ile ve diğer bağımsızlık yanlısı Kürt fraksiyonu ile ilişkisi vardı. Türkiye bu ilişkilerin bir bölümünü biliyordu. Bu nedenle belirli bir dönemden sonra NGO'ların bölgeye Habur sınır kapısı üzerinden geçişine izin verilmemeye başlanmıştı. Ancak, bu da NGO'ların Türkiye aleyhine faaliyetlerini engellemeye yetmedi. Çünkü hemen hemen her NGO belirli bir büyük devlet tarafından destekleniyordu. Bu devletlerin Ankara Büyükelçilikleri Türk devleti üzerinde baskı yapıyorlardı.

Türkiye açısından ciddi tehdit yaratmaya başlayan bu faaliyetlere karşı Dışişleri Bakanlığı en sonunda Ekim 1995'te, 31 Ağustos 1994 tarih ve UKBM-11-2642-56 sayılı notasına atıfta bulunarak, BM'nin 688 sayılı kararı çerçevesinde yürütülen Irak'a insani yardım programı ile ilgili bazı hususları Ankara'daki bütün diplomatik misyon ve uluslararası örgüt temsilciliklerinin dikkatine getirdi.

Türkiye'nin dikkat çektiği konuların başında, BM şemsiyesi altında faaliyet gösteren NGO'ların etkinliklerinin, Türk makamlarınca güvenlik gerekçesiyle aksi görüşe varılmamış olunması koşuluyla, Birleşmiş Milletler Yardım Programı'nda belirlenen alanlarla sınırlı olması gerektiği geliyordu. Notada bahsi geçen bir diğer konu ise, NGO'larda görev yapacak personelin listesinin Türkiye'ye diplomatik kanallardan bildirilmesi gerektiğiydi. Nota'da NGO'ların Kuzey Irak'a geçişleri aşağıdaki şartlara bağlanıyordu:

> 1) Irak'ta BM'nin yetkilendirmesi kapsamında faaliyet gösterecek NGO'ların bütün faaliyetleri, BM insani yardım programında yer alan unsurlarla sınırlı olacaktır ve Türkiye'nin güvenlik kaygıları dikkate alınacaktır.
>
> 2) İlgili NGO personelinin listesi, Dışişleri Bakanlığı'na diplomatik kanallardan iletilecektir. Görevlendirilecek ek personelin isimleri de zamanlıca Türk makamlarına bildirilecektir.
>
> 3) Yukarda belirtilen liste, ilgili NGO görevlilerinin fotoğrafları-

nı, ayrıntılı kimlik ve adres bilgileriyle, unvanlarını ve görevin niteliğini içerecektir. Ayrıca, ilgili NGO'nun ihtisas alanına ilişkin broşür ve diğer belgeler de Türk Dışişlerine iletilecektir.

4) İlgili ülkenin diplomatik temsilciliğinin, bahsekonu NGO' nun faaliyetlerinin insani yardımla sınırlı olacağı ve siyasi alana taşmayacağı hususunda önceden yazılı taahhüt vermesi gerekmektedir. Bu belge, BM veya ilgili ülkenin Büyükelçiliği veya Dışişleri Bakanlığı tarafından da verilebilir. Bu tür bir belge sunamayacak NGO'ların bölgede faaliyet göstermesine izin verilmeyecektir.

5) İstenmeyen davranışlar sergilediği tespit edilen NGO personelinin kleransı derhal iptal edilecek ve ayrıca, istenmeyen davranışın niteliğine bağlı olarak gerekirse ilgili NGO'nun bölgede faaliyette bulunma izni iptal olunacaktır. İptal işleminden sonra, NGO' nun diğer görevlilerine Türkiye'ye tek girişli transit vizesi verilecektir.

6) Nitelikleri ne olursa olsun, NGO mensuplarının yanında bulunacak her türlü malzeme hakkında Türk Dışişleri Bakanlığı'na önceden diplomatik kanallardan bilgi verilecektir.

7) Irak yaptırımlar komitesinin iznine tabi olan malzemeye ilişkin olarak, gerekli izin belgelerinin Türk makamlarına önceden sunulması şarttır.

8) Güvenlik gerekçeleri dikkate alınarak, BM kuruluşları için önceden izin verilenler dışında, Irak'a herhangi bir iletişim ve haberleşme cihazının sokulmasına izin verilmeyecektir.

9) Kurşun geçirmez yelek ve kask gibi askeri nitelikli malzemelerin Irak'a sokulmasına izin verilmeyecektir.

10) Irak'taki NGO'ların faaliyetleri münferit şekilde gözetlenecektir.

11) Başvurular Irak'a öngörülen geçiş tarihinden en az 15 gün önce yapılmalıdır.

12) Başvuruların yanıtlandırılmasının zaman alacağı göz önünde bulundurularak, NGO'ların Irak'a geçmek için Türk Dışişleri'nden alacağı yanıtı beklemesi tavsiye edilmektedir.

Özetle, Ankara, faaliyet gösterecek NGO'ların sadece insani faaliyetler yürütmesini istiyordu. Ankara'nın kararı uygulamasıyla birlikte 30 NGO'nun Kuzey Irak'taki faaliyetleri fiilî anlamda sona erdi. Bu arada Türkiye, bölgede Kızılay'ın faaliyetlerinin artırılmasını hedefledi. Bu amaçla Kızılay sadece 1995 yılında Kuzey Irak'ta 15 milyon dolar harcadı.

Ankara'nın aldığı bu tedbirler ilgili devletler tarafından, Türkiye'nin zaten Kürtleri sevmediği yönünde propaganda yapılmasına yol açtı. Yine NGO'ların Türkiye aleyhine girişebilecekleri faaliyetlere yönelik denetim çabası da, Türkiye'nin söz konusu NGO çalışanlarının can güvenliğini önemsemediği iddialarına neden oluyordu. Bir anlamda, Türkiye üzerinde psikolojik baskı kuruluyordu. Bu nedenle Türkiye, yaşanan sorunları bir ara yol bularak geçiştirmeye çalıştı.

Örneğin, ABD merkezli OFDA Mart 1996'da ABD'nin bütün resmî kanallarını sonuna kadar zorlayarak istediği izni almaya çalışmıştı. Ankara ise, 30 adet el telsizinin bölgeye geçişine izin verilmesini bir ara çözüm olarak ABD tarafına sunmuştu.

Konuyla ilgili, Türkiye'nin tek başına gösterdiği hassasiyet de çoğu zaman yeterli olmuyordu. NGO'lar, Habur üzerinden bölgeye girişin zorlaştırıldığı ve kontrollerin artırıldığı zamanlarda, Suriye ve İran üzerinden hareket ediyor; Suriye ve İran da bu geçişlere izin veriyordu.

Ankara'da mahzun bir cenaze: MİT'in gözyaşları

Türkiye birçok cephede savaş veriyordu. Bir yandan Kuzey Irak'ta Kürt devletinin kurulmasını önlemeye ve PKK'yı yok etmeye uğraşıyor, diğer yandan ABD'nin ve diğer ülkelerin istihbarat faaliyetlerini gözaltında tutmaya çalışıyordu.

PKK ile mücadelede ve Kuzey Irak'a bu amaçla yapılan operasyonlarda yüzlerce şehit verilmişti. Bunlar arasında, isimleri kamuoyuna duyurulmayan MİT görevlileri de vardı.

MİT'in Kuzey Irak'ta olsun, Türkiye'de olsun, PKK terörü nedeniyle pek çok görevlisini kaybettiği bilinmektedir. Yitirilen görevliler arasında, 1993 ve 1994 yıllarında Kuzey Irak'a karşı girişilen operasyonlarda askerî istihbaratı getiren değerli elemanları da bulunmaktadır. Bu konuda, MİT içinde çokça tartışılan ve üzüntüye yol açan ölüm olayı, 19 Ocak 1994 günü Erbil' de PKK ile destekçisi Kürt grupların Batılı servislerin de yardımıyla öldürdükleri Cenan Kocahakimoğlu'nunkidir. MİT'i yasa boğan öldürme olayı, Kocahakimoğlu'nun arabasına çapraz ateş açılması sonucu gerçekleşmiş ve olayla ilgili ilk bilgiyi de 20 Ocak'ta Kürdistan Demokratik Partisi'nin Ankara temsilcisi Sefin Dizayi vermiştir. Dizayi, yerel saat ile 19:30'da gerçekleşen olayda, Türkiye'den yapılan insani yardımın koordinasyonu ile görevli olan Can Cemal adlı kişinin öldüğünü duyurmuştur.

Ancak Türk gazetecilerin insani yardımdan sorumlu olan Kızılay'a yaptıkları başvuruda aldıkları yanıt daha ilginçtir. Kızılay yetkilileri, kendi elemanları arasında Can Cemal adında bir kişinin bulunmadığını açıklamışlardır. Hatta Kızılay Genel Başkanı Kemal Demir, Genel Müdürleri Ünal Somun'un bölgedeki ekiple konuştuğunu ve böyle bir olaydan haberdar olmadıklarını dile getirir. Ancak aynı yetkililer ertesi gün ağız değiştirip kendi personellerine ateş açıldığını ve bir kayıpları olduğunu açıkladılar. MİT ile Kızılay koordinasyonu yetersiz kalmıştır. Kızılay da MİT de bu operasyonda ne kadar koordinassız ve tedbirsiz olduklarını gözler önüne sermiştir. Bu işten en büyük yarayı Kızılay almıştır. Daha sonra ortaya çıkan başka olaylar nedeniyle, Kızılay bir istihbarat yan kuruluşu gibi görülmüştür. Uluslararası ilişkilerinde bağlı bulunduğu kuruluşlar içinde çok zor durumda kalmıştır.

Kocahakimoğlu'nun cenazesi Maltepe Camii'nden kaldırılır. Bütün MİT neredeyse oradadır. Ancak, ne bir kamera ne de bir gazeteci vardır. O sırada haberi bize duyuran kişiyse telefonda "Bakın, bu ülke için ölen insanlar nasıl sessiz ve adsız defnediliyorlar" demiştir. Gazeteci dostum Zeki Saral ile birlikte Maltepe Camii'ne gittiğimizde gördüğümüz manzaranın bize söylenenden farksız olduğunu gördük. Cenaze ortadaydı. Yeterince kalabalık vardı. Çelenkler boldu. Kucaklarda dolaşan iki küçük çocuk ve gözyaşlarına boğulan bir genç kadın dışında, acının derinliğiyle sarsılan birçok insan gözden kaçmıyordu. Ama soğuk, adsız ve bilinmeyen bir adamdı, tabutun içindeki MİT görevlisi.

Herkes MİT'i, Kuzey Irak'ta ne yapıyor diye eleştirirken, MİT, görevi başında ölen bir elemanını halkından gizlemek zorunda kalıyordu. Gerekçe bölgedeki operasyonlardı. Ama o operasyonlar konusunda koordinasyonsuzluktan dolayı yeterince bilgi basına sızmıştı. Bölgedeki Batılı servisler, Kürt grupları, Türk güvenlik birimleri, herkes olayı biliyordu.

Cenazenin kalktığı gün Sefin Dizayi ise, olayla ilgili yorumunda şunları söylemiştir:

> Dışişleri Bakanlığı'na bilgi verdik. Katillerin bulunması için her türlü önlem alındı ve Türk görevlilerin etrafındaki güvenlik artırıldı. Saldırıyı gerçekleştirenler PKK olabilir. Çünkü öldürülen, bir Türk vatandaşı. Öte yandan Irak ajanları da Türk görevlilerin gözünü korkutmak ya da provokasyon amacıyla bu cinayeti işlemiş olabilirler. Irak ajanları daha önce yabancı yardım kuruluşlarının görevlilerine karşı buna benzer eylemlerde bulundular.

Dizayi'nin neyi bilip neyi bilmediğini sizin yorumunuza bırakıyoruz. Tabiî, bu haberi okuyanlar da orada ne olduğunu hiç anlamadılar. MİT büyük bir gizlilikle operasyonunu tamamlamış oldu! Ama bu, olayların sonuncusu olmamıştır. Aynı olay daha sonra da yaşanır.

Kuzey Irak'ta MİT'e yeni bir saldırı

Türk Silahlı Kuvvetleri'nin 22 Mart 1995'te *Çelik Harekâtı*'yla 35 bin kişilik bir kuvvetle girip denetimi altına aldığı Kuzey Irak'ta 7 çobanın kulakları kesik ve ölü olarak bulunması, bunun ardından çobanların askerlerce öldürülmeden önce gözaltına alındığının iddia edilmesi üzerine, yine MİT elemanları öldürülür. Yine Kızılay mensubu kimliği kullanan ve çobanlarla ilgili cenaze töreni ile olayları gözleyen Orhan Bulut, Yaşar Mutlu ve Mithat Okan, göstericilerle girdikleri çatışma sonrasında feci şekilde öldürülürler. Cenazelerinde yine herkes vardır, çelenkler boldur ama onların adı ve işi yoktur. Arkadaşlarının kimliğinin gizli kalmasına isyan mıdır, yoksa beceriksizlikten mi, bilinmez ama, bu cenaze töreninde fotoğraf çekenleri MİT elemanları durdurur, güvenliği onlar sağlar. Ama ölenler için hâlâ Kızılaycı kimliği kullanılmaya devam eder.

Olay günü bölgede çekim yapan ve Diyarbakır'da yerleşik olan yabancı televizyon ekipleri ile onların kullandığı Türk kameramanlar çobanların ölülerini, halkın öfkesini kaydetmişlerdir. Türk kameramanlar olay yerinden dönerken Kızılay araçlarında gördükleri MİT elemanlarına bölgedeki havayı yansıtmış ve tehlikeye dikkat çekmişlerdir. Buna rağmen, bu üç görevli kalabalığın üzerine gitmiş, tepki ile karşılaşınca da kızgın, öfkeli yöre halkıyla tartışmaya başlamışlardır. Küfürler savuran kalabalığa karşı alttan almak, bölgeyi terk etmek, durumu idare etmek, olayı yatıştırmak yerine meydan okuyan bu üç görevli, kimilerine göre kahraman olarak nitelendirilebilir. Belki cesaretleri göz önüne alındığında bu yorum doğru olabilir. Ancak, hiçbir istihbaratçının yapmaması gereken bir hata yapılmıştır: Halkla karşı karşıya gelinmiştir. Öfkeli ve silahlı kalabalığa silahla karşılık verilmiştir. Kalabalıkla girişilen çatışmada 3 görevli ölürken, kalabalık içinden de 6 kişi ölmüştür. Olayın ayrıntıları devletin raporlarına şöyle yansımıştır:

> Kuzey Irak'ta görevli ekibimize bu sabah (5 Nisan) Dohuk'ta yapılan silahlı saldırı sonucu, 3 mensubumuz yaşamlarını yitirmiştir. Saldırıda, ekibimizi korumakla görevli peşmergelerden 4, saldırganlardan ise 4 kişi olmak üzere, 8 kişi daha ölmüştür.
>
> Çeşitli kaynaklarımızdan intikal eden bilgilere göre, müessif olayın meydana gelmesine neden olan olaylar şu şekilde cereyan etmiştir:
>
> Dün (4 Nisan) Kuzey Irak'taki Serseng bölgesinde PKK teröristleri ile güvenlik kuvvetleri arasında uzaktan ateş teatisi olmuş, bunun akabinde teröristler Barzani'ye bağlı yedi kişiyi yakalayarak öldürmüşler ve cesetleri parçalamışlar, bilahare olayı silahlı kuvvetlerimize mal eder şekilde haberler yayılmasına çalışmışlardır.
>
> Öldürülen beş kişinin cenazesi dün Dohuk'a gönderilmiş ve bu sabah da (5 Nisan) bir tören düzenlenmiştir.
>
> Tören devam ederken, Dohuk'tan benzin ikmali amacıyla yola çıkmakta olan ve üç görevlimizin bulunduğu Kızılay aracı cenaze törenine katılan kalabalıkla karşılaşmıştır. Bu sırada, ekip aracımıza topluluk içinden saldırılmış ve koruyucular ile saldırganlar arasında silahlı çatışma çıkmıştır. Sonuç olarak, 3 mensubumuz, 4 koruma görevlisi ve saldırganlardan da 4 kişi hayatlarını kaybetmişlerdir.
>
> Şehitlerimizin naaşlarında 150'nin üstünde kurşun yarası bulunduğu, gözlerinin oyulmuş, kulaklarının da kesilmiş olduğu, gelen bilgiler arasındadır.

Bu beklenmedik gelişme, yurtdışında bulunan Cumhurbaşkanı Demirel'e hemen iletilmişti. Ankara'da ise, gelişmeleri değerlendirmek üzere, Dışişleri Bakanlığı Müsteşarı Büyükelçi Özdem Sanberk'in başkanlığında bir toplantı düzenlendi. Toplantıya Genelkurmay Başkanlığı ve Jandarma Genel Komutanlığı temsilcileri, MİT Müsteşarı, Emniyet Genel Müdürü ve Dışişlerinden yetkililer katılıyordu.

Toplantıdan çıkan sonuç, bu olayın TSK'nin Mart 1995'te Kuzey Irak Çelik Harekâtı'nın başarısından rahatsız olan çevrelerin ve özellikle PKK tarafından tamamen tahrik amacıyla gerçekleştirildiği, esas niyetin Kuzey Irak'taki harekâta bölge halkının muhalefet gösterdiği şeklinde bir izlenim yaratmak olduğuydu.

Çiller'in sınır değişikliği arzusu

Irak, Kuzey Irak Kürtleri, PKK ve Çekiç Güç artık Türk-Amerikan ilişkilerinin en öncelikli gündem maddeleri haline gelmişti.

ABD Başkanı Bill Clinton, 1995 yılında Tansu Çiller ile yaptığı baş başa görüşmede, "Saddam'ın gitmesini istediklerini" söyledi. Çiller bunu 24 Nisan 1995'te Ankara'daki MGK toplantısında da aktardı. Ama Clinton'un ne dediğinden daha önemlisi, Çiller'in neler söylediğiydi. Çiller aslında o görüşmede ilginç şeyler söylemişti. Ankara'da bu sözler dalga dalga yayılıyordu. Özal Çekiç Güç'ü isterken ne yaptıysa, Çiller de aynısını yapmıştı. Amerikalılardan bir sınır değişikliği istiyordu.

Amerikan kaynakları Ankara'dan, Çiller'in bu görüşmeyle ilgili olarak şunları dile getirdiğini Washington'a kriptoladılar:

> Kuzey Irak'a ilişkin olarak, Clinton ile yalnız yaptığım görüşmede bana bunu açıklıkla söyledi, ne istiyorsunuz, çözüm olarak bizden bir destek isteğiniz var mı, onu daha sonra büyük toplantıda da ele aldık, herkesle birlikte. Yalnız bana şunu ifade etti, dedi ki, seçimden önce bu işin bitmesi için Saddam'ın gitmesi lazım, Saddam'ı götürecek geniş kapsamlı bir operasyon seçim öncesinde gündemde değil dedi. Seçim sonrasında gündemde olur mu dedim, güldü ve benim aldığım izlenim seçim sonrasında radikal birtakım işler yapmak isteyeceği doğrultudaydı. Clinton yönetiminin aklında, seçim sonrası için Saddam'ın olmadığı bir formül vardı. Yalnız

Bush ile konuşurken, Bush'un ne düşündüğü de çok önemli, çünkü Kongre'de onların milletvekilleri ağırlıkta etkileyebilirlerdi. Bush ise bu işin çözümünün, sadece ve sadece ambargonun yoğun biçimde uygulanması şeklinde olduğunu söyledi. Yani bunu Fransa, Almanya deliyor ve hatta Rusya deliyor ambargoyu, oraya tüccarlarını vs. yolluyorlar ve buna ABD bir şey yapmıyor, yani burada günlük bir politika izlemek lazım, bunu yapabilseydik eğer Saddam çökerdi ve Saddam'ı çökertmenin yolu budur, şeklinde bir görüşü var. Yine üzerinde durmamız gereken şey çözüm nedir? Yani siz ne istiyorsunuz Kuzey Irak'ta. Biz "Irak'ın toprak bütünlüğünü istiyoruz, ondan başka da hiçbir çözüm yoktur, bizim buradaki meselelerimize yumuşak bakın" dediğimiz zaman, buna sıcak bakıyorlar, ancak somut bir çözümü ne istediğimizi ortaya koymakta sıkıntımız var, bütün dünyanın da var. Uluslararası boyutta oraya bir müdahale istemiyoruz. Hatta sizinle birlikte bir müdahale istemiyoruz şeklinde yaklaşımımızı da anlayış ile karşılıyorlar, hiçbir talepleri yok orada. Yalnız bir konuda bize destek vereceklerini gördüm, sınırların düzeltilmesi lazım dedim. Yani sınırlar yanlış çizilmiş burada. Bu konuda bize herhalde yardımcı olursunuz, çünkü netice itibariyle Körfez Krizi'nin yükü bizim üzerimizde kaldı. Hem boru hattını kapattık, Saddam'ın bundan sonra o boru hattını kapatıp kapatmayacağı doğrultusunda destek veriyorsunuz ama çok büyük sıkıntılarımız oldu, ticaret kaybımız oldu ve terörist meselemiz var ve bu bir günde de bitmeyecek. İşte Suriye'de, İran'da diyorsunuz sizler bize bu konuda bilgi verdirtmek ihtiyacını hissediyorsunuz. Onun için bu sınır değişikliğini yapmamız lazım. Bir radikal sınır değişikliği şeklinde bir talebimiz olmadı ama makulü bulmak lazım buna. Onlara somut bir öneri vermemiz şekliyle ABD tarafından destekleneceğini, ama sadece ABD'nin desteğinin tek başına bu konunun çözümü için yeterli olmayacağını, ama bizim hazırladıklarımızı görmeye hazır olduklarını ve prensipte yardıma hazır olduklarını ilettiler. Bu sözü aldım kendilerinden. Onun için bu tip bir radikal olmayan sınır değişikliği için ABD'nin desteğini alacağımızı görüyorum, kendi desteklerinin tek başına yeterli olmayabileceğini de ifade ettiler, ama destekleyecekleri doğrultusundaki görüşleri açık, onun için bu hazırlıkları yaparak, şudur makul isteğimiz şeklinde bir şeyde etkin bir başlangıç noktası bulabileceğimizi görüyorum.

O sırada Türkiye Kuzey Irak'ta Çekiç operasyonunu düzenliyordu. 331 km.lik dağlık arazide, 37 bin asker kullanmak üzere çok geniş kapsamlı bir harekât vardı Amaç bölgede bulunan 2800 teröristi etkisizleştirmekti. Bunların büyük bir kısmı harekâtın bazı şartlara bağlı olması durumundan, özellikle hava şartlarının, bir de Gümrük Birliği'nin etkilenmemesi için harekâtın geciktirilmesinden dolayı kaçmıştı. Yani haberdar olmuşlardı. AB ülkeleri operasyonlara karşıydı. Suriye'ye kaçanları vardı. 504 teröristin cesedi bulunmuştu. Ele geçen PKK silahlarının 1995 tarihiyle tutarı 555 milyar Türk lirası idi. Asker bundan rahatsızdı. Silahlar Rus, AB ve ABD menşeliydi.

Türkiye'de MGK üyeleri dışında kimse Tansu Çiller'in sınır değişikliği isteğini bilmiyordu. Konuşmuyordu, konuşmak istemiyordu. Ama o, bu konuda Amerikalılarla konuşmuştu bir kere.

ABD ile Türkiye arasında Kuzey Irak istişareleri

Amerikalılarla konuşulan, bunlarla sınırlı değildi. Türkiye ile ABD arasında Kuzey Irak konusunda görüş alışverişleri sıklaşmıştı. Ankara'nın 24 Mayıs 1995'teki konuğu, ABD Ulusal Güvenlik Konseyi'nin Doğu İşlerinden Sorumlu Kıdemli Direktörü Marc Parris'ti. Daha sonra Türkiye'deki Amerikan Büyükelçiliği'ne atanacak Parris başkanlığındaki ABD heyetiyle yapılan toplantının ayrıntılarını hep birlikte okuyalım:

Marc Parris: Kuzey Irak'taki günlük yaşamı iyileştirmenin yollarını görüşmek, güvenlik durumunu ele almak ve Türkiye açısından yarattığı sorunların giderilmesi konusunu tartışmak üzere ülkenizde bulunuyoruz. Bu amaçla, Ulusal Güvenlik Konseyi Yakın ve Orta Doğu İstihbarat Görevlisi Bruce Reidell, ilk gündem maddesi çerçevesinde Irak'la ilgili bazı istihbari bilgiler verecek.

Bruce Reidell: Irak'ta geçen yıl iki önemli darbe girişimi oldu. Bu iki darbe girişimi de rejim için gerçek bir tehdit oluşturmamıştır. Orduda birlik kaydırmaları göze çarpmaktadır. Irak ordusu yarı aç durumdadır, morali Körfez Savaşı'ndan bu yana en düşük düzeydedir. Bu moral çöküntüsü, tabiatıyla, seçkin Cumhuriyet Muhafızlarını da etkilemiştir. Cumhuriyet Muhafızları, askerî gereksinimlerden çok, siyasi nedenlerle ikiye bölünmüş, Kuzey ve Güney Komutanlıkları kurulmuştur. Bununla birlikte, Cumhuriyet Muhafızları'nın Saddam'a bağlılığının zedelendiği ya da Irak ordusunun acz içinde olduğu söylenemez. Hava Kuvvetleri yedek parça bulma güçlüklerine rağmen uçmaya devam etmektedir. Rejimin içinde "şahinler" giderek güçlenmektedir...

Kuzey Irak'ta KYB ve KDP arasında 7 Nisan günü uygulamaya konulan ateşkes devam ediyor. Buna karşılık, gerek Talabani gerek Barzani mevcut durumdan memnun değil ve ilk fırsatta tekrar çatışmaları başlatabilirler. Bölgedeki mevcut durum PKK'nın işine yaramış; PKK daha faal hale gelerek üçüncü cepheyi oluşturmuştur.

Bu arada, İran'ın, Bağdat'la ilişkilerini iyileştirme girişimlerine rağmen, Irak muhalefetini desteklediğini ve her iki Kürt partisi ile de temaslarda bulunduğunu göz ardı etmemek gerekir.

Orta Doğu Genel Müdürü Gür: Verdiğiniz bilgiler için teşekkür ederim. Bilindiği üzere, Körfez Savaşı'nı takiben Irak hükümeti ülkenin kuzeyindeki siyasi, idari ve askeri otoritesini güneye çekti. 36. paralelin kuzeyinde yer alan "Uçuşa Yasak Bölge" ve ülkemizde Huzur Harekâtı kuvvetlerinin konuşlandırılması ise, Kuzey Irak'ta yaşayan halkın Bağdat'tan olabilecek saldırılardan korunması amacını taşıyor. Alınan tüm bu tedbirler Kuzey Irak halkına bir ölçüde güvenlik hissi vermişse de, yöre halkının kendilerini tamamiyle güvende hissetmelerini sağlamaktan uzaktır ve bölgeden Irak kuvvetlerinin çekilmesinden sonra meydana gelen güç boşluğunun doldurulmasına olumlu katkıda bulunmamıştır.

Huzur Harekâtı konusuna gelince, bu harekâtın daha ne kadar

devam edeceğini ve uzun dönemde, Irak'ın hükümranlığı ve toprak bütünlüğünün korunmasına olan desteğimiz ile Irak'ı bu haklarından mahrum bırakan yaptırımların ne şekilde bağdaşabileceği sorusunu sormamız uygun olacaktır.

Çekiç Güç'ten PKK'ya güvenlik şemsiyesi

Türk yetkili konuşmasına şöyle devam ediyordu:

Kuzey Irak'ta bulunan iki Kürt grubu olan KYB ve KDP arasındaki çatışmalar mevcut ortamı daha da kötüleştirmektedir. PKK terör örgütü de, bundan yararlanarak bölgede üslerini, altyapısını ve lojistik tesislerini inşa etmeye başladı. Aynı zamanda, ülkemizde terör eylemleri gerçekleştirmek için sınırlarımızı ihlal ediyorlar.

Türk kamuoyunda, Kuzey Irak halkına güvenlikli bölgeler sağlamak amacıyla konuşlandırılan Huzur Harekâtı güçlerinin, PKK'ya da güvenlikli bölge sağladığı şeklinde algılamalar mevcuttur. Bölgede istikrarsızlığın artması sonucu, PKK askerî ve siyasi mevcudiyetini sağlamlaştırmaktadır.

Ülkemizin güvenliğine tehdit oluşturduğunu değerlendirdiğimiz bu gelişmelere karşı kayıtsız kalamayız. Gerçekte, Kuzey Irak'a Mart ayında yaptığımız müdahalenin arkasındaki esas sebep de budur. Her ne kadar harekât PKK üslerini, altyapısını ve lojistik desteğini imha etmek suretiyle amacına başarıyla ulaşmışsa da, bölgenin istikrarı endişe konusu olmaya devam etmektedir. PKK'lı unsurların bölgeye yeniden dönmeye çalışacakları kesindir. Kuzey Irak'taki istikrarsızlığın devamının, başka ülkelerin bu bölgede söz sahibi olmalarına yol açabileceğini düşünüyoruz. Suriye ve daha da önemlisi İran bunu yapmaya çalışıyor ve PKK dahil olmak üzere çeşitli grupları bu amaçla kullanıyorlar.

Biz tüm bu gelişmeleri endişeyle izliyor ve bölgede istikrarın tesisinin Türkiye için öncelikli olduğunu düşünüyoruz. Bugünkü toplantıya, orta ve uzun vadede alınacak önlemler konusunda bilgi alışverişinde bulunmaya vesile oluşturacağından dolayı önem atfediyoruz.

Saddam yönetiminin değerlendirilmesi

Saddam yönetiminin bugünkü durumu hakkındaki gözlemlerimizi aktarmak istiyorum. Saddam Yönetimi üzerindeki iç ve dış baskılar devam ediyor. Saddam, güvenmediği üst düzeyli subayların işine son vererek, katı kurallar içeren uygulamalarını sürdürüyor.

Doğal olarak, rejimin korunmasını ve devamlılığını Irak ordusu sağlıyor. 1994 yılının ikinci yarısında Saddam, ordusunu yeniden organize etti. Ordu bu zafiyetine rağmen, kuzeyde ve güneyde ayırımcılara karşı mücadelesini sürdürüyor. Ordu içerisinde huzursuzluk var. 1994 yılı Kasım ayında bazı üst düzeyli ordu mensupları tutuklandı. Saddam, kendisine karşı olan her türlü organize girişimi elimine ediyor. Bu amaçla da, ordu içerisindeki alt düzeyli asker ve subaylarla işbirliği yapıyor. Rejimin elinde kimyasal ve biyolojik silahlar bulunuyor, buna karşılık Silahlı Kuvvetlerin gücü sınırlı.

Baas Partisi, ülke içerisindeki gücünü koruyor. Partinin elinde limitsiz otorite bulunuyor. Saddam, ülke kontrolünü halen elinde tutuyor. Ambargodan bunalan meslek sahibi halk ülkeyi terk ediyor. Saddam'a karşı düzenlenen darbe girişimleri, özellikle elde edilen istihbari bilgiler sayesinde kolaylıkla önlendi. Buna karşılık ordunun morali çok düşük seviyede. Diğer taraftan, Irak halkı ekonomik bakımdan ciddi güçlüklerle karşı karşıya olmakla birlikte, güçlü bir lidere sahip olmaktan gurur duyuyor. Halk ekonomik zorluklardan dolayı Saddam'ı değil, Batı camiasını suçluyor.

Irak Ulusal Kongresi (INC) ise, askeri bir güç olarak zayıflamakla birlikte, göz önüne alınması gereken bir unsur. Çünkü söz konusu örgütün ABD Kongresinde siyasi ağırlığı var. Şiiler Ulusal Kongre'de kendilerine verilen yerden memnun değiller. INC, Kuzey Irak'ta fazla etkin değil. Bununla birlikte mevcut üyelerinden bazılarının gelecekte Irak yönetiminde yer alabileceğini değerlendiriyoruz. Nitekim bu yıl Mart ayında Ahmet Çelebi, yönetimi ele geçirmek amacıyla darbe teşebbüsünde bulundu. Ancak, adı geçen kendi taraftarları tarafından da eleştiriliyor. INC bünyesinde kendisine ciddi bir muhalefet ortaya çıkmış bulunuyor.

Irak Ulusal Kongresi, geçtiğimiz dönemde Kuveyt'te bir temsilcilik açma girişiminde bulundu. Bunun başlıca nedeni ise, Kuveyt sınırındaki ordu ve subaylarla temas etme arzusudur. INC'nin mevcut durumu göz önüne alındığında, Saddam için ciddi bir tehlike olmadığını değerlendiriyoruz.

Irak'ın füze tesislerini ve kimyasal silah fabrikasını çalışabilir duruma getirmesi çok normal. Bunlar bir yerde rejimin gücünü göstermeyi amaçlıyor. Ancak, söz konusu tesislerde füze yapıldığı veya yapılacağı konusunda somut bir delil bulunmuyor.

Hava Kuvvetlerinin de ciddi bir tehdit oluşturduğu kanısında değiliz. Nitekim yaptıkları uçuşlar eğitim uçuşları. Büyük malzeme sıkıntısı içindeler. Söz konusu saraylara gelince, bu saraylar halkın yönetime olan güvenini arttırıyor. Aç da olsa halk, Saddam tarafından yaptırılan bu saraylarla gurur duyuyor.

Irak rejiminin Kuzey Irak'a müdahale etme kabiliyeti var. Ancak, bu planlar KYB'nin son dönemdeki saldırılarına rağmen uygulanmadı.

Marc Parris: Bizim belirtmek istediğimiz başlıca husus, kıt kaynakların halkın ihtiyaçlarının karşılanması için kullanılmadığının dikkate alınmasıdır.

Bruce Reidell: Kitle imha silahlarının geliştirilmesi için geçmişte büyük meblağlar ayrılmıştı. Kimyasal ve biyolojik silah üretiminin tekrar başlaması için bilimsel zemin hala muhafaza ediliyor. Bu amaçla çok sayıda bilim adamı araştırmalarını sürdürüyor. Dolayısıyla, uzun vadede yönetimin niyeti apaçık ortadadır.

Orta Doğu Genel Müdürü Gür: Ordunun yeniden yapılanması sorunu çok önemli. Biz Irak'ın Birleşmiş Milletler Güvenlik Konseyi kararlarına uyması gerektiğini düşünüyoruz. Türkiye her ne kadar Irak'la bir dereceye kadar ilişki tesis etmişse de, Bağdat yönetimine karşı dikkatli olmalıdır. Çünkü Irak'ın geçmişte olanlar nedeniyle intikam almak istemesi mümkündür.

Irak'a karşı uygulanan ambargonun baskı unsuru oluşturmasından memnunuz, ancak, ambargonun ülkemiz ekonomisi üzerinde olumsuz yansımaları var. Diğer bir husus da, Saddam'ın ayrılmasından sonra yerine kimin geçeceğinin bilinmiyor olması. Ayrıca, Irak'a demokrasinin geleceğine de inanmıyoruz. Çünkü bölgedeki ülkeler demokratik geleneğe sahip değiller. Irak da bunlara bir istisna oluşturmuyor. Irak'taki mevcut durumu anlayabilmek için her şeyden önce halkın duygularını anlamak gerek. Biz komşu olarak, Irak halkının karşılaştığı ekonomik sorunlardan dolayı endişe duyuyoruz. Bu duruma birlikte bir çare bulmamız gerekir.

Büyükelçi Çalışlar: Irak'taki günlük hayatı ve yaşam şartlarını görünce, ekonominin daha da kötüleştiğini söylemek mümkün, ama çökme noktasına ulaştığını düşünmek doğru değil. Irak'a uygulanan yaptırımların ise hiçbir zaman ekonomiyi çökme noktasına getireceğini zannetmiyorum. Halk ekonomik bakımdan güçlüklerle karşı karşıya ama, bu durumdan fazla şikâyetçi değil. Bu noktada insan faktörünü dikkatle ele almak lazım. Irak halkı, güçlüklere rağmen yaşamını sürdürmekten adeta gurur duyuyor. Halk, ordu ve yönetim üçlüsü arasındaki denge, yaşamı devam ettirme faktörü üzerinde kurulmuş. Halk, yönetimle birlikte güçlük çekme fikrini gittikçe daha çok benimsiyor.

Irak ordusunun içinde bulunduğu durumla ilgili düşüncelerinizi paylaşıyoruz. Düzenli ordunun morali bozuk. Ancak, Irak yönetimini Cumhuriyet Muhafızları koruyor. Cumhuriyet Muhafızları geniş imkânlara sahipler. Örneğin, tümü maaşını dolar üzerinden alıyor. Muhafızlardan bir bölük Bağdat çevresine yerleşerek Başkanlığı koruyor ve bu kişiler Başkan'a bağlılar.

Irak yönetiminin inancına göre, bir birliğin aynı yerde uzun süre kalması zamanla tehdit unsuru oluşturuyor. Orduda yapılan birlik kaydırmalarının esas sebebinin de bu olduğunu sanıyorum. Aksi halde söz konusu birlik kaydırmalarının sadakatle alakası olduğunu sanmıyorum.

Saddam Hüseyin'e karşı yapıldığı söylenen darbe girişimleri konusunda elde somut veriler yok. Ancak bu konuda söylentiler var. Darbe girişimleri olduysa bile bunların plan aşamasından öteye gittiğini zannetmiyorum. Ayrıca söz konusu darbe teşebbüslerinin arkasında ordunun desteği de bulunmuyor. Darbe teşebbüslerinin olduğu tarihlerde Irak'ta güvenlik önlemleri artırılmadı. Saray etrafında güvenlik önlemleri değişmedi.

Irak ordusu, kitle imha silahları üretecek birikime sahip. BM'nin izleme faaliyetleri bu olguyu etkisiz kılıyor. Irak'ın sahip olduğu söz konusu potansiyele rağmen, BM'nin gözlemciliği ve yaptırımları devam ettiği sürece Irak'ın kitle imha silahları üretmesi mümkün değildir.

Parris: Yaptırımların devamı konusunda Irak'ın niyeti önemli. Bu çerçevede, yaptırımlar rejiminin devamının gerekliliğine inanıyoruz. Yaptırımlar konusunda ispat mükellefiyeti Irak'ta. Irak bu yaptırımların kalkması için, Birleşmiş Milletler Güvenlik Konseyi kararlarına tam olarak uyduğunu kanıtlamak ve Güvenlik Konseyi' nin güvenini kazanmak zorundadır. Bizim açımızdan alt sınır budur. Yaptırımların bölge ülkelerine zarar vermemesi için çalışıyoruz. Ancak, Rusya ve Fransa ile aramızda bu konuda anlayış farklılığı var. UNSCOM'un, Irak'ın kitle imha silahları konusundaki yükümlülüklerini yerine getirdiği sonucuna varmasının, yaptırımların kaldırılması için yeterli olduğunu düşünmüyoruz. Bizim görüşümüze göre, Birleşmiş Milletler Özel Komisyonu, Irak'ın 688 sayılı kararda belirtilen şartlara uyduğuna kanaat getirdiği zaman yaptırımlar zaten sona erecektir. Ancak Irak, anılan şartlara uymaktan uzak görünmekte. Elinde, çeşitli silahlanma projelerine ilaveten, kimyasal ve biyolojik silahlar var. Bu açıdan, yaptırımların sona erdirilmesine dar açıdan bakmamalıyız. Dolayısıyla, Irak'ı daha sorumlu davranması için zorlamalı, Irak'ı mümkün olan en yüksek standarda çekmeliyiz. Ancak, Saddam'ın malum politikalarından dolayı, yaptırımları sona erdirmeye niyetli değiliz. Bu durumda yaptırımların sona erdirilmesinden ziyade, daha özel konular üzerinde durmalıyız. Örneğin, Kerkük-Yumurtalık petrol boru hattı veya Kuzey Irak halkının karşılaştığı sorunlar gibi.

Irak'a uygulanan yaptırımların amacı Irak ekonomisini çökertmek değil, Irak'ın yükümlülüklerini yerine getirmesini sağlamaktır. Irak "barışçı niyetlerini" kanıtlamalıdır. Irak'ın, Kuveyt'i tanımak gibi, attığı olumlu adımları dikkate alıyoruz. Ancak, gelişme sağlanması gereken başka alanlar kalmadığı şeklinde de davranamayız. Bu nedenle özel sorunlarla ilgili yapılması gerekenleri tartışmalıyız. Nitekim, bu konularda ülkelerimiz arasındaki işbirliğinin sonuçları son derece olumlu.

Orta Doğu Genel Müdürü Gür: Irak'ın geleceği konusunda elimizde kesin veriler yok. Bugünkü Irak yönetimi BM Güvenlik Konseyi'nin yerine getirmesini istediği tüm şartları kabul etse bile, bir sonraki yönetimin söz konusu koşulları ihlal etmeyeceğinin garantisi yok. Kuzey Irak' ın gelecekte demokratik bir yönetime kavuşacağına inanmıyoruz. Bizim esas üzerinde durduğumuz sorun, komşumuz, hatta yakınlarımız sayılan Irak halkının içinde bulunduğu zorluklardır. Kısa dönemde yaptırımlara karşı değiliz, ancak, Irak halkının sıkıntılarına bir çare bulmalıyız. Her şeyi Irak Hükümeti'nin yapacaklarına bağlarsak bir sonuç alamayız kanısındayım.

Parris: Bağdat üzerindeki baskıyı azaltırsak çözüm bulmaktan uzaklaşırız.

Orta Doğu Genel Müdürü Gür: Yaptırımlar devam ettiği takdirde, uzun dönemde bir sonuç elde edemeyiz. Çünkü halk bir süre sonra bu şekilde yaşamaya alışacaktır. Burada zarar gören ise, bizim ekonomimiz ve güvenliğimiz olacaktır. Güneydoğu Anadolu bölgemizdeki tüm ekonomik faaliyetlerimiz sona erdi. Bu bölgede karşılaştığımız sorunlar büyük ölçüde bu durumdan kaynaklanıyor. Ekonomik sorunlar, güvenlik sorunlarının artmasına katkıda bulunuyor. Konuya bu açıdan bakınca, ABD'nin tutumunu anlıyor ama kaybettiklerimizi de düşünmeden yapamıyoruz.

Türkiye Kürtleri PKK ile mücadeleye çağırıyor

Şimdi Türkiye'nin güvenlik ihtiyaçları konusuna değinmek istiyorum.

Son olarak, Barzani'yle Selahaddin'de, Talabani ile de Erbil'de bir araya geldik. Onlara, hükümet otoritesi bulunmamasından dolayı, Kuzey Irak'ta büyük bir askerî operasyona girişmek zorunda kaldığımızı, normal şartlar altında bir ülkeden diğerine bir tehdit gelmeyeceğini, ama Kuzey Irak'ta durumun farklı olduğunu ve açıkça Türkiye'nin güvenliğini tehdit eden bir durumun mevcut olduğunu, bunların üzerinde de, bölgedeki partiler arasındaki sürtüşmelerin durumu daha da kötü hale getirdiğini, PKK'nın da mevcut güç boşluğundan yararlanarak üslerini kurduğunu ve vatandaşlarımıza karşı vahşi saldırılar gerçekleştirdiğini, bizim ise buna müsaade etmediğimizi ve etmeyeceğimizi belirttik.

İlgililere ayrıca, PKK kamplarının altyapısını ve lojistik desteğini tahrip etmek suretiyle harekâtın başarılı geçtiğini, bununla birlikte bölgede Irak hükümetinin otoritesinin yeniden kurulmayacak olması nedeniyle, PKK'nın kontrolü altındaki alanlarda serbestçe hareketinin önlenmesinin kendilerinin sorumluluk alanına girdiğini, bunu gerçekleştirmeleri için bizden yardım istemeleri halinde, söz konusu talebi olumlu bir şekilde değerlendireceğimizi, aksi halde PKK'yla bizzat uğraşmak zorunda kalabileceğimizi, ancak, bizim seçimimizin bu olmadığını ilettik.

20 bin kişilik peşmerge ordusu

Bu görüşmelerden sonra Barzani Ankara'ya bir heyet gönderdi. Heyeti vasıtasıyla Barzani bize şu iki mesajı iletti: Birincisi, Saddam tarafından zarar verilen 350 adet köyün yeniden inşası ve halkının buralara yeniden yerleştirilmesiyle ilgili. İşsiz olan söz konusu köy halklarına ayrıca iş imkânı sağlanması gerekeceğini de belirtti.

İkincisi ise, 20 bin kişilik bir peşmerge gücü oluşturulması ve bunlara sınırı devamlı olarak koruma görevi verilmesi.

Söz konusu projelerden birincisinin gerçekleşmesi için yüksek meblağlar harcanması gerekiyor. Anılan köyler, altyapıları da dahil olmak üzere tamamıyla imha edildi. Gerekli para sağlansa bile söz konusu projenin gerçekleştirilmesi uzun zaman alacaktır. Bunun ötesinde, bu köylerin inşasının PKK'yla mücadelede ne derece gerekli olduğu konusunda tereddütlerimiz var. Ayrıca, PKK sadece Türkiye'de değil ama Kuzey Irak'ta yaşayan halk için de büyük sorunlar oluşturuyor.

İkinci öneri de pek açık görünmüyor. Barzani'ye ait yaklaşık 25 bin kişilik bir peşmerge gücü mevcut ve bunların çoğu, Talabani ile mücadele etmekle meşgul. Barzani her peşmerge için aylık talep ediyor. 1992 yılında benzer önlem aldık ama başarılı olmadı.

Barzani ve Talabani'nin PKK'nın, aynen bize olduğu gibi, kendileri için de büyük bir tehlike olduğunu anlamaları lazım. Bu gerçeği kabul ederlerse ve bizden makul yardım isterlerse, bu yoldaki çabalarında kendilerine yardım edebiliriz. Onlara ne derece güvenebileceğimiz ise, bir başka konu. Çünkü tüm bunların yanı sıra, her iki grubun birbiriyle çatışması olasılığı yüksek. Bu da onların en büyük zafiyeti.

Bizim her iki gruptan beklentimiz, güvenlik konularıyla ilgili olmaktan ziyade siyasi. Biz Barzani ve Talabani'nin beklentilerinin ve dileklerinin farkındayız. Bunları mümkün olduğunca, güvenlik endişelerimizle dengelemeye çalışacağız. Diğer önemli bir husus da, Barzani ve Talabani'nin başka bölge ülkelerinin elinde Türkiye' ye karşı bir araç haline gelmelerinin önlenmesi. ABD'den beklentimiz, adı geçenler üzerinde Türkiye ile işbirliği yapmaları konusunda nüfuzunu kullanmasıdır. Aksi takdirde bu iki liderin İran ve Suriye'nin bölgede daha faal hale gelmelerine neden olması kaçınılmazdır.

Biz bu arada, sınırın kendi tarafımızdaki bölgesinde doğal olarak gerekli güvenlik tedbirlerini alacağız. Ancak yine de, bu geçici önlemler için onların işbirliğine ihtiyacımız var. Kuzey Irak problemine gerçekçi bir siyasi çözüm bulununcaya kadar, güvenlik endişelerimizin giderilebileceğine inanmıyoruz.

Türkiye: "Kuzey Irak'ta siyasi oluşuma karşıyız"

Kuzey Irak konusuna gelince, daha önce de belirttiğim üzere, bu bölgedeki sorunlar bizim için büyük bir endişe kaynağı. Irak'ın toprak bütünlüğünün korunması ise, bizim olduğu kadar sizin için de önemlidir. Kuzey Irak'ta bağımsız, siyasi bir oluşuma tamamıyla karşıyız. Kuzey Irak'taki mevcut sorunların Irak'ın bütünlüğü içerisinde çözülmesi ve Irak'ın geleceği konusunda alınacak karara Irak halkının katılmasının gerektiğine inanıyoruz. Çözüm için de Birleşmiş Milletler Güvenlik Konseyi'nin 688 sayılı kararının gerekli yasal çerçeveyi oluşturduğuna inanıyoruz.

Bildiğiniz üzere, söz konusu karar tasarısı, BM üyesi ülkelerin, Irak'ın ve bölgedeki diğer ülkelerin hükümranlığı, toprak bütünlüğü ve bağımsızlığına olan taahhütlerini teyit ettikten sonra, Kürtler de dahil olmak üzere, Irak sivil halkına yapılan her türlü baskı eylemini kınamakta, Irak'tan söz konusu baskılara son vermesini talep etmekte ve tüm Irak halkının insani ve siyasi haklarına saygı gösterilmesi amacıyla diyaloga başlanması hususundaki niyeti ifade etmektedir. Bu çerçevede, sorunlara kalıcı bir çözüm sağlanması amacıyla Kuzey Irak'taki liderlere ve Bağdat'a anlamlı bir diyaloga girmelerini tavsiye ediyoruz. İnanıyoruz ki, Bağdat ve Kürt liderler arasında, 1970 Anayasası ile 1974 tarihli Özerk Bölge Yasası ve 1991'de yapılan taslak anlaşma söz konusu diyalog için gerekli temeli oluşturacaktır.

Bu noktada, amacımızın Saddam'ın otoritesini Kuzey'e doğru genişletmesi olmadığını kesinlikle belirtmek istiyorum. Bizim esas isteğimiz, Türkiye'ye komşu olan ve içinde bulunduğu belirsiz durumun güvenliğimize devamlı ve ciddi bir tehlike oluşturduğu bir bölgede huzur ve istikrarın yeniden tesis edilmesidir. Bu durumda bizim önerdiğimiz diyalog, Kuzey Irak'ta siyasi otoritenin sağlanmasını öngörmelidir. Gerek Bağdat'ın, gerek belli başlı Kürt grupların esasen diyalog taraftarı oldukları izlenimini edindik.

Türkiye: Çözüm Bağdat ile diyalogda

Türk yetkili, Ankara'nın Kuzey Irak sorununun çözümü için öngördüğü modeli şu şekilde açıklıyordu:

Irak'ın bu konudaki düşüncelerini öğrenmek için bir ay kadar önce Irak'a gittim.

Irak Dışişleri Bakanı'yla yaptığım görüşmede, "dış müdahalelerden kurtulmak için o müdahalenin sebeplerini ortadan kaldırmalısınız" dedim. Kendilerine 688 sayılı karar konusundaki düşüncelerimizi anlattım. Cevap olarak, böyle bir kararı tanımadıklarını, bu kararda Irak'ın egemenliğini ihlal eden "içişlerine karışma" niteliği taşıyan unsurlar bulunduğunu söyledi.

Bakan, bölgede olanların baş sorumlusunun Huzur Harekâtı olduğunu söyledi. Çözümün barışçı ve demokratik yollardan sağlanmasını istediklerini, Kürtlere karşı güç kullanmayacaklarını söyledi. Kendilerine, çözüm bulmak için, Kürtlerin güvenceye ihtiyaçları olduğunu belirttim. Iraklı Bakan, Barzani ile 1991 yılında müzakere ettikleri taslakta söz konusu güvencelerin bulunduğunu belirtti.

Daha sonra, bir KDP heyeti de temaslarda bulunmak üzere Ankara'ya geldi. Barzani bölgede bağımsız bir Kürt devleti kurulamayacağının bilincinde olduğunu ve halkını boş hayaller peşinde sürüklemeyeceğini, bize hem bizzat kendisi hem de temsilcileri aracılığıyla ifade ediyor. Biz Kuzey Irak'taki mevcut sorunların ancak buradaki Kürt liderler ile merkezî hükümet arasında tesis edilecek diyalog yoluyla çözülebileceğine inanıyoruz ve bunu her vesileyle iki tarafa telkin ediyoruz.

Tüm bu girişimlerimiz sonucundaki izlenimlerimizi şu şekilde özetleyebiliriz: Gerek Barzani gerekse Talabani, 688 sayılı kararın sorunun çözümü için uygun bir çerçeve oluşturduğunu düşünüyor. Barzani ayrıca, 1991 Anlaşma taslağının şartlarını da prensipte kabul ediyor. Talabani ise, söz konusu belgenin güncelliğini kaybettiğini düşünüyor.

Bağdat, 688 sayılı kararı, hükümranlık haklarıyla bağdaşmadığı düşüncesiyle reddediyor. Ancak, Bağdat'ın söz konusu kararın özüne uyabileceğini düşünüyoruz. Ayrıca, 1991 anlaşma taslağının getirdiği hükümleri kabule de hazırlar. Ancak, ABD'nin böyle bir diyaloga karşı olduğu izlenimi ediniyoruz. Eğer durum böyle ise, bölgedeki gelişmelerin normalleşmesi ve istikrarın tesisi hakkındaki düşüncelerinizi öğrenmek isteriz.

Parris: Kuzey Irak'ta bağımsız bir Kürt devleti kurulmasının gerçekçi bir düşünce olmadığı hususunda hemfikiriz. 1991 yılında Barzani ve Talabani'nin Bağdat'la vardıkları mutabakatı biliyoruz.

Orta Doğu Genel Müdürü Gür: Bağdat söz konusu mutabakatın Barzani ve Talabani'nin Washington'da yaptıkları temas sonucunda bozulduğunu ileri sürüyor. Biz de ABD'nin Kürt liderlerin Bağdat'la diyaloga girmelerini teşvik etmediğini biliyoruz.

ABD: Diyalog sorunlara çözüm getirmez

Parris: Her iki taraf arasında diyalog olabilmesi için, arada asgari bir güvenin tesis edilmesi lazım ama bu yok. Esasen, 1991 mutabakatının gerçekleşmemesinin nedeni bu güven önkoşulunun bulunmamasıdır. Bağdat ve Kürtler arasındaki diyalogun yakın gelecekte mevcut sorunlara bir çözüm getireceği kanaatinde değiliz. Eğer bu yaklaşıma güvenirseniz, halihazır durumda bu zaman kaybını göze alabilir miyiz, bilemiyorum. Kuzey Irak'taki mevcut dinamiklerin değişmesi gerekir. Kuzey Irak'ta iki parti arasındaki gerginliğin sona erdirilmesi, PKK'nın bölgedeki söz konusu koşullardan çıkar sağlamasının önlenmesi ve İran'ın burada rol üstlenmesine engel olunması gerekiyor. Kuzey Irak'ta bir şeyler yapılması gerektiği konusundaki düşüncenize katılıyoruz, ama Irak ve Kürtler arasındaki diyaloga inanmıyoruz. Dolayısıyla, bu konuda Kürt liderleri teşvik etmeyiz, ancak, aralarında bir anlaşmaya vardıkları takdirde buna karşı çıkmayacağız.

Son aylarda KDP ve KYB arasındaki ilişkilerdeki mevcut statüko değişti. KDP, KYB'ye üstünlük sağladı. Dolayısıyla taraflar arasındaki temel eşitlik ve güç dengesi bozuldu. ABD, KDP ve KYB konusunda daha aktif rol oynamalıydı. Bunu yapmamış olmaktan sorumluluk duyuyoruz. Dolayısıyla, bölge halkı ABD'nin kendileriyle ilgilenmediği izlenimi edindi. Bu arada İran, bölgede çözüm için alternatif bir güç haline geldi. Talabani üzerinde etkimiz var. Fakat Barzani de çözüm için ikna edilmeli. Aralarındaki görüş ayrılıklarını bir yana bırakarak, halihazır duruma çözüm bulmaları ve PKK'nın bölgede yerleşmesine engel olmalarını ve İran'ın etkisiz kılınmasını teminen, Kürt liderler üzerinde baskı yapılması için Türkiye ile işbirliği yapabiliriz.

Irak Ulusal Kongresi'ne (INC) bu amaçla daha fazla rol verebiliriz.

Orta Doğu Genel Müdürü Gür: Türkiye'nin INC konusundaki görüşleri ABD ile uyuşmamaktadır.

Parris: Bölgede daha fazla üniformalı Amerikan mevcudiyetine yer verebiliriz. Bu bağlamda, AKM'de görevli subaylarımız resmî kimlikleriyle bölgedeki liderlerle mahallinde temaslarda bulunabilir. Yine aynı çerçevede, makul bir üst düzey yetkilimizi üçüncü bir ülkede Barzani ve Talabani ile görüştürmeyi ve her iki lidere de Türkiye ile sınır güvenliği başta olmak üzere, bölge sorunları hususunda işbirliği yapmalarını kuvvetle telkin etmeyi öngörüyoruz. Bunun güvenlik ihtiyaçlarımıza olumlu katkıda bulunacağını düşünüyoruz.

Orta Doğu Genel Müdür Yardımcısı Korutürk: Bütün bu faaliyetlerin hangi sonuca bağlanmasını bekliyorsunuz?

Parris: Bu düzenlemelerin nihai sonuca kadar bölge güvenliğinin sağlanmasında etkili olacağını sanıyoruz.

Orta Doğu Genel Müdür Yardımcısı Korutürk: Size göre, nihai sonuca nasıl ulaşılacak?

Parris: Bu konuda sizin bir fikriniz varsa, duymaktan memnun olurum.

Orta Doğu Genel Müdürü Gür: Biz bu aşamada nihai sonuca

götürebilecek en uygun yol olarak, Kuzey'deki liderler ile merkezî hükümet arasında diyalogu görüyoruz. Esasen biraz önce size bu konuda yeterince açıklamada bulunduk.

Parris: Tüm bu güvenlik konularında, ABD ve Türkiye arasında izleme toplantıları yapılmasının yararlı olacağına inanıyoruz.

Orta Doğu Genel Müdür Yardımcısı Korutürk: Arzu ederseniz teknik düzeyde toplantılar yapabiliriz.

Parris: Konu daha çok siyasi olduğu için bu aşamada siyasi düzeyde fikir alışverişinde bulunulmasında yarar görüyoruz. Önümüzdeki yaz dönemi bu açıdan bir fırsat olabilir.

Orta Doğu Genel Müdürü Gür: Bu temaslarımızı Birleşmiş Milletler Genel Kurulu öncesinde veya sırasında gerçekleştirebiliriz. Anladığım kadarıyla, ABD'nin yaptırımlar konusunda kısa ve uzun dönemlerde öngördüğü önlemler var. Uzun dönemde öngördüğünüz önlemler konusunda birlikte çalışabiliriz. Kürtlere verilecek güvence konusunda ortak çözüm arayabiliriz. Ancak bizce bu çözüm 688 sayılı BM Güvenlik Kurulu kararı çerçevesinde mümkündür. Yalnız bu arada önemli olan, ambargo sürdüğü sürece ne yapılacağı üzerinde karara varmamızdır.

Büyükelçi Çalışlar: Kürt liderler ile Bağdat yönetimi arasında esasen bazı temaslar var. Ancak, Bağdat ve Barzani sizin Talabani' yi desteklediğiniz ve etki altında bıraktığınız izlenimindeler.

Parris: Bu doğru değil. Biz, Kürtler arasında hiçbir grubu kayırmıyoruz. Öncelikli amacımız ateşkesi sürekli kılmak. Taraflar arasında tampon görevi görecek bir çeşit mekanizmanın tesisinin gerektiği kanaatindeyiz. Bu, INC veya başkası olabilir.

Türkiye: NGO'lar uyarılmalı

Orta Doğu Genel Müdürü Gür: Toplantının sabahki bölümüne son vermeden önce Kuzey Irak'la ilgili olarak belirtmek istediğim diğer bir husus da, bölgedeki sivil halka yardım faaliyetleriyle ilgili. 688 sayılı kararda da öngörüldüğü üzere, Kuzey Irak'a uluslararası insani yardımın ulaştırılması konusunda gerekli yardımda bulunmaya devam edeceğimizi ve Türk Kızılay'ı vasıtasıyla kendi yardımlarımızı da sürdüreceğimizi bilmenizi isteriz. 1995 mali yılı için 13,5 milyon dolarlık bir bütçe gerektiren söz konusu program, istis ıa yapılmaksızın tüm bölge halkını kapsamaktadır.

Ancak, bölgeyle ilgili alınan istihbarat raporlarında, bazı NGO' ların tümüyle insani mülahazalarla olmaktan ziyade, başka amaçları gerçekleştirmek için bölgede bulunduğunun belirtildiğine de değinmek istiyorum. Bu tür NGO'ların, kendi sorumlulukları dışında faaliyette bulunmamaları konusunda uyarılmaları gerekmektedir.

Çiller: Huzur Harekâtı devam etmeli

Kuzey Amerika Genel Müdürü Özener: Huzur Harekâtı ilk başladığı zaman, süresi 90 gün olarak planlanmıştı. Bundan sonrası için ise 90 günlük tek bir uzatma öngörülmüştü. Şu andaki durum ise bundan çok farklı. Sayın Başbakanımız Çiller, Başkan Clinton ile görüşmesinde yeni bir uzatmanın gerçekleşmesini arzu ettiğini bildirdi. Ancak, TBMM'de oylama yapılırken ne olur bilemeyiz. Geçen sefer, muhalefet eden milletvekilleri oylama sırasında salonda bulunmadıkları için uzatma kararı alındı. Haziran'daki uzatma oylamasından çıkacak sonucu kimse garanti edemez.

Biz Huzur Harekâtı'nın ABD'nin Saddam'a karşı koz olarak kullanması yönü dışında olumlu bir harekât olduğunu düşünmekteyiz. Bölgeye göreceli bir huzur getirdi. Belli bazı hedeflere ulaşıldı. Mantıki olarak, siyasilerin karşı çıkması için hiçbir sebep mevcut değil. Ancak, gitgide, Kuzey Irak ve Huzur Harekâtı konularını ayrı tutmak güçleşiyor. Bağımsız bir Kürt devleti kurulması ihtimali ve PKK'dan kaynaklanan güvenlik tehdidi de muhalefet tarafından dikkate alınıyor.

Huzur Harekâtı bünyesindeki dört yıllık işbirliğinden sonra hiçbir sorun olmamasını beklerdik. Üzüntü verici fakat hâlâ problemli konular var. Bunları çözmek için gayret sarf etmeye hazırız. Bir arada faaliyet göstermeleri gereken iki askerî mekanizmanın uyumlu çalışması sağlanmalı ki, Huzur Harekâtı başarılı olabilsin.

ABD, Saddam'ın yararına olacak her hareketten kaçınıyor ve karşı çıkıyor. Ancak, ABD'nin, Kuzey Iraklı Kürt liderler ve Bağdat arasında gerçekleşecek bir diyalog için pasif kalması ve bunun gerçekleşmesi ya da gerçekleşmemesi için bir çaba sarf etmemesi, Türk kamuoyunda, diyalogun ABD tarafından özellikle engellendiği şeklinde yorumlanıyor. Huzur Harekâtı'na olan ABD katkısı ile birlikte değerlendirildiğinde bu pasif kalma siyaseti, diyalogu önlemeye yönelik çok aktif bir ABD siyaseti olarak algılanıyor.

Huzur Harekâtı devam ettikçe, bölgedeki normal olmayan durum devam edecektir. Bağdat bunu çok iyi kullanıyor. Bölgede bağımsız bir Kürt devleti kurulmasına yönelik gizli bir ABD siyaseti olmadığını siz söylemekten, biz de bunu bildiğimizi anlatmaktan sıkıldık. Ancak, tabiatı itibariyle, Türkiye aleyhine hazırlanan oyunlar konusunda daima çok hassas olan Türk kamuoyuna bunu anlatmak ve kabul ettirmek zor.

Türkiye'ye, boru hattı örneğinde olduğu gibi, ekonomik konularda destek veriyorsunuz. Bu desteğinizin sonuç vermemesinin ana sebebi de, Bağdat'ın getirilen önerileri reddetmesi. Bu nedenle hiçbir şey olmamış ve hiç destek verilmemiş görüntüsü oluşuyor.

Size, şunu yaparsanız Huzur Harekâtı kesin uzatılır, demem mümkün değil. Hatta söylediklerimin teknik olarak Huzur Harekâtıyla ilgisi de bulunmayabilir. Ancak, Huzur Harekâtı'nın Türk kamuoyu gözünde yıpranmasına sebep olanlar bunlardır. Harekât bölgedeki normal olmayan mevcut durumun koruyucusu olarak görülmemeli. Bizim de ekonomik kayıplarımız ve güvenlik sorunlarımız sona ermeli.

ABD: Huzur Harekâtı devam etmeli

Huzur Harekâtı'nın nasıl sona erdirilebileceğini değerlendirmemiz gerektiğini düşünüyoruz. Amacımız Huzur Harekâtı'nın hemen sona erdirilmesi değil, ancak, en olmadık ihtimalin değerlendirildiği siyaset planlama seanslarında olduğu gibi, bunun nasıl olabileceğini ele almalıyız.

Ortada mevcut bir sorun var ve bu, Huzur Harekâtı'nın kendisi değil. Sorun, sizin ve bizim aynı olaya ve aynı bölgeye bakıp farklı şeyler görmemiz ve olayları farklı şekillerde yorumlamamız. İki tarafın çizdiği resim de doğru, ancak, aramızdaki iletişim eksikliği bunları uyum içinde yorumlamamızı engelliyor. Ülkelerimiz arasındaki ilişkiler Huzur Harekâtı'nın başarılı olarak sona ermesini zorunlu kılıyor. Uygulamada Huzur Harekâtı konusunda bazı sorunlar çıktığını biliyoruz. Bu gibi sorunlar menfaatleri müşterek ülkeler arasında olmamalıdır. Bu sorunların teorik düzeyde konuşularak halledilmesi önem taşımaktadır. Bu gibi sorunlar genel olarak Huzur Harekâtı konusunda tereddütler duyulmasına neden olmaktadır.

Büyükelçi Pelit: 500 bin sığınmacının sınırımıza yığılması olayı geride kaldı ve bazı çevrelerde kapitülasyon sendromu oluştu. Türkiye'nin Huzur Harekâtı'na süresi belirsiz desteğini izah etmek zorlaşıyor. Huzur Harekâtı, artık 1991'deki şartların değil, Türkiye-ABD arasındaki iyi ilişkilerin bir etkisi ve sonucu olarak var.

Parris: Aramızda iletişim eksikliği olduğu doğru olabilir. Ancak, hiç iletişim olmasaydı dört yıldır bu işbirliğini devam ettiriyor olamazdık. Huzur Harekâtı'nın sona erdirilmesi mevcut durumdan daha kötü bir durum yaratır. Biz Huzur Harekâtı sona erdiği takdirde ne olacağından çok eminiz. Kürtler ve Bağdat arasında karşılıklı bir iyi niyet mevcut değil. Sonuç, gene 500 bin göçmenin sınırlarınıza yığılması olacaktır.

Türk kamuoyunu rahatlatmak için elimizden geleni yapmaya hazırız. Örneğin boru hattı konusunda belki bir şeyler yapılabilir.

Bağımsız bir Kürt devleti kurulması gibi gizli bir niyetimiz yok. Eğer isteyip de dört yıldır bu yönde bir gelişme sağlayamadıysak, herhalde çok beceriksiz olduğumuz sonucunu çıkarmak lazım.

Bütün yapabileceğimiz ve yapacağımız, sorunlu noktaların neler olduğunu bulup bunları çözmek için ne yapılabilir, ona bakmaktır.

Büyükelçi Grossman: Şayet sınırlarınıza tekrar 500 bin sığınmacı yığılmasını istemiyorsanız Huzur Harekâtı devam etmeli.

Huzur Harekâtı biterse ne olur?

Kuzey Amerika Genel Müdürü Özener: Sizin politikalarınızı eleştiremem, çünkü sizin de kendinizce geçerli nedenleriniz var. Biz BMGK kararlarına tam olarak uyulmasını ve Kuzey Iraklılar ve Bağdat arasında asgari güvenin oluşturulmasını istiyoruz. 1991'de, tarım yapılabilsin diye peşmergeler ve Irak ordusu askerleri beraber mayın temizliyordu. Sonra birden her şey değişti.

Aklıma takılan bir soru var. Bizim Irak operasyonumuz başladığı zaman, Büyükelçi Grossman bana "Bir exit strategy'niz var mı?" diye sormuştu. Sizin, Huzur Harekâtı için bir exit strategy'niz var mı? 5 ay önce, Huzur Harekâtı uzatılmazsa ne olur diye beyin fırtınası yaptık. Alternatif bir stratejimiz yok. Şu anda işler kendi buharıyla gidiyor, ancak, kazanda daha ne kadar buhar var, bu belli değil. Irak politikanızı biliyoruz ama Huzur Harekâtı politikanızı da bilmemiz lazım. Ya bir gün gelir de "benden bu kadar" deyip giderseniz?

Parris: Irak politikamızdan ayrı bir Huzur Harekâtı exit strategy'miz yok. Bu harekât genel Irak politikamızın bir parçasıdır. 1991'de sınırınıza yığılan sığınmacıları engelledik ve bunun tekrar etmesine engel olduk. Bu çerçevede başarılıyız. Huzur Harekâtı hangi şartlar oluşursa biter bilemiyorum. Baştaki 90 gün süre, eminim iyi niyetle verilmişti. Siz Kuzey Iraklılar ve Bağdat arasındaki mevcut durumun ne zaman düzeleceğini söylerseniz ben de exit strategy'mizi söyleyebilirim.

Huzur Harekâtı biterse ne olur ya da nasıl biter şeklindeki konuşmalar tehlikeli. Kontrolden çıkabilir. Ancak, gerekirse bir alternatif oluştururuz. Bizim bırakıp gitmemiz söz konusu değil. Bunun yanlış olduğunu öğrendik. Size verebileceğim cevap bu. Belki yeterli değil ama dürüst bir cevap.

Büyükelçi Pelit: Bölgede üniformalı ABD mevcudiyetinin artırılmasının iyi bir fikir olduğunu sanmıyorum. Bu, kamuoyu tepkisi çeker.

Talabani ve Barzani'nin üçüncü bir ülkede görüşmelerinin, aralarındaki çatışmanın sona erdirilmesi bakımından yararlı olacağını düşünüyoruz.

Irak merkezî otoritesi ile diyalog kurmalarına itirazınız olmadığını açıklamanız, bir beyanat vermeniz bile iyi bir adım olacaktır.

Kuzey Amerika Genel Müdürü Özener: Biz uzun vadeli geçici bir çözüm yolu bulmaya çalışıyoruz. Kuzey Irak'taki taraflar arasında bir yeniden uzlaşı ve bizim güvenlik sorunlarımızın çözülmesine yardımcı olmaları, ancak geçici bir çözümdür. Ondan sonra ne olacağını da bilmemiz gerekiyor.

Parris: Politikamızda bizim de farkında olduğumuz ana bir açık bu.

PKK bölgede bir denge unsuru haline geldi

İstihbarat Araştırma Dairesi'nden Tezcan: Bizim ana gayemiz, Irak'ın toprak bütünlüğüne zarar vermeden, PKK terör örgütünün bölgedeki varlığının ortadan kaldırılmasıdır. Bu hususta her türlü işbirliğine açığız. Sabahleyin öne sürdüğünüz hususlar, Büyükelçi Grossman'ın da belirttiği gibi teknik seviyede ele alınmalıdır.

Kuzey Iraklı liderler ve Bağdat arasında diyalogun, uzun süre alacak da olsa başlaması gereklidir. Ancak, görüşmelerde, 1970-74 otonomisi ile 1991 düzenlemesinin esas alınması gerekmektedir. 1991 projesinin ötesine geçilmesi, Irak'ın toprak bütünlüğünü tehdit edecek bir durum yaratacağından, Türkiye tarafından da kabul edilmesi mümkün değildir. 1994 Mayıs'ından beri, bölgedeki çatışmalar nedeniyle PKK'nın bölgeye yerleşebileceğini ve buna mani olunması gerektiğini söylüyorduk. Artık çatışmalar sona erse de PKK bölgeye yerleşmiş durumda. Hem Talabani hem de Barzani, PKK'yı yanlarında görmek istiyor. PKK bölgede bir denge unsuru haline geldi. Bunun da ötesinde, etrafına topladığı küçük Kürt partileri ile bölgedeki Kürt halkı için alternatif oldu ve Kürdistan Demokratik Ulusal Cephesi ile INC'nin içine girmek için çaba sarf ediyor. Bu arada, İran'ın bölgeye girdiğini söylediniz. Gerçekten İran bölgede önemli faaliyet gösteriyor, ancak, İran'ı bölgeye sokan da Talabani'nin kendisi.

KDP'nin zengin olduğundan bahsettiniz. Sanıyorum, bunun Habur'dan elde ettikleri gelirle doğrudan bağlantısı olduğunu kastettiniz. Bu konudaki, KYB'nin şikâyetlerini biliyoruz. Ancak biz Türkiye olarak, Habur'dan elde edilen gelirin nasıl paylaşılacağı konusuna karışmak istemiyoruz. Bu tamamen kendi sorunları. Öte yandan, konuyu Barzani'ye açtığımda bana Merkez Bankası'nda toplanmış bulunan ve KYB'nin el koymuş olduğu 14 milyon doların akıbetini Talabani'den sormamı istemişti.

Talabani'yi şımartmayın

Biz Talabani'yi ziyaretimiz sırasında Türkiye'ye davet ettik, ancak, bize bu ortamda Türkiye'ye gelemeyeceğini ifade etti. Şimdi sizin kendisini çağırmanız ve Türkiye dışında bir yerde onunla görüşmeniz, kendisini daha da şımartacaktır.

Barzani ve Talabani'nin her ikisinin de Tahran ile bağlantıları var. Özellikle Talabani'nin kanundışı ticaret bağlantılarını da içeren özel kontakları var. Talabani'nin PKK ile kol kola hareket etmesini mutlak surette engellememiz gerekli.

Orta Doğu Genel Müdür Yardımcısı Korutürk: Bir diyalog sağlanması, İran ve Suriye'nin bölgedeki faaliyetlerinin engellenmesi için de gerekli.

İran ve Suriye'nin bölge politikaları

İstihbarat Araştırma Dairesi'nden Tezcan: Şimdi size İran ve Suriye'nin bölgeye yönelik politikaları hakkında bilgi vermek istiyorum. Kuzey Irak'ta devam eden askerî operasyonumuz sırasında Tahran'a gittik ve Dışişleri Bakanı Özel Danışmanı ile görüştük. Kuzey Irak operasyonumuz hakkında endişeliydi. İnisiyatifi kaybetmek istemiyorlar. Talabani' nin İran'a giden heyeti orada 34 gün kaldı. Tahran'a giden ve daha sonra oradan ayrılan Barzani heyeti de, İran'ın bastırması sonucu Tahran'a geri döndü. Ancak, İranlılar Barzani ve Talabani heyetlerinin karşılıklı görüşmesini sağlamayı başaramadılar. Gene de her iki taraf da bize, ateşkesi İran'ın sağladığını söylediler.

İran, Kuzey Irak'taki İslâmcı gruplara olan yardımını azaltıyor. Bu alanda Suudi Arabistan ön plana geçiyor. İranlılar ayrıca kendi denetimlerinde bir Türkmen grup yaratmaya çalışıyorlar.

İran, Kuzey Irak'taki operasyonumuzdan kaçan PKK militanlarına Kelareş ve Maku'da kamp imkânı sağladı. Ayrıca PKK'nın hastane olanaklarından yararlanmasını sağladılar ve silah yardımı da yapıyorlar. Bunun yanında PKK, bu bölgedeki faaliyetlerine göz yumulmasını sağlamak amacıyla İran'ın sınır bölgesindeki resmî yetkililere çok para harcıyor.

Suriye, Kuzey Irak operasyonumuza tepki göstermeyen belki de tek ülkeydi. Ancak, onlar da, kaçan 800-1000 kadar PKK militanına kucak açtılar. Yeni militanlar da Larnaka, Atina ve Frankfurt'tan Kuzey Irak'a geçiş için Suriye'yi kullanıyorlar. Bekaa'daki PKK kamplarını kapattılar, ancak, PKK bölgedeki Orta Doğu kökenli terör örgütlerine ait başka kampları kullanmaya devam ediyor. PKK'ya Kürdistan Yurtsever Demokratik Cephesi'ni (Kurdistan Patriotic Democratic Front) kurdurdular. Kuzey Irak sorunu bir çözüme ulaşmadığı sürece, Suriye bu politikasından vazgeçmeyecek. Suriye ile ilişkilerimizin gelişmesi için, bu ülkenin Abdullah Öcalan'a yataklık yapmaktan vazgeçmesi önemlidir.

Suzanne McCormick: Ben geçenlerde Barzani ile şahsen görüştüm. Diyalog konusunda bizim tarafsız olduğumuzu, ancak, kendilerine herhangi bir garanti veremeyeceğimizi söyledim.

İstihbarat Araştırma Dairesi'nden Tezcan: Sizin bunu hangi kapasitede söylediğinizi bilmiyorum. Ancak, bunun üst düzey yetkilileriniz tarafından söylenmesi önemli.

Bruce Reidell: İran'ın sadece kuzeyde değil, güneyde de etki ve operasyonları artıyor. Amaçları, Irak'taki muhalefet üzerinde olabildiğince etki kazanmak. İran'ın Saddam'ın iktidarda kalması konusundaki değerlendirmesi sizin ve bizim değerlendirmemizden daha iyi.

Büyükelçi Çalışlar: Sadece bir ihtimal olmakla birlikte, Bağdat, Fransızların Huzur Harekâtı'ndan çekilmesini sağlamaya yönelik olarak ve bunu bu Haziran ayında sağlamak üzere büyük çaba gösteriyor. Bu da bizim *exit strategy* konusundaki hassasiyetimizin önemini artırıyor.

Talabani ve Barzani PKK etkisi altına girebilir

Büyükelçi Pelit: Genelkurmay Başkanlığımızın, Talabani ve Barzani'nin PKK'nın etkisi altına girebileceği ve bunun da Huzur Harekâtı için sağladığımız desteği devam ettirmemizi imkânsız hale getirebileceği konusunda endişeleri mevcut.

Huzur Harekâtı konusunda zaten tereddüt yaratan bazı hususlar var. Özellikle uygulamada bazı sorunlar ortaya çıkıyor. Bu, olumlu bir husus değil. İki ülkenin silahlı kuvvetler mensupları 40 yıllık bir dostluk içinde sorunları karşı tarafın isteklerine saygı göstererek çözmelidir. Uygulamada karşılaşılan zorlukların birçoğu, örneğin "Angajman Kuralları" konusunda olduğu gibi, tamamen teknik niteliktedir. Burada bu husustaki rahatsızlığımızı bildirmekle yetiniyorum. Teknik makamlar detaylı bilgi hazırlayarak size sunacaklardır.

NGO'lardan duyduğumuz rahatsızlıklar... bu, size zaten izah edilmişti.

Kuzey Amerika Genel Müdürü Özener: Biz Huzur Harekâtı ile, Talabani ve Barzani'ye şu andaki durumlarını borçlu oldukları ortamı sağlıyoruz. Kamuoyumuzda, onların da bunu hak etmeleri gerektiği şeklinde bir düşünce mevcut.

Parris: Talabani ile Kuzey Irak dışında bir yerde görüşmemiz çok önemli. Bunu mutlaka gerçekleştirmeliyiz. Şu anda kendilerine karşı kullanabilecek yeterli koz yok elimizde. Bunu sağlamalıyız.

Büyükelçi Pelit: Sonuç olarak, Huzur Harekâtı'na farklı yönlerden bakmakla birlikte, bu toplantı ile elimizde TBMM'ye gösterebileceğimiz bir şey oldu.

Parris: Bunu, bu görüşme sürecinin devamını istediğiniz şeklinde yorumlayabilir misiniz?

Büyükelçi Pelit: Evet, bu görüşmeler sürecine devam etmek bizim de arzumuzdur.

Toplantıdan çıkan sonuç

Kısacası Türk yetkililer, bölgedeki hükümet dışı kuruluşların insani yardım dışındaki faaliyetlerinin önlenmesi, koalisyon ülkelerinin Huzur Harekâtı esasları uygulama belgesine uymayan davranışlarda bulunmamaları gereği üzerinde duruyordu. Ayrıca Kuzey Irak'ta nihai çözümün ancak Bağdat'taki müzakerelerle bulunabileceğine dikkat çekiyor, KDP ve KYB'nin bu amaçla Irak hükümetiyle diyaloga başlamalarının önemine işaret ediyordu.

ABD'nin görüşleri ise farklıydı. Ne şartla olursa olsun, Kürtler Bağdat'la diyaloga girmemeliydi.

ABD Kürtler arasında arabuluculuk yapıyor

Kürtler arasındaki çatışmaların devam etmesi, ABD'nin Irak politikasını derinden sarsıyordu. Her şeyden önce, Kürtleri korumak iddiasında olan Çekiç Güç anlamsız hale geliyor, ABD' nin istihbarat faaliyetleri olumsuz etkileniyordu.

ABD, bu nedenle Kürtleri barıştırmak için arabuluculuğa soyunmuştu. Amaç, Talabani ve Barzani arasındaki güç mücadelesine son vermek ve iki Kürt lideri bir Avrupa ülkesinde buluşturmaktı. Bir ABD heyeti ayrılmadan, diğeri bölgeye gidiyordu.

Amerikan heyetleri Kuzey Irak'a Türkiye üzerinden geçiyor, ya gidişte ya da dönüşte Ankara'ya uğrayarak Türk makamlarıyla görüşmelerde bulunuyorlardı.

Ankara'nın yeni konuğu: Robert Deutch

Ankara'da bu defa konuk ABD Dışişleri Iran-Irak Masası Direktörü Robert Deutch'tu. Tarih 26 Haziran 1995.

Deutch: Yeni görevime 10 gün kadar önce başladım. Ağırlık vermem gereken konunun Kuzey Irak olduğu söylendi. Dolayısıyla, ilk ziyaretimi bu bölgeye yapıyorum.

Temmuz ayı içinde Lizbon'da Barzani ve Talabani arasında yapılması söz konusu toplantı öncesinde Kuzey Irak'ı ve bölgenin insanlarını tanımak benim için çok yararlı olacaktır. Kuzey Irak seyahatim ile ilgili hazırlıklar Huzur Harekâtı'nda siyasi danışman olarak çalışan Suzanne McCormick tarafından yapılıyor.

Orta Doğu Genel Müdür Yardımcısı Korutürk: Ziyaretinizin asıl amacı oryantasyon mu?

Deutch: Evet. Bu arada tarafların açıkladıkları barış planları hakkında birinci elden görüşlerini almak istiyorum. Ayrıca, Barzani'ye Lizbon'a gelmesi için gerekirse ısrar etme yolunda da talimat aldım.

Orta Doğu Genel Müdür Yardımcısı Korutürk: KDP Ankara

Temsilcisi Sefin Dizayi'ye geçen hafta ABD'nin Kürt liderleri ile Lizbon'da görüşme girişimini desteklediğimizi belirttim. Esasen hafta sonu bölgeye gidecek olan Dizayi bunu Barzani'ye bizzat aktaracağını ifade etti. Barzani ve Talabani ile Lizbon'da beraber mi, ayrı mı görüşmeyi öngörüyorsunuz?

Deutch: Bildiğiniz gibi her iki lider 6 aydır bir araya gelmediler. Tahminimce onlarla önce ayrı ayrı görüşülecek, sonra kendilerinin bir araya getirilmesine ve mümkünse açıkladıkları barış planlarının meczedilmesine çalışılacak.

Orta Doğu Genel Müdür Yardımcısı Korutürk: Barzani ve Talabani'nin açıkladıkları barış planları özde birbirine oldukça yakın.

İstihbarat Araştırma Dairesi'nden Tezcan: Esasen Talabani, Barzani'nin bir barış planı açıklayacağını duyunca, süratle kendi barış planını hazırlayıp yayınlamış. İki metin incelendiğinde çok benzer oldukları gözüküyor.

Deutch: Bu gözleminizi ben de paylaşıyorum. Lizbon'daki görüşmelerin gerçekleşmesi halinde, her iki lider tarafından hazırlanan barış planlarının ortak noktalarını ele almayı ve görüş ayrılığı olan hususların analizini yaparak nasıl giderileceği üzerinde çalışmayı amaçlıyoruz.

Connell: Türkiye, İran ve Suriye arasında üçlü istişare toplantıları hakkında bir gelişme var mı?

Orta Doğu Genel Müdür Yardımcısı Korutürk: Üçlü istişareler son defa geçen sene Ağustos ayında yapıldı. Bu sene yapılacak toplantılar için İran tarafı İsfahan şehrini önermişti. Tarihin önerildiği sırada Kuzey Irak'taki harekâtımız sürmekte olduğundan, Suriye toplantıların ertelenmesini talep etti. Daha sonra ise, Suriye Dışişleri Bakanı meşgul olduğunu belirterek, yeni bir tarih önerisinde bulunmadı. Biz toplantıların yapılması için ısrar etmiyoruz. Zaten taraflar birbirlerinin tutumunu gayet iyi bilmektedir.

Türkiye'nin Kuzey Irak'a bakış açısı

Deutch: Türkiye'nin Kuzey Irak'a bakış açısı nedir?

Orta Doğu Genel Müdür Yardımcısı Korutürk: Kuzey Irak meselesinde bizim için birinci öncelik sınır güvenliği konusudur.

Kuzey Irak'a yönelik politikamızın temel prensiplerinin başında da Irak'ın toprak bütünlüğünün korunması gelmektedir.

KYB ve KDP'nin çatışmasından memnun değiliz. Çatışmalar bölgedeki istikrarsızlığı artırmakta, PKK terör örgütü ise bu durumdan avantaj sağlamaktadır. Bize göre, bu bölgede Irak merkezî hükümeti bilinen nedenlerle egemenliğini şu sırada uygulayamadığından, Kuzey Irak'taki iki büyük parti olan KYB ve KDP buranın güvenliğinden sorumludur. İki partinin birbiriyle çatışması halinde bölgede otorite boşluğu doğmakta ve bu boşluğun zaman içinde PKK tarafından doldurulması tehlikesi ortaya çıkmaktadır. Biz iki partiyi uzlaştırmak amacıyla geçmişte bazı girişimlerde bulunduk. Bu girişimlerimiz sonucu bir süre için barış sağlanır gibi oldu. Sonra taraflar yeniden çatışmaya başladılar. Şimdi iki taraf da açık seçik aracılığımızı istemedikleri sürece fiilen bunları barıştırma çabası içine girmek, yani Barzani ile Talabani'yi bir araya getirmek, barış planları hazırlayıp taraflara sunmak gibi çalışmalar yapmak niyetinde değiliz. İran'ın son zamanlarda bu yolda bazı başarısız çabaları oldu. Halen de sürüyor, ama açıkçası bunlardan olumlu bir sonuç çıkması güç görünüyor. Buna karşılık taraflarla ayrı ayrı yaptığımız görüşmelerde aralarındaki ihtilafa bir an önce son vermelerini kuvvetle telkin ediyoruz. Her iki liderle de doğrudan temasımız var. Bu bağlamda, Ecvet Tezcan ile ben iki defa Kuzey Irak'a giderek bizzat liderlerle görüştük. Aralarında anlaşmalarını ve Irak Anayasası'nın öngördüğü çerçevede bölgede bir otonomi tesisine yönelik olarak merkezî Irak hükümeti ile diyaloga girmelerini öneriyoruz.

Bizce Kuzey Irak'ın yasal statüsünü belirlemede en uygun düzenleme, 1970 Irak anayasası ile 1974 yasal düzenlemelerinde öngörülen otonomidir. Bu süreç 1991 yılında Kürt liderler ile hükümet arasında müzakere edilen teferruatlı bir anlaşma taslağına kadar varmış olup, bu taslak üzerinde nihai mutabakatın sağlanamamış olması nedeniyle hayata geçirilememiştir. Irak yönetimi bundan sonuç alınamamasını dış müdahalelere bağlamaktadır. Barzani ise Irak hükümeti ile üzerinde anlaşamadıkları dört-beş önemli nokta yüzünden bunun hayata geçirilemediğini savunuyor. Halihazırdaki şartlar altında Kuzey Irak için en uygun yönetim şeklinin otonomi olduğu görüşündeyiz.

Türkiye: "Federasyona da karşı değiliz, ama ..."

Deutch: KDP ve KYB otonomi konusunu tartışıyorlar mı?

Orta Doğu Genel Müdür Yardımcısı Korutürk: Evet. Zaten bu sözünü ettiğim taslağın esası da otonomi. 1991 taslağının şimdi yetersiz kaldığını savunan Talabani zaman zaman federasyon konusunu da gündeme getiriyor. Biz federasyona da karşı değiliz. Ancak, şu aşamada Irak'ta Anayasal, yasal ve akdi temeli mevcut olan otonomiden daha ileri gidilemeyeceği inancındayız. Ve bu inançta ısrarlıyız. İleride otonominin tesisinden ve Irak'ın toprak bütünlüğünün sağlanmasından sonra durum normale döndüğünde, Irak'ın meselelerinin Irak'ın içinde ve tüm Irak halkının katılımıyla çözülmesi ilkesi çerçevesinde Iraklılar aralarında mutabakat sağlarlarsa federasyon da kurabilirler. Bu o zaman bizi ilgilendirmez.

Otonomi konusuna gelince, karşımıza tekrar diyalog meselesi çıkmaktadır. Otonominin tesis edilmesi için, Kürt liderlerin merkezî Irak hükümeti ile açık bir diyaloga girmeleri gerekmektedir. Saddam Hüseyin hükümeti yerine merkezî Irak hükümeti dediğimi özellikle vurgulamak istiyorum. Çünkü Saddam Hüseyin değişebilir. Ancak rejimin tarzının esasta değişmeyeceğini tahmin etmek yanlış olmayacaktır. Diyalog için gerekli çerçeveyi de esasen BMGK'nın 688 sayılı kararı çizmektedir.

Deutch: Bahsettiğiniz diyalogun ne zaman gerçekleşmesini istiyorsunuz?

Orta Doğu Genel Müdür Yardımcısı Korutürk: Diyalogu açacak sürecin en kısa zamanda başlamasından yanayız.

Deutch: Kuzey Irak'ın geleceğinin merkezî Irak hükümeti ile girilecek bir diyaloga dayandığını, muhakkak ki, biz de kabul ediyoruz. Ancak, mevcut hükümet ile girilecek diyalogdan bir sonuca varılsa dahi, hiçbir güvenilirliği bulunmayacağından, şu aşamada diyaloga girmenin anlam taşımayacağını düşünüyoruz. Yapılacak her türlü düzenleme beraberinde bir güvensizlik getirecektir.

Bağdat'la diyalog ve Kuzey Irak'ta otonomi

Orta Doğu Genel Müdür Yardımcısı Korutürk: Biz diyalogdan bahsederken Saddam Hüseyin'in otoritesini Kuzey Irak'a geri getirmeyi kastetmiyoruz. Diyalog, Irak anayasasında öngörülen otonominin Kuzey Irak'ta tesis edilmesini sağlayacaktır. Böylelikle, Kuzey Irak'ta şimdiki otorite yokluğu ve bundan doğan istikrarsızlığın doğurduğu sorunlar önemli ölçüde azalacaktır. Daha önce de belirttiğim gibi, bizim için bu bölgeyle ilgili ilk öncelik, sınırlarımızın güvenliğinin sağlanmasıdır. Bölgenin güvenliğinin sonsuza kadar KDP ile KYB'ye ihale edilmesi gibi geçici çözümlerle Kuzey Irak meselesinin idare edilmesini düşünemeyiz. Nihai bir çözüme gidecek sürecin bir an önce başlatılması ve güvenlik konusu ile ilgili olarak karşımızda yasal muhatap bulma yolunun açılması arzusundayız. Biraz önce de söylediğim gibi, Barzani diyalog için 1991 Anlaşmasının temel alınabileceği görüşünde. Irak hükümeti de buna yatkın gözüküyor. Barzani, merkezî Irak hükümeti ile 1991 Anlaşması konusunda o zaman üç-dört temel noktada mutabakat sağlayamadıklarını belirtmektedir. Adı geçen, bunlardan birincisinin, belirlenen otonom bölgeye diğer bazı bölgeleri de eklemek istemelerine karşılık, merkezî Irak hükümetinin bunu kabul etmemesi olduğunu belirtmiştir.

Connell: Örneğin Musul ve Kerkük gibi mi?

Orta Doğu Genel Müdür Yardımcısı Korutürk: Musul'dan söz etmediler ama Kerkük, Sincar, Hanakın, Şeyhan ve Zimmar bölgelerinden bahsettiler. İkinci anlaşmazlık, otonomi çerçevesindeki yerel hükümetin yetki ve sorumlulukları konusunda çıkmış. Bu bağlamda Kürtler özellikle polis ve güvenlik hizmetlerinin yerel hükümetçe yürütülmesini istemiş, ancak, Bağdat hükümeti bunu reddetmiş.

Üçüncü anlaşmazlık, yasama organının faaliyetlerinin gerektiği şekilde tanımlanmamasından çıkmış. Diğer iki ihtilaf konusu ise, demokrasinin, yani fikir, basın ve parti kurma özgürlüklerinin Irak geneline yayılması konusunda Irak hükümetinin isteksizliği imiş.

Diyalog konusunu danıştığımız Bağdat yönetimi, BMGK'nın 688 sayılı kararını, merkezî Irak hükümetinin kendi halkına baskı yapmaması için çağrıda bulunan, dolayısıyla "egemenliklerini ihlal edip içişlerine karışan" ifadeler içerdiği için reddettiklerini belirttiler. Ancak, temaslarımız neticesinde kararın ruhuyla mutabık oldukları izlenimini edindik.

Deutch: "Diyalogdan ne umuyorsunuz?"

Deutch: Özellikle böyle bir zamanda diyalogdan neler elde edebileceğinizi umuyorsunuz?

Orta Doğu Genel Müdür Yardımcısı Korutürk: Biraz önce belirttiğim gibi, her iki parti de Kuzey Irak'ın güvenliğini sağlamakla sorumludur. Barzani, bölgedeki güvenliğin sağlanması amacıyla bizden, sınıra yakın bölgelerdeki 350 köyün iskân edilmesi ile oluşturulacak 20 bin kişilik peşmerge ordusunun finansmanını yüklenmemizi istemiştir. Kendisine, bu tekliflerin, bize getireceği mali yük nedeniyle gerçekçi olmadığını belirterek, önce bölgede PKK'nın mevcudiyetini önlemek için kendisine düşen görevleri yerine getirmesini vurguladık.

Barzani'ye, bölgedeki güvenliğin sağlanması açısından üzerine düşen sorumluluğu yerine getirmemesi ve PKK'nın Kuzey Irak'ta tekrar yerleşmesi halinde yeniden bir operasyon yapmaktan kaçınmayacağımızı söyledik. Ayrıca, üzerine düşen yükümlülükleri yerine getirdiği takdirde bizim müdahale etmemize gerek olmayacağını, Kuzey Irak harekâtı sırasında sivillere zarar geldiğini, bunun her askerî operasyon sırasında ortaya çıkabileceğini, tekrar bir operasyon yapmak zorunda kaldığımız takdirde de bu konuya hassasiyet göstereceğimizi, fakat sivil halka askerî harekât nedeniyle gelecek zarardan, üstüne düşen görevi yapmaması nedeniyle kendisinin sorumlu olacağını vurguladık.

Barzani ve Talabani'ye, alınması söz konusu tedbirler hakkında en kısa zamanda somut bazı teklifler yapmayı düşünüyoruz.

Bölgede bir normalleşme sürecinin başlaması gerekmektedir. Bu süreci başlatırsak, Barzani ve Talabani'nin de otonominin tesis edilmesi gibi bir ortak amacı olacak. Biz de onları bu yönde teşvik edebiliriz.

Bildiğiniz gibi, Bağdat'la diplomatik ilişkilerimiz var. Irak yetkilileri her temasımızda bize, Barzani ve Talabani'nin "eşkıya" olduğunu belirterek, kendilerinin PKK ile muhatap olmadıklarını, dolayısıyla bizim de Kürt liderlerle görüşmememiz gerektiğini söylüyor. Biz ise onlara Kuzey Iraklı Kürtlerle PKK'nın kıyaslanamayacağını, KDP ile KYB'nin Irak Anayasası çerçevesinde belirli bir konuma sahip bulunduklarını, onlarla görüşmemizin sınır güvenliğimizin sağlanması amacını taşıdığını belirtiyoruz. ABD ve Türkiye olarak, Irak'ın toprak bütünlüğünden yana olduğumuzu savunuyorsak, bunu sağlamanın tek yolu diyalogu teşvik etmektir. Saddam Hüseyin'in iktidardan gitmesini bekleyemeyiz. Ambargo ve yaptırımlar Saddam Hüseyin'i zayıflatmak yerine, halkı nezdindeki itibarını güçlendirmiştir. Bunun sebebi, bu bölgelerdeki halkın düşünce yapısının Batı'dan farklı olmasından kaynaklanmaktadır. Halk, sıkıntı çektikçe, kendini ve liderini Batı'nın zulmüne karşı direnen kahramanlar olarak görmektedir. Kısa bir süre önce Irak'a istişarelerde bulunmak üzere giden heyetimiz, ülkede ekonomik durumun çok bozulmuş olmasına karşın Saddam rejiminin gücünü muhafaza ettiğini gözlemlemiştir.

Deutch: Bu noktada görüşlerimiz farklı.

Orta Doğu Genel Müdür Yardımcısı Korutürk: Olabilir. Ancak, ben görüşten değil tespitlerimizden söz ediyorum. Bu çerçevede, Irak'ta resmî temsilcilerimizin bulunduğunu ve bizim bu insanlarla yüzlerce yıl birlikte yaşadığımızı, dolayısıyla bölge ile bölgede hâkim olan düşünüş tarzını sizden daha iyi anlayabildiğimizi gözden uzak tutmamak gerekir.

İstihbarat Araştırma Dairesi'nden Tezcan: Irak'taki ekonomik hayatın her geçen gün kötüye gittiğine ve normal yaşam koşulları için gerekli malların çok zor bulunduğuna işaret eden ABD hükümetince hazırlanan birçok rapor okudum. Batı, Irak halkının bu şartlar altında teslim olması veya yönetime karşı ayaklanması gerektiğini düşünüyor ve bunu bekliyor. Oysa aksine, yöre halkının çektiği ıstırap onlar üzerinde birleştirici bir etki yapıyor. Halk çektiği ıstırabın Batı'dan kaynaklandığını düşünüyor ve Saddam Hüseyin'i bir ulusal kahraman gibi görüyor.

Kuzey Irak'ta meşru hükümet görmek istiyoruz

Kuzey Irak'ta resmî bir otoritenin tesisini arzuluyoruz, çünkü biz karşımızda muhatap olarak meşru bir hükümet bulmak istiyoruz. Örneğin, İran ve Suriye ile de problemlerimiz mevcut, fakat oralarda karşımızda bize muhatap bir devlet var.

Bundan 6 ay önce, Barzani ve Talabani arasındaki çatışmaların devam etmesinin bölgeye PKK'yı getireceğinden korkuyorduk. Bugün artık bu korku geçerli değil, çünkü PKK artık fiilen orada. Çatışmalar devam ettikçe PKK güçlenecek ve belki bölgedeki birinci güç haline gelecektir.

KDP ve KYB'nin yayınlamış oldukları bu barış planları önemli olmakla birlikte, bunun Paris Anlaşması gibi bir anlaşmayla sonuçlanmasını kesinlikle istemiyoruz. Talabani bütün açıklamalarında, bölgede bir federasyon kurulmasını arzu ettiğini vurgulamaktadır. Biz bunun erken olduğunu düşünüyoruz. Üzerinde durmaları gereken çözüm tarzı şu safhada azami olarak otonomidir.

1991 Anlaşması'nın yürürlüğe konulmasını olumlu karşılıyor ve Kürtlere bundan daha fazlasının verilmesini kabul etmiyoruz. Irak halkının katılımıyla, kendi iç meseleleri olan federasyon üzerinde daha ileride millî bir mutabakata varmalarına tabiatıyla diyeceğimiz bir şey bulunmamaktadır. Böyle bir şey zaten bizi ilgilendirmez. Ana nokta, federasyon konusuna Barzani ve Talabani'nin kendi başlarına karar veremeyecekleridir. Barzani ve Talabani, Kuzey Irak'tan Kürt bölgesi olarak bahsetmektedir. Ancak unutulmaması gereken bir husus, bölgede onlarla aynı statüye sahip olan diğer etnik grupların da yaşamakta olduğu gerçeğidir.

İki lider arasındaki ihtilafın sona ermesi için Erbil'in silahsızlandırılması ve Habur'dan elde edilen gelirlerin paylaşımı gibi bazı noktalarda anlaşmaya varmaları gerekmektedir. Özellikle Habur sınır kapısından elde edilen gelirlerin paylaşımı, iki lider arasında anlaşmazlığa yol açan esas nedendir. Barzani aşiret bağlarıyla partisini ayakta tutmaktayken, Talabani peşmergelerine para ödemektedir. Üst seviyelerde varılacak bir mutabakat alt seviyelerde çıkan küçük sorunlardan etkilenebilmekte ve böylece sorunlar tekrar büyüyebilmektedir.

Tekrar belirtmeliyim ki, bizim için her şeyden önce, sınırlarımızın güvenliğinin sağlanması çok önemlidir. Güneydoğu bölgemizdeki halk terörizmden ve masum sivillerin ölmesinden artık bıkmıştır.

Orta Doğu Genel Müdür Yardımcısı Korutürk: Ayrıca İran ya da Suriye gibi üçüncü ülkelerin de bu istikrarsızlığı bahane ederek bölgeye müdahil olma gayreti içine girmelerini istemiyoruz.

Deutch: Paris Anlaşması'na kesinlikle karşı çıktığınızı ifade ettiniz. Bu, anlaşmanın belirli bir noktasından mı, genel olarak kendisinden mi kaynaklanıyor?

İstihbarat Araştırma Dairesi'nden Tezcan: Bu anlaşma bizim için ölü doğmuştur ve öyle de kalacaktır. Paris Anlaşması bağımsız bir Kürt devletinin kurulmasına gidecek zemini hazırlamaktadır. Bağımsızlık belki Kürtlerin kalbinde yatan bir hayaldir. Ama bizim için tamamen kabul edilemez bir düşüncedir. Kürt liderlerin hazırladıkları barış planları konusundaki görüşleriniz nedir?

Deutch: Barış planlarının, iki lider arasındaki çatışmayı bir çözüme bağlamak açısından uygun zemin teşkil ettiği görüşündeyiz. Habur sınır kapısının gelirlerinin paylaşımı meselesini çözmek kolay olmakla birlikte, diğer anlaşmazlıklar üzerinde uzlaşmaya varmalarını sağlamak vakit alabilir.

Deutch: "İran'ın artan rolü bize endişe veriyor"

İran gizli servisinin bölgede faaliyette bulunduğuna dair raporlar almaktayız. İran'ın Kuzey Irak'ta artan rolü bize endişe veriyor. Bir de İran tarafından başlatılan, Kürt liderler arasındaki arabuluculuk girişimleri var.

Orta Doğu Genel Müdür Yardımcısı Korutürk: Bu girişimler başarısız oldu.

Deutch: İran bu girişimleriyle Kuzey Irak meselesiyle ne kadar ilgili olduğunu göstermeyi hedefliyor. Bizce İran'ın Kuzey Irak meselesinde üstlenebileceği bir rol bulunmamaktadır. Bu zamanda Kürt liderlerin merkezî Irak hükümeti ile girecekleri bir diyalogun olumlu sonuçlar doğuracağına inanmıyoruz. Kuzey Irak meselesiyle ilişkisi olan bir ülke olduğumuzu göstermeliyiz. Özellikle de Barzani ile alakalı olduğumuzu göstermeli ve onu Lizbon'a gelmesi için ikna etmeliyiz.

Orta Doğu Genel Müdür Yardımcısı Korutürk: Barzani'nin bu daveti kabul etmemedeki isteksizliği sizce nereden kaynaklanıyor?

Barzani genelde temkinli davranan birisidir. Acaba kendisini zorlanmış bir konumda mı hissetmektedir? Veya Talabani'den daha güçlü bir konumda olduğu için onunla aynı masaya oturmaya mecbur edilmek istemiyor mu?

Connell: Ya da aksine, Barzani zayıflamış ve 6 ay önceki gücünün altına mı düşmüştür? Belki bu nedenle ayak sürüyordur.

Orta Doğu Genel Müdür Yardımcısı Korutürk: Barzani kendisiyle görüştüğümüzde, özellikle Erbil'in, biri hariç tüm girişlerini kontrol ettiğini ve şehri sivil halka zarar vermemek için almadığını öne sürdü. Bizim izlenimimiz gücünden emin gözüktüğü oldu.

Kuzey Irak'taki gelişmeler nereye varır?

İstihbarat Araştırma Dairesi'nden Tezcan: Kuzey Irak'taki gelişmelerin hangi noktaya kadar gitmesi gerektiğini düşünüyorsunuz?

Deutch: Otonominin tesis edilmesi konusunda görüşlerimiz aynı paraleldedir. Kuzey Iraklı Kürtler geleceklerini Irak'ın içinde planlamalıdır. Kürtlerle görüşmelerimizde diyalog konusunu ele almıyoruz.

Orta Doğu Genel Müdür Yardımcısı Korutürk: Barzani, 1991 Anlaşmasını bir zemin olarak göz önüne alabileceğini ve bunun üstünde çalışabileceğini söylemektedir. Talabani ise 1991 Anlaşmasının artık geçerliliğini kaybettiğini ifade etmektedir.

Deutch: Habur'dan elde edilen gelirlerin KDP'nin ana mali kaynağı olduğunu biliyoruz. Barzani'ye, ABD ve Türkiye'nin kendisiyle alakalı olduğunu İranlılardan daha farklı bir şekilde göstermeliyiz. Habur sınır kapısından mal taşıyan kamyonları bu amaçla kullanabilirsiniz. Barzani'nin uzlaşmaya razı olmaması halinde Habur'u bir koz olarak kullanabiliriz. Gerektiğinde, Habur'dan geçen trafiği azaltmak gibi bir önlem alabilir misiniz?

Orta Doğu Genel Müdür Yardımcısı Korutürk: Bu, çok dikkatle incelenmesi gereken bir husus. Trafiğin kısıtlanmasının etkileri, biliyorsunuz, sadece Kuzey Irak'a olmuyor.

Deutch: Evet, sınırın diğer tarafı için de etkileri olacağını düşünmemiz gerekir.

Orta Doğu Genel Müdür Yardımcısı Korutürk: Sınırın bu tarafı kadar Irak'ın geneline de etkileri var. Dediğim gibi, bu, dikkatle incelenmesi gereken bir husus. İncelemeden, olumlu ya da olumsuz bir fikir belirtilmesi doğru olmaz.

Connell: PC, Kürtlerle olan alakamızı göstermektedir. Barzani ve Talabani görüşmelerimizde PC hakkında herhangi bir şey söyledi mi?

Orta Doğu Genel Müdür Yardımcısı Korutürk: Kürt liderlerin PC'dan memnun olduklarını rahatlıkla ifade edebiliriz. Buna karşılık Bağdat bize, PC'nin gitmesi halinde Barzani ile Talabani'nin kendiliklerinden bölgeyi terk edeceklerini söylüyor.

Dublin ve Drogeda Süreçleri

Deutch başkanlığındaki Amerikan heyeti, bu görüşmeden sonra Kuzey Irak'ı ziyaret ederek Kürt liderlerle görüştü. Talabani ve Barzani'yi, görüş ayrılıklarını gidermeleri konusunda ve İrlanda'nın başkenti Dublin'de bir araya gelmeye ikna etti.

Amerikan arabuluculuğundaki KDP-KYB buluşması 10 Ağustos'ta İrlanda'nın başkenti Dublin'de gerçekleşti. Görünürdeki amaç, çatışmaların sona erdirilmesi ve bölgede huzur ve istikrarın sağlanmasıydı, ancak, gerçek hedef ABD'nin Irak politikasının ve Kuzey Irak'taki istihbarat ağının çökmesini ve Çekiç Güç'ün gereksiz hale gelmesini önlemekti.

Toplantıya Türkiye gözlemci olarak katıldı. Türk heyetinde diplomatların yanı sıra, Türk kamuoyunun yakından tanıdığı bir isim olan MİT yetkilisi Mehmet Eymür de vardı.

KDP ve KYB'nin lider düzeyinde katılmadığı toplantı 11 Ağustos'ta sona erdi. Toplantıda ağırlıklı olarak, KDP ile KYB arasında temel sorunu oluşturan Habur gümrüğü gelirlerinin paylaşılması ve *başkent* Erbil'in durumu görüşüldü. Alınan kararlarda, iki partinin ateşkese uyacağı, medyadaki karşılıklı saldırılara son verecekleri, birbirlerinin haklarına saygı gösterecekleri, tüm tutsakları geri verecekleri, bir barış anlaşmasına varmak amacıyla görüşmelere devam edecekleri belirtilmekteydi.

Dublin Zirvesi'nden sonra KDP-KYB çatışması, yerini PKK-KDP çatışmasına bıraktı. Kuzey Irak'ı bir üs haline getirmeye çalışan PKK, Dublin kararlarına tepki göstermiş, bölgedeki mevcudiyetini devam ettirmek amacıyla KDP'ye karşı saldırıya geçmişti.

12 Eylül 1995'te, ABD'nin himayesinde ikinci Dublin toplantısı gerçekleştirildi. Amaç, birinci Dublin toplantısında alınan kararların bir anlaşmaya dönüştürülmesiydi. Türkiye yine gözlemciydi, ilk toplantıda bulunmayan İngiltere de bu toplantıya gözlemci olarak katılmıştı.

KYB heyeti, Erbil'in silahsızlandırılmasına karşılık, KDP'nin kontrolündeki Selahaddin kasabasının ve diğer bölgelerdeki silahsızlanmanın aynı anda başlaması üzerinde durdu. KDP ise, gümrük gelirlerinin INC denetiminde kurulacak bir komite tarafından denetlenmesi konusunda pürüz çıkardı. Sonuçta 4 gün süren zirveden bir sonuç alınamadı.

ABD arabuluculuğundaki Dublin görüşmelerinin başarısızlığı, sonuçta bir başka dış aktörün devreye girmesine yol açacak gelişmelerin de başlangıcını oluşturdu. Kuzey Irak'taki gelişmelerden dışlanmasından rahatsızlık duyan İran'ın devreye girmesiyle, KDP ve KYB heyetleri bu defa Tahran'da bir araya geldi. 5 gün süren toplantılar sonucunda 10 Ekim'de yayınlanan ortak bildiride, tarafların Erbil'in askerden arındırılması ve anlaşmanın uygulanmasının tarafsız bir heyetçe denetlenmesi konularında anlaşmaya vardıkları ve diğer sorunları görüşmek üzere İran'ın gözetiminde yeniden biraya gelecekleri belirtilmekteydi.

Irak konusundaki inisiyatifi Tahran'a kaptırmak istemeyen Washington yeniden devreye girdi. Kasım ayında bir ABD heyeti Kuzey Irak'ı ziyaret ederek yeni bir girişimde bulundu. Amaç, Tahran'ı devreden çıkartmak ve inisiyatifi yeniden ele geçirmekti. Bu görüşmelerden de bir mutabakat çıkmadı, ama Dublin'deki ateşkes de uygulanmaya devam etti.

Bu dönemde, Türkiye açısından Kuzey Irak'la ilgili çok önemli bir gelişme yaşandı. KDP lideri Barzani, Jandarma Asayiş Komutanı Korgeneral Altay Tokat'a bir mektup göndermişti:

> 8 Kasım 1995
> Korgeneral Altay Tokat
> Jandarma Asayiş Komutanı
> Sayın General,
>
> Size önemli bir konu hakkında bilgi vermek istiyorum. Suriye Cumhurbaşkanı Yardımcısı Haddam, İran'ın Şam Büyükelçisi, Kürdistan Yurtseverler Birliği (KYB) lideri Celal Talabani ve PKK terör örgütü elebaşısı Abdullah Öcalan'ın katılımlarıyla 4 Kasım 1995 günü Şam'da bir toplantı yapılmıştır.
>
> Toplantıda, Kuzey Irak'ta KDP'nin gücünü kırmak ve bu suretle Türkiye ile ABD'nin nüfuzlarını azaltmak amacıyla, KYB ile PKK'nın KDP'ye karşı ortak bir saldırı başlatmaları yolunda bir karar alınmıştır.
>
> Bu anlaşma, KDP'yi derin bir endişeye sürüklemiştir. Bu nedenle, aşağıdaki sorularımı yanıtlamanızdan memnuniyet duyacağım:
>
> • Bu dörtlü anlaşmaya ilişkin olarak Türkiye'nin değerlendirmesi nedir?
>
> • KYB'nin PKK ile birlikte KDP'ye saldırması durumunda Türkiye'nin tutumu ne olacaktır ve fiilî olarak KDP'ye ne gibi bir katkıda bulunacaktır?
>
> • Türkiye'nin destekleri eski yöntemlerle devam ettiği takdirde, KDP'nin sorunlarının çözümü mümkün değildir. Türkiye, KDP'nin sorunlarının çözümünü istiyorsa, desteğinin daha geniş çaplı olması gerekir. Türkiye, KDP'ye para ve silah yardımını artırmaya hazır mıdır?

Barzani'nin bu mektubu, Türkiye'de devlet kurumları arasında yeni bir durum değerlendirmesi yapılmasına yol açtı. Genelkurmay Başkanlığı, MİT Müsteşarlığı ve Dışişleri Bakanlığı'ndan üst düzey yetkililerin katılımıyla yapılan toplantıdan çıkan sonuç, bir heyetin derhal Barzani'yle ve Talabani'yle görüşmek üzere Kuzey Irak'a gitmesiydi. Barzani'ye sorularının yanıtları verilecek, KYB-PKK ilişkileri konusunda ise Talabani'nin dikkati çekilecekti.

Genelkurmay, Dışişleri Bakanlığı ve MİT Müsteşarlığı görevlilerinden oluşan Türk heyeti Kasım ayının ortalarında bölgeyi ziyaret etti. Heyette, Türk kamuoyunun yakından tanıdığı bir isim, MİT Kontrterör Dairesi Başkanı Mehmet Eymür de yer alıyordu.

Türkiye'nin Barzani'nin soruları karşısındaki tutumu netti. PKK denklemde olduğu ve KDP, PKK ile mücadele ettiği müddetçe, KDP'ye yönelik bir PKK-KYB ortak saldırısı karşısında, Türkiye Barzani'ye tam destek vermeye hazırdı. Nitekim, Türkiye birkaç hafta içinde KDP'ye önemli miktarlarda silah ve mühimmat yardımı yaptı.

Barzani, can düşmanı olarak PKK'yı değil, Talabani'nin KYB'sini görmekteydi. PKK ile mücadelesindeki temel amaç, o dönemde çok ihtiyaç duyduğu Türkiye'nin desteğini sağlamaktı. Bugün Irak'ta bir Kürt federasyonu için Talabani ile kol kola samimi pozlar veren Barzani, bakın, o günlerde Türk yetkililere Talabani'yi nasıl şikâyet etmiş:

> Türkiye'nin KYB'nin PKK'yı desteklediğini ne zaman anlayacağını çok merak ediyorum. Talabani, Suriye'ye yaptığı iki ziyaret ve Tahran'a gidişinden sonra MED-TV'ye verdiği beyanlarıyla tutumunu açıkça ortaya koymuştur. Talabani beyanlarında, Öcalan'ın önder bir lider, PKK'nın mücadeleci bir parti ve Türk hükümetinin faşist olduğunu ifade ederek, KDP'yi de "kontra" şeklinde nitele-

miştir. Daha sonra, Talabani'nin kayınpederi İbrahim Ahmet hem size hem de bize MED-TV'de küfürler savurmaya devam etmiştir.

Bu dönemde, Talabani ise bir başka noktaya, bölgedeki İngiliz mevcudiyetine dikkat çekmekteydi:

> Bir İngiliz heyeti bölgede bulunmaktadır. İngilizler bu bölgenin uzmanıdırlar. Onlar, Osmanlı İmparatorluğu zamanlarından beri bölgede mevcutlar. İngilizler, açıkça olmasa da gizli olarak her zaman bu bölgede bulunurlar.

Talabani, Türkiye'de Kürdistan yerine Kuzey Irak denmesine de çok alındığını söylüyordu:

> Bizi çok rencide eden bir konu var. Bölgemizin adı Irak Kürdistanı ve halkımız da Kürt halkıdır. Bu, Irak Anayasası'nda da böyle yer almaktadır. Siz bunu niye kabul etmiyorsunuz, bir türlü anlamıyoruz. Buraya Kürdistan demekte sizce ne sakınca var? Bu söylediklerim belki sizin garibinize gidiyor ama gerçekler ortadadır. Prag'da geçenlerde "Kürdistan" adında bir gece kulübü açılmış ve bunun üzerine oradaki Türk Büyükelçisi, Çek Dışişleri Bakanlığı'na giderek, bu ismin değiştirilmesini talep etmiş ve olayı protesto etmiştir. İran'da da Kürdistan adında büyük bir eyalet var. Hatta Tahran'da Kürdistan adlı bir cadde bulunmaktadır. Ancak, siz bu adı kullanmamıza karşı çıkıyorsunuz. Amerikalılarla bir görüşmemiz sırasında, Kürdistan yerine niye Kuzey Irak deyimini kullandıklarını sorduk. Amerikalılar da, Türklerin bunu istemediklerini, onun için Kürdistan yerine Kuzey Irak dediklerini belirttiler. Bu tutumunuzu yeniden gözden geçirmelisiniz.

Talabani de, kendisini Türk heyetine şikâyet eden Barzani'den yakınıyordu:

> Barzani, Türk televizyonunda da yayınlanan bir demecinde, PKK'nın siyasi bir parti olduğunu açıkça belirtmiştir. Buna bir itirazınız olmamıştır. Ancak, Dublin'de kapalı bir otelde heyetimizden

bir temsilcinin PKK'nın terör eylemleri yapmadığını söylemesi Türkiye'yi ayağa kaldırmıştır. KDP, PKK ile çatışmalarını durdurmak için siyasi arayışlara başlamıştır. Bu amaçla, Muhammed Hacı Mahmut başkanlığındaki bir KDP heyeti Şam'da bulunuyor. Bu şahıs, Öcalan ile görüşmek için Barzani'den vekalet almıştır. Aynı şahıs Barzani'nin bir mektubunu Öcalan'a götürecektir. Barzani söz konusu mektupta, PKK ile aralarındaki sorunları çözmeyi teklif etmektedir. Benzer girişimleri Neçirvan Barzani Tahran'da yapmıştır.

PKK'nın 10 Aralık 1995'te ilan ettiği ateşkesin ertesi gün KDP tarafından kabul edilmesiyle, Türkiye Talabani'nin haklı olduğunu görecekti. Aktörler aynıydı ancak dengeler sürekli değişiyordu.

Türkiye'nin Kuzey Irak değerlendirmesi

Türkiye'de ise devlet kurumları sürekli olarak Kuzey Irak'taki gelişmeler hakkında kafa yoruyor ve raporlar hazırlıyorlardı:

KUZEY IRAK HAKKINDA DEĞERLENDİRME

I. GENEL:

1) Kürt meselesi ve bağımsız bir Kürdistan kurulması, İran'da Mahabad Devleti denemesini takip eden son 40 yıllık dönem içinde 1990'lara varıncaya kadar uluslararası sahnede, özellikle Kuzey Irak bakımından gündemde olmuştur.

2) Iraklı Kürtlerin Saddam Hüseyin döneminde maruz kaldığı baskılar ve Halepçe gibi katliamlar dünya kamuoyunda genelde Kürtlere karşı bir sempati uyandırmıştır.

3) 1980'li yılların ürünü olan PKK terörizmi ise, 1990'lara gelindiğinde hem yurtdışında hem de yurtiçinde daha örgütlü bir hale gelmiş, bu arada Kuzey Iraklı Kürtlere karşı uluslararası kamuoyunda mevcut sempati, PKK terörizmi ile sade Kürt vatandaşları arasında ayrım yapamayanlar içinde Türkiye'de yaşayan Kürt kö-

kenli vatandaşlarımıza karşı bir ilginin oluşmasında etkili olmuştur. Bunun Türkiye aleyhindeki çevrelerce körüklenmiş olduğu gerçeğini de tabiatıyla göz ardı etmemek lazımdır.

4) Bugün gerek Irak'ta gerek Türkiye'de yaşayan Kürtlerle ilgili gelişmelerin birbirini daha da etkiler hale geldiğini söylemek mümkündür. Bir başka deyişle, Kürt sorunu Kuzey Irak sınırlarını aşmakta ve enternasyonalize olmaktadır. Bu gidişatın ileride İran ve Suriye Kürtlerini de etkileyeceğine, özellikle bu iki ülkede demokratikleşme yolunda adımlar atıldığında etkinin artacağına şüphe yoktur.

5) Bu gelişmelerde, Körfez Savaşı'nın sonuçlarının etkileri büyüktür.

6) Uluslararası konjonktür Kürtlere ve "bağımsız bir Kürdistan"a sempatiyle bakılmasına müsaittir. Soğuk Savaş sonrasında milli-devlet'in bölünmezliği nosyonu erozyona uğramış, bireysel insan haklarının ötesinde özellikle etnik baza dayalı kollektif hakların ön plana çıkması, bunların bazen egemenlik haklarına varacak ölçüde kabul görmesi gündeme gelmeye başlamıştır.

7) Bu durumda, Kuzey Irak'ta geniş bir otonominin ihdası doğal karşılanacaktır. Iraklı Kürtlerin bu yolda Irak mevzuatı içinde yeterli kazanımları esasen mevcuttur. Mesele bağımsız bir "Kürdistan"ın kurulmasının önlenmesinin mümkün olup olmayacağıdır.

8) Bugün her ne kadar, ilgili bütün taraflar (taktik olarak Kuzey Iraklı Kürtler dahil) bağımsız bir Kürdistan'ın mümkün olmadığını söylüyorsa da, gelişmeler bölgedeki çeşitli dinamiklerin bizi bu noktaya getirmesinin mümkün olduğuna işaret etmektedir. Zira;

• ABD'ye atfedilen art niyetler varit olmasa da, bu ülkenin Saddam rejimini baskı altında tutma politikası, Irak merkezî gücü ile Kuzey Irak arasındaki bağı giderek zayıflatmaktadır.

• Her ne kadar KDP ile KYB birbiriyle mücadele halindeyseler de, Kuzey Irak'ta bir otorite birtakım kurumlarıyla işlemektedir.

• NGO'ların insani faaliyetler adı altında yürüttüğü çalışmalar buna yardımcı olmaktadır.

• PKK'nın Kuzey Irak'ta Türkiye'ye yönelik vur-kaç faaliyetlerinde bulunmak için melce bulmasının ötesinde burada yuvalanma, kurtarılmış bölge ilanı, bağımsız bir Kürdistan'ın nüvesini teşkil etme faaliyetleri, meselenin boyutlarını genişletmiştir.

- Sureti haktan gözüken İran ve Suriye'nin Kuzey Iraklı Kürtlerle değişik ilişki ağı, orada kontrol edilebilir bir otorite ve dolayısıyla sükunet ve istikrar yaratılmasını güçleştirmektedir.
- Nihayet, Irak için öngördüğümüz senaryolar, ileride merkezî otorite ile Kuzey Irak arasındaki bağın gevşemesi ihtimalinin daha çok olduğuna işaret etmektedir.

II. KUZEY IRAK'TA NELER OLABİLİR?

a) Saddam kaldığı takdirde:

ABD, gerek BM ambargosu gerekse Provide Comfort (Huzur Harekâtı) uygulaması çerçevesinde baskıyı sürdürmeye devam edecektir. Dublin'de görüldüğü gibi, ABD Kuzey Irak'a Batılı güvenilir ortaklarını müdahil etmek istemektedir. Bu bir anlamda, sorunun daha da enternasyonalizasyonu, bir diğer anlamda Türkiye'nin rolünün sulandırılmasıdır. Ayrıca, İran ve Suriye için ilave endişe kaynağı ve bu ülkelerin ilave ajitasyonda bulunmalarına davetiye çıkarılmasıdır.

ABD'nin, KDP ve KYB aralarında anlaşsalar dahi, Saddam ile bir diyalog ve uzlaşıya varmalarına engel olmaya devam edeceğine şüphe yoktur.

b) Saddam kalmadığı takdirde:

i) Güçlü bir idarenin yerini alması. Ordu-Baas unsurlarının işbirliği ile kurulacak bir yönetimin işbaşına geçmesi halinde ABD'nin tutumu büyük önem taşıyacaktır. Böyle bir yönetim BM kararlarına uyduğu takdirde, ABD'nin Kuzey Irak ve 32. paralelin güneyindeki gölgesini idame ettirmesi zorlaşacaktır. Bu durumda, yeni idare ile Kürtlerin bir "modus vivendi"ye varmaları mümkün olabilir. Ancak güçlü bir idare, Irak'ın egemenlik ve toprak bütünlüğünü muhafaza edebilir.

ii) Zayıf bir idarenin yerini alması. Bu takdirde, Kuzey Irak'ta dinamiklerin geniş bir otonominin de ötesine geçmesi ve uzun vadede bağımsız bir Kürdistan'ın kurulması için uygun zemin yaratması ihtimali artacaktır. Son zamanlarda ortaya konan senaryolardan biri de, bir Irak-Ürdün federasyonunun kurulmasıdır. Böyle bir senaryo içinde Kuzey Irak'ta en azından geniş bir otonominin gerçekleşmesi beklenmelidir.

iii) Irak'ın parçalanması. Saddam sonrasında, ordu ve Baas içinden çıkacak unsurların kuracağı güçlü ve otokratik bir idarenin işbaşına geçmesi akla en yakın gelen ihtimaldir. Ancak, zaman içinde ülkenin demokratikleşme alanında bazı adımlar atması beklenmektedir. Bu süreç içinde her zaman ürkülen bir kaos ortamının doğması ve Irak'ın parçalanması, göz ardı edilemeyecek bir ihtimaldir. Türkiye her ne kadar Irak'ın bağımsızlık ve toprak bütünlüğünü samimi olarak savuna gelmişse de, böyle bir ihtimalin gerçekleşmesi halinde ne yapılabileceğini de düşünmek zorundadır.

III. TÜRKİYE KUZEY IRAK'TAKİ GELİŞMELERİN SEYRİNİ NE ÖLÇÜDE ETKİLEYEBİLİR?

1) Türkiye'nin bugün Kuzey Irak'ta müdahil olması için en meşru neden, PKK'nın Kuzey Irak'ı terörist faaliyetler için kullanması ve Türkiye'nin buna karşı mücadelesidir.

2) Türkiye'nin Kuzey Irak'ta bağımsız bir devlet kurulmasına karşı hukuki değil siyasi itirazları olabilir.

3) Geniş bir otonomiye karşı itiraz nedenlerimiz güçlü olamaz.

4) Bu durumda ülkemizin silahlı güç kullanması, PKK ile mücadelesi dışında, dünya kamuoyunda meşru sayılamayacaktır.

5) Türkiye Kuzey Irak'taki gelişmeleri ekonomik açıdan etkilemeye çalışabilir (Habur ticaretini durdurmak gibi). Kuzey Iraklıların buna karşı ne gibi alternatifler bulabileceği incelenmelidir.

6) Neticede, Türkiye'nin Kuzey Irak'taki gelişmeleri etkileyebileceğini, fakat bunun tam belirleyici olamayacağını söylemek mümkündür.

IV. BUGÜNKÜ DURUM TÜRKİYE'NİN LEHİNE Mİ, ALEYHİNE Mİ İŞLEMEKTEDİR?

1) Kuzey Irak'taki otorite boşluğu Iraklı Kürtlerin burada fiilen kendi kendilerini idare etmeleri sonucunu doğurmakta, otonomi ve bağımsızlık için tecrübe kazandırmaktadır.

2) Aynı otorite boşluğu PKK ile mücadelemizi güçleştirmektedir.

3) Buna mukabil, Türkiye'nin Kuzey Irak'ta PKK ile mücadelesi, Kuzey Irak'taki oluşumlar bakımından müdahil ve söz sahibi olma imkânını da tanımaktadır.

4) Kuzey Iraklı Kürtlere Türkmenlerin de hakları olduğu kabul

ettirilmiş gözükmektedir. İleride merkezî otorite aynı hakları tanımasa da otonomik haklara kavuşması sürpriz olmayacak, Kuzey Iraklı Kürtler arasında Türkmenlerin haklarının savunulabilmesi yolunun açılmış olduğu söylenebilir.

5) Türkiye'nin halen Kuzey Irak üzerinde söz sahibi olması bir güç ve prestij kaynağı olmakla beraber, Irak üzerinde birbirlerinin niyetlerinden daima şüphe duymuş olan Türkiye-İran-Suriye ilişkilerini de olumsuz olarak etkilemektedir. Şu da var ki, Türkiye'nin Kuzey Irak'ta geri durması halinde, İran ve Suriye'nin de aynı şeyi yapacağını düşünmek zordur.

V. DROGEDA SÜRECİ

1) Bu süreç, KDP ve KYB arasındaki çatışmaların durdurulması, Kuzey Irak'ta barış ve nispi istikrarın sağlanmasına yönelik olarak ABD tarafından başlatılmıştır.

2) İki unsur arasındaki çatışmaların devamının PKK'nın Kuzey Irak'ta yuvalanmasına zemin hazırladığı gerçeği bizi bu sürece karşı olumlu davranmaya sevk etmiştir.

3) Bir diğer neden ise, Fransa tecrübesi ışığında, süreç dışında kalmanın daha sakıncalı olabileceği endişesi olmuştur.

4) Henüz bir sonuç çıkmamışsa da, sürecin devam edeceği anlaşılmaktadır.

5) Dublin'de sürece İngiltere'nin de dahil edilmiş olması, meselenin daha da enternasyonalize olması sonucunu doğurmuştur. İleride başka ülkelerin de sürece dahil edilmesine çalışılması ihtimal dahilindedir.

6) KDP, Drogeda'nın aksine Dublin'e daha istekli gelmiştir.

7) KYB ise, İran ve Suriye'nin etkisi altında, süreci Dublin'de çıkmaza sokan taraf olmuştur.

8) PKK bu gidişatla Kuzey Irak'ta taraf olarak masaya alınmaya adaydır.

9) ABD'nin bu etkileri tamamen bertaraf edemediği ortadadır.

VI. TÜRKİYE AÇISINDAN

Gelişmeler, Türkiye açısından çelişkilerle doludur:

1) Türkiye'nin menfaatleri Irak'ın birlik, egemenlik ve toprak bütünlüğünün muhafazasındadır.

2) Bunun için, Kuzey Iraklı Kürtlere Irak'ta bugüne kadar kaza-

nım haline gelmiş hakların ötesinde otonomi tanınmamalıdır.

3) Her iki hedefin sağlanması için, Irak'ta iç ve dışta kabul görecek merkezî bir yönetimin, barış içindeki KDP ve KYB ile bizi rahatsız etmeyecek bir formül tahtında anlaşmaları lazımdır.

4) Bugün ise, KDP ve KYB'nin anlaşamamaları, ABD'nin Kuzey Iraklı Kürtlerin Saddam'la bir diyalog içine girmesine bile engel olması, Irak'ta görmek istediğimiz tablonun gerçekleşmesine mani olmaktadır.

5) Saddam kaldığı müddetçe, ABD'nin mevcut tutumunu devam ettirmesi beklenmelidir.

6) Kuzey Irak'ta bizi KDP ve KYB kadar ilgilendirmesi gereken bir diğer husus, PKK'nın buradaki faaliyetleridir.

VII. PKK'NIN KUZEY IRAK'TAKİ FAALİYETLERİ

Yakın zamana kadar Kuzey Irak'taki otorite boşluğu, PKK açısından burada melce bulması ve Türkiye'ye yönelik vur-kaç saldırılarında bulunmasının yarattığı sorunlarla sınırlı idi. Ancak son zamanlarda PKK stratejisinde yeni ve çok önemli bir boyut gözlemlenmektedir.

1) PKK belirlediği, sınırlarımıza yakın bir coğrafi üçgen dahilinde bir etki alanı yaratma peşindedir. Esasen, PKK'nın 5. Kongresi' nde Kuzey Irak'taki bir "kurtarılmış bölge" ihdası kararı alınmış bulunmaktadır.

2) Bölgede yerleşik üçüncü bir güç olmaya çalışmaktadır.

3) KDP ve KYB'nin aşiret düzeninin dar ufkunun aksine, felsefi bir temele dayalı mesajları iki parti arasındaki sürekli çatışmalardan bıkkınlık duyan mahalli halkta makes bulmaktadır.

4) PKK, Kuzey Irak'ta önemli bir taraf haline gelmeye çalışmakla hem Türkiye hem de diğer ilgili ülkelerce muhatap alınmaya çalışmaktadır.

5) İran ve Suriye ile ilişkileri sayesinde Kuzey Irak'taki etkinliğini KDP ve KYB nezdinde de artırmaktadır.

6) PKK'nın Kuzey Irak'taki etkinliği ve bu terör örgütünün İran ve Suriye ile ilişkileri, anılan iki ülkenin KDP ve KYB üzerindeki etkisini de genişletmektedir.

7) PKK'nın bu stratejisini gerçekleştirme yolunda önemli mesafe aldığı, bir-iki yıllık bir zaman boyutunda amaçlarının belki de tü-

münün gerçekleştirme ihtimali olduğu ifade edilmektedir.

VIII. TÜRKİYE'NİN ÖNÜNDEKİ SEÇENEKLER

a) Mevcut siyasetin devamı:

Mevcut siyasetin devamının, Provide Comfort'ın mevcudiyetine karşı Türkiye'de artan mukavemet ve Drogeda sürecinin aldığı seyir itibariyle giderek güçleşmesi söz konusudur. Türkiye'de yeni bir hükümetin işbaşına gelecek olması bu siyasetin aynen devamını imkânsız kılabilir. Esasen, kötünün iyisi olduğu için güdülen bu siyasetimizde hemen bazı ayarlamalar yapılması düşünülmelidir.

1) ABD'den, KYB ve KDP ile arasında bir anlaşma sağlayamaması halinde KYB üzerinde baskı icrasıyla, bu grubun İran ve Suriye'nin etkilerinden mümkün olduğu ölçüde arındırılmasının, PKK ile işbirliği yapmasının önlenmesinin temini istenmelidir.

2) KYB üzerinde etkili olabilmek bakımından ikinci sınır kapısının tarafımızdan açılması suretiyle KYB'nin yerleşik olduğu bölge Türkiye'ye ekonomik bakımdan bağımlı hale getirilebilir.

3) PKK'nın Kuzey Irak'ta yerleşme ve nüfuz edinme faaliyetlerine karşı, PKK ile çatışma halinde olan KDP'ye bu mücadelesinde başarılı olabilmesi için, istediği silah ve mühimmat makul ölçülerde sağlanmalıdır.

4) İngiltere'nin süreçten çıkarılmasının yolları araştırılmalıdır.

5) Başkalarının sürece dahil edilmesinin behemehal önlenmesi lazımdır.

6) Her halükârda, ABD'nin süreçte bazı adımlar atmadan bizimle yakın danışma ve işbirliği içinde hareket etmesinin sağlanması elzemdir.

7) Süreçten endişe duyan İran ve Suriye ile diyalogun geliştirilmesi ve Türkiye'nin güvenlik endişelerinin dikkate alınmasından ne kastedildiğinin daha açık biçimde anlatılması yararlı olacak ise de, bu ülkelerin esasen iyi niyetlerinden şüphe etmek gerektiğinden, faydasının marjinal kalması muhtemeldir.

b) Türkiye'nin köklü tedbirler alması

i) Kuzey Irak'ta ABD ile işbirliğine son vermesi

ABD'nin gelecek yıl yapılacak Başkanlık seçimleri öncesinde Irak rejimi üzerindeki baskıların devamını engelleyecek her teşebbüse karşı hassas olacağı kuşkusuzdur.

Sadece Irak'ta değil, Türkiye'nin hayati her sorunu ve çıkarında ABD'nin kilit rolü oynadığı dikkate alındığında, PC'nin kaldırılmasını talep etmemiz fevkalade menfi etkiler yaratacaktır. Drogeda sürecinden çekilmemizin de ABD'nin Kuzey Irak'ta çatışmaların durdurulmasına yönelik çabalarına bir darbe teşkil edeceğine şüphe yoktur.

ii) Saddam ile işbirliğine yönelinmesi

Kuzey Irak'ta Saddam ile, menfaatlerimiz bağdaştığı ölçüde açık bir işbirliğine girişilmesi için uluslararası ortam müsait değildir. Bunun bizi en azından ABD ile karşı karşıya getireceğine şüphe yoktur.

Irak'ın bizden öncelikli talebi, ABD ile işbirliğinden vazgeçmemiz ve PC'nin kaldırılması olacaktır.

Saddam yönetimine, uygun biçimde, Kuzey Irak'tan el etek çekmesinin Kuzey Irak'ın merkezden daha da uzaklaşması sonucunu yarattığına dikkat çekilerek, bu yöreye yeniden hizmet götürmek suretiyle, Kürt unsurlarla yeni bir anlayış içine girmelerinin faydalı olacağı anlatılmalıdır.

Saddam yönetiminden, PKK'ya yardımcı olmaması, hatta üzerinde herhangi bir etkisi varsa KYB'den PKK'ya yardımı kesmesini istemesi talep edilmelidir.

iii) Politikamızda diğer köklü değişikliklere gidilmesi

- Kuzey Irak'ta dinamiklerin meseleyi, istikrarsızlığa ve PKK'nın yuvalanmasına neden olan KDP-KYB çatışmasının ötesinde PKK'nın Kuzey Irak'a hâkim olmasına, bir başka deyişle Kuzey Irak'ın PKK'lılaşmasına doğru götürdüğü görülmektedir. Bunun ayrıca Kürt vatandaşlarımız üzerindeki etkilerini izaha gerek dahi yoktur.
- Bugün mecbur kaldığı için Türkiye'ye yanaşan KDP'nin gerek PKK gerek KYB karşısında zemin kaybetme ihtimali kuvvetlidir.
- Saddam'ın PKK ve KDP ile arası iyidir. KYB ve INC ile anlaşmazlık halindedir.
- PKK ve KYB, Suriye'nin etkisi altındadır.
- Nihayet İran, Kuzey Irak'ta kargaşa ortamını devam ettirmeyi ve bu amaçla, zayıflayan tarafa yardımı devamlı bir politika haline getirmiştir.

• Özetlemek gerekirse, Kuzey Irak'ta bir barış ve istikrar ortamı yaratılmasına karşı etkin faaliyetlerde bulunan İran ve Suriye, Türkiye'nin burada söz sahibi ve etkin olmasına karşı faaliyetlerine de devam etmektedir. Bu iki ülkenin ABD'nin müdahalesine ve etkinliğine karşı da mücadele yürüttükleri bir başka gerçektir.

• Türkiye'nin, KDP'nin yürüttüğü mücadele yeterli olmadığı, hatta mücadeleyi kaybettiği takdirde, KDP ile işbirliği halinde PKK ile Kuzey Irak'ta yeniden silahlı bir çatışmaya girişmesi kaçırılmaz hale gelebilir.

• KYB'nin müdahalesi halinde bu çatışmalar, istenmese de, KYB ile mücadeleye de dönüşebilir. Bu takdirde, Türkiye'nin niyetlerinden esasen kuşku duyan İran ve Suriye'nin sorunu tırmandırmaları, Bağdat'ın ve başta ABD olmak üzere uluslararası camianın tepkilerinin çekilmesi durumu ile karşılaşılabilir.

IX. SONUÇ

• Kuzey Irak'ta gidişatın olumsuz unsurları artmaktadır.

• Bu durumda yapılabilecek asgarilerle, zecri tedbirler arasında bir yelpazede tedbirler alınması için bir çalışma yapılmalıdır.

Asgari olarak:

• Drogeda sürecine katılmaya devam olunabilir.

• Drogeda süreciyle Kuzey Irak konusunun daha fazla enternasyonalize edilmesine mani olunmalıdır. Mümkünse İngiltere'nin süreçten çıkarılması sağlanmalı, yenilerinin ithali hiçbir surette kabul edilmemelidir.

• PKK'nın KDP veya KYB veya her ikisi ile işbirliği içine girmesinin önlenmesi sağlanmalı, bu hususta Amerikalıların dikkatleri çekilmeye devam edilmelidir.

• Aynı şekilde, İran ve Suriye'den gelen etki ve baskıları bertaraf etmek üzere, ABD'nin KDP ve KYB üzerinde caydırıcı gücünü daha etkili kullanması ısrarla talep edilmelidir.

• KDP'nin makul ölçülerde desteklenmesine devam edilmelidir.

• Habur'dan PKK'nın pay almasının önlenmesine matuf tedbirler düşünülmelidir.

• INC'ye Drogeda sürecinde, gelirlerin toplanmasında gözlemcilik dışında bir vazife verilmesine mani olunmalıdır.

Azami olarak:

Yukarıda belirtildiği şekilde, Türkiye'nin KDP ile işbirliği halinde, Kuzey Irak'ta PKK ve gerekirse KYB ile silahlı mücadeleye girişilmesi göze alınmalıdır.

Bu mücadelede ABD ile işbirliğine özen gösterilmelidir.

Türkiye'nin Çekiç Güç kararsızlığı

Türkiye'nin Çekiç Güç konusunda kafası karışıktı. Bu karışıklık kimi zaman çatışmalar noktasına kadar ulaştı. Türkiye'de devletin en tepesinde hep bu konular konuşuldu. Mart 1996'da yaşanılan tartışmalı bir toplantının da konusu Irak idi. Toplantıda ele alınanlar, Türkiye'de Çekiç Güç konusunda kafaların ne kadar karışık olduğunu gösteriyordu.

MİT Müsteşarı (Sönmez Köksal): İki nokta üzerinde durmak istiyorum. Birincisi, Amerikan yönetiminin son dönemde özellikle Saddam'ın devrilmesi istikametinde yeni bir plan hazırlığı içinde olduğuna dair elimizde önemli ipuçları var. Şunu ifade etmek istiyorum. Türkiye'de mesele tartışılırken bir husus ifade ediliyor. Provide Comfort (PC) ortadan kalktığı takdirde, devletleşme sona erecektir. Nasıl sona erecektir? Çünkü Bağdat oraya egemen olacaktır. Ayrıca, benim biraz önce ifade ettiğim, Saddam'ın devrilmesine yönelik meselenin ele alınmasında fayda var. PC Türkiyesiz de devam edecekse ve amaç Saddam'ı zayıf dahi olsa iktidarda tutmaksa ve en uygun şartlarda devirmek ise, o takdirde Saddam'ın Kuzey Irak üzerinde egemenlik kurmasına herhalde PC koalisyon hükümetleri hiçbir zaman izin vermeyeceklerdir. Nitekim Ürdün'e son defa F-15, F-16 ve tanker uçakları geldi. Yani hemen hemen bütün Kuzey Irak üzerinde faaliyet gösterebilecek hava gücünü Amerika Amman'a getirdi. Bunun PC'ye bir alternatif olup olmaması açısından da üzerinde durulmasında fayda vardır.

Ürdün'e getirilen Hava Kuvvetlerinin gerektiğinde Saddam'a yönelik bir harekât başladığında Irak Hava Kuvvetinin havaalanında fikse edilmesi amacıyla da getirildiği yolunda bize verilen bilgiler var.

Dışişleri Bakanı (Emre Gönensay): MİT Müsteşarı meselenin odak noktasına siyasi açıdan parmak bastı. PC'nin oradaki varlığı Saddam'ın otoritesinin Kuzeye, oradaki boşluğa gelmesini önlemek içindir. PC'nin uzatılması konusunda parlamentoda karşımıza çıkan muhalefetin önemli bir bölümünün, tam bir konsensüs halinde olmasalar bile, kafalarının arkasında esas olan, Saddam'ın otoritesinin Kuzey Irak'a teşmil edilmesi suretiyle, boşluğun ortadan kaldırılmasıdır. Temel nokta burada düğümleniyor. Mesele bu açıdan güç bir mesele. Saddam'ın otoritesinin geldiği bir ortamda, Kuzey Irak'taki PKK tehlikesi hiçbir şekilde bertaraf edilmeyecektir. Binaenaleyh, operasyonlarımızda Bağdat Kuvvetleri, Saddam Kuvvetleri ile karşı karşıya kalınacaktır. PC veya başka bir uluslararası gücün, başka bir şekilde orayı bizim dışımızda kontrol ettiği durumda ise, bu sefer içinde olamadığımız bir uluslararası güçle karşı karşıya gelme durumunda olacağız. Veyahut da Bağdat'ın, Saddam'ın oradaki insanlara yaptığı bir operasyonda hudutlarımıza doğru bir muhaceret olduğu zaman gene doğrudan doğruya defansif olarak bu kuvvetlerle karşı karşıya gelmiş olacağız. O bakımdan, PC'nin kaldırılması bütün bu riskleri beraberinde getirecektir. O açıdan, çok büyük tehlikeler içerdiği kanaatini bir de izhar etmek istiyorum.

Cumhurbaşkanı (Süleyman Demirel): Aşağı yukarı 5 seneye yakın süre içerisinde, her defa bu mülahazalar hâkim oldu. Sonra bir mülahaza daha hâkim oldu. Şöyle: Acaba Saddam Kuzey Irak'a gelse, Saddam olarak, Irak devleti olarak değil de, hâkimiyetini kursa Türkiye'ye hayırdua okur mu? Saddam'ın bir numaralı düşmanı Türkiye'dir. Saddam Türkiye'ye karşı fevkalade kızgındır. Elinden gelse Türkiye'yi bir kaşık suda boğmaya hazırdır. Müthiş kindardır, bunu da söylüyor zaten. Saddam Kuveyt'i işgal ettiği zaman Türkiye'nin politikası, takındığı tavır ve mağdurlarla beraber hareket etmesi politikalarından fevkalade rahatsız olmuştur. Eğer Saddam bugün Kuzey Irak'a gelirse PKK'yı ortadan kaldırmak değil, Türkiye'nin içini daha fazla karıştırmanın yollarını arayacaktır. Zaten PKK'nın silahlarının önemli bir kısmı, Kuzey Irak'ta, Irak'ın depolarından vs.den elde edilmiştir. Yani, Saddam'ın oraya gelmesi oradaki boşluğu falan ortadan kaldırmaz. Bizim arkadaşlarımızın, yani parlamentomuzdaki bir kısım insanların böyle düşüncesi varsa bunlar yanlış. Tabiî bunlara rağmen, politika netice almak sanatıdır. Şimdi önümüzde bir mesele duruyor. Hadiseyi bütün çıplaklığı ile mülahaza ediyoruz. Bunda kimsenin Türkiye'nin menfaatleri dışında bir şey düşünmesi söz konusu olamaz. Türkiye'nin menfaatlerine ters düşen şeyler varsa bunları elimine edelim. Ama Türkiye' nin menfaatlerini koruyalım. Hareket noktası bu olsun. Yine dönüp geliyorum, yani Kuzey Irak'ı devletleştirmeye yardımcı oluyor diyorsak, ona mani olacak tedbirleri bulmamız lazım. Öyle değilse öyle olmadığını anlatmak lazım, o zaman mesele daha kolaylaşır.

Başbakan (Mesut Yılmaz): Burada iki varsayımdan hareket ediliyor. Birincisi, biz Türkiye'deki faaliyetlerine son versek dahi, PC faaliyetine devam edecektir. Aynı etkinliği başka bir ülkede, başka bir coğrafyada sürdürecektir. Bunun doğru olup olmadığı konusunda mutabakat yok. İkincisi, biz koalisyonun içinde olmazsak, Irak topraklarında PKK'ya karşı operasyon yapamayız, bizi engellerler. Bu iki varsayım da doğruysa biz zaten uzatmaya mecburuz, mahkûmuz. Ama bu varsayımların doğru olup olmadığı bence araştırılmaya muhtaçtır.

Cumhurbaşkanı (Süleyman Demirel): Evet, bu zamana kadar bu iki varsayımın da bir ölçüde doğru olduğu, daha doğrusu bu iki varsayımın da yanlış olmadığı kabul edildi.

Başbakan (Mesut Yılmaz): Doğruluğu da teyit edilmedi.

Cumhurbaşkanı (Süleyman Demirel): Hayır ama hareket noktası o oldu. Eğer bu iki varsayımın ikisinin de yanlış olduğu kanaatine varılırsa mesele yok. Türkiye'nin menfaatleri ihlal ediliyor demektir. Ama bundan dolayı Türkiye'nin siyasi münasebetlerinin de zarar göreceği kesindir. Adamların haletiruhiyesini biliyoruz. Hiçbir şey demeseler dahi, yine birtakım menfaatlerimizi şu veya bu biçimde baltalarlar. Onlarla anlaşarak yapılabilse kolay. Yani, beraber yaptık, beraber bundan vazgeçiyoruz diyerek yapabilirsek gayet iyi. Ben bu bakımdan söylüyorum. Ülke bizimdir, istediğimiz kararı veririz. Karar vermeye mani hiçbir şey yok. Bir tek şey var. Acaba bu kararın şöyle veya böyle olması millî menfaatlerimiz bakımından hangi ölçüde doğrudur, onu arayarak. Aşağı yukarı beş senedir hep bunu böyle konuşuyoruz, millî mülahazalarla. Şimdi tabiî, bu zamana kadar korudukları Kuzey Irak'ı şimdi korumaktan vazgeçerler mi bunlar? Geçmezler diyoruz. Bu bir varsayımdır. Onlara gidip soracak halimiz yok, vazgeçer misiniz diye.

Jandarma Genel Komutanı (Teoman Koman): Saddam'ı devirme planları yüzlercesini bulmuştur. Her üç beş günde bir, Saddam'ı devirme planı ile gelirler bunlar. Hakikatte, Saddam'ı devirme diye bir niyetleri yoktur. Çünkü Saddam onlar için kullanılabilecek çok güzel bir bahanedir. Batılı modelleri, demokrasiyi asla düşünmezler. Aslında bölgede bir devletleşmeyi sağlamaya da niyetleri yoktur. Çünkü bölgede birbiriyle anlaşamayan birçok unsur vardır. Barzani bir yandan Saddam'la alakayı sürdürüyor, bir yandan PKK ile görüşmeyi sürdürürken bir yandan bizimle görüşmeyi sürdürüyor. MİT Müsteşarlığının takdiminde görüldü, bir anlamda sanki Barzani PKK ile anlaşmaya gidiyor. Ama bunun aksi kanaatler de var. Bugün gelip verdikleri bir bilgi var. PKK ile katiyen birleşemediklerini Türkiye ile müşterek operasyonlara her zaman hazır olduklarını söylüyorlar ve Türkiye ile birtakım taleplerde bulunuyorlar ve "20 bin silahlı güç çıkaracağız, bu güçle Nisan'ın ikinci yarısında sizinle müşterek harekâta girebiliriz, bölgedeki hava ve iklim şartları, akarsuların durumu ve 20 bin kişiyi teçhiz etmek bakımından böyle bir zamana ihtiyacımız var" diyorlar. Eğer Barzani Saddam'la bir anlaşma yolunu seçerse, vaktiyle verilmiş otonomi şartlarından da daha azına razı olursa veya aksi olursa, ki Saddam bunlara tam vatandaşlık şartları da verir veya başka şeyler de verir. Çünkü Irak'ta daima Saddam'a müzahir bir Kürt Grubu vardır. Şimdi hiçbir devlet, hiçbir bölge ülkesi, zannetmiyorum ki orada bir Kürt devletinin kurulmasına razı olsunlar. Bunun bir ayağı mutlak kendilerine sıçrayacaktır. PKK'nın bölgede üçüncü güç olmasının sebebi, öbürleri gibi aşiret bazında değil, Kürt Sosyalizmi bazında bir güce dayanmak istiyor olmasıdır. Yani ilerde "Kürt Baas"ı da diyebiliriz buna. Böyle bir oluşum içinde olmak istiyor. Bizim için tehlike olan budur. Ama iş bu raddeye geldiği zaman ne İran'ın, ne Suriye'nin, ne de başkalarının buna pek heveskâr bakacağını zannetmiyorum. Amerika için de, diğer koalisyon güçleri için de bu durum en iyi durumdur. Bu Barzani-PKK anlaşmasında birtakım şart da öne sürülüyor. Bunların içinde boru hatlarına yapılacak tecavüzler de var. "Türkiye'de yapın, bizim bölgemizde yapmayın" derler mesela. Ama bunun yanında da bize yanaşmaları var. Yani şimdi bir yerde istedikleri önemli ölçüde mühimmat, silah var. Tabiî hepsini bir hamlede vermeyeceğiz, vermeye karar verirsek küçük yardımlarla vereceğiz. Onların tepkilerini, bize ne vereceklerini göreceğiz. Bu Huzur Harekâtı'na gelince; zatıalinizin bir sorusundan gireceğim gündeme. Eğer bize firkateyn vermezlerse ne yapalım? Verirlerse de nasıl olsa kullandırtmayacaklar, çünkü kullandırmadılar verdiklerini bugüne kadar. Onun için bu zararları, ziyanları iyi bir hesap etmek lazım. Onun dışında işin bir siyasi bir de askeri veçhesi var tabiî. Meclisimiz eğer siyaseten kalkmasına karar verirse söyleyeceğimiz şey, onların yönetiminin bize söylediği şeydir. Ama eğer kalkmaz da devam ederse o zaman işin askerî veçhesi askerler arasında halledilir, şartlar hafifletilir veya ağırlaştırılır.

Cumhurbaşkanı (Süleyman Demirel): Öyle görünüyor ki, bir süre daha bu işi götürmek lazım. Kazanılacak zaman içerisinde Türkiye'deki zihinler böyle karışık olmaya devam ederse, ona göre tedbir düşünülmesi lazım. PC'nin devamını biz istemiyoruz. Meclisimiz istemedi veya kamuoyumuz istemediğinden ziyade bizim neyi istemediğimiz önemli. Niçin istemiyorsunuz? Bunun cevabını iyi vermemiz lazım. Efendim, bu devlet teşkiline yönelmiştir. Adam size soracaktır. Nasıl yönelmiştir? Gelin, o kısımlarını kaldıralım onun. Yani bu çeşit bir tartışmayı bizim kendi içimizde iyi yapmamız lazım. Ondan sonraki kısmı, evet öyle ise hakikaten devlet kurulmasına yönelmiştir, bunun için bizim elimizde çok önemli şeyler vardır, çok önemli deliller var dediğiniz zaman, adam eğer iyi niyet sahibi ise bunları kabul edecek ve o delillerin tedbirini alacaktır. İyi niyet sahibi değilse biz o zaman istediğimizi yaparız, yani biz zorluk içerisinde kalmayız. Böyle dedik, size söyledik, siz kabul etmediniz. Şimdi biz tam onu diyemiyoruz. Meselenin teferruatını biraz tartışıyoruz. Şöyle şöyle şunları yapın diyoruz. Bunları yaptığı takdirde bizim endişemiz orta yerden kalkıyorsa onu, o meseleyi çözmesi lazım. Ama tabiî ki bu hadise sadece bundan ibaret değil. Bu hadisenin içinde bizim bilhassa siyaseten zorluğumuz, bir miktar siyasi yargılar var. Bunlara isterseniz önyargı da diyebilirsiniz, yargı da diyebilirsiniz. Kâfi derece bilgili olmadan yapılmış birtakım tartışmalar da diyebilirsiniz. Kamuoyu önünde yapılmış siyasi partilerin beyanları var, hepimizin olduğu gibi. Böyle siyasi yargılar, önyargılar, siyasi beyanlar meselenin, benim kanaatime göre, çok sağlıklı bir tartışmasını güçleştirmiştir. Yani bir saate yakın zamandır da acaba bir ipucu bulup da meseleyi sağlıklı bir tartışma zeminine oturtabilir miyiz diye uğraştırır.

Başbakan (Mesut Yılmaz): '91 yılında bizim hükümette olduğumuz zaman bu hadise oldu. Biz Çekiç Güç'ün Türkiye'ye gelmesi için yalvar yakar olduk. Gittik, Güvenlik Konseyi'nde karar çıkarttık, ondan sonra üye ülkeler nezdinde girişim yaptık. Bunlar Türkiye'ye bin bir nazla geldiler. O tarihte bunların süresinin uzatılması hükümet kararı ile oluyordu. Benim başbakanlığım döneminde biz bu kararı alırken kendilerini uyardık. Dedik ki, Türkiye kamuoyu yabancı askerî birliklerin konuşlandırılması konusunda fevkalade duyarlıdır. Hele böyle NATO gibi bir anlaşmaya dayanmayan, süresi, geleceği belirsiz olan bir askerî gücün Türkiye'de konuşlandırılması kamuoyunda ve Meclis'te tepki çekecektir. Biz bunu ancak bir defa uzatabiliriz. Ve son defa kaydıyla uzattık, '91 sonuna kadar. Fakat sonra biz hükümetten ayrıldık, koalisyon hükümeti geldi. Koalisyon hükümeti bunu 6 ay uzatırken Bakanlar Kurulu kararından çıkardı, Meclis kararına bağladı. Şimdi Meclis kararına bunu bağladığımız zaman, şu anda bu işin Meclis'in takdirine bağlı olduğunu da kabul etmek durumundayız. Ama zannediyorum, hükümetler olarak bu dönemde yaptığımız en önemli hata, Çekiç Güç'ü biz hiçbir zaman bir koz olarak kullanmadık. Bu varsayımlarımızın doğruluğuna o kadar inandık ki, Çekiç Güç bize onlardan daha çok lazımmış gibi mütalaa ettik meseleyi. Ben bu varsayımların ikisinin de doğruluğundan şüpheliyim. Biz orada Barzani'nin güvenliğini sağlamak üzere Çekiç Güç'e ülkemizde konuşlanma hakkı veriyoruz, Barzani gidiyor, bizim düşmanımızla işbirliği yapıyor. Biz Çekiç Güç'ü kaldırma, Türkiye'den gönderme silahımızı Barzani'ye karşı bile kullanamıyoruz, böyle politika olmaz. Biz Çekiç Güç'ü uzatmayabileceğimizi, en başta orada güvenliğini sağladığımız, jandarmalığını yaptığımız o peşmergeler üzerinde kullanmamız lazım. Onlara dememiz lazım ki, bakın PKK ile mücadelede bizimle işbirliği yapmazsanız biz Çekiç Güç'ü uzatmayacağız. Ondan sonra Ürdün'e mi giderler, GKRY'den mi (Güney Kıbrıs Rum Yönetimi) operasyon yaparlar, onu kendileri düşünsünler. Amerikalıların bizim yalvar yakar olmamıza karşılık, başlangıçta nazla gelmelerine karşılık her Amerika'ya gittiğimizde, buraya her Amerikalı yetkilinin gelmesinde Türkiye ile ABD arasında en önemli ikili konu imiş gibi bu mesele ile konuşmaya girmesini hep hayretle karşılıyorum. Bunu doğrusu bunu pek iyi niyetle de bağdaştırmıyorum. Bunun altına ciddi rezervlerim var. Ama devlet olmak, oradaki bir devletleşmenin gerçekleşmesi sadece bizim müttefiklerimizin niyetlerine bağlı bir husus değil, bu bir süreç meselesi. Orada bir devlet doğuyor, birisinin ebelik yapması lazım, o ebeliği şimdi Çekiç Güç yapıyor, ona dahil devletler yapıyor. Biz de onun içinde yer alıyoruz. Saddam konusunda hiçbir somut politika önerileri yok, bir perspektifleri yok. Kuzey Irak'ın geleceği için ne düşünüyorlar, ne kadar zaman sonra Çekiç Güç kalkacak? Ben başbakan iken Amerikalılar dediler ki, sizden üç ay süre istiyoruz, son defa olarak, 1991 yılı sonuna kadar. Zatıaliniz hükümete gelince ben size bu bilgileri aynen aktardım. Bizden son defa diye istediler. Provide Comfort 1 operasyonu bitti, adamlar salimen evlerine döndüler, şimdi Provide Comfort 2 başladı, belirsiz bir süre, belki 10 sene daha devam edecek, orada bir devlet kurulana kadar, Saddam hakkın rahmetine kavuşana kadar belki devam edecek. Biz bu konuda bir politikadan mahrumuz. Yani biz kendi kendimize birtakım varsayımlar koymuşuz, onlara inanıp her sefer Meclis'e gidiyoruz, aman bunu uzatalım, bir üç ay, altı ay daha uzatalım. Ama bu süre bizi nereye götürüyor, bizim politikalarımıza acaba hizmet mi ediyor, yoksa ters mi gelişiyor, biz bunu değerlendirmiyoruz. Bugün beş sene öncesine baktığımız zaman Kuzey Irak'ta devletleşme yönünde çok daha ileri bir aşamanın gerçekleşmiş olduğunu da biz, hepimiz gerçekçi bir şekilde kabul etmek zorundayız, teslim etmek zorundayız.

Cumhurbaşkanı (Süleyman Demirel): O kadar bir şey yok. Netice itibariyle Barzani yine Barzani, Talabani yine Talabani. Beş sene evvel PKK yoktu, şimdi bir de PKK geldi işin içine. Yani beş seneye nazaran devletleşme istikametinde öyle uzun boylu bir şey yok. Tabiî sizin mülahazalarınızı, katılmasam bile saygı ile karşılıyorum.

Yalnız biz Çekiç Güç'ün süresi ile ilgili müzakereleri yaparken, uzaması için Meclis'e tavsiye ederken veya Meclis'e giderken, sağduyumuza dayanarak bazı değerlendirmeler yaptık, bütün hükümetler de öyle geldiler, geçtiler. Başlangıçta onlara karşı olan pek çok siyasetçi de netice itibariyle işin içini gördüğü zaman, evet bunun başka türlü çaresi yok, dikkatli olalım ama, bunu böyle devam ettirelim mülahazasında oldu. Ve buraya kadar geldik. Şimdi bu noktada, olayı daha şümullü düşünmek lazım. Öyle bir zamanda bulunuyoruz ki, başkaları ile olan münasebetlerimizi düzgün tutma bir ihtiyaçtır. Yani biz tek başımıza değiliz dünyada. Bu bölgede de tek başımıza değiliz. Başka devletlerle olan mülahazalarımızda sadece bizim menfaatlerimiz söz konusu da başkalarınınki değil, o da olmaz. Ama ben yine açıklıkla söylüyorum, yani hakikaten o kanaatte iseniz ve bunu karşı tarafa, yani herkese söylediğimiz zaman haklılık kazanabilirsek hiç düşünmemek lazım, yani Kuzey Irak'ta bir devlet meydana gelmesine bu iş hizmet ediyorsa hiç düşünmemek lazım bence, hemen bundan vazgeçmek lazım. Yalnız bu ne kadar doğru? Yani buradan hareketle varacağımız bir yerde bu yanlışsa Türkiye çok zarar görür. Ama bütün bunlardan sonra yine varacağımız yer, ne kadar süre ile olursa olsun bunu uzatmakta yarar var. Bizim bunu Meclis'e götürüşümüzün sebebi, o zaman hükümet değişti, siyaset yeni baştan değişti, bu masanın etrafına gelen hükümet üyeleri, başbakan olarak ben şahsen baktık, bunun devamında Türkiye için yarar var. Vaktiyle aleyhinde birçok şeyleri biz de söylemiştik, bizim koalisyon ortağımız da söylemişti. Ama geldik, devletteki bilgilere baktık, doğrusunu bunu devam ettirmek olarak gördük. Parlamentonun karşısına giderken hiçbir şey olmamış gibi gitmedik, dedik ki, bu işi parlamentonun rızasına bağlıyoruz, siz bunu eğer istemezseniz zamanı gelince kaldırırsınız. Sonra görülmüştür ki, Meclis'in rızasına her 6 ayda bir defa gidildi, fakat bir yerde Meclis'in rızasına değil de, hükümetin rızasına bağlı olsa hükümet daha eli kuvvetli olur. Yani şimdi müzakere ederken, vesaire ederken hükümet diyebilir ki, arkadaş buna razı olursan olursun, yoksa ben bunu kaldırıyorum. O güç karşı tarafça hükümette görülürse iyi olur diye düşündük. Ama bugün o yapılmaz.

Çelik Harekâtı sonrası durum ve gelişmelerde ortaya çıkan iki farklı tutum Türkiye'nin olaylar karşısında uzun vadeli planlarının olmadığının göstergesiydi.

Çekiç Güç'ün 5 yıl süreyle neden olduğu bunca olaya rağmen gelişmelerin hızla Kürt devletine doğru bir seyir izlemesine karşın, Demirel bunun böyle olmadığını, Kürt devletinin istenip istenmediğinin hâlâ belli olmadığını söylüyor. Demirel'in en deneyimli ve bilgili Türk politikacısı olduğunu gözden uzak tutmadan bu tutumu değerlendirmek gerekiyor.

Türkiye elinden bütün ipler koparılıp alınana kadar ne yazık ki bu kafa karışıklığı ve tavır takınamama nedeniyle bu günlere kadar hiçbir şey yapamadı.

Üçüncü Bölüm
CIA'NİN KÜRT PEŞMERGELERİ

ABD'nin arabuluculuğunda bir süre aralarındaki çatışmalara son vermiş bulunan KDP ile KYB arasındaki gerginlik azalmadı. 1996'nın ilk yarısında ateşkes sürmekle birlikte, taraflar henüz anlaşamamışlardı. İran'ın özellikle 1995 sonlarından itibaren Bedir Tugayları ile Kuzey Irak'ta kurduğu etkinlik ve KYB ile yakın ilişkilerinden rahatsızlık duyan ABD'nin Kürt gruplar arasında arabuluculuk çabaları sürmekteydi.

Bu sırada, Kuzey Irak'ta bütün dengeleri sarsacak gelişmelerin habercisi olan bir olay yaşandı. Erbil'den Irak sınırına uzanan ve 1920'li yıllarda İngilizler tarafından inşa edilen ve Kuzey Irak'ı ikiye bölen Hamilton Yolu, KDP açısından büyük öneme sahipti. KDP, KYB birliklerine karşı savaşan birliklerini sadece bu yoldan takviye edebilmekteydi. Yolu, 1995 ateşkes anlaşmasından sonra, Barzani'nin denetimindeki bölgede kalan Sorçi aşireti kontrol etmekteydi.

KDP ve KYB arasındaki gerginlik her geçen gün artıyordu.

Sorçi aşireti ise bu gerginlikte taraf tutmamaya özen gösteriyordu. Ancak KDP, Sorçi aşiretinin lideri Hüseyin Ağa Sorçi'nin yeğeni Zaid Ömer Ağa'nın KYB ile ilişkilerinden kuşkulanmıştı. Zaid Ömer Ağa KYB ile telsiz haberleşmesi yapmakta, KDP birliklerinin mevzilendikleri bölgeler hakkında KYB'ye bilgi vermekteydi. Barzani, Zaid Ömer ile KYB arasındaki ilişkiye son verilmesi için aşiret lideri Hüseyin Ağa'ya temsilci göndermiş, ancak Zaid Ömer KYB ile ilişkisine devam etmiş ve denetiminde bulunan bölgeye KYB birliklerinin girmesine izin vermişti.

KDP'nin ültimatom niteliğindeki uyarılarına karşı koyan Hüseyin Ağa'nın Barzani ile görüşmeyi reddetmesi, kaderini de belirlemiş oldu. Barzani'nin emriyle KDP birlikleri 16 Haziran 1996 günü sabaha karşı, Sorçi aşiretinin lideri Hüseyin Ağa'nın villasını kuşattı. Çıkan çatışmada Hüseyin Ağa ve korumaları öldürüldü.

Barzani, Sorçi aşiretiyle arasına kan sokmuş, bir kez daha, ayakta kalmak için her yönteme başvuracağını göstermişti.

Talabani İran'la iş pişiriyor

Sorçi saldırısından sonra, bölgede bir süre sessiz ancak gergin bir bekleyiş hâkimdi. Bölgede denetimi ele geçirmek isteyen Talabani ise boş durmuyor ve KDP'ye karşı yine bir dış gücü, İran'ı devreye sokuyordu. Aslında KDP karşısında bunalan KYB açısından İran'ın desteğinin önemi giderek artmış ve vazgeçilmez duruma gelmişti.

KYB ile İran arasındaki işbirliği karşılıklı çıkar ve beklentilere dayanmaktaydı. İran KYB'ye silah sağlayabilir veya silah sağlamasa da KYB birliklerinin sınırın kendi kesimi içinden KDP bölgesine saldırmalarına izin verebilir; böylelikle KYB,

KDP karşısında ciddi bir üstünlük kazanabilirdi. Talabani ise karşılığında, İran Kürdistan Demokratik Partisi'ne (İ-KDP) karşı İran ile işbirliği yapabilirdi.

Nitekim Talabani 28 Temmuz 1996'da, yaklaşık 2000 kişiden oluşan İran Devrim Muhafızları birliklerinin Köy Sancak'taki İ-KDP kamplarına saldırı düzenlemesine izin verdi.

KDP'ye göre, bu kamplar KDP birliklerinin kontrolündeydi ve kamplarda KDP'nin himayesindeki mülteciler yaşamaktaydı. KDP, KYB'yi Kürt ulusuna ihanet etmekle ve iç çatışmaya bir dış gücü müdahil etmekle suçlamaktaydı. Zaten, Barzani ve Talabani Kürtler arasında "işbirlikçi hain" anlamına gelen *cahş* olarak anılmaktadır.

Ağustos ayında KYB ile İKDP arasında varılan anlaşmaya göre, İKDP İran'a karşı bütün askerî eylemleri durduracağını açıkladı. Talabani kendi payına düşeni yapmış, İran'ın isteklerini yerine getirmişti. Sıra Tahran'daydı.

Barzani, KYB ile İran arasındaki işbirliğinin sinyallerini alır almaz Washington ile temasa geçti. Barzani, KDP-KYB çatışmasında İran'ın devreye girdiğini bildirerek ABD'nin yardımını istedi. Ancak Washington, KDP'nin İran kartını kullanarak ABD'yi Kürtler arasındaki güç mücadelesinin içine çekmeye çalıştığını düşünmekteydi. Bu nedenle de KDP'nin çağrılarına kulak asmamayı tercih etmişti.

KYB, 17 Ağustos'ta stratejik öneme sahip Hamilton yolunun kontrolünü ele geçirmek için saldırıya geçti. Saldırı günü özellikle 17 Ağustos olarak seçilmişti. 17 Ağustos KDP'nin 50. kuruluş yıldönümüydü ve parti yönetimi kutlamalara katılıyor olacaktı.

Her iki taraftan da yaklaşık 7-8 bin peşmergenin katıldığı çatışmaların ilk günleri Talabani'nin beklediği gibi geçti. KYB, Hamilton yolunun kuzeyini kontrol eden KDP birliklerini yerlerinden püskürtmüştü. KDP'ye göre KYB, İran'ın top ve roket ateşi desteğiyle üstünlük sağlamıştı.

ABD gelişmeleri okuyamıyor

Kuzey Irak'taki çatışmanın şiddetine rağmen, ABD kayıtsız kalmaya devam ediyordu. Daha henüz iki ay önce CIA'nin darbe hazırlıkları açığa çıkartılmıştı, ABD'de başkanlık seçimlerinin havasına girilmişti. ABD yönetiminde hiç kimse, Irak konusunu yeniden ön plana çıkartmak istemiyordu.

Aslında çatışmaların başlamasından bir gün sonra ABD Dışişleri Bakan Yardımcısı Robert Pelletreau, KDP lideri Barzani ve Talabani'ye bir mektup göndererek, çatışmalara son vermeleri çağrısında bulunmuştu. KDP lideri Barzani, Pelletreau'ya dört gün sonra verdiği yanıtta, ABD'nin devreye girerek, İran'ın Kuzey Irak'ı karıştırmaya son vermesi konusunda açık bir mesaj vermesini istiyordu. Barzani mektubunda net bir mesaj daha vermişti: "Seçeneklerimiz sınırlı ve ABD siyasi olarak dahi devreye girmediğinden, tek alternatifimiz Irak'tır" demekteydi.

Barzani, Saddam'a yanaşıyor

Aslında Barzani, ABD'nin 1991'den bu yana kendilerine verdiği destek sözlerinin, babası Molla Mustafa Barzani'ye verilen sözler kadar değersiz olduğuna inanmaya başlamıştı. 22 Ağustos'ta, üç kardeşini, aşiretinin 8 bin ferdini ve daha 8 yıl öncesinde 200 bin Kürdü öldüren Saddam Hüseyin'e müracaat ederek, *İran tehdidinin* azaltılması için yardım talep etmişti.

Bu davet Saddam Hüseyin'e aradığı fırsatı verecekti. İki ay öncesinde ABD'nin darbe hazırlıklarını açığa çıkartmış, ABD'nin UNSCOM denetimlerinin Irak tarafından engellendiği için

BM Güvenlik Konseyi'nden *maddi ihlal* tanımını içeren bir karar çıkartma girişimi Rusya, Fransa ve Çin tarafından engellenmişti. Saddam Hüseyin, Irak ordusuna harekete geçme emri verdi. Saldırı içinse birkaç gün daha beklemek gerekecekti.

Karargâhı KYB birliklerinin bombardımanı altında olan ve hemen yardım gelmediği takdirde yenilgiyi kaçınılmaz gören Barzani çoktan Bağdat'ı yardıma çağırmakla birlikte, Washington'a sürekli olarak Bağdat'ı yardıma çağırmak zorunda kalacağına yönelik mektuplar gönderiyordu.

ABD'nin dev kulakları NSA devrede

Washington D.C.'nin 20 kilometre uzaklığında Maryland eyaletinin Fort Meade bölgesinde, ABD'nin bütün dünyayı dinleyen dev kulakları ve uyduları Kuzey Irak'taki gelişmelere odaklanmıştı.

Dünyada çoğu insanın varlığından habersiz olduğu, ABD'nin elektronik istihbarattaki kıyaslanamaz üstünlüğünü sağlayan kurumun adı National Security Agency (NSA), Türkçe adıyla Ulusal Güvenlik Ajansıydı. Yıllarca ABD kamuoyundan varlığı bile saklanan bu kurumun kısaltması olan NSA'dan ABD'li yetkililer *No Such Agency* (olmayan ajans) şeklinde söz etmişlerdi.

Ulusal Güvenlik Ajansı, Saddam Hüseyin'in kuzeye birlik kaydırdığını gösteren uydu fotoğraflarını CIA'nin Virginia Langley'deki ABD'nin 41. Başkanı George Bush'un adını taşıyan karargâhına geçti. Bölgedeki CIA ajanlarından gelen bilgiler de bu gelişmeyi doğruluyordu

Bu defa endişelenme sırası, CIA Yakın Doğu Operasyonlar Dairesi'ndeydi. Kuzey Irak'ta görev yapan CIA ajanlarının ve Askerî Koordinasyon Merkezi'nde görevli Amerikan subayların bir an önce bölgeden tahliye edilmesi gerekiyordu.

Durum kritikti. Beyaz Saray'da hemen olağanüstü bir durum değerlendirmesi yapıldı. ABD'de başkanlık seçimlerine çok az bir süre kalmıştı. CIA ajanlarının Irak ordusunun eline geçmesi Başkanlık seçimlerinin kaderini değiştirebilirdi. Saddam Hüseyin daha iki ay önce CIA'nin Irak'ta planladığı darbeyi açığa çıkartmış, CIA'nin prestiji ağır bir darbe almıştı. Yeni bir hataya kimsenin tahammülü yoktu.

CIA ajanları ve subayların Türkiye'ye kaçışı

Beyaz Saray'da Clinton'ın başkanlığında yapılan kabine toplantısı öncelikle CIA görevlilerinin bir an önce Kuzey Irak'tan tahliye edilmesi gerektiği ve bu amaçla Türkiye'den yardım istenmesi kararı çıktı. Türkiye'den istihbarat paylaşımı da talep edilecekti. Diğer bir karar, KDP-KYB çatışması sona erdirilerek Saddam Hüseyin'in Kuzey Irak'a girmesinin engellenmesinin sağlanmasıydı.

Atatürk Bulvarı üzerindeki Amerikan Büyükelçiliği'nin nöbetçi haberleşme görevlisi, 26 Ağustos akşamı acil bir mesaj uyarısıyla yatağından kaldırıldı. Gelen kriptoyu, anahtarları girerek açtığında ilk anda aklına gelen Büyükelçi Marc Grossman'ı aramak oldu.

Altında Beyaz Saray'ın imzası bulunan kriptoda, Büyükelçi Grossman'dan acilen Türk makamlarıyla görüşerek, Amerikan ajanlarının Türkiye üzerinden tahliye edilmesinin sağlanması isteniyordu

Benzer bir mesaj, CIA karargâhından Ankara'daki İstasyon Şefi'ne de ulaşmıştı. CIA, istasyon şefinden durumu hemen MİT'e bildirerek, CIA ajanlarının Türkiye'ye geçmesi için MİT'ten yardım istemesini emrediyordu.

Büyükelçi Grossman, 27 Ağustos sabahı bu talebi Başkan Clinton'ın özel isteği olarak, Dışişleri Bakanlığı Müsteşarı Büyükelçi Onur Öymen'e iletti.

Genelkurmay, MİT ve Dışişleri Bakanlığı'nın ortak değerlendirmesi, ABD'nin talebine olumlu yanıt vermek gerektiğiydi. Zaten MİT de bölgedeki kendi görevlilerinin can güvenliğini sağlamak ve bir an önce Türkiye'ye tahliyesini gerçekleştirmek telaşındaydı.

Türk makamları aynı gün içinde ABD tarafına olumlu yanıt verdi. İyi haberi Washington'a ileten Büyükelçi Grossman rahatlamıştı.

Yaklaşık 30 CIA ajanı, Zaho'daki Askerî Koordinasyon Merkezi'ndeki 20 Amerikan subay ve Amerikan kökenli hükümet dışı kuruluşlarda (NGO) çalışan onlarca Amerikan vatandaşı, 28 Ağustos'ta Habur sınır kapısından Türkiye'ye giriş yaptı.

Beyaz Saray ve CIA rahatlamış, birinci aşama kazasız atlatılmıştı. Hatta bir Amerikalı yetkili, CIA'nin Kuzey Irak'taki istasyonunun kapatıldığını, ancak görevinin sona ermediğini, diğer bazı faaliyetlerin devam ettiğini açıkladı.

Şimdi sıra bir sonraki aşamaya, Kuzey Irak'taki KDP-KYB çatışmasını durdurarak, Saddam Hüseyin'in durumu istismar etmesini önlemeye gelmişti.

Saddam'ın Kuzey Irak'a girişini önleyen ABD

Tarih 29 Ağustos'u gösterdiğinde, Büyükelçi Grossman Washington'dan yeni bir acil kayıtlı talimat almıştı. Kriptoda şunlar yazılıydı:

> ABD Hükümeti, Saddam Hüseyin'in iki Iraklı Kürt kuruluş olan KDP ve KYB arasındaki çatışmaları istismar etmesinin önlenmesi için Türk hükümetinin desteğini talep etmektedir.

Saddam'a bağlı güçlerin Irak'ın Kürtler tarafından kontrol edilen ve çatışmaların sürdüğü bölgeye karşı saldırıya geçmek amacıyla askerî birliklerini tahkim ettiğine dair duyumlarımız bulunmaktadır.

Irak hükümetine bağlı birliklerin ülkenin kuzeyinde olumlu bir rolü olduğunu düşünmüyoruz. Bağdat'a bağlı güçlerin girişeceği herhangi bir eylem, Irak'ın kendi halkına karşı uyguladığı baskıları durdurmasını gerektiren 688 sayılı Güvenlik Konseyi kararının ruhuna ve lafzına aykırı olacaktır. Saddam'ın girişeceği herhangi bir askerî harekât şiddet olaylarını tırmandıracak, bu durum ülkenin kuzeyindeki sıkıntıları artıracak ve bölgeyi daha fazla istikrarsızlığa sürükleyecektir.

Her iki Kürt parti ile, bir yıllık ateşkesi bozdukları 17 Ağustos'tan bu yana yakın temas halindeyiz. Her iki partiden de, yeniden ateşkes yapmaları konusunda teminat aldık. Ateşkesin güçlendirilmesi için her iki partiyle de temaslarımız sürmektedir. Taraflara bağlı birliklerin 17 Ağustos'tan önceki konumlarına dönmelerini sağlamak ve kolaylaştırmak üzere bir izleme mekanizması kurulması için her iki partiyle ve Irak Ulusal Kongresiyle bir araya gelmeyi bekliyoruz. Yakın Doğu konularından sorumlu Dışişleri Bakan Yardımcısı Robert Pelletreau'nun katılacağı bir toplantı taraflar arasında uzlaşma sağlanması için en iyi seçenek olarak gözükmektedir. Bu olumlu gelişmeler, çatışmaların alevlenmesini isteyen dış güçlerin manipülasyonuna açıktır.

Iraklı Kürt liderler nezdinde sahip olduğunuz her türlü imkân ve kanalı kullanarak, ateşkes taahhütlerine uymaya ve verdikleri sözleri tutmaya yönelmelerini istemenizi şiddetle tavsiye etmekteyiz. Bağdat nezdinde etkili olacak ülkelerin, Kuzey Irak halkına karşı girişilecek herhangi bir eyleme ve baskıya uluslararası toplumun müsamaha göstermeyeceğini Irak'a açıkça bildirmelerini bekliyoruz. Tahran nezdinde etkili olabilecek ülkelerin de İran hükümetinin Kürtler arası çatışmayı istismar etmesinden kaçınmasını telkin edebileceklerini düşünüyoruz.

Washington bu mesajla, Saddam Hüseyin kuvvetlerinin Kuzey Irak'a müdahale etmek üzere olduğunu ve bunu durdurmak için Türkiye'nin hem Kürt gruplar hem de ilgili ülkeler ve Bağdat nezdinde devreye girmesini istiyordu.

ABD, Saddam Hüseyin'e de, bir askeri harekâttan kaçınması, aksi halde sonuçlarına katlanacağı uyarısını yaptı.

Türkiye'nin analiz hatası

Oysa Kuzey Irak'ta her taşın altında olan biteni bildiğini iddia eden Türk makamları henüz durumun ciddiyetinin farkında değildi. Türk yetkililer, ABD'nin bu duyumlarını teyit edici bilgiden yoksundu. Hatta Türkiye'de, Saddam Hüseyin'in Kuzey Irak sorununu askerî yöntemlerle çözmek bir yana, siyasi yöntemlerle ve diyalog yoluyla çözümlemeyi amaçladığı değerlendirmesi yapılıyordu. Irak'taki Türk Maslahatgüzarına göre Bağdat, Kuzey Irak'lı liderlerle 1991'de yarım kalan diyalog ve anlaşma sürecini canlandırmak istiyordu.

Aslında Türkiye temennilerle politika yapıyordu. Ankara, Kuzey Irak sorununun Bağdat ile Kuzey Iraklı gruplar arasında diyalog yoluyla çözümünü istiyordu. Washington ile Ankara arasında, bu dönemde Kuzey Irak konusunda yapılan her görüşmede Türk tarafının gündeme getirdiği bu yaklaşım ABD'li yetkililerin tepkisini çekiyordu.

Ancak Türkiye, Irak hükümetine bağlı birliklerin Kuzey Irak'ta bir askerî müdahale sonucunda egemenlik tesis etmesine de karşı çıkmaktaydı. Türkiye'nin tercih ettiği, Bağdat'ın, otorite boşluğunu bölgede egemenliğini siyasi diyalog yoluyla yeniden tesis ederek çözmesi seçeneği ise ideal, ancak ABD'nin Irak politikasıyla çeliştiği için gerçekleşme şansı olmayan bir çözüm yoluydu.

Türkiye, İran'ın Kuzey Irak'a müdahalesine de karşıydı. İran'ın bölgede nüfuzunu artırmaya yönelik siyasi ve askerî çabalarından kaygı duyan Türk yetkililer, bunu birçok vesileyle, İranlı karşıtlarına zaman zaman sert üslupla bildirmişlerdi.

Türkiye durumun farkına varıyor

Irak'taki Türk görevlilerden gelen bilgiler de, ABD'nin verdiği mesajla örtüşmekteydi:

> Irak silahlı kuvvetlerine mensup birliklerin son günlerde hareketlenerek Erbil'in güneyinde konuşlandığı ve Kuzey Irak'a yönelik saldırı düzenleyecekleri yolunda duyumlar alınmaktadır.

Ankara, kendi görevlilerinden aldığı bu mesajla iyice kaygılanmaya başlamıştı. Bu duyumlar doğru çıkar ve Saddam Hüseyin kuzeye saldırırsa, tüm dünyanın ilgisi tekrar bu bölgeye yoğunlaşacak ve zaten karışık olan Kuzey Irak'ın durumu daha da ağırlaşacaktı. Ayrıca, Birleşmiş Milletler Güvenlik Konseyi' nin 986 sayılı kararıyla ihdas edilen, petrol karşılığı gıda programının da uygulanması ertelenecek ve çürümeye yüz tutan Kerkük-Yumurtalık boru hattından petrol akışı askıya alınacaktı. Ankara, bu nedenlerle ABD'nin Ankara'nın devreye girmesi talebine olumlu yanıt vermeye ve gereken girişimlerde bulunmaya karar verdi.

Londra toplantısı: KDP'nin ikiyüzlülüğü

ABD, KDP ve KYB'yi 30 Ağustos günü barış görüşmeleri için Londra'ya davet etti. Her iki parti de davete olumlu yanıt verdi. 1994'teki çatışmaları arabulucu olarak sona erdiren Ahmet Çelebi de Kuzey Irak'tan Londra'ya gelmişti.

Ankara ise, Londra'da yapılacak toplantıya çağrılmamış olmasından da fevkalade rahatsızdı. ABD'nin Ankara Büyükelçisi

Grossman bu bu rahatsızlığı ABD Dışişlerine bildirince, Türkiye de gözlemci olarak toplantıya davet edildi.

Toplantı, 30 Ağustos günü öğleden sonra Londra'daki Amerikan Büyükelçiliği'nde düzenlendi. ABD Dışişleri Kuzey Körfez İşleri Dairesi Direktörü Robert Deutch'un başkanlık yaptığı toplantıya, KYB'den Londra Temsilcisi Latif Raşit ve KYB Erbil yetkilisi Adnan Mutti, KDP'den Ankara Temsilcisi Muhsin Dizayi ile Hoşyar Zebari, Irak Ulusal Kongresi adına Başkan Dr. Ahmet Çelebi ve yürütme kurulu üyesi Şeyh Muhammed Ali katıldı. İngiltere ve Türkiye, toplantıyı gözlemci olarak takip ediyordu.

Deutch: Bu toplantının temel amacı, KDP ve KYB arasında 17 Ağustos'tan önceki statüye dönülmesi ve 2,5 gündür süren fiilî ateşkesin resmileştirilmesidir.

KDP ve KYB arasında geçtiğimiz birkaç hafta içinde cereyan eden ciddi çatışmalar bölgeyi felaketin eşiğine getirmiştir. Çatışmaya dış güçler karışmıştır. İki taraf arasındaki sorunlar askerî yöntemlerle çözülemez. İran'ın çatışmalara müdahil olması, Saddam Hüseyin'e kuzeye yönelik bir harekâtı meşru göstermek için fırsat veriyor. Irak'ın bölgeye asker yığdığına dair haberler alıyoruz.

Irak'ın bu şekilde müdahalede bulunması, Irak Kürtleri, bölge ülkeleri ve ABD için tam bir felaket olur. Saddam'a hareket imkânı bırakmamak için ateşkesin ve Erbil'de sükûnetin sağlanması şarttır.

Bu toplantıda, 2,5 gündür devam eden fiilî ateşkesi sürekli kılacak bir uzlaşıya varılmasını, ateşkesin izlenmesi için gerekli gözlem mekanizmasının oluşturulmasını, 17 Ağustos 1996 öncesi pozisyona dönüşü sağlayacak yöntemlerin ele alınmasını ve böylelikle Büyükelçi Pelletreau'nun Barzani ve Talabani'yle yapmayı öngördüğü görüşme için barış zemininin ortaya çıkarılmasını istiyoruz.

Hoşyar Zebari (KDP): Bölgede durum son derece tehlikelidir. Kürdistan dağlarında yeni bir İran-Irak savaşı yaşanabilir. İran'ın Kuzey Irak'taki etkisi giderek artıyor. Bu ülkenin asıl gündemi, KYB-KDP çatışmasıyla doğrudan ilgili değil, ABD'nin ve müttefiklerinin bölgedeki varlığını aşındırmaktır. Buna fırsat vermemek için kalıcı ateşkesin sağlanması gerekir. Gözlemci konusunda itirazımız yoktur. Ancak KYB, Drogeda süreciyle sağlanan ateşkesi açıkça ihlal etmiştir. Bu ihlalin sorumlusunun tespit edilmesi gerekir. İran'a da çok kuvvetli bir mesaj verilmesini ve bölgeden elini çekmesinin sağlanmasını istiyoruz. İran'ın amacı, ABD ve müttefiklerini bölgeden silmektir. Geçtiğimiz yıl aynı şeyi PKK yaptı. İran'ın artan varlığı karşısında soruna bir müdahale gerekmektedir.

Latif Raşit (KYB): Ateşkesin sürekli kılınmasını ve bu amaçla bölgede bağımsız gözlemciler görevlendirilmesini kabul ediyoruz. Gözlem mekanizmasında INC'nin rol almasına itirazımız yoktur. Bu aşamaların gerçekleşmesinden sonraki beklentimiz, Talabani ve Barzani'nin bir araya getirilip, Türkiye Kürdistanı'nda barış için bir anlaşma imzalanmasıdır. Bu anlaşma Washington'da da imzalanabilir.

İran'ın bölgedeki olaylara müdahalesi olduğunu kabul ediyoruz. Ancak KDP'nin abarttığı boyutta değildir. Erbil ve Süleymaniye'deki çatışmalara İran hiç karışmamıştır. KYB'nin amacı, KDP ile kalıcı ve kapsamlı barışın sağlanmasıdır.

Dr. Çelebi (INC): KDP ile KYB arasında geçtiğimiz 2,5 yıl içerisinde cereyan eden çatışmalar, ABD'nin bölgeyi ihmal etmesi halinde çatışmanın kaçınılmaz olduğunu göstermiştir. Bugün bölgedeki durumu normalleştirebilecek ve dış güçlerin müdahalesini engelleyebilecek tek güç ABD'dir. Eğer süratle önlem alınmaz ise, bölgede bir İran-Irak çatışması tehlikesi vardır.

28 Ağustos'tan bu yana taraflar arasında büyük bir çatışma cereyan etmedi. Ateşkesin kalıcı kılınmasında INC gözlemci rolü oynayabilir. Ancak bu misyonun başarılı olabilmesi için belirli şartların yerine getirilmesi gerekir. Şartlarımız, her iki tarafın INC'nin rolünü kabulü, gözlemcilerin görevleri konusunda mutabakata dayanan somut bir iradenin ortaya konması, gözlemcilere ABD ve İngiltere'nin siyasi destek ve en önemlisi Türkiye'nin siyasi ve lojistik destek vermesidir. Aksi halde durum daha da karışacak, içinden çıkılmaz bir hal alacaktır.

Toplantı devamında KDP ve KYB'nin, ateşkesin sürekli olması için 17 Ağustos 1996'dan önceki pozisyonlarına dönmeleri kıstası üzerinde anlaşmazlık içinde oldukları ortaya çıktı.

KDP, kalıcı ateşkesin sağlanması ve gözlemcilerin bölgeye gönderilmelerinden evvel tarafların arazideki kuvvetlerinin 17 Ağustos'tan önceki pozisyonlarına dönmesi gerektiği görüşünde ısrarlıydı. KYB, buna itiraz ediyordu.

ABD tarafı ise, öncelikle ateşkesin sağlanması ve gözlemcilerin gönderilmesinin önemli olduğunu, geri çekilme işleminin bir sonraki aşamada ve bir nevi güven artırıcı önlem olarak düşünülebileceğini belirterek orta yolu bulmaya çalıştı.

İşlerin çıkmaza girdiğini gören ABD heyeti, son bir manevrayla, bir sayfalık mutabakat metni hazırladı. KDP temsilcileri, metni kabul ediyor görünmekle birlikte, çekilme konusuna açıklık kazandırılmadığı için imzalamaya yanaşmayarak, liderlerinin onayına sunacaklarını, olumlu talimat geldiği takdirde kabul edebileceklerini söyledi.

KDP tarafına gereken zamanın verilebilmesi için, toplantıya 31 Ağustos sabahı devam edilmesine ve basına herhangi bir açıklama yapılmamasına karar verildi.

Ancak, ne KDP karşısında zaferi yakın gören Talabani, ne de gizli bir şekilde Irak'ın desteğini sağlamış olan Barzani artık bir ateşkesle ilgilenmekteydi.

Aslında Barzani, zaman zaman kesintiye uğrasa da, Saddam ile temaslarını sürdüregelmişti. Baas rejiminin Erbil'e saldırmasını istemesinin ise kendine göre haklı sebepleri vardı. Sorçi kabilesinin bazı liderlerinin desteğinin Talabani'ye kayması ve İran'ın KYB'ye sağladığı sınırlı destek, askerî dengenin açık bir şekilde KYB lehine değişmesine yol açmış, çatışma Barzani için ölüm-kalım meselesine dönüşmüştü.

ABD'nin Ankara'ya yeni mesajı

ABD gelişmelerin artık kontrolden çıktığının farkındaydı. Washington'dan Ankara'ya bir kez daha çok acele bir mesaj geldi. ABD Dışişleri Bakanı Warren Christopher'ın imzasını taşıyan mektubun muhatabı, dönemin Başbakan Yardımcısı ve Dışişleri Bakanı Prof. Dr. Sayın Tansu Çiller'di:

31 Ağustos 1996

Sayın Çiller,

Bildiğiniz gibi, ABD, Saddam Hüseyin'in Kuzey Irak'taki iki büyük parti (KDP ve KYB) arasındaki çatışmaları istismar etmesinin önlenmesi için Türk hükümetinin yardımını talep etmektedir.

Size kişisel bir mesaj göndermek istedim. BM'nin 986 sayılı kararı uygulamaya hazırlandığı bir dönemde Irak'ın kuzeyde kendi halkına yaptığı saldırının tekrarlanmamasını sağlamak yönündeki görüşümüzü paylaştığınızı biliyorum.

Huzur Harekâtı'nın bütün tarafları, Saddam Hüseyin'in caydırılması ve 1991'deki mülteci krizinin tekrarlanmaması bakımından elde ettiğimiz başarıdan gurur duyabilirler. Saddam Hüseyin'in, kuzeyde Kürtlerin kontrolündeki bölgeye saldırmak için güçlerini bu bölgeye sevk ettiğine dair bilgiler almaya devam ediyoruz.

Irak hükümetinin kuzeyde bir olumlu rolü olduğuna inanmıyoruz. Dışişleri Bakan Yardımcısı Pelletreau'nun Büyükelçi Kandemir'e 30 Ağustos günü belirttiği gibi, Irak'ın kuzeye karşı girişeceği herhangi hareket, Irak'ın kendi halkına yaptığı zulme son vermesini gerekli kılan 688 sayılı kararın lafzına ve ruhuna aykırıdır.

Saddam'ın kalkışacağı herhangi bir eylem, kuzeydeki çatışmaların yarattığı moral çöküntüsünü derinleştirecek ve bölgede daha fazla istikrarsızlığa yol açacaktır.

Kürt gruplarla, 17 Ağustos'ta bozulan ateşkesin yeniden tesisi için görüşmelerimiz sürmektedir. Bizim bu çabalarımıza katılmanıza memnunuz. Yeni ateşkes tutmuş gibi gözüküyor ve her iki parti de daha önceki anlaşmaya uyacakları konusunda bizi temin ettiler. Maalesef durum, çatışmaları körüklemek isteyecek dış güçlerin manipülasyonuna açıktır.

Irak'ın oluşturduğu tehditleri savurmak için yaptığımız işbirliğiyle birçok başarıya imza atmış bulunuyoruz. Bildiğiniz gibi, başarının yolu Irak hükümetine açık baskı uygulamaktan geçmektedir. Kuzey Irak'ta yaşayan insanlara karşı herhangi bir müdahalede ve baskıda bulunulmasına müsaade etmeyeceğimizin Irak yönetimince anlaşılması gerekmektedir.

Bir askerî harekâta kalkışmaması için Irak hükümetini ikaz etmiş olduğunuzu öğrendim ve çok memnun oldum. Umarım bu endişe verici durumu yakından izlemeye ve Bağdat'taki liderliğin kuzeye yapacağı herhangi bir saldırının ağır sonuçlarına katlanacağını anlamasına yardımcı olmaya devam edersiniz.

Saygılarımla.

Warren Christopher

ABD Dışişleri Bakanı

Çiller'in Christopher'a cevabı

Dışişleri Bakanı Çiller, Christopher'ın mektubuna aynı gün akşamı yanıt verdi:

Ankara 31 Ağustos 1996

Sayın Christopher,

Mektubunuzu gereken azami dikkatle incelendim. Kuzey Irak' taki mevcut durum hakkındaki endişelerinizi paylaşmaktayız. Çatışmanın yatıştırılması ve genişlemesinin engellenmesi önceliğimiz olmalıdır. Son aldığımız duyumlar, krizin halihazırda daha fazla tırmanmayacağı yönündedir ve bu durum memnuniyet vericidir.

Tahran ve Bağdat'ta üst düzey diplomatik girişimler yaptık. Tahran'a olaylara müdahil olmamasını ve itidal göstermesi çağrısında bulunduk. Bağdat'tan ise Kuzey Irak halkına karşı yeni askerî eylemlere kalkışmaması ve baskıda bulunmamasını istedik.

Türkiye'nin Irak politikası değişmemiştir. Irak'ın toprak bütünlüğünü, egemenliğini, siyasi birliğini ve bağımsızlığını desteklemeye devam ediyoruz. Kuzey Irak'ta bağımsız bir etnisitenin kurulmasına şiddetle karşıyız.

Irak Türkmenlerinin haklarının ve çıkarlarının zarar görmemesi konusunda kararlıyız. Bizim için son derece önemli bir diğer konu, PKK'nın Kuzey Irak'taki koşulları istismar etmesinin ve Türkiye'ye yönelik kanlı terör saldırılarının önlenmesidir.

Ekonomik çıkarlarımızın korunmasına yönelik ilgimizin devam ettiğini ve bu bağlamda 986 sayılı Güvenlik Konseyi kararının uygulanmasının tehlikeye sokulmamasını arzuladığımızı söylemeye gerek bulunmamaktadır.

Bu hassas durumun kontrol altında tutulması için Türkiye ile ABD arasında yakın işbirliği ve temasın devamına büyük önem verdiğimizi bir kez daha vurgulamak istiyorum.

Saygılarımla.

Tansu Çiller

Başbakan Yardımcısı ve Dışişleri Bakanı

Türkiye'nin çabaları

Türkiye, Bağdat'ın Kuzey Irak'ı yeniden kontrolüne almasına karşı değildi. Ancak, en büyük endişesi, Irak'ın saldırısı sonucunda, BM Güvenlik Konseyi'nin 986 sayılı kararının uygulanma şansının ortadan kalkacak olmasıydı.

Türk diplomatları hükümetten gelen talimat üzerine hareket geçtiler. Bağdat'taki Türk Büyükelçiliğindeki maslahatgüzar, Irak Dışişleri Bakan Yardımcısı Al Faysal'ı ve Dışişleri Bakanı Tarık Aziz'i ziyaret etti.

Türk hükümetinin mesajı netti: Türkiye bölgedeki son gelişmelerden ve İran'ın olaylara müdahil olmasından son derece rahatsızdı. Irak itidalli hareket etmeliydi.

Tarık Aziz, Barzani'nin 22 Ağustos günü Devlet Başkanı Saddam Hüseyin'e bir mektup göndererek, İran ile birlikte hareket eden Talabani güçlerinin özellikle Koman ve Sıddıkhan bölgelerinde şiddetli saldırılarda bulunduklarını, kendi güçlerinin bu saldırıyı önlemekte yetersiz kaldığını belirtmek suretiyle Irak kuvvetlerinden yardım istediğini, Saddam Hüseyin'in de yardım talebini kabul ettiğini söylüyordu.

Tarık Aziz'e göre amaç, İran ve Talabani'nin ortak saldırısını durdurmak, Irak halkının bağımsızlığını ve egemenliğini korumaktı. Barzani'ye yardım amacıyla sınırlı düzeyde askerî güç kullanacaklardı. Irak, bölgedeki mevcut sorunlara Kürtler ile diyalog aracılığıyla demokratik çözümler bulmaya çalışıyordu. Ancak İran'ın Talabani ile ortak harekâtı kabul edilemezdi. Kendi halklarını yabancı işgalciye karşı korumak doğal haklarıydı. Gelişmelerde ABD'nin de sorumluluğu vardı. Türkiye, Irak'ın durumunu anlayarak, ABD ve İngiltere'ye anlatmalıydı. Türk hükümetinin ABD'nin Türkiye üzerinden Irak'a bir askerî saldırı düzenlemesine izin vermeyeceğini ümit ediyorlardı.

Türkiye İran'a da aynı mesajları vermişti. Ayrıca Ankara, İran'dan Kuzey Irak'tan kaçmaya çalışacak PKK'lıların, ülkesine girişine müsaade etmemesini istiyordu.

Washington'da sıkıntılı saatler

ABD, artık girişimlerinin gidişatı değiştiremeyeceğinin farkına varmıştı. Bölgede kalan son Amerikan personelinin durumu Amerikan yöneticilerini düşündürüyordu. Washington'da ABD yönetiminin en üst düzey yetkililerinin katıldığı Principles Committee toplanmış, ne yapılacağını tartışıyordu.

Toplantının 3 ana gündemi vardı: Irak'a gösterilecek tepki, bölgedeki ABD personelinin durumu ve olayın kamuoyunda nasıl ele alınacağı.

ABD, Barzani'nin Saddam ile temasları hakkında bilgi almaya çalışıyordu. Washington ile KDP arasında telefon bağlantısı olmasına rağmen, Barzani ABD ile temastan kasıtlı olarak kaçınıyordu. KDP'nin Londra temsilciliğinden de bilgi alınamıyordu.

Türkiye'nin öncelikleri

Türkiye ile ABD arasında gelişmeler hakkındaki bilgi alışverişi aralıksız sürüyordu. Ankara, ABD'nin muhtemel planları hakkında önceden bilgi sahibi olmak istiyordu. Türkiye, Saddam Hüseyin'e bağlı birliklerin Kuzey Irak'a saldırması halinde ABD'nin Çekiç Güç'ü kullanmasını da istemiyordu.

ABD'nin Ankara Büyükelçisi Grossman'a gereken mesaj verilmişti: Türkiye'ye göre, gelişmeler Huzur Harekâtı'nın görev tanımı dışındaydı.

MİT, PKK'nın gelişmelerden istifade etmeye çalıştığı duyumlarını alıyordu. Yaklaşık 130 kadar PKK unsurunun, hem İran hem de Irak sınırından sızmaya çalıştığı tespit edilmişti.

Türkiye'nin bir diğer önemli endişesi de Türkmenlerdi. Irak, Türkmenlerden intikam almaya kalkışabilirdi.

Devlet kurumları Türkiye'nin önceliklerini tespit etmişti:

1) Barzani ve Talabani'nin bölge barışını tehlikeye düşürecek hareketlerden kaçınmaları.

2) Barzani'nin, kendi kontrolündeki topraklarda PKK'ya barınma imkânı vermemesi.

3) 986 sayılı BMGK kararının tartışma konusu yapılmaması.

4) Göç hareketlerine izin verilmeyerek insanların bulunduğu yerlerde muhafazası.

ABD'nin Ankara Büyükelçisi Grossman, Türk yetkililerle yaptığı görüşmelerde, ABD'ye intikal eden her türlü istihbaratı Türk makamlarına ileteceklerini, Türkiye ile istihbarat kanallarıyla diplomatik yollardan işbirliğini sürdüreceklerini bildirdi.

Saddam, Kuzey Irak'a Saldırıyor

Kılıçlar çoktan çekilmişti. Bölgede, İran destekli KYB, kendi başına kalmış INC ve Bağdat'ın desteğini almış KDP, Irak ordusunu bekliyordu.

ABD'nin tehditleri Saddam'ı caydırmaya yetmeyecekti. Aslında, ülke içinde itibarı aşınan Saddam, subaylarına Amerika'ya karşı çıkma cesareti olduğunu göstermeliydi ve Celal Talabani'nin peşmergeleri ve INC karşısında Mart 1995'te alınan mağlubiyetin hesabını görmeliydi. Mesut Barzani'nin daveti, Saddam açısından iki hedefine de ulaşma imkânı yaratıyordu.

Irak Başbakan Birinci Yardımcısı Tarık Aziz, 31 Ağustos'ta gelişmeleri özetleyen bir açıklama yaptı:

> Barzani, 22 Ağustos günü Devlet Başkanı Saddam Hüseyin'e bir mesaj gönderdi ve İran ve Talabani güçlerinin ortak saldırısına karşı yardım istedi. Irak liderliği, Barzani'nin bu talebini kabul etti. Amacımız, İran'ın Kuzey Irak'ı denetleme girişiminin engellenmesini ve Irak'ta ulusal diyalogu gerçekleştirmektir.

Irak ordusu sabaha karşı saldırıya geçti. İlk hedef Erbil'in hemen doğusundaki Kuştepe'deki INC kampıydı. Kampı rahatlıkla ele geçiren Irak birlikleri hemen idama başladı, 96 INC üyesi olay mahallinde idam edildi. Kuştepe'deki katliam sırasında 35-40 bin kişiden oluşan Irak birlikleri, 3 bin KYB peşmergesi tarafından savunulan Erbil'i kuşatmıştı.

Bu sefer panikleme sırası, KYB lideri Talabani'deydi. Telefona sarılmış ve ABD Dışişleri Bakan Yardımcısı Pelletreau'yu arayarak ABD'nin müdahalede bulunmasını istemişti. Pelletreau, KYB yönetimine, ABD'nin Saddam'ı açıkça uyardığını ve Kuzey Irak'a girmesi halinde sonuçlarına katlanması ve güçlü bir tepkiyle karşılaşacağını söylemiş, KYB bu ifadeleri güvenlik garantisi olarak yorumlamıştı ve Irak'ın askerî saldırısına ABD'nin karşılık vermesini beklemişti.

Ancak Talabani'nin beklentileri boş çıkacaktı. ABD, bir kez daha Kürtlere sırt çevirmişti.

Türkiye'nin durum değerlendirmesi

Saddam Hüseyin'in kuzeye saldırması dengeleri alt-üst etmişti. Türkiye, durumu şu şekilde değerlendiriyordu:

31 Ağustos 1996 günü meydana gelen çatışmalarla ortaya çıkan fiilî durumu değiştirecek yeni ve önemli müdahalelerin gerçekleşmemesi halinde meydana gelen durumun başlıca özellikleri şunlardır:

1) Barzani'nin Irak ile yalnız diyalog değil, askerî boyutu da olan ciddi bir işbirliğine girdiği görülmektedir. Bu, ABD'nin başından beri izlediği genel politikalarına aykırıdır. Talabani'nin bu işbirliğini engelleyici boyuta mukabil bir güç odağı oluşturma imkânına kavuşmaması halinde, Barzani'yle Bağdat yakınlaşması Irak'ın toprak bütünlüğü yolunda atılmış bir adım olabilir. Bu gelişme, Türkiye ve Irak arasında petrol boru hattının çalışmasını ve ticaretin engellemelerle karşılaşmadan sürdürülmesini sağlayıcı bir ortam yaratabilir.

2) Talabani'nin İran ile yakınlaşması ve İran işbirliğine güvenmesi, kendi prestijini azaltıcı ve Barzani-Irak yakınlaşmasına zemin hazırlayıcı yanlış bir adım olmuştur. Erbil'i kaybetmesi Talabani için büyük bir prestij kaybına yol açmıştır. Erbil'i veya Barzani kontrolündeki başka bölgeleri geri alma başarısını gösteremediği takdirde Talabani'nin Süleymaniye bölgesine sıkışması ve Irak ile Barzani arasındaki kıskacın içinde kalması kaçınılmazdır. İran'ın Talabani'yi kurtaracak büyük çaplı bir operasyona kalkışması Kuzey Irak'ta yine de kapsamlı çatışmaları gündeme getirebilecektir. Bu tarzda ve büyük boyutlu bir operasyonun İran için de risk doğuracağı kuşkusuzdur. İran topraklarında konuşlu muhalif Iraklılardan oluşan Bedir Kuvvetlerini Talabani'yi desteklemek için aktif bir şekilde kullanabilir. Bu takdirde, Irak'ın da İran karşıtı Halkın Mücahitleri örgütüne daha aktif destek vermesi beklenebilir. Son gelişmelerle ortaya çıkan durum devam ettiği takdirde, esas itibariyle Erbil ve çevresinde yaşayan Türkmenlerin Talabani yerine Barzani' nin etkili olduğu bir alanda yaşamaya devam edecekleri anlaşılmaktadır. Bu husus Türkiye'nin Barzani'yle daha yakın ilişki sürdürme ihtiyacını artıracaktır.

3) Kuzey Irak'ta ortaya çıkan yeni oluşumlardan PKK'nın ya-

rarlanmaması için aktif tedbir almamız gerekecektir. Şu sırada Barzani ve Talabani'nin her ikisinin de PKK'yı kendi saflarına çekmek için taviz verme veya müsamaha gösterme yoluna gidebilecekleri tahmin edilebilir. O bakımdan, gerek Talabani gerekse Barzani'yle ilişkilerde kendilerine sağladığımız desteğin PKK ile ilişkilerini tamamen kesmelerine bağlı olduğu açıkça belirtilmeli ve bu konudaki yaklaşımımız başta ABD olmak üzere ilgili tüm taraflara açıklanmalıdır.

4) Her halükârda, Türkiye üzerinden Kuzey Irak'a yönelik bir saldırı operasyonuna müsaade edilmemesi önem taşımaktadır. Diğer taraftan, muhtemel bir göç ihtimalini de göz önünde tutarak İçişleri Bakanlığı'na ve Olağanüstü Hal Valiliği'ne talimat verilmesi gerekecektir.

5) Son gelişmelerin Türkiye'nin ekonomik çıkarlarına menfi yönde etki yapmaması için aktif çaba göstermek gerekmektedir. Özellikle 986 sayılı kararın yürürlüğe girmesi geciktirilmemelidir. Bu konudaki düşünce ve beklentilerimiz ABD'ye üst düzeye de ifade edilmektedir. Tarafımızdan Kuzey Irak'a sınırlı ve daha geniş bir operasyon öngörüldüğü takdirde, bunun dünyanın gereksiz tepkilerine yol açmaması için, dışa karşı terörist sızmaları önleyici, rutin bir harekât olduğu izlenimi vermeye özen gösterilmelidir.

6) Suriye'nin bütün bu gelişmelere methaldar olmasını önleyici bir tavrın benimsenmesi için başta ABD olmak üzere ilgili tüm ülkelerle de görüşmeler sürdürülmelidir. Bu konudaki düşüncelerimiz hakkında başta Almanya, İngiltere, Fransa olmak üzere Mısır, Ürdün, Suudi Arabistan, Kuveyt gibi ülkelere görüş alışverişinde bulunulması yararlı olacaktır.

Bu görüşler, 1 Eylül günü Ankara'da İran, Irak Büyükelçiliği ile Talabani ve Barzani temsilcilerine izah edildi.

ABD, Kuzey Irak'a müdahale etmiyor

Irak ordusu Erbil'i ihtiyatlı şekilde yavaş yavaş ele geçirdi, KYB peşmergelerine canlarını kurtarmak için kaçmaktan başka yol kalmamıştı. 2 Eylül 1996'da Erbil'deki Kürt Parlamentosu'nda Irak bayrağı dalgalanmaktaydı.

KYB, Saddam Hüseyin'e bağlı birlikler karşısında yalnız kalmıştı. ABD'den beklediği yardım gelmemişti. ABD'yi suçluyordu. Pelletreau ise, KYB lideri Talabani ile yaptığı görüşmedeki ifadelerini kelime kelime hatırlayamamakla birlikte, Irak'ın saldırısına ABD'nin askerî müdahalede bulunacağına dair bir söz vermediğini, bu tür bir söz verecek konumda da olmadığını, çünkü bu konuda alınmış bir kararın bulunmadığını, ancak ABD'nin bölgeden çekip gitmeyi de düşünmediğini söylemekteydi. ABD Savunma Bakanı William Perry de "Kuzey Irak'taki Kürtlere yönelik ilgimiz, hayati ulusal güvenlik çıkarımız değildir. İnsani mülahazalardan kaynaklanmaktadır.... Hayati çıkarlarımız Irak'ın güneyindedir" demekteydi.

Clinton: "Türkiye bize destek olsun"

Grossman, Washington'dan aldığı talimat üzerine 3 Eylül sabahı Dışişleri Bakanı Çiller'i ziyaret etti. Beraberinde Başkan Clinton'ın destek talebini getirmişti. ABD, Irak'ı vuracaktı ve Türkiye'den destek bekliyordu:

> Irak ordusunun Kuzeye yaptığı acımasız saldırıdan bu yana Türk hükümetiyle çok yakın temas ve işbirliği halinde olduk. Kuzey Irak güçleri şu anda Erbil'in kontrolünü ele geçirmiş, aralarında sivillerin de olduğu yüzlerce kişi hayatını kaybetmiştir. Irak birliklerinin geri çekilmeye başladığına dair hiçbir emare yoktur. Saddam Hüseyin'e bağlı güçlerin yeni bir saldırı için mevzilendiklerine dair duyumlar alıyoruz.
>
> Saddam Hüseyin bir kez daha, uluslararası toplumun iradesine meydan okumaktan, ayrıca kendi halkına, komşularına ve bölgeye tehdit oluşturmaktan vazgeçmediğini göstermiştir.
>
> Kendisine gerektiği gibi bir tepki gösterilmezse, fütursuzluğu

son bulmayacaktır. Bu kabul edilemeyecek bir tehlikedir. Saddam Hüseyin'in fütursuzluğunun sonuçları hakkındaki endişelerimi sizin de paylaştığınızı biliyorum.

ABD yönetimi olarak vardığımız sonuç, Saddam Hüseyin'e karşı sert bir yanıt verilmesi gerektiğidir. Türkiye'nin bize destek vereceğini umuyorum. Siz de biliyorsunuz ki, Saddam Hüseyin aramızdaki en küçük görüş farklılıklarını istismar etmekten ve daha da pervasızlaşmaktan geri kalmayacaktır.

Dışişleri Bakanı Christopher'a gönderdiğiniz mesajda da belirttiğiniz üzere, Türkiye'nin ABD'nin endişelerini paylaşmasından memnuniyet duyuyoruz. Saddam Hüseyin'in Kuzey Irak'a saldırısına ve Kuzey Irak halkına yaptığı zulme son vermesi için gösterdiğiniz çabaların devam etmesini arzuluyoruz.

Saddam Hüseyin'in kuzeye saldırması, Huzur Harekâtı'nın (Çekiç Güç) mahiyetini temelden değiştirmiş, 986 sayılı BM güvenlik Konseyi kararının uygulanmasının koşullarını da ortadan kaldırmıştır. Bu konuda yakında sizinle daha detaylı görüş alışverişinde bulunmayı öngörüyoruz.

ABD vatandaşlarının Kuzey Irak'tan tahliyesi için yaptığınız yardımlara müteşekkiriz.

Kısacası Clinton, ABD'nin Irak'a büyük bir saldırıya hazırlandığını söylüyordu. Mesajın son paragrafında sözü edilen gelişme ise, bölgeden son anda Türkiye'ye kaçıp canlarını kurtaran ABD'nin CIA görevlileriydi.

Çiller: "Geçici tehlikeli bölge ilan etmeliyiz"

Amerikan Büyükelçiliği, Çiller'in Başkan Clinton'a yanıtını aynı gün Washington'a bir kriptoyla bildirdi:

Sayın Başkan,

Büyükelçi Grossman'ın bu sabah ilettiği mesajınız hakkındaki görüşlerimizi bildirmek istiyorum.

Irak, bütün ilgili BM Güvenlik Konseyi kararlarına harfiyen riayet etmelidir. Körfez Krizi'nden bu yana Irak'a bunu tavsiye etmekteyiz. Bugün de Irak'ın kuvvetlerini Erbil'den derhal çekmesini ıstiyoruz.

Türkiye, Irak'ta ve özellikle de Kuzey Irak'ta sosyal barışın tesis edilmesine büyük önem vermektedir. Türkiye'nin siyasi, güvenlik ve ekonomik çıkarları, Kuzey Irak'taki durumdan daha fazla zarar görmemelidir.

İstihbarat raporlarımız, Kuzey Irak'taki kaos ortamını istismar eden terörist unsurların yeniden gruplar halinde toplandıklarını ve Türkiye'ye yönelik eylemlere girişeceklerini göstermektedir.

Türkiye terörist saldırıları önlemek için, Irak sınırının Türkiye'ye mücavir bölgelerinde Geçici Tehlikeli Bölge ilan etmeyi planlamaktadır. Terörist saldırıların önlenmesi için ABD ile Türkiye arasında istihbarat paylaşımının da artırılması gerekmektedir.

Bu son gelişmeler karşısında Huzur Harekâtı'nın mevcut durumunun ve statüsünün güvenlik kaygılarımızı gidermeye ve bölgedeki sorunlara eğilmeye yeterli olmadığı açıkça görülmüştür. Huzur Harekâtı'nın mevcut halini gözden geçirmemiz gerekmektedir ve bu konuyu önümüzdeki günlerde sizinle ele almayı düşünüyoruz.

986 sayılı BMGK kararının uygulanması, Körfez Krizi'nden bu yana 70 milyar dolar kayba uğrayan Türkiye açısından son derece önemlidir. Son gelişmeler karşısında bu kararın uygulanmasının daha da gecikeceği anlaşılmaktadır. Türkiye'nin kayıplarının ikili düzeyde giderilmesi için bir ekonomik paket üzerinde çalışıyoruz ve bu paketi kısa bir süre sonra Büyükelçi Grossman'a ileteceğiz.

Bölgedeki gelişmeler hakkında olduğu kadar diğer uluslararası meselelerde de ABD'ye verdiğimiz destek devam edecektir.

ABD halkının refahı, mutluluğu ve dünya barışı için sürdürdüğünüz yoğun çabalarda size içten başarılı dileklerimi sunuyorum.

Tansu Çiller

Başbakan Yardımcısı ve Dışişleri Bakanı

Gerçi bu mesaj teatisinde bir gariplik vardı. Türkiye'de REFAHYOL hükümeti iktidardaydı ve Başbakan Erbakan'dı. Dolayısıyla, Clinton'ın muhatabının Başbakan Yardımcısı ve Dışişleri Bakanı Çiller değil, Başbakan Erbakan olması gerekiyordu.

ABD Güney Irak'a saldırıyor

Clinton'ın Çiller'e mesajında belirttiği "Irak'a verilmesi gereken tepki" 3 Eylül akşamı geldi. 3-4 Eylül'de ABD, 33. paralelin güneyindeki yerden havaya füze bataryalarına, komuta ve kontrol merkezlerine, hava savunma kontrol tesislerine, Basra Körfezi'ndeki *Carl Vinson* gemisinden Cruise, Tomahawk füzeleriyle, B-52 bombardıman uçaklarından Cruise füzeleriyle saldırıya geçti. Harekâta, "Operation Desert Strike" adı verildi.

Saddam kuzeye saldırmıştı, ama ABD "Operation Desert Strike" adı verilen bu operasyonda, 33. paralelin güneyindeki hedefleri vurmayı yeğlemişti. Bir yoruma göre, Türkiye ve Suudi Arabistan'ın Desert Strike için üslerini kullandırmamaları ABD'nin daha kapsamlı harekât yapmasını engellemiş, Basra Körfezi'ndeki uçak gemilerinden kalkan uçaklardan, menzil sorunu nedeniyle Kuzey Irak'a hava harekâtı yapılamamıştı.

ABD, ilk olarak, Irak'taki uçuşa yasak bölgeyi 32. paralelden 33. paralele genişletti. ABD, bu müdahaleyle de yetinmedi ve koalisyon ülkeleriyle birlikte 32. enlemin güneyinde uyguladığı uçuş yasağını 33. enleme genişletti.

Barzani ise, yıllarca kendisine güvenlik şemsiyesi sağlamış ABD'ye karşı tepkiliydi: "ABD'nin Cruise füzelerinden korkmuyorum. ABD'nin Kuzey Irak'taki Kürtleri desteklediği yönündeki boş vaatlerden artık bıktım. Amerika yıllardır bizimle oynadı ve bize de seyretmek düştü" diyordu.

Saddam, ABD'nin saldırısı karşısında hemen harekete geçti, birliklerini KYB'nin karargâhının bulunduğu Süleymaniye kenti üzerindeki Çamçamal isimli Kürt kasabasında topladı. Ardından, Cumhuriyet Muhafızlarını ve askeri birliklerini ateşkes hattına geri çekti.

Aslında ABD, Operation Desert Strike harekâtında uluslararası alanda yalnız kalmış, gerek bölge devletlerinden gerekse Batılı ülkelerden destek bulamamıştı. ABD'nin Arap müttefiklerinin Kürtlere sempatisi zaten yoktu. Suudi Arabistan, İran destekli KYB'ye Saddam karşısında destek olunmasının Tahran'ın Irak'taki nüfuzunun artmasına yol açmasından endişe ediyordu. Mısır, Irak askerlerinin ülke içinde hareket etmelerini engelleyen bir BM kararı olmadığını söylüyordu. Kısacası bölge ülkeleri, Saddam ile Kürtler arasındaki çatışmaları ABD'nin saldırısını gerektirmeyen bir gelişme ve Irak'ın iç işi olarak görmekteydiler.

ABD'nin saldırısını İngiltere, Kanada, Almanya, Japonya ve NATO destekledi. Ancak bazı NATO üyeleri destek kararında çekimser oy kullandılar.

Rusya, ABD'yi açıkça eleştirdi ve İngiltere tarafından Güvenlik Konseyi'ne sunulan ve Irak'ın Kürtlere karşı askerî harekâtını kınayan bir karar tasarısını veto eti. Rusya ve Çin Halk Cumhuriyeti (ÇHC) de aynı yönde tutum izleyerek, Saddam'ın saldırısını kınamayı reddetti ve ABD'nin saldırısını açıktan eleştirdi. Arap basınına ve Avrupa gazetelerine göre Başkan Clinton, saldırıyı yaklaşan Başkanlık seçimlerine yönelik propaganda aracı olarak gerçekleştirmişti.

Fransa, Güvenlik Konseyi'nde ABD'nin saldırılarını eleştirdi. Bununla birlikte, ABD ve İngiltere'yle beraber uçuşa yasak bölge ve koalisyon pilotlarının güvenliğinin korunacağına dair Irak'a yapılan uyarıya katıldı. Aslında, ABD ve İngiltere dozajı daha sert ve güç kullanma tehdidi içerecek bir açıklama yapılmasını talep etmişlerdi, Fransa ise ancak bu kadarına razı olmuştu.

Erbakan: "NGO'lar Türk-Arap düşmanı"

Türkiye'de ise, kendisini İslâm dünyasının manevi lideri olarak gören dönemin Başbakanı Necmettin Erbakan, Ankara'daki Bağdat Büyükelçiliği Maslahatgüzarı Saad el-Sammarai'ye tavsiyelerde bulunuyordu. Tarih 4 Eylül'dü.

> Irak Erbil'deki harekâtı yapmadan önce bize bilgi verseydi, bu işi tehir edin, zamanlaması yanlış oluyor, derdik. Hepimiz büyük zararlara uğradık. 986 sayılı BMGK kararı uyarınca Eylül'ün 15'inde petrol akacaktı. Şimdi bu karar askıya alındı. BMGK zaten bahane arıyordu. Irak'ın zararı 2 milyar dolardır. Tabiî ki, bize de zararı var. Bu bakımdan harekâtın isabetli olmadığı kanaatindeyim. Bu kargaşadan PKK istifade etmek istiyor. Bu bölgenin teröristlerden temizlenmesi lazımdır. Biz teröre izin vermemeye kararlıyız. Teröristler yerleşmemeli, masum insanlar ölmemelidir. Bunun için de belirli bir şeride girilmemesini (geçici tehlike bölgesi) temin etmemiz gerekir.
>
> Tabiî ki, bu toprak Irak toprağıdır. Irak kardeşimizdir. Elbette ki, Türkiye Irak'ın toprak bütünlüğüne herkesten çok riayetkârdır. Komşularımızın toprağında gözümüz yoktur. Irak bu bölgeyi teröristlerden ben temizleyeceğim dese, müteşekkir olur ve her türlü yardımı yapardık, ama malum nedenlerle ABD bunu mesele yapıyor. Bu nedenle bu temizliği Türkiye yapmak durumunda kalıyor.
>
> Amerikalılar Zaho'dan çekilip Silopi'ye geldiler. Bu gelişmeden biz çok memnunuz. Kuzey Irak'taki Kürtler ve Müslümanlar kardeşlerimizdir. Ama orada ayrı bir devlet kurulmasına müsaade edemeyiz.
>
> Burada Türk-Arap düşmanlığı aşılayanlar NGO'lardır. Nitekim bunların da faaliyetleri son bulmuştur. Biz Huzur Harekâtı'nın görev süresini uzatırken 12 şart koştuk. Bu husus da bu şartların arasında yer alıyordu. Şartlarımızın bir kısmı yerine getirildi. Bundan memnunuz. Biz Türkiye'den kalkan uçakların mermi taşımalarına izin vermedik. Uçuş sayısına tahdit getirdik. Keşif uçuşu yapan ABD uçaklarına sakın vurmayınız. Bırakınız uçsunlar. Bu meseleyi şimdi büyütmekte fayda yoktur. Aksi takdirde Clinton'a seçim

malzemesi verirsiniz. Bütün bölgeyi daha da huzursuz hale getirmekte hiçbir fayda yoktur.

Çatışma alevlenmesin, sönsün. Önce şu petrolü el birliğiyle boru hattından bir akıtalım. Hülasa etmek gerekirse, size üç mesajım vardır. Bölgede PKK'nın temizlenmesi için Türkiye'nin önündeki şeride kimseyi sokmayalım. Keşif uçaklarına taciz ateşi açılmasın, iş büyütülmesin, olayları büyütmeyelim, kapatmaya çalışalım. Asıl olan kardeşlik bağlarımızdır. El birliği içinde çalışmamız önemlidir. ABD saldırısına karşı Çin Halk Cumhuriyeti ve Fransa muhalif bir tutum takınmıştır. İtalyan Başbakanı'yla görüştüm. İtalya da Fransa gibi düşünüyor. Saldırı öncesi kendilerine bilgi verildiğini, ancak danışılmadığını söylüyor. Bundan memnun değiller.

Biz İran seyahatimiz sırasında İran makamlarına, Talabani'yi desteklerseniz ve çarpışmalar olursa sonunda çarpışanlar biz oluruz, zarar görürüz dedim. Bize, kesinlikle karışmıyoruz, Talabani'yi desteklemiyoruz dediler. Bizim önceden haberimiz olsaydı size, huzursuzluk çıkarmayın, çünkü bölgedeki huzursuzluğun kimseye faydası yoktur derdik. Askerî değil, siyasi çözümlere yönelmeliyiz. Bombalar Müslüman ülkelerin başında patlamaktadır. Böyle gelişmelere meydan vermemeliyiz.

Geçici Tehlike Bölgesi

Türkiye gelişmeleri istediği yönde şekillendirme telaşına düşmüştü. Ankara'nın geliştirdiği formül, Kuzey Irak'ta Türk sınırına yakın bölgede, "Geçici Tehlike Bölgesi" adı altında bir tampon bölge ilan etmekti.

İki büyük Kürt grup arasındaki her çatışmada olduğu gibi, bölgede yeniden bir güç boşluğu doğmuştu ve Türkiye'nin endişesi, bu güç boşluğunun PKK tarafından Türkiye'ye yönelik terörist saldırı ve faaliyetleri için kullanılmasıydı. Türkiye bu amaçla 5 Eylül'de Kuzey Irak'a yönelik küçük çaplı bir sınır ötesi askerî harekât başlattı. Amaç, öncelikli olarak Geçici Tehlike Bölgesi (GTB) adı altında bir güvenlik kuşağı kurmaktı. Bu uygulama, PKK'nın sınır geçişlerini önlemek ve Irak'ın bölgede egemenlik ve otoritesini yeniden tesis etmesine kadar geçecek zamanda sınır güvenliğini sağlamak amacına yönelikti.

Aslında GTB uygulamasıyla, daha önce DSP lideri Ecevit tarafından birçok kez önerilen düşünce, yani Irak sınırından 20 km kadar iç kesime uzanıp, dağların bittiği düzlük alanda bir tampon bölge oluşturmak hedefleniyordu. TSK'nin sınır ötesi operasyonlarını düzenlediği, Yeşil Hat adı verilen alan, uygulama kapsamına dahil edilecekti. Bunun *riskli bölge* olarak anılan yedi kesiminde asker bulunacak, ama güvenlik kuşağında mümkün olduğu kadar az asker bulundurularak, denetim teknolojik aygıtlarla yapılacaktı.

Ecevit'in "Bölgesel Güvenlik Planı"

986 sayılı BM Güvenlik Konseyi kararının uygulanmasının ABD tarafından süresiz durdurulması, Türkiye'nin Kerkük-Yumurtalık petrol boru hattının yeniden faaliyet geçmesi umutlarını en azından yakın vadede suya düşürmüştü.

Türkiye bu defa, Körfez Krizi'nden sonra uğradığı ve 70 milyar dolara ulaşan ekonomik kayıplarının bir şekilde ABD tarafından telafi edilmesini istiyordu.

Bu nedenle, Çiller'in Clinton'a mesajında belirtildiği gibi, ekonominin kurmayları ABD ile ikili bir ekonomik paket üzerinde çalışmaktaydı.

Nitekim, Türkiye bu değerlendirmelerini ABD'nin Ankara Büyükelçisi Grossman'a aktarıyordu. Tarih 4 Eylül'dü.

> **Büyükelçi Öymen:** Irak Kürdistan Demokratik Partisi lideri Barzani'nin yeğeni Sedat Barzani, Talabani güçlerinin PKK teröristleriyle birlikte İran desteğinde kendilerine yeni bir saldırı düzenleyeceğini tarafımıza bildirdi. Irak'ta yaşanan son gelişmelerden

PKK'nın yararlanmasından endişe ediyoruz. Bu nedenle Kuzey Irak sınırı boyunca "geçici bir güvenlik alanı" oluşturmayı gerekli görüyoruz.

Büyükelçi Grossman: Sedat Barzani'nin size verdiği istihbarat konusunda ABD'nin bir bilgisi bulunmamaktadır. Geçici Güvenlik Bölgesi hakkında Kürt gruplarla görüştünüz mü?

Büyükelçi Öymen: Geçici Güvenlik Bölgesi hakkında Ankara'daki Irak Kürdistan Demokratik Partisi ve Irak Kürdistan Yurtseverler Birliği temsilcileri bugün bilgilendirildi. Irak Maslahatgüzarına da gerekli açıklamalarda bulunuldu. Geçici Güvenlik Bölgesi, Türkiye'de sınır güvenliğini sağlamaya yönelik bir tedbirdir.

İran'dan gelen teröristler 8 er ve 2 teğmenimizi şehit etti. İran Devrim Muhafızları, PKK ile işbirliği içindedir.

Dışişleri Bakanı Çiller, Başkan Clinton'a muhatap mesajında, Huzur Harekâtı'nın gözden geçirilmesinin zamanının geldiğini bildirdi. Kuzey Irak'ta oluşan yeni şartların bunu gerekli kıldığını düşünüyoruz. Zaho'daki Askeri Koordinasyon Merkezine bağlı personel Türkiye'ye kaydırıldı. Ayrıca hükümet dışı örgütler personellerini bölgeden çekti. Dolayısıyla Huzur Harekâtı'nda bir değişiklik yapılması kaçınılmaz hale gelmiştir.

Türkiye: "986 sayılı karar uygulansın"

BMGK'nin 986 sayılı kararının uygulanmasının gerekli olduğu hususunda kararlıyız. Bu kararın uygulanması gecikmemelidir. Ayrıca Türkiye'nin Körfez Krizi'nden doğan zararlarının karşılanması için ABD ile ikili düzeyde kapsamlı bir ekonomik paketin hayata geçirilmesini istiyoruz.

Büyükelçi Grossman: 986 sayılı kararın uygulanması konusunda Birleşmiş Milletlerde genel bir mutabakat bulunmaktadır. Ancak bugünkü şartlarda bu kararın uygulanmasında birtakım zorluklar mevcuttur.

Dışişleri Bakanı Sayın Çiller'le dün yaptığım görüşmeden sonra Türkiye ile enerji alanında işbirliği ve Bakû-Ceyhan petrol boru hattının hayata geçirilmesi gibi konularda işbirliği yapılması hakkında Dışişleri Bakan Yardımcısı Strobe Talbott'a bilgi verdim.

ABD, CIA peşmergeleri için zemin yokluyor

Büyükelçi Grossman, konuşmasına şöyle devam ediyordu:

Henüz resmî talimat almamış olmakla birlikte, muhtemelen önümüzdeki günlerde, ABD'ye hizmet vermiş peşmergelerden bir kısmının ABD'ye gönderilmek üzere Türk sınırından içeriye alınmasını talep edeceğiz.

Büyükelçi Öymen: Kuzey Irak'tan Türkiye'ye geçişlerde birtakım vize sınırlamaları vardır. Bu bakımdan bu işlemler kamuoyuna mal edilmeden ele alınmalıdır. Aksi takdirde yoğun vize talepleriyle karşılaşabiliriz.

Irak Türkmenlerinin liderleri Irak tarafından tutuklanmıştır. Gizliliğine özen gösterilmesi kaydıyla size tutuklanmayan Türkmen liderlerini Türkiye'ye getirmek arzusunda olduğumuzu bildirmek istiyorum Bu konuda Amerikan istihbaratının Türkiye'yle paylaşılmasından memnuniyet duyacağız.

Büyükelçi Grossman: Huzur Harekâtı'nda değişiklik yapılması önerinizin ayrıntılarını öğrenmek istiyoruz.

Büyükelçi Öymen: Huzur Harekâtı konusunda milli seviyede üst düzeyde bir toplantı yapılacak ve ayrıntılar bu toplantıda kararlaştırılacaktır. Toplantıdan sonra konuyu sizinle yeniden ele alabiliriz.

Körfez Krizi'nden bu yana uğradığımız kayıpların telafisi için ABD'ye önereceğimiz ikili ekonomik yardım paketi konusundaki hususları, Devlet Bakanları Ayfer Yılmaz, Ufuk Söylemez ile birlikte katılacağımız bir toplantıda görüşmemiz yararlı olacaktır.

ABD, CIA peşmergelerini kurtarmaya çalışıyor

ABD'nin kaygısı ise farklıydı. ABD, bölgedeki yaklaşık 200 CIA görevlisini ve diğer istihbarat uzmanları ile Zaho'daki Askerî Koordinasyon Merkezi'ndeki askeri personelini Türkiye'ye tahliye etmişti. Ancak ABD'nin Kuzey Irak'ta milyonlarca dolar harcayarak yaklaşık 5 yılda oluşturduğu istihbarat ağının çökmesi tehlikesi vardı. Bu altyapıyı kurmak kolay olmamıştı. Askerî Koordinasyon Merkezi'nde (AKM) ve NGO'larda istihdam edilen CIA personeli yoğun gayretler sonucunda kurabilmişlerdi bu istihbarat ağını.

AKM ve NGO'lar istihbarat ağının kurulması için koordinasyonlu şekilde çalışmıştı. Zaten NGO'ların faaliyet gösterdiği bölgeler ağırlıklı olarak askerî ve istihbarat açısından stratejik bölgelerdi. Özellikle 1993 yılından itibaren Amedya, Zaho, Dohuk ve Acre bölgelerinde kendilerine bağlı peşmergeler için yerleşim birimleri kurmuştu. Yine bölgeye farklı kaynaklardan gönderilen maddi yardımlar, bu işbirlikçi peşmergelere aktarılmıştı. Türkiye, aslında NGO'ların bu faaliyetlerinden rahatsızdı ve Kuzey Irak'a geçecek NGO'lar için çeşitli kısıtlamalar getirmişti.

Kısacası, Türk devletinin güvenlikle ilgili kurumları, ABD'nin Kuzey Irak'taki istihbarat altyapısını nasıl kurduğunun farkındaydı. Saddam Hüseyin'e bağlı birliklerin Kuzey Irak'ın kontrolünü ele geçirmesiyle tehlikeye düşen, ABD'nin bu istihbarat alt-yapısıydı.

ABD kendi casuslarından sonra, kendi adına çalıştırdığı Kürt peşmergeleri de kurtarmak peşine düşmüştü. Peşmergeler Türkiye üzerinden tahliye edilmeliydi. Ancak bunun için Ankara'yı ikna etmek gerekiyordu. Görev yine ABD'nin Ankara Büyükelçiliğine düşüyordu.

Bu defa 5 Eylül tarihli toplantıda Türk yetkililerin karşısında CIA Ankara İstasyon Şefi, Askeri Ataşe ve siyasi memurlardan oluşan kalabalık bir Amerikan heyeti vardı. Ankara'daki görüşmenin konusu, ABD resmî yardım kuruluşu olan OFDA'nin (ABD Dış Felaket Yardımları Bürosu) Kuzey Irak'ta faaliyet gösteren 1500 yerel görevlisi ve aileleriyle, Zaho'daki Askeri Komite Merkezi'nin yaklaşık 1000 yerel görevlisi ve ailelerinden oluşan toplam 2500 kişinin Türkiye'ye tahliye edilmesiydi. ABD bu kişileri kısa bir süre Türkiye'de tuttuktan sonra ABD' ye nakledecekti. Başbakan Yardımcısı ve Dışişleri Bakanı Çiller zaten *dostu* Clinton'a yeşil ışık yakmıştı.

ABD heyeti: Öncelikle Türk hükümetinin konuya olumlu yaklaşmasına ve böylesine hassas bir talebe süratle yanıt vermesine müteşekkiriz. Bu konunun en hızlı ve en gizli şekilde sonuçlandırılması için çaba harcayacağız. Ancak er ya da geç basın bu harekâtı öğrenecektir. Bu nedenle Türk hükümetiyle içeriğinde mutabakata varılması koşuluyla bir basın açıklaması hazırlamayı ve açıklamada Türk hükümetine şükran ifadelerine yer vermeyi planlıyoruz.

Türk yetkili: Türkiye ABD'nin bu talebine, ABD ile müttefiklik ilişkileri çerçevesinde olumlu bakmaktadır. Ancak bu konunun gizli tutulmasına büyük önem veriyoruz. Çünkü bu uygulama, bölgede benzer bağlantıları olan başka müttefiklerimizce de aynı yönde talepte bulunulmasına yol açabilir. Ayrıca hiç istenmeyen bir göçmen akımına bile yol açabilir. Dolayısıyla konunun basına aksettirilmemesi çok büyük önem taşımaktadır.

Bu harekâtın gerçekleştirilmesi için Türkiye'nin bazı şartları bulunmaktadır. Şimdi size bunları açıklıyorum.

Tahliye etmek istediğiniz 2500 kişinin barındırılabilmesi için gerekli fizibilite çalışmaları başlatılmıştır. Irak sınırına yakın olması nedeniyle halen Silopi'deki Hac konaklama tesisleri üzerinde duruyoruz. Sayının çokluğu ve bölgenin iklim koşulları göz önüne alındığında her halükârda çok sayıda konut inşası gerekecektir. Bu nedenle prefabrik konut inşası düşünülmektedir. Çadır kampı kurulması ise kesinlikle söz konusu değildir.

Gerekli barınma olanaklarının temini için zaman kazanılması yönünden, 2500 kişinin aynı anda değil, küçük gruplar halinde intikali tercih edilmelidir. Güvenlik saiki ve gerekli olanakların temini bakımından 2500 kişinin kimlik detayları ve kompozisyonu (kaç aile, kaç kadın erkek çocuk gibi) önceden bilinmelidir. Kimlik bilgilerinin doğruluğu ABD tarafından garanti edilmelidir. Hakkında yanlış bilgi verildiği saptanan kişiler için gerekli yasal işlem yapılacaktır. İklim şartları da göz önünde bulundurularak, grubun ülkemizde kalacağı süre kısa tutulacaktır. Ekim ayı sonunda hiçbir bireyin kampta kalmasına izin verilmeyecektir. Bahse konu 2500 kişinin geçici olarak ülkemizde barındırılmasına ilişkin uygulama Huzur Harekâtı veya SEİA ile hiçbir şekilde irtibatlandırılmayacaktır. ABD yetkilileri göçmenlik işlemleri için gerekli mülakat ve sorgulamaları yapmadan önce bu kişiler ilgili birimlerimizce sorgulamaya tâbi tutulacaktır. Sorgu sırasında Türk yetkililer dışında hiçbir kimsenin gözlemci statüsünde dahi hazır bulunmasına izin verilmeyecektir.

Kurulacak kampta idari kontrol tamamen Türk yetkililerde olacaktır. Kampın güvenliği ve gerekli hizmetler de Türk görevlilerce sağlanacaktır. Bahse konu şahıslar Türkiye'de bulundukları süre içinde uyrukları ne olursa olsun Türk kanunlarına tâbi olacaklardır. Türkiye aleyhinde faaliyet gösteren veya Türk hükümetince aranan şahıslar saptandığı takdirde derhal tutuklanacaktır. Kampa hiçbir yabancı yetkilinin girmesine izin verilmeyecektir. ABD yetkililerince göçmenlik işlemleri için gerekli sorgulama ve mülakatın yapılması amacıyla kampa çok yakın ancak kamptan ayrı bir bina tahsis edilecek, şahıslar kamptan buraya Türk görevliler nezaretinde getirileceklerdir. Bahse konu grubun kamptan ABD'ye intikalleri sırasında sivil bir havaalanı ve sivil havayolu şirketlerinin kullanımı tercih edilecektir. Grubun kamptan havaalanına intikali Türk tarafınca sağlanacaktır. Kesinlikle İncirlik üssü kullanılmayacaktır.

Türk hükümeti hiçbir mali sorumluluk üstlenmeyecektir. Tüm masraflar, kampın kurulması, prefabrik konutların inşası, kampta görev alacak personelin iaşe ve ibatesi, ulaşım için yapılacak tüm harcamalar ABD tarafından karşılanacaktır. ABD tarafından gerekli ödeme yapılmadan hiçbir işlem başlatılmayacaktır.

İki ülke yetkilileri arasında bir mutabakat metni imzalanarak tüm bu hususlar kayda geçirilecektir. Mutabakat metninin ayrıca bu kişilerin özel durumları nedeniyle şartlar ne olursa olsun göçmen ve sığınmacı olarak kabul göremeyecekleri, Birleşmiş Milletler Mülteciler Yüksek Komiserliği uygulamalarına tâbi olmayacakları, ülkemizden ayrılmaları için belirlenen takvime uymadıkları takdirde derhal geri gönderilecekleri ve bu sonuçtan doğabilecek tüm sorumluluğun ABD tarafına ait olacağı hükme bağlanacaktır.

ABD'nin göçmen kapasitesinin sınırlı olduğunu biliyoruz. ABD, bu 2500 kişinin tümünü nasıl kabul edecek?

ABD heyeti: Bu operasyona bizzat Başkan Clinton büyük önem vermektedir. Tahliye etmek istediğimiz bu kişiler ABD adına çalışmış kişilerdir ve bu nedenle ABD'ye göçmen olarak yerleşebilmeleri için özel düzenlemeler başlatılmış bulunmaktadır.

ABD'ye göçmen olarak kabul edilmeleri bakımından gerekli işlemlerin yapılabilmesi için Türkiye'ye göçmen konularında uzmanlaşmış 20-25 görevli göndermeyi planlıyoruz. Bu uygulama kapsamında kimlerin sınırdan geçişine izin verileceğini belirlemek amacıyla bölgede görev yapmış ve söz konusu kişileri tanıyan ABD'li yetkililer [CIA ajanları olsa gerek] görevlendirilecek ve böylelikle ABD adına çalışmamış kimselerin bu gruba sızmaları önlenecektir.

Türkiye'nin, sınırdan geçişine izin verilenler için güvenli ve temel ihtiyaçlarını karşılayabilecekleri bir kamp temin etmesini şükranla karşılayacağız.

Türk yetkili: Görüşlerinizi dikkatle not ediyoruz ve hükümetimize sunacağız. Bu 2500 kişinin Türkiye sınırına kadar seyahatlerinde güvenliklerini nasıl sağlamayı düşünüyorsunuz?

ABD heyeti: Bu 2500 kişinin sınıra intikali sırasında KDP'nin bir sorun çıkarmamasını sağlamak için Ankara Büyükelçiliğimizdeki bir görevli [CIA istasyonundan] KDP ile gerekli temasları sürdürüyor. KDP'nin Washington temsilcisine ve Ankara temsilcisine de gerekli uyarılarda bulunduk.

2500 kişinin Türkiye üzerinden tahliye edilmesi için öngördüğünüz koşullar mantıklı ve kabul edilebilir. Bunları yetkili makamlarımıza sunacağız. Ancak, Türk tarafının koşullarını not etmiş olmakla birlikte, yine de hükümetimizden aldığımız talimat doğrultusunda, 2500 kişinin bakımı ve geçici barınması için ödenek vereceğimizi, ancak altyapı iyileştirilmesi gibi çalışmalar için herhangi bir ödeme yapamayacağımızı bilmenizi istiyorum.

Gerekli masrafların başlangıçta Türk Kızılay'ı tarafından karşılandıktan sonra uluslararası Kızılhaç, Kızılay federasyonu vasıtasıyla ABD tarafından Türk Kızılay'ına ödenmesi şeklinde bir çözüm öngörüyoruz.

Ayrıca, tahliye edilecek ve daha sonra ABD'ye yerleştirilecek kişiler arasına sızma olmamasını tespit için Türkiye'ye göndermek istediğimiz 25 görevlinin yanı sıra, 16 yıldan bu yana Türkiye'de faaliyet gösteren Uluslararası Katolik Göç Komisyonu (International Catholic Migration Commission) adlı, özellikle sığınmacıların üçüncü ülkelere kabulü konusunda ihtisas sahibi olan ABD NGO'sunun personelinden de yararlanmak istiyoruz.

Türk yetkili: Böyle bir ödeme şeklini kabul etmemiz kesinlikle mümkün değildir. Her türlü masrafın ABD tarafınca herhangi bir uluslararası kuruluş aracı olmaksızın peşinen karşılanması gerekir. Uluslararası Katolik Göç Komisyonu yetkililerinin görevlendirilmesi talebinizi ise ayrıca değerlendirmemiz gerekmektedir.

ABD heyeti: Bu kişilerin Türkiye'de geçici süre barınacakları kampın idaresinin Türkiye ile ABD arasında ortaklaşa yapılması mümkün olabilir mi?

Türk yetkili: Kampta ortak yönetim söz konusu olamaz. Kamp yönetimi sadece Türk yetkililere ait olacaktır.

ABD heyeti: Söz konusu 2500 kişiye ilaveten, Irak'ın kuzeyinde faaliyet gösteren, ABD menşeli NGO'lar için çalışan yerel personelin de benzer bir eylemle ABD'ye gönderilmeleri güçlü bir ihtimaldir.

Türk yetkili: Bu, ilave bir unsurdur. Bu yeni olası durum konusunda ABD tarafının Türkiye'ye ön bildirimde bulunması ve Türk hükümetinin onayının alınması koşuluyla, hazırlanması öngörülen mutabakat zaptında bu hususa yer verilebilir. Öngörülen durumun gerçekleşmesi halinde mutabakat zaptında yer alacak hükümler aynen geçerli olmak kaydıyla bu kişilere de benzer uygulamaların yapılmasına izin verebiliriz.

Görüşmede, Türk tarafınca bir taslak mutabakat zaptı hazırlanması ve gerekli işlemlerin süratle sonuçlandırılması hususunda görüş birliğine varıldı. Aynı gün, Türk makamlarının ortaklaşa hazırladığı Mutabakat Zaptı taslağı, ABD Büyükelçiliği'ne iletildi.

CIA peşmergeleri için Mutabakat Zaptı

TC hükümeti ve ABD hükümeti arasında Kuzey Irak'ta ABD hükümeti için çalışan yaklaşık 2500 yerel görevli ve ailelerinin ABD'ye gönderilmeleri amacıyla geçici olarak Türkiye'de ikametleri konulu mutabakat zaptı

TC hükümeti ve ABD hükümeti Kuzey Irak'ta ABD hükümeti için çalışan yaklaşık 2500 yerel görevli ve ailelerinin (anne, baba ve çocuklar) ABD'ye gönderilmeleri amacıyla 7. maddede belirtilen süre kadar geçici olarak Türkiye'de ikametleri konusunda işbirliğinin yolları ve imkânları hakkında görüşmüşler ve aşağıdaki konularda anlaşmışlardır.

Genel Hükümler

1) Taraflar konunun gizli tutulması için azami gayret sarf edeceklerdir.

2) Konu basına sızdırılmayacaktır. Gösterilen tüm gayretlere rağmen keyfiyetin basına sızması durumunda taraflarca ortaklaşa hazırlanacak bir basın açıklaması yapılacaktır. Müteakip gelişmelerle ilgili açıklamalarda karşılıklı mutabakat esas olacaktır.

3) Söz konusu grubun 7. maddede belirtilen süre kadar geçici iskânı Silopi'de TC yetkililerince belirlenecek bir alanda oluşturulacak konaklama tesislerinde yapılacaktır. Bu tesislerin inşa ve işletme masrafları ABD hükümetince önceden ödenecek, söz konusu grubun tahliyesini müteakip bu tesisler herhangi bir karşılık ödenmeksizin Türkiye Cumhuriyeti'nin malı olacaktır.

4) 2500 kişinin aynı anda değil, küçük gruplar halinde Habur kapısından Türkiye'ye gelişi ve Silopi konaklama tesisleri bölgesine intikali temin edilecektir. Başka mahal ve kapılardan giriş olmayacaktır.

5) Güvenlik saikiyle gerekli olanakların temini bakımından 2500 kişinin kimlik detayları ve kompozisyonu önceden bildirilecektir.

6) Söz konusu kişilerden 1991 yılından önce doğanlar merkezî Irak hükümeti tarafından verilmiş olan resmî bir kimlik belgesi ibraz etmek zorundadırlar. '91 yılı sonrası doğan çocuklar için, Kuzey Irak'taki yerel yönetimler tarafından düzenlenmiş olan kimlik bel-

geleri geçerli kabul edilecektir. Kimlik bilgilerinin doğruluğu ABD hükümeti tarafından garanti edilecektir. Hakkında yanlış bilgi verildiği saptanan kişiler için TC kanunlarına göre gerekli yasal işlem yapılacaktır.

7) Söz konusu grup 20 Ekim 1996 tarihine kadar ABD tarafından Türkiye'den tahliye edilecektir. ABD tarafından söz konusu gruptan hiç kimsenin belirtilen tarih içerisinde veya bu tarih hitamında Kuzey Irak'taki görevlerine Türkiye'den direkt olarak gönderilmeleri talep edilmeyecektir. Belirtilen tarihe kadar Türkiye'den ABD'ye tahliye edilmeyenlere TC yetkililerince verilecek karara göre işlem yapılacaktır. Bu işleme Kuzey Irak'a geri gönderilmeleri dahil olup, bu uygulamanın sonuçlarından TC mesul olmayacaktır. Bu konuda çıkabilecek tüm sorunlar ABD tarafına ait olacaktır.

8) Kuzey Irak'ta ABD hükümeti için çalışan yaklaşık 2500 yerel görevli ve ailelerinin ABD'ye gönderilmeleri amacıyla geçici olarak Türkiye'de ikamet etmelerine ilişkin uygulamalar hiçbir şekilde OPC ve SEİA savunma ekonomik işbirliği anlaşmasıyla irtibatlandırılamaz.

9) Söz konusu kişiler özel durumları nedeniyle, şartlar ne olursa olsun Türkiye'de göçmen ve sığınmacı olarak kabul görmeyecekler, Birleşmiş Milletler Mülteciler Yüksek Komiserliği'nin uygulamalarına tâbi olmayacaklardır.

İdari Düzenlemeler

10) ABD hükümeti tarafından görevlendirilecek ve miktarı 15 kişiyi geçmeyecek yetkililer bahse konu bireylerin sınır kapısından geçişleri sırasında gerekli elemeyi yapacaktır. Bu uygulama kapsamına girenleri belirleyeceklerdir. Bunlardan TC yetkililerince onaylanacak olanlar Türkiye'ye kabul edilecektir. Bunların dışındaki şahısların Türkiye'ye girişine izin verilmeyecektir.

11) ABD'den gelecek olan en fazla 15 göçmenlik işleri uzmanı tarafından gerekli mülakat yapılmadan önce, kampa kabul edilen kişiler Türk yetkililerce mülakata tabi tutulacaktır. Mülakat sırasında Türk yetkililer dışında hiçbir kimsenin gözlemci statüsünde dahi hazır bulunmasına izin verilmeyecektir.

12) Türkiye aleyhinde faaliyet gösteren veya Türk hükümetince aranan şahıslar teşhis edildiği takdirde derhal tutuklanacak ve

Türk kanunlarına göre işlem yapılacaktır. Bu konuda ABD'nin veya üçüncü bir tarafın müdahalesi kesinlikle kabul edilmeyecektir.

13) Bahse konu şahıslar ve ABD tarafından görevlendirilecek tüm yetkililer, Türkiye'de bulundukları süre içinde her konuda Türk kanunlarına tâbi olacaklardır.

14) Bahse konu grubun iskânı için kurulacak kampta tüm kontrol tamamen Türk yetkililerde olacaktır. Kampın güvenliği ve gerekli diğer tüm hizmetler Türk tarafınca görevlendirilen personelce sağlanacaktır.

15) Kampa hiçbir yabancı yetkilinin girmesine izin verilmeyecektir. ABD yetkililerince göçmenlik işlemleri için gerekli mülâkatın yapılması ve ABD yetkililerinin barınması amacıyla kampa çok yakın ancak kamptan ayrı bir bina tesis edilecek, şahıslar kamptan buraya Türk görevliler nezaretinde getirilecektir.

16) Bahse konu grubun ABD'ye intikalleri sırasında, Türkiye Cumhuriyeti yetkililerince belirlenecek sivil bir havaalanı ve sivil havayolu şirketleri kullanılacaktır. İncirlik hava üssü veya diğer bir askerî havaalanı kesinlikle bu amaçla kullanılmayacaktır. Grubun kamptan havaalanına intikali Türk tarafınca sağlanacaktır.

17) Söz konusu grup beraberlerinde şahsi eşyaları dışında Türkiye'ye hiçbir şey getirmeyeceklerdir. Bunun dışında getirecekleri silah ve Türk kanunlarında belirtilenlerin miktarı üstündeki para dahil her şey diğer Türk kanunlarına göre işlem yapılacaktır.

Mali Düzenlemeler

18) Kuzey Irak'ta ABD hükümeti için çalışan yaklaşık 2500 yerel görevli ve ailelerinin ABD'ye gönderilmeleri amacıyla geçici olarak Türkiye'de ikametlerine ilişkin uygulamalarda Türk hükümeti hiçbir mali sorumluluk üstlenmeyecektir. Türk makamlarınca verilecek tüm idari ve emniyet hizmetlerinin finansmanı dahil yapılacak tüm harcamalar (örneğin Silopi bölgesinde yapılacak tüm inşaat giderleri) kamp yetkililerinin ve görev alacak tüm Türk personelin iaşe ve ibateleri ulaşım için yapılacak tüm harcamalar ve benzeri ABD hükümeti tarafından karşılanacaktır.

19) ABD tarafından gerekli ödeme peşinen yapılmadan hiçbir işlem başlatılmayacaktır.

Son Hükümler

20) 2500 kişiye ilaveten, Irak'ın kuzeyinde faaliyet gösteren ABD menşeli NGO'lar adına görev yapan yerel personelin de aynı şekilde tahliyesi söz konusu olduğu takdirde ön bildirimde bulunulup Türk hükümetinin onayı alındıktan sonra işbu mutabakat zaptında yer alan tüm hükümler aynen geçerli olacak ve gerekli ilave finansman ABD tarafından önceden sağlanacaktır.

21) 22 maddeden oluşan bu mutabakat zaptı taraflarca imzalanıp, masraflara ilişkin tüm ödemeler ABD tarafınca peşinen yapıldıktan sonra yürürlüğe girer.

22) Bu mutabakat zaptı taraflardan birinin arzusunu bildirmesini müteakip derhal sona erer.

Kuzey Irak'ta durulmayan sular

ABD CIA peşmergelerini kurtarmaya çalışmaya dursun, Kuzey Irak'ta sular bir türlü durulmak bilmiyordu. 5 Eylül'de bölgede çatışmalar yeniden başladı. Türk makamlarının edindiği istihbarat bilgilerine göre, İran Devrim Muhafızları'na bağlı kuvvetler, İran-Irak sınırındaki, Molla Mustafa Barzani'nin eski karargâhının bulunduğu Celali bölgesine girmişti. Bu kuvvetlerden destek alan Talabani birlikleri Celali'deki Barzani kuvvetlerine saldırmış, taraflar arasında küçük çaplı bir çarpışma cereyan etmiş, Irak silahlı kuvvetleri çatışmaya müdahalede bulunmamıştı.

Bu arada, Erbil'den çekilen Irak silahlı kuvvetleri, Güney Erbil'de yerlerini tespit ettiği Şii el-Dava partisine mensup 95 kişiyi kurşuna dizmişti.

Irak kuvvetleri bölgeden çekilmişti. Ancak, Saddam Hüseyin işini şansa bırakmıyordu. Irak istihbarat örgütü Muhaberat'a mensup 500 kişilik ekip, peşmerge kıyafetinde Erbil'de bırakılmıştı.

Irak hükümeti, beş yıl önce uygulamaya koyduğu Kuzey ablukasını kaldırdı. Bu abluka ile kuzeydeki Iraklı memurların maaşlarını ödemeyi durdurmuş, petrol ve gıda dağıtımını kesmiş ve bu şekilde Kürtleri dize getirmeyi planlamıştı. Ablukayı kaldıran Bağdat, şimdi de üç Kürt Valiliği'ne gizli polis şeflerinin atandığını duyurdu. Girişimin sonradan düzmece olduğu ortaya çıktı.

Başlangıçta abluka Kürt milliyetçiliğini güçlendirmiş, büyük ekonomik sıkıntılara yol açmıştı. Ablukanın aniden kaldırılması ise, hükümet denetimindeki topraklar ile Kürdistan arasındaki seyahatin, gizli polisler de dahil herkes için sınırsız olacağı anlamına geliyordu. Ve yeni genel af taslağı, özellikle insani yardım kuruluşlarında CIA adına çalışan Kürtleri dışlıyordu.

Çiller: "Tahliyeye olumlu bakıyoruz"

Türkiye ABD'nin 2500 CIA peşmergesini tahliye etme talebine olumlu yanıt verdi. Neticede talep, Dışişleri Bakanı Tansu Çiller'in çok sevdiği ve sürekli ön adıyla "Sevgili Bill" şeklinde hitap ettiği ABD Başkanı Clinton'dan gelmişti.

Aslında ABD bu taleple, bölgede yıllardır Kürtlerden oluşan bir istihbarat ağı kurduğunu kabul etmiş oluyordu. Fakat asıl sorulması gereken soruyu kimse sormadı: ABD neden sadece Kürt peşmergelerine dayalı bir istihbarat ordusu kurmuştu?

Türkiye'de bu sorunun tam yanıtını kimse veremiyordu. Ancak, kesin olan bir şey varsa, o da ABD'nin bu faaliyetlerinin sadece Saddam Hüseyin'i çevreleme siyasetiyle açıklanamayacağıydı. ABD, Kuzey Irak'ta kendi güdümünde olacak fiilî bir Kürt devletinin altyapısını kurmuştu.

Ankara, Kuzey Irak politikasını gözden geçiriyor

Türkiye ise önemli bir açmazla karşı karşıyaydı. Öncelikleri değişmişti. Birincisi, iktidarda bulunan REFAHYOL hükümetinin büyük ortağı Refah Partisi'nin liderliği, daha önce muhalefette bulunan ancak iktidara geldiğinde ağız değiştiren partilerin yaptığı gibi, ilk önce Çekiç Güç aleyhinde veryansın etmiş, başa geçince Çekiç Güç'ün süresini uzatmak zorunda kalmıştı.

Şimdi Refah Partisi bu gelişmeden istifade ederek, Çekiç Güç'te değişiklik yapmak ve bunu kendi tabanına Çekiç Güç'ü sona erdirmek savıyla satmak peşindeydi.

Türkiye bu dönemde kendi içinde Kuzey Irak politikasını da gözden geçirdi.

6 Eylül tarihinde Dışişleri Bakanı Çiller'in konukları, Milli Savunma Bakanı, İçişleri Bakanı, Genelkurmay İkinci Başkanı ve MİT Müsteşarıydı. Toplantıda Kuzey Irak, Çekiç Güç ve Türkmenlerin durumu masaya yatırıldı. Çekiç Güç değiştirilecek, Geçici Tehlike Bölgesi ilan edilecek ve Türkmenlerin hakları korunacaktı.

Güvenlik kuşağıyla ilgili olarak asıl görüşü alınması gereken taraf Irak'tı. Ancak Irak, daha ilk anda bunun kabul edilemez olduğunu Türkiye'ye bildirdi.

Barzani: Ya Irak'la çözüm ya da bağımsızlık

Tepkiler Irak'la da sınırlı kalmadı. Karşı çıkanlardan biri de Barzani'ydi:

> Hiçbir şekilde güvenlik kuşağını kabul etmeyiz. Güvenlik kuşağı teknik olarak da imkânsız bir mesele. Baştan ölü doğmuş bir proje. Hiçbir ülkenin topraklarımızı işgal etmesine izin vermeyiz... Kürt sorununun bölgesel güçlerle görüşülmesi halinde bunun Irak olmasını tercih ederiz. Ayrıca, özgür ve bağımsız bir Kürdistan ilan etmemizin kabulü halinde, Irak'la da ilişkilerimize son verebiliriz. Irak KDP'ye yardım karşılığında bir bedel isteseydi, yardım istemez ya da bu yardımı kabul etmezdik.

Çiller-Christopher telefon görüşmesi

Tarih 8 Eylül'ü gösterdiğinde, Dışişleri Bakanı Çiller, Türkiye'nin gelişmelere bakışını ABD'li muhatabı Christopher'a bildirdi. Türkiye, 2500 Kürt'ün tahliyesine izin verecekti:

> Sayın Bakan,
>
> ABD'nin müdahalesinin gerekçelerini anlıyoruz. Irak konusunda, Türkiye ile ABD Körfez Krizi'nden bu yana yakın işbirliği içinde olmuştur.
>
> Bugün Kuzey Irak'taki durumu bütün yönleriyle irdelememiz gerekmektedir. Türkiye'nin temel endişelerinden birisi, büyük bir mülteci göçü kriziyle karşı karşıya kalmaktadır. Henüz kamuoyuyla paylaşmamış olsak bile, bu ihtimal giderek kuvvet kazanmaktadır. Halihazırda, Zaho'ya 150 kişilik Türkmen yığılması olmuştur.
>
> Türkmenlerin Erbil ve civarında ciddi eziyet gördüğüne dair güvenilir duyumlarımız bulunmaktadır. Bugün Kuzey Irak'ta yaklaşık 600 bin Türkmen yaşamaktadır. Türkmenlerin güvenliğinin sağlanmasına öncelik verilmelidir.
>
> Son gelişmelerin Huzur Harekâtı'nın gözden geçirilmesini gerekli kıldığını düşünüyoruz. Türkmenler ve yerel Kürt partiler arasında işbirliği yapılmasını teşvik etmeliyiz.
>
> Türkiye'nin Körfez Savaşı'nın sonucunda uğradığı büyük ekonomik kayıpları bir kez daha dikkatinize getirmek istiyorum. 986 sayılı BM Güvenlik Konseyi kararının en kısa sürede uygulamaya konulması elzemdir.
>
> 2500 yerel Kürt'ün Kuzey Irak'tan tahliyesi konusuna da olumlu bakmakta ve bu konuda Ankara'daki Büyükelçiliğinizle gerekli düzenlemeleri yapmaktayız.

Kürtlerin tahliyesinde sorun

ABD, 2500 CIA peşmergesinin tahliyesi konusunda Türkiye'den söz almıştı. Ancak, Türkiye tarafından ileri sürülen koşulları, hareket serbestisini kısıtlayacağı gerekçesiyle kabul etmeye yanaşmıyordu. Türkiye ise "ABD ya önerdiğimiz koşulları kabul eder ya da tahliye işinden vazgeçer" havasındaydı.

Türkiye ile ABD arasındaki görüşmeler, belgenin imzalanması konusunda tıkanma noktasına gelmişti.

ABD yönetimi, yine her olayda olduğu gibi, Türkiye üzerinde basınla baskı kurmaya çalışmaktaydı. Türk tarafı, operasyonun mahiyetinin gizliliğine büyük önem verdiğini ABD tarafına bildirmişti. Ancak, ABD Dışişleri Bakanı Sözcüsü, "Geçtiğimiz 5 yıl zarfında ABD için çalışan ve sadece bu nedenle hayatları tehlikede olan binlerce kişiyi tespit ettik, bu kişileri güvenliklerini sağlamak için tahliye ediyoruz. Bu konuda Türk hükümetiyle görüşmelerimiz sürmektedir" demekteydi.

Ancak, sorun, ABD'nin Türk tarafının önerdiği mutabakat zaptını imzalamaktan kaçınmasıydı. ABD bu belgedeki hükümlerin kendisini fazlaca sınırlayacağını düşünüyor ve ayak diretiyordu. Türkiye ise, bu belge imzalanmasa bile, belgedeki hükümleri içerecek şekilde, ABD'den yazılı bir taahhüt almak konusundaki ısrarından vazgeçmiyordu.

Öncelikle ABD, bu kişilerin sayıları konusunda Türkiye'ye tatmin edici yanıtlar vermiyordu. Yine Türkiye, bu peşmergelerin arasında PKK'lıların bulunma olasılığına dikkat çekiyordu. Ayrıca, Amerikalı yetkililer ilk dönemde yaptıkları açıklamalarda peşmergelerin Türkiye'de 90 gün kalacağını söylemişti. Bunun üzerine Türkiye bu kişilerin birkaç gün içerisinde ülkeden çıkmalarını istedi. Sonuçta ABD, 10 gün içinde Guam Adası'na transfer edilmeleri talebiyle vize verilmesini istedi ve aldı.

Sorunun giderilmesinde peşmergelerin Türkiye'ye sevkinin başladığı tarih olan 13 Eylül'de dönemin ABD Başkanı Clinton'ın, Başbakan Necmettin Erbakan ve Dışişleri Bakanı Tansu Çiller'e ayrı ayrı yazdığı mektuplar son derece etkili oldu.

Clinton'ın Erbakan'a "casuslar" mektubu

13 Eylül 1996
Ekselans,

Irak'ta meydana gelen olaylar, terörist unsurların bu trajik olayları istismar etmesinin önlenmesi için müttefikler arasında istişare ve işbirliğinin, bölgenin güvenliği ve istikrarı açısından taşıdığı önemi bir kez daha göstermiştir. Hükümetimin üst düzey yetkililerinin yardım taleplerine Türk Hükümeti'nin verdiği olumlu cevaplardan büyük memnuniyet duydum.

ABD, halen Kuzey Irak'ta bulunan ve ABD adına çalışmış bu kişileri korumak için acil önlemler almak gereği duymaktadır. Hükümetinizin, ABD'ye nakledilecek bu kişilerin Türkiye üzerinden transit geçişine izin vermek yönünde aldığı zor karar her türlü takdirin fevkinde olan bir insani davranıştır. Size minnettarım.

Şimdi bu kararı uygulamak için olabildiğince süratle harekete geçmeliyiz. Hükümetimizin, bu harekâtı mümkün olduğunca hızlı şekilde ve Türkiye'nin güvenlik kaygılarını dikkate alarak gerçekleştireceği konusunda sizi temin etmek isterim.

Saygılarımla.
William J. Clinton

Clinton'ın Çiller'e "casuslar" mektubu

Clinton, Erbakan'ın yanı sıra, teamüllerin dışına çıkarak Dışişleri Bakanı Çiller'e de bir mektup gönderdi:

Ekselans,

Hükümetlerimiz arasındaki yakın danışmalar ve işbirliği, bölgede istikrar ve güvenliğin korunması ve gelişmelerin terörist unsurlarca istismar edilmesinin önlenmesi bakımından fevkalade önemli olmuştur. Türkiye ve ABD'nin uzun yıllardır paylaştığı ortak çıkarların, amaçların ve değerlerin desteklenmesi için sergilediğiniz kararlı tutumdan memnuniyet duyuyorum.

4 Eylül tarihli mesajınızı aldım. Türkiye'nin, uğradığı büyük ekonomik kayıplara ve maruz kaldığı güvenlik sorunlarına rağ-

men, Irak'ın BM Güvenlik Konseyi kararlarına uyması gerektiği konusundaki kararlılığını derin şükranla karşılıyorum.

Geçtiğimiz hafta en ciddi endişelerimden birisi, Kuzey Irak'ta ABD adına çalışan Amerikan vatandaşlarının güvenliğinin sağlanmasıydı. Türk hükümetinin talebimize verdiği süratli yanıt sayesinde bu kişiler geçici bir süre için salimen Türkiye'ye tahliye edilmiş bulunuyorlar.

Hükümetimin, aynı zamanda Kuzey Irak'ta ABD adına çalıştırdığı kişilere karşı da sorumluluğu bulunmaktadır. Hükümetinizin, ABD'ye nakledilecek bu kişilerin Türkiye üzerinden transit geçişine izin vermek yönünde aldığı zor karar her türlü takdirin fevkinde olan bir insani davranıştır. Size minnettarım.

Şimdi bu kararı uygulamak için olabildiğince süratle harekete geçmeliyiz. Hükümetimizin bu harekâtı mümkün olduğunca hızlı şekilde ve Türkiye'nin güvenlik kaygılarını dikkate alarak gerçekleştireceği konusunda sizi temin etmek isterim.

Saygılarımla.

William J. Clinton

Clinton'ın mektupları ardından ABD'nin notası

Türkiye'nin ABD'nin sözlü güvenceleri ile yetinmemesi Başkan Clinton'ı bizzat devreye girmek zorunda bırakmıştı.

Ankara, Amerikan casusu peşmergelerin bir kere Türkiye'ye girdikten sonra ABD'ye götürülmeme ihtimalini hesaplıyordu. İşlemlerin sürüncemede kalması sorun yaratacak bir diğer ihtimaldi.

Türkiye'yi bu transferde de en fazla düşündüren konu, peşmergelerin arasında PKK'lıların bulunma olasılığıydı. Türkiye ABD'nin bu insanların PKK ile bağlantılarının olmadığını garanti edemeyeceğini savunuyordu. ABD ise birkaç günlük çalışma ile bu sorunun üstesinden gelinebileceğini ifade ediyordu.

Clinton'ın mektupları, Ankara'nın direncini kırmaya yönelikti. Öyle de oldu.

Neticede hükümetin küçük ortağı, "Başkan Clinton"ın muhatabı olmayı bir itibar meselesi sayan ve hakkında Amerikan vatandaşı olduğu iddiaları dolaşan Çiller'di.

ABD bu arada son bir manevra daha yaparak, zevahiri kurtarmak için, Türk tarafının önerdiği mutabakat zaptındaki koşulların bazılarını kabul ettiğini bildiren bir nota'yı, 13 Eylül tarihinde Türk makamlarına iletti. Böylece, ABD Türkiye'ye yazılı garanti de vermiş oluyordu:

> ABD, Kuzey Irak'ta ABD adına çalışan yaklaşık 2500 kişinin, göçmenlik ve iskân işlemleri tamamlandıktan sonra ABD'ye gönderilmek üzere doğrudan Türkiye üzerinden üçüncü bir ülkeye tahliye edilmelerine Türk hükümetinin izin vermesine minnettardır.
>
> ABD hükümeti, ABD hükümeti adına çalışan kişileri ve ailelerinin Türkiye üzerinden tahliye işlemlerinin 10 günden fazla sürmeyeceği hususunda Türk hükümetini temin etmektedir.
>
> ABD, Türk ve Amerikan yetkililerince Habur sınır kapısında elemeye tâbi tutularak tahliye edilmesi uygun görülecek her kişiyle ilgili olarak tek başına sorumluluk üstlenmektedir.
>
> ABD, bu kişilerin mümkün olan en kısa sürede ve doğrudan Diyarbakır havaalanından sivil bir uçakla Türkiye'den de tahliye edilmesini sağlayacaktır. Sivil uçakla nakliye işlemlerinin tamamı ABD hükümetince veya uygun göreceği bir kuruluş tarafından gerçekleştirilecektir. Türk hükümeti, ABD adına çalışan kişilerin ve ailelerinin sınırdan Diyarbakır'a kadar güvenliklerini ve ulaşımlarını sağlayacaktır. Diyarbakır'a intikalden sonra ve uçağa binmeden önce, bu kişiler tespit edilecek bir mahalde Türk ve Amerikan görevliler tarafından ortaklaşa şekilde yeniden kimlik tespitinden ve güvenlik soruşturmasından geçirilecektir.
>
> Diyarbakır'a doğrudan seyahat edemeyecek olanlar geçici olarak Türk hükümetinin himayesinde misafir edileceklerdir. Türk hükümeti, bu kişilerin kalacağı yerlere ABD resmî görevlilerinin diledikleri zaman girmesine müsaade edecektir. ABD hükümeti adına çalışan kişilerin bu mekâna getirildikleri durumlarda, burada ikinci bir kimlik tespiti ve güvenlik kontrolü yapılacaktır.

ABD hükümeti, bu operasyon için gereken her türlü masrafı üstlenmektedir. Bu harekât Türkiye'ye hiçbir mali külfet getirmeyecektir.

Birinci Hızlı Transit Harekâtı başlıyor

ABD'nin bu yazılı taahhüdü Türkiye'nin son direncini de kırdı ve CIA'nin tarihine en başarılı tahliye operasyonlarından birisi olarak geçecek Hızlı Transit Harekâtı ya da diğer adıyla Pasifik'te Güvenli Bölge Harekâtı başladı.

CIA, 1995 yılından itibaren bölgede kendisine yardım edebilecek peşmergeleri seçmişti. Zaten peşmergelerin ayaklanması sonucu 1991 yılında baş gösteren mülteci krizinde doğrudan Washington'dan isimleri bildirilen bazı peşmergelerin kamplardan alınarak Amerika'ya götürülmesi, Amerikan istihbaratının bölgede halihazırda önemli bir bilgi birikiminin bulunduğunu gösteriyordu.

Ayrıca, bu kişilere Amerikan hükümeti adına çalıştıklarına dair kimlik belgeleri düzenlenmişti. Dolayısıyla bu kişilerin kimlik tespitlerinin yapılması sorun teşkil etmeyecekti. Ancak, CIA'nin kimlik düzenlediği bu kişilerin arasında PKK teröristlerinin bulunup bulunmadığı bilinmiyordu. Ankara ise bu konuda temkinliydi ve bu kişiler hakkında kendi istihbarat birimlerinin güvenlik tahkikatı yapmasını bu nedenle şart koşuyordu.

2500 kişinin Kuzey Irak'tan Türkiye sınırına getirilişi Barzani'nin KDP'si tarafından otobüslerle sağlanacaktı. İrtibat noktası ise Dohuk kasabasının kaymakamıydı.

Amerikan istihbarat görevlilerinin, Saddam Hüseyin'in kontrolüne geçmiş bulunan Kuzey Irak'a giderek operasyonu yürütmesi mümkün değildi. ABD Kuzey Irak'taki ajanlarının ve askerlerinin can güvenliğini tehlikeye atan, ABD'nin yıllardır oluşturduğu istihbarat altyapısının bir gecede dağılmasına yol açan Barzani'yle işbirliği yapmaya mecbur kalmıştı.

KDP lideri Barzani, Saddam güçlerinin geri çekildiğini, tahliye operasyonunun artık gereksiz olduğunu söylüyordu. Amerikan Dışişleri Bakan Yardımcısı Pelletreau ise, bölgede çatışmaların devam ettiğini ve bu aşamada Barzani'nin sözlerine güvenmeye imkân olmadığını açıkladı.

Saddam'ın Erbil'e girmesiyle birlikte Kuzey Irak'ın farklı bölgelerinden seçilmiş bu ajanlar Zaho ve Dohuk'ta toplanmaya başladı. Şimdi sorun, bu insanların güvenli bir şekilde Türkiye'ye transfer edilmesiydi. Bu noktada ABD'nin Adana konsolosluğu etkili oldu. Konsolosluk aracılığıyla özellikle Cizre, Silopi, Şırnak gibi bölgelerde çalışan otobüs firmaları ile anlaşıldı. Kiralanan ve genellikle S302 ve S303 model Mercedes otobüslerle Kuzey Irak'ta toplanan ajan peşmergeler ve aileleri, 14-15 Eylül'de Cizre-Silopi arasında yer alan hac konaklama merkezine getirildiler ve burada beklemeye başladılar.

Bu merkez geçmişte karayolu ile hacca giden Türk hacıların Türkiye'den son çıkış noktası olarak görev yapıyordu. Daha sonra Çelik Güç'e de ev sahipliği yapmıştı. Burada, CIA ajanları tarafından peşmergeler bir kez daha kimlik kontrolünden geçirildi. MİT ve Emniyet bu kişiler arasında PKK'lıların bulunup bulunmadığını tespit için yoğun bir araştırma başlattı. Gelen kişilerden bazılarının ellerindeki kimlik bilgilerinin yeterli olmadığı için Türkiye'ye girişlerine zaten müsaade edilmemişti.

Türkiye'de kamplarda toplanan peşmergeler otobüslerle Diyarbakır havaalanına, oradan da gruplar halinde ticari uçaklarla Pasifik'teki Guam adasına götürüldü. Beyaz Saray, Eylül Hızlı Transit Harekâtı ile tahliye edilen 2133 kişiden "Kuzey Irak'ta bulunan, ABD hükümetine bağlı kuruluşlarda çalışan işçiler ve onların aileleri" olarak söz etmekteydi. ABD Dışişleri Bakanlığı sözcüsü Burns ise, düzenlenen beş seferle Guam'a 2075 kişinin transfer edildiğini açıkladı. Kısacası, Amerikalı yetkililer bu kişilerin doğrudan ABD hükümeti için çalıştığını kabul ediyor; bu kişilerin şoför, çevirmen, rehber, bilgisayar operatörü olarak görev yaptığını ifade ediyordu.

Bu kişiler arasında birkaç yüz MCC koruması ve personeli, OFDA çalışanı ve onların aileleri vardı. Bu insanlar CIA hesabına çalışıyordu ve aralarında Kürtlerin yanında az sayıda Türkmen ve Arap da bulunuyordu.

15-18 Eylül arasında gerçekleştirilen operasyonda Guam'a tahliye edilen peşmergelerin sayısı hakkında bugün net bir bilgi bulunmamaktadır. 2075, 2106 ve 2133 olarak farklı rakamlar telaffuz edilmektedir.

Kürt peşmergeler, Guam adasındaki Andersen hava üssünde "Amerika'ya hoş geldiniz" yazan Arapça pankartlarla karşılandılar.

CIA'nin peşmergeleri, Guam adasında geçici iskâna tâbi tutuldular. Sağlık ve güvenlik kontrolleri yapıldı. Amerikan istihbarat birimleri, bu kişiler arasında terörist unsurların ve Irak ajanlarının bulunmadığından emin olmak için ayrıntılı bir güvenlik soruşturması yürütmeye başladı. Güvenlik soruşturmasında, Ankara'daki CIA istasyonu ile MİT arasında bilgi teatisi yapılıyordu.

ABD güvenlik soruşturması işini sıkı tutmaktaydı. Çünkü mülteciler mevzuatına göre, bu kişilerin Amerikan ana kıtasına ayak bastıktan sonra geri gönderilmeleri çok zordu.

Pasifik'te bir ada: Guam

Pasifik Okyanusu'nda bir ada olan Guam, ABD'den 9000 mil uzaklıkta. CIA peşmergelerinin götürüldüğü Guam sıradan bir ada değil; geçmişten beri ABD için önemli bir askerî üs görevi yapıyor. Ada İspanyollar tarafından 1898'de ABD'ye devredilmişti. İkinci Dünya Savaşı'nda Japonlar tarafından 1941'de işgal edilen ada üç yıl sonra ABD tarafından tekrar geri alınacaktı. Guam'ın ABD açısından stratejik önemi, adanın ABD'nin Pasifik'teki en önemli askerî üslerinden birisi olmasından kaynaklanıyordu. Irak'ı vuran B-52 bombardıman uçakları da Guam'dan kalkmışlardı.

Adanın ekonomisinde askerî harcamalar halen en önemli gelir kaynağı. Bunu turizm ve balıkçılık izliyor. Her yıl 1 milyondan fazla turist Guam'ı ziyaret ediyor. Japon turistler bu sayının yüzde 90'ını oluşturuyor.

Peşmergelerin buraya götürülmesindeki sebep ise, hukuki açıdan ABD kanunlarının burada kısmen geçerli olmasıydı. Örneğin, adada yaşayan 150 bin kişi, Amerikan vatandaşı olmalarına rağmen, seçimlerde oy kullanma hakkından yoksundu.

ABD kanunlarına göre, pasaportları bulunmayan CIA peşmergelerinin ABD'ye doğrudan götürülmelerine imkân yoktu. Bu nedenle, ABD kanunlarının kısmen geçerli olduğu Guam adası seçilmişti. Bu ada zaten yıllarca CIA tarafından kullanılan yabancı ülke vatandaşı muhbirlerin, ABD'ye göçmen olarak yerleştirilmesi için bir nevi ön eleme ve sığınma yeri olarak kullanılmıştı.

Peşmergeler burada yeniden kimlik kontrolünden ve güvenlik soruşturmasından geçirilecek ve iki aylık bir oryantasyondan sonra Amerika'ya yerleştirilecekti.

Irak ise bu operasyona BM Daimi Temsilcisi aracılığıyla BM Güvenlik Konseyi'ne gönderdiği bir mektupla tepki gösterdi ve bu operasyonun ABD'nin Irak'ta uluslararası hukuka aykırı casusluk ve istihbarat faaliyetlerinde bulunduğunu ispatladığını bildirdi.

Clinton'ın Irak koalisyonunu toplama çabaları

ABD'nin Irak politikasının çökmekte olduğunu gören Başkan Clinton, Savunma Bakanı William Perry'i aralarında Türkiye'nin de bulunduğu ülkelere gönderdi. Perry'nin ziyaretinin açıklanan amacı bölge ülkelerini ABD'nin askerî harekâtı ve gelişmelere bakış açısı hakkında bilgilendirmekti. Gerçek amaç ise dağılmaya yüz tutan Irak koalisyonunu yeniden toparlamaktı.

William Perry'nin Ankara'da ilk görüştüğü yetkili, Dışişleri Bakanı Çiller'di. Şimdi Savunma Bakanı Turhan Tayan, Genelkurmay İkinci Başkanı Orgeneral Çevik Bir, Dışişleri Müsteşarı Onur Öymen ve MGK Genel Sekreteri Orgeneral İlhan Kılıç'ın da katıldığı bu görüşmede bakın neler konuşulmuş (Tarih, 16 Eylül 1996; yer, Dışişleri Bakanlığı Konutu):

> **Çiller:** Bölgeye yaptığınız ziyaretler ve temaslarınız nasıl geçti?
>
> **Perry:** Görüşmelerimizde münhasıran Irak'taki kriz üzerinde durduk. Cuma günü Başkan Clinton Ulusal Güvenlik Konseyi'ni topladı. Burada Irak'taki durumu müzakere ettik. Değerlendirmelerimiz, Saddam Hüseyin'in son beş yıl içinde amaçlarından vazgeçmediğini ve Irak'ın nükleer kimyasal ve biyolojik programlarını kısa sürede tekrar kazanabileceğini ortaya koyuyor. Birleşmiş Milletler kararlarını uygulamak üzere bu ülkeye gönderilen BM uzmanları durumdan rahatsızdırlar. Düşüncemize göre, Irak 1 ya da en geç 2 yıl içinde nükleer kabiliyete sahip olabilir.
>
> Saddam ile ilgili ikinci endişemiz ise, güneye yayılma emelleriyle ilgilidir. Saddam'ı bu emellerini gerçekleştirmekten alıkoyan güç, bölgedeki ABD varlığıdır. 1990 yılında bölgede yeterince mevcut olmadığımız için Kuveyt krizi çıkmıştır. Şimdi burada 25 bin askerimiz mevcuttur. Kuvvetli bir hava gücümüz ve Körfez'de uçak gemilerimiz vardır. Bildiğiniz üzere bölgeye ikinci bir uçak filosu göndermekteyiz. Hava gücümüzü de takviye ettik. Şu anda Güney Irak üzerinde günde 100 sorti yapmaktayız. İki gün evvel ABD'den Kuveyt'e bir F-117 filosu gönderdik. Şu anda bu uçaklar Kuveyt'te

harekâta hazır halde beklemektedir. Bir B-52 filosu da hazır halde beklemektedir. Ayrıca 6 adet Patriot bataryası da bölgeye gönderilmiştir. Bölgedeki kuvvetlerimiz en üst düzeyde hazır durumdadır. Bu kuvvetlerimizin oraya gönderilmesi, bir savaş istediğimiz anlamına gelmez. Amacımız caydırıcı etki yapmaktır.

Kuzey'deki duruma gelince, Saddam 30 bin asker ve 3000 tankla KDP'ye yardım ederek KYB'nin yenilmesini ve Erbil'in işgal edilmesini sağlamıştır. Irak kuvvetleri şu anda geri çekilmişlerdir. Ancak, KDP'nin hâkim olduğu bölgelerde Irak gizli polisi ve diğer güvenlik kuvvetleri son derece etkindir. Barzani'nin kendi çağırdığı Irak güçlerinin bölgeden ayrılmasını sağlayıp sağlayamayacağı hakkında kuşkularımız vardır. Biz Kürtler arası bir savaşa karışmak istemiyoruz. Bölgeye yönelik bir askerî müdahalede bulunmamamızın bir başka nedeni, burada sivillerle askerî güçlerin bir arada bulunması ve yeterince istihbaratımızın olmayışıdır.

Kuzey Irak'taki çatışmalara yönelik endişelerimiz üç noktada toplanmaktadır. Bunlardan birincisi, insani yardım faaliyetlerinin bugün için inkıtaya uğramış olmasıdır. İkincisi, Türkiye'nin yeni bir göç hareketine maruz kalma ihtimalidir. Üçüncüsü ise, Türkiye'ye yönelik PKK faaliyetleri ve sızmadır. Bu noktada, çıkarlarımızın Türk çıkarlarıyla çakıştığına inanıyorum. Amacımız, Saddam Hüseyin rejimini kendi sınırları içinde tutmak ve özellikle güneydeki komşularına karşı yayılmacı bir faaliyete geçmesini önlemektir. Bunu teminen, uçuşa yasak bölgeyi 33. paralele kadar genişlettik. Böylece bu bölge içindeki hava savunma sistemlerini ve askerî tesisleri etkisiz hale getirmeyi amaçlıyoruz. Uçuşa yasak bölgeyi genişletmemize rağmen Saddam Hüseyin söz konusu alana füze bataryaları ve hava savunma sistemleri yerleştirmeyi amaçlamıştır. Bu konuda size, uydudan çekilmiş füzelere SA bataryasının füze ateşlerken çekilmiş bir resmini göstermek istiyorum. Saddam Hüseyin iki gün önce Irak'ın uçaklarımıza ateş etmeyeceğini ilan etti. Buna rağmen bölgeye SA füzeleri yerleştirmeye devam ediyor. Ulusal Güvenlik Konseyi toplantısında Başkan'a söz konusu füzelerin sınırlı fakat yıkıcı bir darbeyle yok edilmesini tavsiye ettik. Başkan bu tavsiyemizi kısmen kabul ederek, öncelikle Irak'a bir demarş yapılmasını önerdi.

Başkan Clinton bana müttefiklerimizle danışmalarda bulunarak değerlendirmelerimizi paylaşma görevi verdi. Basına bakarsanız, Irak'a yönelik harekâtımızın siyasi amaçlarla yapıldığı ileri sürülüyor. Oysa Başkan Clinton kamuoyu yoklamalarında 15 puan önde gidiyordu. Belirttiğim gibi, Ulusal Güvenlik Konseyi'nde derhal harekete geçmeyi tavsiye etmiş olmamıza rağmen, önce Irak'ın uyarılmasını istedi. Söz konusu demarş önümüzdeki 24 saat içinde yapılacaktır.

Çiller: "Kürtlerle sorunumuz yok"

Çiller: Bu görüşmeyi yapmış olmamızdan dolayı memnuniyet duyuyorum. ABD ile dayanışma içindeyiz. Kriz çıktığı andan itibaren gerekli desteği hemen sağladık. Kuzey Irak'taki ABD görevlilerinin tahliyesine ilişkin uçuşlar başlamış bulunmaktadır. Irak'a 24 saat içinde bir demarşta bulunacağınızı ifade ettiniz. Saddam'ın ne şekilde tepki göstereceğini düşünüyorsunuz? Saddam bu uyarıya aldırmazsa taarruzda bulunacak mısınız?

Perry: Saddam hakkındaki tecrübelerime göre, adı geçenin kesin bir tutum takınmayarak bizi bir ikilem içine sokmak isteyeceğini düşünüyorum. Ancak bizim acelemiz bulunmamaktadır. Uçaklarımızı tehdit etmesi halinde, eylemlerine karşı gerekli yanıtı vermekten çekinmeyeceğiz.

Çiller: Bağdat'ı vurmayı düşünüyor musunuz?

Perry: Hedeflerimiz Irak'ın hava savunma sistemleri olacaktır. Güçlü fakat teksif edilmiş bir darbe yapmayı planlıyoruz. Bu, cezalandırmaya yönelik bir taarruz olmayacaktır.

Çiller: Saddam Hüseyin rejimi baskıcıdır. Bölgenin istikbali için bir tehdittir. Öte yandan, bizim açımızdan Irak'ın toprak bütünlüğü ve egemenliği önemlidir. Mevcut şartlarda bunların Saddam yönetimi altında sağlanması sorun yaratmaktadır. Bu yüzden dikkatimizi Türkmenlere çevirmemiz gerektiğini düşünüyorum. Kuzey Irak'ta 300 ile 700 bin arasında Türkmen yaşamaktadır. Bunlar petrol bölgeleri olan Musul ve Kerkük'te toplanmışlardır. Kuzey Irak'ta yaşayan Türkmenlerin güvenliği ile yakından ilgileniyoruz.

İran tarafından desteklenen Talabani bölgeden uzaklaşmıştır.

Hafta sonu görüştüğüm İran Dışişleri Bakanı Velayeti, Barzani'yle Talabani'nin işbirliği yapmasını istediklerini belirtti. Talabani'nin bölgeye geri dönme ihtimalinin bulunduğunu akılda tutmak gerekiyor. Öte yandan, PKK da Kuzey Irak'ta etkinlik göstermektedir. PKK'nın Suriye ile bağları vardır. İran ise Suriye'de bir geçit tesis etmek istemektedir. Bunlar bizi kaygılandırmaktadır.

Kürtlere karşı herhangi bir sorunumuz yoktur. Bunlar bizim vatandaşlarımızın akrabalarıdır. Ama bağımsız bir Kürt devleti kurulmasına sonuna dek karşı çıkmaya kararlıyız. Böyle bir devlet bölgede istikrarı bozar ve zincirleme bazı gelişmelere yol açar. Bize göre Barzani, Türkmenlerle işbirliği yapmalıdır. Barzani'yi Saddam'dan kurtarmak gerekmektedir. Bunu en kısa sürede gerçekleştirmemiz lazımdır. Bu konuda zaman çok önemlidir. Bizim Kuzey Irak'ta istediğimiz devlet otoritesi, Saddam Hüseyin rejimi değildir.

BM kararlarına saygılı bir yaklaşım içinde hareket ediyoruz. Ancak büyük ekonomik kayıplara uğradık. Yıllık petrol tüketimimiz 25 milyon tondur. Bunun ancak onda birini üretiyoruz. 986 sayılı BMGK kararının uygulamaya konulması halinde onda birlik petrol ihtiyacımız rahat karşılanacaktır. Fakat bu kararın uygulanmasının siyasi bakımdan çok önemli sonuçları vardır. Zira boru hattının açılmasıyla Türkiye Avrupa'ya yönelik bir dağıtım merkezi haline gelecektir. Dolayısıyla Avrupa nezdinde önemimiz artacaktır.

Kuzey Irak'ta Türkmenlerle Barzani'yi bir araya getirmemiz ve bunların PKK'ya karşı mücadele etmesini sağlamamız gerekir. Bunu gerçekleştirirsek bölgede İran'ı dışarıda tutarız. Türkmenlerin güvenlik sorunları mevcuttur. Erbil'den götürülen Türkmen liderleri Bağdat'ta idam edilmişlerdir. Türkmenlerin Barzani'yle işbirliği yaparak güvenlik içinde yaşamaları Türkiye ile ABD'nin çıkarınadır. Bunun acilen gerçekleştirilmesi gerekmektedir.

Bölgeye yapılacak insani yardımların Kızılay aracılığıyla gerçekleştirilmesi önemlidir. Türkiye'ye yönelik yeni bir göç hareketinin ortaya çıkmasını istemiyoruz. PKK ile esas Suriye ve bazı Doğu Avrupa ülkelerinin hava savunma ve anti tank silahlanması bizi endişelendirmektedir. Bu silahların PKK'nın eline geçmesi bölgede sıkıntıları artırır. Barzani ve Türkmenlerin gerçekleştirecekleri işbirliği ABD'nin desteğiyle ve Türkiye'nin aracılığıyla yapılmalıdır. Barzani Türkiye ile ilişki kurmazsa Saddam'ın eline düşer, ki bu durum Türkiye ve ABD'nin çıkarlarına aykırıdır. Bu bakımdan Türkmenlerin ve Barzani'nin Kuzey Irak'taki yerel yönetimlerle işbirliği yapmalarını desteklemenizi arzu ediyoruz.

Perry: Kuzey Irak'a ilişkin görüş ve amaçlarımız benzerlik arz etmektedir. Biz de Irak'ın toprak bütünlüğünün korunmasından yanayız. Sorunumuz Irak liderliğiyledir. Suriye ve İran'ın bu bölgede etkinlik kazanması ve Irak'ın toprak bütünlüğünü tehdit etmesi önemli sorunlar yaratır. Bölgedeki terörist faaliyetler bize de endişe vermektedir. Özellikle bunların modern silahlar elde etmeleri büyük sorunlar yaratır. ABD Barzani'yi gözden çıkarmamıştır. Onu Saddam'ın elinden kurtarmak istiyoruz. Vurguladığınız üzere, bu konuda zaman çok önemlidir. Bunu derhal gerçekleştirmemiz lazımdır.

Başarılı bir strateji çerçevesinde Huzur Harekâtı'nın devam etmesini sağlamamız lazımdır. Aksi takdirde Huzur Harekâtı'nın hangi amaçla faaliyet gösterdiği sorusu gündeme gelir. Konu hakkında görüşlerimizi daha iyi ortaya koyması bakımından Yakın Doğu konularından sorumlu Dışişleri Bakan Yardımcısı Büyükelçi Pelletreau'ya söz vermek istiyorum.

Pelletreau: Barzani'nin Saddam ile ittifakı bize rahatsızlık vermektedir. Saddam, Barzani'yle yaptığı ittifaktan faydalanarak kuvvet kazanmak istemektedir. Bölgeye istikrar gelmesi Türkiye'nin yararınadır. Bunun 986 sayılı kararın uygulanması açısından da önemi vardır. Bölgeye istikrar gelmedikçe 986 sayılı kararın uygulanması zordur.

Barzani'nin Saddam Hüseyin'den uzaklaştırılması için Türkmenlerle bir araya gelmesi hususundaki görüşlerinizi daha ayrıntılı olarak öğrenmek isteriz. Barzani'nin Saddam Hüseyin'le bağlarını tümüyle koparabileceğine inanmıyoruz. Saddam Hüseyin bölgede düşmanca emeller besleyen, ne yapacağı belli olmayan bir mihraktır. Bağdat rejimini ve Türk faaliyetlerini yakından takip etmeye mecburuz.

Çiller: Görüşmelerimize teknik düzeyde devam etmeliyiz. 986 sayılı kararın uygulanması, Barzani'nin Türkmenlerle işbirliği yapması ve PKK'ya karşı mücadele edilmesi bizim için önemlidir. Barzani'ye sağlanacak destek Türkiye aracılığıyla gerçekleştirilmelidir. Bütün bunlar için zaman çok önemlidir. Çok hızlı hareket etmemiz gerekmektedir.

Demirel: "Çekiç Güç kimi kime karşı koruyor?"

Bugünlerde Cumhurbaşkanı Demirel, gelişmeleri şöyle değerlendiriyordu:

Bölgemizde problemler daha da karmaşık hale gelmiştir. ABD ile stratejik bir işbirliğimiz vardır. Bu işbirliği bölgenin istikrarı açısından çok önemlidir. ABD ile görüşlerimiz birbirleriyle uyumludur ve karşılıklı çıkarlarımız çerçevesinde işbirliğimizi devam ettirmek istiyoruz.

Irak'taki durum hakkında nihai amacın ne olduğunu bilmeden bir değerlendirme yapmak ve çözüm yolları bulmak zordur. Irak'a devlet otoritesini kim getirecektir? Bu bir sorundur. Irak'ın toprak bütünlüğünü destekliyoruz. Kuzey Irak'ta Kürtler, Türkmenler ve diğer gruplar yaşamaktadır. Huzur Harekâtı bunlar için bir güvenlik şemsiyesiydi. Şimdi Barzani Saddam'la bir anlaşma yapmıştır. Bu durumda kimi kime karşı koruduğumuz sorusu ortaya çıkmaktadır. Biz Kürt grupların yeniden çatışma içine girmesini istemiyoruz. Bunlardan birini açıkça desteklersek diğeri rahatsız olur. Böyle bir durumda İran bölgeye sızma olanağı bulur. Biliyorsunuz ki, Kuzey Irak'ta Bedir Tugayları mevcuttur. Biz İranlılardan Kuzey Irak'a müdahale etmemelerini istedik.

Barzani'nin Bağdat'la ilişkilerini engelleme imkânına sahip olup olmadığımızı bilmiyorum. Barzani'yle Talabani'nin işbirliği yapması gerekmektedir. Yeniden bir sivil savaş çıkarsa bunun sonuçlarını kestirmek çok zordur. 1991 yılındaki göç dalgasını durdurmak için Çekiç Güç'ü biz davet ettik. Bugünkü gelişmeler, Huzur Harekâtı'nın yönünü değiştirmiştir. Saddam Irak sınırları içinde tutulmalıdır. Saddam'a bir uyarı yapılması akıllı bir fikirdir.

Türkiye'nin kayıpları önemlidir. Körfez Krizi'nden bu yana maddi kaybımız 25-30 milyar dolardır. Ayrıca PKK faaliyetleri de

> bölgede artmıştır. Önümüzdeki kısa dönemde bölge dengelerinin nasıl değişeceğini bilmiyoruz. Geçmiş yıllarda güvenliğimiz için bazı operasyonlar yaptık.
>
> Türkiye ile ABD uzun geçmişe dayanan bir müttefiklik ilişkisine sahiptirler. Birbirlerini destekleye gelmişlerdir. Türkiye'nin şimdi ABD'yi desteklememesi için bir neden yoktur. Birbirimizi anlamalı ve güven duymalıyız.

İkinci peşmerge tahliyesi başvurusu

ABD, öncelikle CIA'nın istihbarat faaliyetleri için yetiştirdiği ve kullandığı peşmergeleri güvenliklerine kavuşturmuştu. Şimdi sıra, geride kalanları da aynı yöntemle Türkiye üzerinden tahliye etmekti. ABD Dışişleri Bakanı Christopher, BM Zirvesi' ne katılmak üzere New York'a giden Çiller'e konuyu açtı. ABD tarafı bu kez 4000-4500 kişilik bir grubun Türkiye üzerinden tahliyesi talebinde bulundu. Çiller ve heyeti, bir önceki grupla benzer koşullarla ve sadece insani amaçlarla söz konusu tahliyenin yapılabileceğini söyledi. Ancak, Türkiye'nin bir ön şartı vardı. Iraklı Kürtlerin tahliyesiyle eşzamanlı olarak, Kuzey Irak' taki Atruş kampındaki Kürt asıllı Türk vatandaşları da Türkiye' ye geri getirilecekti.

ABD Dışişleri Bakan Yardımcısı Pelletreau, üstlerine Türk yetkililere şunları söylediğini rapor etmişti:

> Birinci grubun tahliyesiyle ilgili olarak Türkiye'nin sağladığı mükemmel düzenleme için hükümetim adına teşekkür ederim. Şimdi ABD adına çalışanlara yaptığımız gibi, ABD tarafından mali yönden desteklenen hükümet dışı kuruluşlar için çalışan, Kuzey Irak'taki Irak vatandaşlarını da tahliye etmek istiyoruz. Bu konuda iki sorun vardır. Birinci sorun, ikinci grubun sayısının birinci grubun yaklaşık iki misli olduğudur. Bunların yaklaşık 700'ü INC ve INA'yla bağlantılı Iraklı Araplar ve aileleridir. 3300 kadarı ise NGO çalışanlarıdır. Ayrıca, ABD tarafından mali yönden desteklenme-

yen iki NGO'nun da benzer istekte bulunup bulunmayacağını bilmiyoruz. Bu yüzden sayı tam kesin sayılamaz.

İkinci sorun ise, listenin birinci grup için olduğu kadar iyi ve sağlam olmaması ve kimliklerinin aynı kesinlikle bilinmemesidir. Sizin güvenlik gereksinimlerinizin de idrakindeyiz. Dolayısıyla bunların Türkiye'ye gelmeden önce sorgulanması, taranması için bir yöntem geliştirmeliyiz. NGO'ların Habur sınır kapısı bölgesinde gereksiz kargaşa yaratmalarını önlemek gerekir. Bu bakımdan Büyükelçi Grossman'ı operasyonu yürütmekle görevlendirmeyi öngörüyoruz. İkinci gruba yönelik tehdit bu kez birinci gruba olan kadar yakın ve acil olmadığı için, uçaklar ve otobüsler için gerekli düzenlemeleri yapmaya daha fazla zamanımız var. Birinci grup için Kızılay'la yaptığımız işbirliği çok olumluydu. Bunu tekrarlayabiliriz. Masrafları biz üstleneceğiz.

Büyükelçi Grossman tahliyeler konusunda karşılaşabileceğimiz hassasiyet ve sıkıntıların tamamen farkında. Hemen sizinle temasa geçecek. Tahliye edilenleri esasen Amerika'nın çeşitli yerlerine dağıtıyoruz. Bir reentegrasyon programına tâbi tutuyoruz. Bunların ileride başımızı ağrıtmaması için bir ön incelemeyi de sıkı tutacağız. MED-TV ve AKIN konusunda da bir şeyler yapabileceğimiz kanaatindeyim. Birinci grubun tahliyesinde gösterdiğiniz kolaylığın ABD Kongresi'ne iletmiş olduğu mesajın etkisi görülmeye başlıyor. İşbirliğiniz için tekrar teşekkür ederim.

Türk tarafı ise, bunu insani bir mesele olarak gördüğünü, gereken yardımın yapılacağını, ancak bu kişilerin faaliyetlerinden şüphe duyulan NGO personeli olmasının sorun yaratabileceğini söyledi. Türkiye, karşısında tek bir muhatap istiyordu, bu da ABD hükümetiydi.

Bu operasyonun, birinci gruba yapıldığı gibi, basında bir CIA operasyonu olarak sunulmasına yol açılmamalıydı. Kızılay bütün safhalarında görev almalı ve operasyon sadece bir insani yardım operasyonu olmalıydı. Teröristler tarafından kontrol edilen Atruş kampında arzuları hilafına tutulan 13 bin kadar

Türk vatandaşı da Türkiye'ye getirilmeliydi. Barzani bu konuda yardımcı olmaya hazırdı. Bu sorun birkaç gün zarfında çözülmeliydi. Yoksa Amerika için çalışanlara yardım ederken Türk vatandaşlarına yardım edilememesini kamuoyuna izah etmek mümkün değildi. Zaten Türkmenlere aynı imkân sağlanmadığı için hükümet eleştiriliyordu.

Türkiye kitlesel bir mülteci göçü istemiyor, bunu önlemek için de Türkmenlerin güvenlik hissi içinde yaşamalarını sağlamak gerektiğini düşünüyordu. Ayrıca ABD'deki militan bir Kürt diasporanın yaratılmasının sakıncalarına dikkat etmek ve bu nedenle, ön elemeyi iyi yapmak gerekti.

Türkiye, MED-TV'nin yayınlarının durdurulmasını ve PKK' nın ABD'deki uzantısı olan Amerikan Kürt Enformasyon Bürosu'nun (AKIN) faaliyetlerine engel olunmasını istiyordu. Ayrıca Diyarbakır havaalanının uçuş pistinin yenilenmesi gibi bazı teknik sorunlar da ortaya çıkmıştı. Basına yapılacak açıklamaların da koordine edilmesi gerekiyordu.

ABD'ye göre bu kişiler ABD adına değil, bölgede Amerikan insani yardım kuruluşlarında çalışanlardan oluşuyordu. Neticede Türkiye, ikinci grup peşmergenin de tahliyesine yeşil ışık yaktı.

İkinci grubun tahliyesi

Ancak bu sırada kimliği bulunmayan bu peşmergelerin tahliye edilmesi ABD hükümeti içinde de tartışmaya yol açmıştı. Bu kişilerin ABD tarafından itâ edilen kimliklerinin bulunmaması ciddi bir sorun teşkil etmekteydi. ABD, Kürt İnsan Hakları Uluslararası İzleme Komitesi gibi ABD merkezli NGO'lar için çalışan bu kişiler arasına Irak ajanlarının sızması ihtimalini dikkate alıyordu.

Yönetim bu peşmergeleri ABD'ye getirip getirmemeye karar

vermeye çalışıyordu. Çünkü seçimlere sadece birkaç hafta kala yaşanacak bir başarısızlık, Başkan Clinton'un tekrar seçilmesini ciddi şekilde tehlikeye sokabilirdi. Bu nedenle Clinton yönetimi ilk etapta, KDP-KYB arasında yeni bir çatışmanın çıkmasını engellemeye çalışıyor; Saddam ile yeni bir hesaplaşmadan kaçınıyordu. Özellikle Cumhuriyetçi çevreler ABD'nin bölgesel çıkarları için, Kürtler arasındaki iç çatışmanın sona erdirilmesi amacıyla Clinton'ın daha fazla sorumluluk alması gerektiğini savunuyordu. Muhafazakâr bir yayın olarak tanınan *Christian Science Monitor* yazarlarından Jonathan Landay bu dönemde kaleme aldığı yazısında, "Uzmanlar Kürt sorununun ABD için bir iç politika sorununa dönüştürülmemesi gerektiğini; ABD'nin bu çerçevede Irak Kürdistanı'nın Saddam muhalifleri için yeniden güvenli bir bölgeye dönüştürülmesi gerektiğini işaret ediyor" diyordu. Yine Saddam'ın Kuzey Irak'a müdahalesinin CIA tarafından desteklenen ve Saddam'ı devirmeyi amaçlayan hareketlere büyük bir darbe vurduğunu ifade ediyordu. Boston Üniversitesi Orta Doğu uzmanlarından Uri Ra'anan, "Bizim bölgede çıkarımız, Kuzey Irak'ta, Batı karşıtı olmayan, bize dost bir ada yaratmaktır" diyordu.

Muhafazakârların bu ataklarına, Dışişleri Bakanlığı Sözcüsü Nicholas Burns, "Kürt grupların ateşkes yapacağına ve Irak ile İran'ın soruna karışmalarını engelleyeceğine inanıyoruz" diyerek karşılık vermeye çalışıyordu. Ancak, yönetimdeki üst düzey yetkililere dayandırılan haberlerde durumun çok iç açıcı olmadığı ortaya çıktı:

> Yapabileceğimiz her şeyi yapmaya çalışıyoruz. Ancak, biz Kürtlerden daha fazla ateşkes isteyemeyiz. Bu grupları bir araya getirmeye çalışıyoruz. Ancak, yapabileceklerimizin de bir sınırı var. Yine, bu partilerin bir arada çalışmaları için göstereceğimiz çabanın da sınırı bulunuyor.

Bu dönemde Washington yönetimi bölgedeki müttefiklerinin, özellikle de Türkiye'nin kriz sürecindeki tutumunu da sorguluyordu. Amerika'nın tanınmış düşünce kuruluşlarından Washington Institute'de konuyla ilgili yapılan bir toplantıda, Erbil krizi ve sonrasında yaşanan gelişmelerde Ankara-Saddam ve Barzani ortaklığının önemli rol oynadığı kaydediliyordu. Enstitü'nün Irak uzmanı, Hayfa Üniversitesi Modern Orta Doğu Tarihi Bölümü öğretim üyesi Prof. Amatzia Baram yaptığı değerlendirmede, "Türkiye'yi kaybettik" diyordu. Tabiî bu algılamada, Dışişleri Bakanı Çiller'in *New York Times*'da 21 Eylül 1996 tarihinde yayınlanan röportajında, Saddam'ı Kuzey Irak'a Türkiye'nin davet ettiğini söylemesi gibi önemli gaflarının da ciddi etkisi oldu.

Eylül ayının son günlerine gelindiğinde, Washington ne yapması konusunda hâlâ kesin bir karara varmış değildi. Daha önce planlandığı gibi, birkaç bin Kürt'ü daha bölgeden kaçırıp kaçırmamaya karar vermeye çalışıyordu. Dışişleri Bakanlığı yetkililerinden Gly Davies, 25 Eylül'de "Henüz bir karar alınmış değil. Ancak, becerebilirsek eğilimimiz bu operasyonu gerçekleştirmek yönünde" diyordu. Bölgede ABD'nin oluşturduğu güvenli bölgenin ayakta kalmasına yardımcı olan bu NGO'larda Kürt ve diğer etnik kökenden insanların sayılarının 4 bin kadar olduğu öngörülüyordu. Davies'in 27 Eylül'de yaptığı açıklama daha muğlaktı ve yönetimde operasyonu gerçekleştirmeme eğiliminin güçlendiğini işaret ediyordu:

> NGO çalışanlarının güvenliğini sağlamak için alternatifleri değerlendiriyoruz. Bu, kompleks bir durum. Mevcut durumda daha önce taşıdığımızdan daha fazla insan var. Bölgede her tarafa dağılmış durumdalar ve farklı organizasyonlara mensuplar. Bu konu üzerinde çalışmak biraz daha zaman alacak.

Aslında Washington'da herkes konuyla ilgili tartışılan tek konunun bu insanların güvenliği olmadığını biliyordu. ABD yönetiminin Kuzey Irak'taki rolünün yeniden tanımlanması gerektiği ifade edilmeye başlanmıştı.

Dışişleri Bakan Yardımcısı Robert Pelletreau Kongre'de yaptığı konuşmada, Clinton yönetiminin Saddam'ın 1991'de oluşturulan etnik güvenli bölgede kontrol kurmasını engellemek zorunluluğunun bulunmadığını ifade ediyor ve "Eğer bir parti Saddam Hüseyin'i davet ediyorsa, onları kendi kötü seçimlerinden korumak bizim yükümlülüğümüz değildir" diyordu. Davies bu yorum üzerine yaptığı açıklamada, Pelletreau'nun yanlış anladığını belirtiyor, yine de "Biz asla Kuzey Irak'ta Kürtlere bir çeşit zırhlı güvenlik garantisi vermedik" diyordu.

Bu açıklamaya rağmen kafalarda oluşan soru işareti ortadan kalkmamıştı. Başkan Clinton, henüz operasyona izin vermemişti. ABD, bu gelişmeyi 1 Ekim'de Türk makamlarına bildirdi:

> Kuzey Irak'ta ABD yardım kuruluşu OFDA'yle Askerî Koordinasyon Merkezi adına istihdam edilmiş, sayıları aileleriyle birlikte 2070 kadar olan yerel personelin Türkiye üzerinden ABD'ye transit taşınmaları ABD hükümeti ile Türk hükümeti arasında varolan mutabakat doğrultusunda Eylül ayı içerisinde sonuçlandırılmıştır.
>
> ABD Dışişleri Bakanı Christopher, ikinci aşamada bu bölgede insani yardım faaliyeti gerçekleştiren ABD NGO'larının istihdam ettiği yerel görevlilerin de benzer yöntemle Türkiye üzerinden ABD'ye transit taşınmalarının söz konusu olabileceğini Türk Dışişleri Bakanı Çiller'e 23 Eylül'de bildirmiştir. Bu çerçevede, sayıları 700 civarında Irak'lı muhalif grupların INC, Irak Ulusal Birliği (INA) ve Irak Ulusal Grubu (ING) mensuplarıyla 3300 civarında NGO yerel görevlisinin olası tahliyesi gündeme gelmiştir.
>
> ABD hükümeti, 1 Ekim'de ABD NGO'larına bağlı yerel görevlilerin tahliyesi işleminden şimdilik vazgeçmiştir. Ancak, ABD makamları, 700-1000 kişilik Irak'lı muhalif grup mensuplarının ve ailelerinin bölgeden tahliye edilmesi için ön hazırlıklara başlamıştır.

Buna göre INC, INA, ING mensubu bu kişiler ve aile fertleri, kesin kimlik tespiti işlemi biter bitmez, bir önceki tahliye sürecinde uygulanan kurallar çerçevesinde, Türk makamlarıyla işbirliği içerisinde ve hızla tamamlanacak bir transit uygulamasıyla Guam'a götürülecekti.

Bu gruplar, 1992'den beri CIA tarafından finanse edilmekteydi. Bu nedenle, bu defa konuyla ilgili çalışmalara CIA, FBI, Savunma Bakanlığı İstihbarat Ajansı, ABD Göçmenlik Bürosu gibi ABD kurumlarının görevlilerinin de müdahil olması öngörülüyordu. CIA ve OFDA adına çalıştığını, ancak ilk Hızlı Transit Harekâtı'nda tahliye edilmediğini iddia edecek kişiler ise CIA tarafından sorgulanacak ve güvenlik soruşturmasından geçirilecekti.

ABD işleri yoluna koymaya çalışıyor

ABD, Kürt gruplar arasındaki çatışmalara son vermek ve Tahran ve Bağdat faktörlerini devreden çıkartmak amacıyla bir kez daha inisiyatif almak gerektiğini düşünüyordu. ABD, bütün bu gelişmeler karşısında ipleri yeniden ele almaya karar verdi.

ABD, KDP ve KYB ile çalışmaya devam edecekti. Her iki grubun da Saddam Hüseyin'e karşı birleşmeleri gerekiyordu. ABD, Kuzey Irak'ta İran'ın girişimlerine karşı koyacaktı ve Kuzey Irak'tan uzak durması için Tahran'ı güçlü şekilde uyarmıştı. Barzani, ABD Dışişleri Bakanı W. Christopher'a bir mektup göndererek ABD'nin arabuluculuk girişimlerine açık olduğunu bildirdi. Bunun üzerine Dışişleri Bakan Yardımcısı Robert Pelletrau, KDP lideri Barzani ile 18 Eylül'de ve 21 Ekim 1996'da Silopi'de görüşmüştü. KYB lideri Talabani ile de 22 Ekim'de Ankara'da bir araya gelmişti.

ABD, Kürt gruplara "her iki taraf için öldürücü sonuçlara yol açan çatışmaların sadece Saddam Hüseyin'e yarar sağlayacağı" uyarısında bulunmaktaydı. Clinton yönetimi, KDP'nin Bağdat'la, KYB'nin ise Tahran'la ilişkisinden rahatsızlık duyduğunu da taraflara bildirmişti.

Kuzey Irak'taki istihbarat ağını kaybeden ABD, bu defa Irak politikasının çökmesini engellemeye çalışıyordu.

Bu süreçte Türkiye'nin işbirliği de ABD açısından her zamankinden önemli hale gelmişti. Türkiye'nin Kuzey Irak'taki çatışmaların PKK'nın bölgedeki varlığını pekiştireceği endişesi ile, Kürtler arası çatışmaların devamının Çekiç Güç'ü anlamsız hale getirmesinden rahatsızlık duyan ABD'nin çıkarları kesişmişti. Kürtleri yeniden barıştırmak gerekiyordu.

ABD, 6 Ekim 1996'da Kuzey Irak konusundaki görüşlerini Türk tarafına bildirdi:

> Türkiye'nin güvenlik kaygılarının giderilmesine destek vermemizin, Kuzey Irak'taki ve diğer bölgelerdeki stratejik işbirliğimiz bakımından taşıdığı önemin bilincindeyiz.
>
> Türkiye'yi PKK'ya karşı sürdürdüğü savaşta hiçbir ülke ABD kadar desteklememiştir. Bu konuda daha fazla nasıl işbirliği yapabileceğimizin yollarını araştırıyoruz.
>
> KDP lideri Barzani'nin PKK'nın Atruş kampından yararlanmasını engelleyebileceğini düşünüyoruz. Atruş konusunda Türkiye'ye yardımcı olmak istiyoruz. Ayrıca, Türkiye ile BMMYK arasında Atruş'a ilişkin bir mutabakata varılmak üzere olduğunu öğrenmiş bulunuyoruz.
>
> Türkmenlere Kuzey Irak'ta daha ağırlıklı rol verilmesi gerektiğini Barzani'nin dikkatine getirdik. Barzani buna olumlu bakıyor. KDP'nin Kuzey Irak'taki diğer gruplarla ilişkilerini de yakından izliyoruz.
>
> Kuzey Irak'taki yapılanmada KYB'ye de bir rol verilmelidir. Aksi halde, Talabani ve KYB, İran'ın Türk sınırlarına yakın bölgelerde kargaşa yaratma siyasetine alet olabilirler.

Kuzey Irak'taki oluşumun ayrılıkçılığa yöneldiğini düşünmüyoruz. ABD birçok defa, bağımsız bir Kürt devletine karşı olduğunu kamuoyuna açıklamıştır. ABD'nin bu politikası sürecektir.

Türkiye'nin Kuzey Irak'taki insani yardım faaliyetlerinde çalışan yerel ve uluslararası görevlilerin bölgeden tahliyesine yardımcı olmasını bekliyoruz. Bu konularda sizinle görüşmelerimiz devam edecektir.

Barzani, bölgede kalacak NGO görevlilerinin güvenliği konusunda bize teminat vermiştir. Kuzey Irak'ın istikrarı için uluslararası insani yardım faaliyetlerinin devam etmesi gerekmektedir. ABD ile çok yakın çalışmış görevlilere, bölgede kendilerini tehdit altında görüyorlarsa, gereken her türlü yardımı sağlamak manevi borcumuzdur.

ABD, yaptırımların Türkiye ekonomisine verdiği zararın farkındadır. Kuzey Irak'ta istikrarın tesis edilmesi, Türkiye'ye ekonomik yarar sağlayacak 986 sayılı BMGK kararının bir an önce hayata geçirilmesinin önünü açacaktır.

Dışişleri Bakanı Çiller ile Büyükelçi Albright arasında New York'ta yapılan görüşmeler ışığında, Kuzey Irak'taki gelişmeler hakkında bir durum değerlendirmesi yaptık.

BMGK kararlarına uyması ve komşularına oluşturduğu tehdide son vermesi için Saddam Hüseyin üzerindeki baskıların devam etmesi gerektiğini düşünüyoruz.

Kuzey Irak'taki durum hakkındaki değerlendirmemiz, bölgede istikrarın sağlanması ve PKK ile mücadele açısından ABD ve Türkiye'nin KDP ve lideri Barzani ile işbirliği yapmamızı gerekli kılmaktadır. Türkiye'nin bu değerlendirmeyi paylaştığını düşünüyoruz. Böyle değilse bilmek isteriz.

Politikalarımızı ve yaklaşımlarımızı belirlerken ve uygularken, Türkiye'nin rolü çok önemli olmaya devam edecektir. Politikalarımızın ve uygulamalarının uyumlu olmasını sağlamalıyız.

Bildiğiniz üzere, KDP'den bir heyeti 17 Ekim'de Washington'a davet etmeyi planlıyoruz. Türkiye'nin toplantıya gözlemci olarak katılmasından memnuniyet duyarız.

ABD: Barzani'ye silah verin

> Barzani, Huzur Harekâtı'nın devamı da dahil olmak üzere bizden bazı güvenlik garantileri istemiştir. Barzani'ye vereceğimiz yanıt bakımından Türkiye'nin desteğinin mevcudiyetinden emin olmak istiyoruz. Uçuşa yasak bölge uygulamasının daha da güçlendirilerek devam etmesi konusunda Türkiye ile mutabakata varabileceğimizi umut ediyoruz.
>
> Barzani, koalisyon güçlerinin Kuzey Irak'a yeniden dönmesini arzu etmektedir. Bu meseleyi artıları ve eksileri ile değerlendirmekteyiz. Bu konudaki görüşlerinizi öğrenmekten memnuniyet duyacağız.
>
> Barzani, PKK ile ortak mücadelenin geliştirilmesi için Türkiye ile görüşmelerde bulunmaya olumlu bakmaktadır. Türkiye'nin böl-gedeki duruma ilişkin değerlendirmelerini ayrıntılı olarak bilmek istiyoruz.
>
> Barzani'nin silaha ihtiyacı olduğunu hiç düşündünüz mü?

Kısacası, ABD Türkiye'den Barzani'ye silah vermesini istiyordu. Kuzey Irak, Türk ve Amerikan politikasının dengeler savaşıydı.

1996'da PKK, Kuzey Irak'ta bir kurtarılmış bölge veya kendisine bir yeni bölge yaratma faaliyetine girişmişti. Türkiye bu noktada, PKK karşısında Barzani'ye destek olmayı kararlaştırmıştı. PKK'nın elinden Barzani'yi Türkiye kurtardı. Gerçi yukarısı bıyık, aşağısı sakal bir kurtarmaydı bu.

Türk Dışişleri, Amerikan diplomatlara "Sizin Kuzey Irak'a ulaşabileceğiniz yegâne yer Türkiye'dir. Ne İran'dan, ne Irak' tan, ne Suriye'den ulaşmanız düşünülemez. O bakımdan Türkiye ile işbirliği yapmak Amerika'nın menfaatinedir" demişlerdi. Amerika da sıkıntıyı görünce kerhen "Olur" yanıtını vermişti. Ama toplantı sonrasında Amerika'nın Kuzey Irak'ta PKK'yı da anlayışla karşılayacak gibi göründüğü ortaya çıkmıştı. Öyle de oldu ve Amerika bölgesel bir tutum değişikliğine gitti.

Acaba Bosna-Hersek modeli mi?

Amerika Irak'ın *toprak bütünlüğü* kavramını kullanıyordu, ama artık *egemenlik* lafından söz etmiyordu. Ankara kaygılıydı. Amerika acaba Bosna-Hersek'teki gibi bir modele mi kayıyordu? Türkiye 1996'da Kuzey Irak'ta Amerika'nın bir Kürt Federe Devleti planladığına artık inanmıştı ama çaresizdi. Dönemin bir kuvvet komutanı MGK'da şöyle anlatacaktı Türkiye'nin çaresizliğini:

> Belki de bu konuda bizim için müttefik olabilecek tek ülke Irak. Ama nasıl? Aşiret bazında liderliğin uzun süre sürmeyeceği de artık emare olarak görünmeye başlamıştır. Belki de, Irak'ta Kürt Sosyalizmi doğacaktır. Bunun da emareleri 4-5 sene evvel başlamıştır. Mesut Barzani özellikle Urumiye'de İran Cumhurbaşkanı ile görüştükten sonra, KDP yetkilileri son bir haftadır Dohuk ve Zaho merkezlerinde ilişkilerini asgari seviyeye indirmişler, artık bizimle görüşmüyorlar. Gene kanaat o ki, çatışmalarda KDP giderek işi zayıflatıyor, yani bölgeyi terke hazırlanıyor. Gene çatışmaların sonunda önemli bir bölümün PKK kontrolüne geçtiğini raporlar gösteriyor bize. Bir yandan bizim KDP ile temaslarımız var. Bizimle temaslarında, yazılı veya sözlü, üslupları terbiyeli değil, bölgedeki komutanlara veya diğer kurumlara fevkalade mütecaviz bir üslup kullanıyorlar. Hatta yardımı az buldukları için reddettikleri oldu. Yardım verdik ellerine, almadılar, reddettiler, bu azdır almayız diye. Ondan sonra karşımıza bu temasta çeşitli tipler çıkıyor. Bakıyorsunuz siyasi sorumlu diye bir zat geliyor, başka şeyler söylüyor, askerî sorumlu diye gelen bize başka, dışarıda başka şeyler söylüyor. Herhalde siyasi olayların siyasiler tarafından, askerî olayların askerler tarafından yürütülmesinde fayda var.

Başbakan Tansu Çiller ise farklı düşünüyordu. Çiller'e göre, Amerika Kürt devletinden yana değildi:

> Amerika'nın önceliği federe bir devlet kurdurmaktan daha çok,

Saddam'ın ne olacağı konusunda düğümleniyor. Herkes görüyor ki, orada *de facto*, fiilî bir durum var. Hatta, eğer bu petrol krizi vs. olmasa idi, orada bir federe devlet belki bu gün kurulmuş olacaktı. Saddam çünkü bunu kabul etmişti. Kendi aralarındaki ilişkilerde bu vardı. Şimdi önemli olan, bana göre, seçimlere kadar ne yapabiliriz, ayrı bir strateji olarak almamız, seçim sonrasında ne yapılacağının da mutlaka düşüncesi içinde olmamızdır. Seçim sonrasında Amerika buraya bir çözümle gelecektir. İtilecektir veya itilmeyecektir, ama gelecektir. Bunu bizzat Sayın Clinton da bana söyledi. Aslında burada bir bağımsız Kürt devletini istemiyor. Kendi ilişkileri belirlemeyecek, Batı'nın ne düşündüğü belirleyecek, daha fazla. Onun için Türkiye Batı'nın içinde kalarak buradaki gücünü uzun vadede etkin kılabilir. Ben Saddam'ın statükosunun devam ettirilmesinden yana olduğu intibasındayım. Amerika açısından bu böyle, belki Batı için de böyle. Yani ne gitsin ne kalsın, ama erisin gitsin, o olduğu müddetçe çözüm olmasın. Barzani ve Talabani ile ciddi temasları sürdürmek, Talabani'ye daha fazla yardım değil, Barzani'ye daha çok ekonomik yardım sağlamak ve güç dengesini devam ettirmek, bu siyasi oluşumun içinde Öcalan'ın olmamasını sağlamak, ama orada bir toprak bütünlüğü içinde bir yapılanmada en az bağımsız türde bir oluşumun olması için azami bir güç ve baskı kurmak ve bu oluşum içinde Türkiye'yi etkin kılmak, bence gerçekçi bakış budur.

İkinci Hızlı Transit Harekâtı

İkinci Hızlı Transit Harekâtı, Türk makamlarıyla yapılan görüşmelerin tamamlanmasından sonra 15 Ekim'de başladı. CIA tarafından finanse edilen INC, INA ve ING adına çalışan 604 kişi, 15-22 Ekim tarihlerinde, birinci harekâtta izlenen yöntem uygulanarak ilk önce otobüslerle Türkiye'ye getirildi. Kimlik tespitinin ardından yine sivil uçaklarla Diyarbakır havaalanından Guam adasına tahliye edildi.

Böylelikle CIA, doğrudan kendi adına değil, finanse ettiği muhalif gruplar adına çalışan kişileri de kurtarmıştı

NGO'ları denetim altına almak

Saddam Hüseyin'in Kuzey Irak'a saldırmasıyla dengelerde meydana gelen değişim, Ankara için en önemli rahatsızlık kaynaklarından biri olan NGO'ları denetim altına alma fırsatı yaratmıştı. Türkiye, NGO'lara uygulanacak işlemi ve politikasını şu şekilde belirlemişti:

> Irak'ın kuzeyinde yakın geçmişteki gelişmelerden sonra, bölgenin özellikle Erbil ve Süleymaniye yörelerinde görev yapan insani yardım kuruluşları mensuplarının bir kısmının, güvenlik endişeleriyle ülkeden ayrıldıkları bilinmektedir. Ancak, söz konusu personelin bölgeden ayrılması, bağlı oldukları NGO'ların tümüyle alandan çekildikleri anlamına gelmemektedir.
>
> KDP'nin KYB'ye karşı bölgede sağladığı hâkimiyet ve bunun sonucu Barzani'nin Irak'ın kuzey kesiminin hemen hemen tümünde otoritesini pekiştirmesinin ve bu meyanda bölgedeki insani yardım kuruluşlarına güvenlik güvencesi vermesinin bölgeye yönelik NGO faaliyetlerinin yeniden canlanmasına olanak sağladığı görülmektedir.
>
> Nitekim bir süredir durgunluk dönemi geçiren, ülkemiz üzerinden Kuzey Irak'a NGO personel ve malzemesi geçiş taleplerini ilgili büyükelçilikler yeniden başlatmışlardır. Anımsanacağı gibi, ABD hükümetinin AKM (MCC) ve resmî yardım kuruluşu olan OFDA kapsamında bölgede istihdam ettiği aileleriyle birlikte sayıları 2170 kadar yerel personelin ülkemiz üzerinden ABD'ye tahliyesi istemi gerçekleştirilmesi öncesi, ABD tarafı bilahare aynı şekilde Amerikan NGO'larının çalıştırdığı yerel görevlerinde ülkemiz üzerinden bölgeden çıkartılarak ABD'ye taşınmalarının öngörüldüğünü söylemiş olmasına karşın bu kere söz konusu operasyonun şimdilik belirsiz bir tarihe ertelenmesine karar verildiğini bildirmiştir.
>
> Aynı şekilde, Alman Büyükelçiliği'nin bir Alman NGO'sunun bölgede çalıştırdığı 24 kişilik yerel personeli bölgeden tahliye başvurusunun da son gelişmeler üzerine durdurulduğu anlaşılmaktadır. Kısa bir süre AB Komisyonu Ankara Temsilciliği anılan 1997 dönemi için Kuzey Irak'a 20 milyon ECU tutarında bir insani yar-

dım bütçesi tahsis ettiğini, bu yardım programının ayrıntılarının tespiti için bölgeye birkaç gözlemcinin gönderilerek, gerekli inceleme ve tespitlerin yapılmasını öngördüğünü bildirmiştir.

ABD yardım kuruluşu olan OFDA bölgede çeşitli grupları olan Avrupalı NGO'ları kullanmaktadır. Halen bu kapsamda çeşitli Avrupa ülkeleri büyükelçiliklerinden 10 kadar NGO izin talebi ulaşmış bulunmaktadır. Malumları olduğu gibi, hükümetimiz Kuzey Irak'ta insani yardım faaliyeti sürdüren NGO'ların bölgedeki varlıklarının devamını istememekte, önümüzdeki dönemde sadece Türk Kızılay'ı tarafından insani yardım çalışmalarının gerçekleştirilmesini tercih etmektedir.

Bölgede faaliyet gösteren NGO'lar 688 sayılı Güvenlik Konseyi kararı çerçevesinde, varlıklarına esas zemini oluşturmaktadırlar. Ülkemiz üzerinden Kuzey Irak'a NGO personeli ve yardım malzemesi geçişlerini düzenleyen kurallar çerçevesinde, bugüne değin 29 NGO'ya faaliyet yasağı getirilmiştir. Ancak yine de bölgede 70'in üzerinde NGO çalışmalarını sürdürmektedir. Bunların çoğu gıda yardımı, sağlık hizmeti gibi alanların ötesinde, rehabilitasyona yönelik çeşitli sahalarda, konut inşaatı, içme suyu, kanalizasyon, yol yapımı vs. münferit altyapı projeleri üretmektedirler.

Kızılay'ın bölgede tüm NGO etkinlik alanlarını kapsayacak şekilde bir görev üstlenmesi mümkün olamayacağından ötürü, diğer NGO'ların bölgeden çıkarılmaları bir şekilde gerçekleştirilebilse bile, bunun KDP yönünden ciddi sorunlar yaratmasının kaçınılmaz olacağı düşünülmektedir. Ayrıca, gerekçelerimiz ne kadar sağlam olursa olsun, bölgedeki uluslararası insani yardım faaliyetlerini durdurmak adına gelecek böyle bir uygulamanın müttefiklerimizden tepki alacağı tahmin edilmektedir.

Kuzey Irak'ta güvenlik ortamının göreceli olarak düzeldiği izlenimi bir süredir tekrar başlamış ve bu aşamada işleme konulmamış NGO'ların bölgeye giriş için izin başvurularının önümüzdeki dönemde mevcut mevzuatımız çerçevesinde değerlendirilmesine devam edilmek suretiyle işleme alınması veya bunlara bundan böyle tümüyle izin verilmemesi hususunun kesin bir karara bağlanması gerekmektedir.

ABD ve Türkiye, Kürtleri barıştırıyor

KDP ile KYB arasında barış sağlanması ve bölgede istikrarın temin edilmesi amacıyla 30-31 Ekim'de, Türkiye, ABD ve İngiltere'nin katılımıyla KDP, KYB ve Türkmen Cephesi temsilcileri Ankara'da bir araya geldi. Böylece, *Ankara Süreci* olarak adlandırılan yeni bir görüşmeler süreci başlamış oluyordu.

Zaman zaman kopma noktasına gelen ve sıkı pazarlıklara sahne olan toplantılar sonucunda 31 Ekim'de bir *Sonuç Bildirisi* yayımlandı. Tarafların 15 Kasım 1996'da Ankara'da tekrar toplanacaklarını söyleyerek son bulan 22 maddelik bu bildiride, Irak'ın toprak bütünlüğü vurgulanıyor, KDP ve KYB'nin kalıcı bir ateşkes sağlamak ve Kuzey Irak'ta siyasal uzlaşmayla başlayacak bir barış ve istikrar ortamı tesis etmek istedikleri, ateşkes yükümlülüklerinin izlenmesi amacıyla, tarafsız bir Barış İzleme Gücü oluşturulacağı belirtiliyordu.

Metinde, Türkiye'nin Kuzey Irak'taki PKK mevcudiyetinden kaynaklanan meşru güvenlik endişeleri de gündeme getirilmekte, tarafların PKK'nın ve diğer terörist unsurların Kuzey Irak'ta faaliyette bulunmalarını ya da varlık tesis etmelerini önlemeye çalışacakları da belirtilmekteydi.

Ancak, KDP kısa bir süre sonra yaptığı açıklamada, 22 maddelik sonuç bildirisinin sadece ateşkesle ilgili hükümlerini kabul ettiğini açıkladı. Açıklamada, KDP temsilcisi Sami Abdurrahman'ın, partinin görüşlerini ve yanıtlarını beklemeden belgeye imza koyduğu ileri sürülmekteydi.

KDP'nin bu açıklamasına rağmen, sonuç bildirisinde yer alan ilkelerin uygulanmasının gözden geçirilmesi amacıyla taraflar 15 Kasım'da Türkiye ve ABD'nin eş-başkanlığında Ankara'da yeniden bir araya geldi. Toplantı sonucunda yayımlanan ve toplam beş paragraftan oluşan Eş-başkanlık Bildirisi'nde, 31 Ekim tarihli Sonuç Bildirisi'nde yer alan Güven Artırıcı Önlemler tekrarlanıyordu.

Bu arada Clinton yönetimi, tarafsız Barış İzleme Gücü'nün giderlerinin karşılanması amacıyla Savunma Bakanlığı bütçesinden 4, Dışişleri Bakanlığı bütçesinden 3 milyon dolar kaynak tahsis etti.

21 Kasım 1996'da Talabani ile Barzani, daha önce Paris'te varılan mutabakatı bir hayli sulandırarak, aralarında yeni bir mutabakata vardılar. Türk Dışişleri bunu yakından izliyordu. Dışişlerine göre, Kuzey Irak'ta 1974'te kurulmuş bulunan ve Irak Anayasası'na girmiş olan otonom belgenin gereklerinin yerine getirilmesini Türkiye kabul etmek durumundaydı. Ama her iki lidere de çeşitli kereler, 1974 sistemini aşacak bir tutumun içine girmemeleri yönünde ikazlarda bulunuluyordu.

Oysa onlar bir federasyona doğru gitmek istiyorlardı. Bunun tüm Irak halkının müşterek iradesi ile en azından Bağdat'ta mevcut bulunan yönetimin iradesi ile mümkün olabileceğini söyleyen Türk Dışişlerini de geçiştiriyorlardı. Ama Paris anlaşmasıyla kurmuş oldukları 15 kişilik hükümette 5 Talabani, 5 Barzani partisine mensup üye yanında, 5 üyenin de burada bulunan güçlere (İslâm Partisi, Süryaniler, Komünist Partisi, Türkmen Partisi) teklif edilmiş olması, Millî Türkmen Partisi'nin ilk defa bir belge içinde yer alması Türkiye için olumlu bir gelişme olarak değerlendirilmişti, Türk Dışişlerince.

Türkiye federasyona giden iki liderin de durdurulması gerektiğine inanıyordu. Irak'ın toprak bütünlüğünü sözde bütün Batı dünyası istiyordu ama Irak parçalanıyordu! Türkiye kendi eliyle bir çukura düşmüş, çırpınıyordu.

Üçüncü Hızlı Transit Harekâtı

Kuzey Irak'taki Kürt gruplar arasında bir ateşkes ortamının doğmasına rağmen, ABD açısından büyük bir sorun çözülmeyi bekliyordu. Kuzey Irak'ta kalan ve ABD tarafından finanse edilen veya ABD merkezli diğer hükümet dışı kuruluşlarda (NGO) çalışan kişiler ve ailelerinin durumuydu.

ABD Dışişleri Bakanlığı yetkilileri, Kuzey Irak'ta ABD tarafından fonlanan insani yardım kuruluşları çalışanlarının bölgeden çıkarılması için bir planın bulunmadığını, zaten bu insanların da acil bir tehdit altında olmadığını açıkladılar. KDP ve KYB arasında 23 Ekim'de ateşkes imzalanmıştı. ABD, KDP ve KYB' den bu görevlilerin güvenlikleri konusunda taahhüt talep etmiş ve almıştı.

Dışişleri Bakanlığı Sözcüsü Burns, insani yardım kuruluşlarının bölgede insani yardım faaliyetlerine katılmış 4-5 bin Kürt' ün tehlike içinde olduğu yönündeki iddialara, "Bu iddiaları destekleyecek herhangi bir kanıt bulunduğuna inanmıyoruz. Bu insanlar doğrudan ABD hükümeti için değil, Amerikalı ve Avrupalı NGO'lar için çalıştılar" diye yanıt verdi.

Bu gelişmeler üzerine, göçmen organizasyonları ve diğer bazı sivil kuruluşlar Clinton yönetiminin Kürtleri kandırdığını iddia etti. US Committee for Refugees isimli kuruluşun deneyimli siyasi analistlerinden Bill Frelick, "Şu an yaşanılan, Çekiç Güç' ün bir parçası olarak verilen sözlerin tutulmamasıdır" diyordu. Yine aynı kuruluşların yetkilileri, "Geride kalanlar Avrupalı değil, ABD hükümeti tarafından finanse edilen Amerikalı NGO' lar için çalışan Kürtlerdir" diyordu. Ancak, NGO yöneticileri bu görüşe katılmıyor, "Saddam'ın hükümet veya NGO çalışanı diye bir ayrıma gitmediğini, bu insanların Irak gizli servisinin hedefi olduğunu, birçoğunun saldırıya maruz kaldığını, bu insanların ABD'nin kamuoyuna yansıyan yüzü olduğunu ve bu nedenle de ABD'nin sorumluluktan kaçamayacağı"nı anlatıyordu. Bu kamuoyu baskısının da etkisiyle Kasım ayının sonlarına doğru ABD, bölgede sayıları 4800 dolayında olan NGO çalışanlarını da bölgeden çıkarmak için düğmeye bastı.

Neticede, "Kuzey Irak'ta insani yardım faaliyetleri alanında faaliyet gösteren ABD ile bağlantılı hükümet dışı kuruluşlarda (NGO) çalışanlara Bağdat'ın tehditlerinin sürdüğü" gerekçesiyle, Kasım ayı sonlarına doğru ABD yönetimi operasyon için gerekli hazırlıkları gerçekleştirdi.

NGO'larda CIA hesabına çalışan bu kişiler çalıştıkları organizasyonlarla birlikte Amerikan politikasının bir parçasıydılar. Bu kişiler, sürekli olarak, Irak vizelerini reddediyorlardı. Yakalanmaları halinde uzun süreli hapse mahkûm edileceklerini biliyorlardı.

Üçüncü Hızlı Transit Harekâtı 7 Aralık'ta başladı. Habur sınır kapısından giriş yapan peşmergeler Batman askerî havaalanında Kızılay'ın kurduğu çadırlarda kaldılar. Burada konakladıktan sonra kademeli olarak Diyarbakır ve Batman havaalanlarından Guam adasına transfer edildiler. 10 Aralık'ta Türkiye'ye giren yaklaşık 2000 peşmergeden 1500'ü uçaklarla Guam'a götürülmüştü bile. Birkaç gün içinde peşmergelerin tamamı Türkiye'ye benzer yoldan girdi ve Guam'a sevk edildi. Böylece ABD doğrudan kendisine bağlı çalışan veya desteklediği NGO' larda çalışan peşmergeler ile ailelerinin tamamına yakınını Kuzey Irak'tan çıkarmayı başarmıştı.

Washington'da, 13 Aralık'ta Dışişleri Bakanlığı sözcüsü Nicholas Burns beklenen açıklamayı yapıyordu:

> Bugün 13 Aralık saat 12:20 itibarıyla, NGO çalışanları ve aile üyelerinin Kuzey Irak'tan Türkiye'ye getirilmesi tamamlanmıştır.

> Operasyonun başladığı 4 Ekim tarihinden bugüne kadar 3779 kişi Türkiye'ye girmiştir. Şu ana kadar gerçekleştirilen 10 uçuşla 3464 yolcu Batman havaalanından ayrılmış durumda. Son uçuşun yolcularıyla birlikte yarın Türkiye'den yapılacağını umuyoruz.

Bu harekâtla 3783 peşmerge daha kurtarılmış oldu.

Eylül-Aralık 1996 gelişmelerinin yansımaları

Saddam'ın Kuzey Irak'a girmesi ABD, Kürt gruplar, INC ve Saddam açısından çok önemli sonuçlar doğurdu. ABD, bölgedeki 6500 kişiyi Türkiye üzerinden Guam adasına tahliye etti. Çekiç Güç (Huzur Harekâtı), Kuzeyden Keşif Harekâtı'na (Operation Northern Watch) dönüştü, Fransa güçten çekildi.

Bu gelişmenin Kürtler açısından en ağır sonucu ise, bağımsız devlet kurma özlemlerinin ağır bir darbe alması oldu. Birbirleri arasındaki güç mücadelesinde KYB'nin İran'ı, KDP'nin ise Bağdat'ı devreye sokması, ABD'nin Kürt gruplara olan güvenini büyük ölçüde yitirmesine yol açtı.

Her iki grup da bundan sonraki dönemde ABD'nin kendilerine verdiği güvenlik garantilerinin ciddiyetini sorgulamaya ve ABD'nin taahhütlerini daha temkinli karşılamaya başladı.

Bu gelişmenin tartışmasız galibi ise, 1991'den bu yana ilk defa ABD'ye karşı büyük bir zafer kazanan Saddam Hüseyin'di.

Neticede, Saddam'ın Kuzey Irak'a girmesi ABD, Kürt gruplar, INC ve Saddam açısından çok önemli sonuçlar doğurdu.

ABD açısından:

- ABD'nin Kuzey Irak'taki istihbarat faaliyetleri çöktü, Çekiç Güç operasyonlarına karşı güvenin sarsılmasına neden oldu. 5,5 yıldır sürdürmekte olduğu, Kuzey Irak ve Irak politikası büyük yara aldı.

• Irak'ın Erbil'i ele geçirmesi sırasında Çekiç Güç uçakları devreye girmedi. ABD, Kuzey Irak'taki istihbarat alt yapısının, INC karargâhının ve büyük zorluklarla tesis edilen muhalif direnişin dağılmasına göz yummak zorunda kaldı ve bölgedeki peşmergelerini Türkiye üzerinden Guam adasına tahliye etti.

• Çekiç Güç (Huzur Harekâtı), Kuzeyden Keşif Harekâtı'na (Operation Northern Watch) dönüştü, Fransa güçten çekildi.

Saddam Hüseyin açısından:

• Saddam bu olaydan güçlenerek çıktı. Ülke içinde ve Cumhuriyet Muhafızları'nın nezdindeki itibarı arttı. ABD'nin Kuzey Irak'taki istihbarat altyapısını çökerten, Talabani'den 1995'in rövanşını alan, sınırlı ancak Irak ordusu için önemli bu zafer, Saddam'a Irak'ın egemenliğini ihlal edeceği gerekçesiyle 1991 yılından beri direndiği, BM kapsamındaki Petrol Karşılığı Gıda Programı'nı içeride herhangi bir tepkiyle karşılaşmadan kabul etme imkânı tanıdı.

• Saddam her ne kadar Kuzey Irak'ta fiilî olarak askerî denetimi elinde bulundurmasa bile, bölgenin esas sahibinin kendisi olduğunu gösterdi. İran'ın bölgeden kovulması ile Irak içindeki itibarını yükseltti ve ABD'nin *çifte kuşatma* stratejisinin en önemli uygulama aracı olan uçuşa yasak bölge uygulamasını ve Çekiç Güç'ü anlamsız hale getirdi.

INC açısından:

• Saddam'ın 1996'da Erbil'i ele geçirmesi INC'ye büyük darbe indirdi: INC kadroları dağıldı, örgüt parçalandı, lider kadrosu gözden düştü ve Irak içindeki statüsü ciddi şekilde sarsıldı. Lider kadrosu ülkeyi terk eden INC'nin Irak içinde tesis ettiği sınırlı şebeke yerle bir oldu. Sonuçta INC'nin Irak içinde ne desteği, ne de mevcudiyeti kaldı.

• İddia ettiğinin aksine INC, Irak silahlı kuvvetleri karşısında varlık gösteremedi.

• INC, Irak halkı ve silahlı kuvvetlerinin desteğini sağlayamadı. Aslında 1992-1996 yılları arasında Kuzey Irak'ta faaliyet gösterdiği dönemde, sadece birkaç yüz asker toplayabilmiş ve Irak ordusundan INC saflarına katılan subayların sayısı birkaç kişiyi geçmemişti.

• Daha da önemlisi, Sünni Arapların çoğu INC'yi desteklemedi. INC'nin içinde Kürtlerin ve Şiilerin ağırlıklı yer alması, Irak Sünnilerinin Saddam'ın etrafında kenetlenmelerine neden oldu.

John Deutch ve Martin Indyk politikası

Üç ana operasyonla ABD'ye götürülen peşmergeler daha çok 18-35 yaş arasında, İngilizce bilen kişilerden oluşuyordu. Aralarında pek fazla aile yoktu. Bu kişilere ileride Kuzey Irak'ta kurulacak Kürt yönetiminde etkin görevlerde olacakları vaat edildi. Bu vaatler ilerleyen yıllarda yerine getirilecekti. Üç operasyonda da, genel olarak Diyarbakır ve Batman havaalanları kullanıldı.

CIA peşmergelerinin Kuzey Irak'tan çıkarılması, ABD'de eğitilmesi ve günü geldiğinde tekrar bölgeye sevk edilmesini içeren kapsamlı planın ardında iki kilit ismin öne çıktığı iddia ediliyordu: Dönemin CIA Direktörü John Deutch ile Dışişleri Bakan Yardımcısı Martin Indyk.

Planının ana hatları John Deutch tarafından oluşturulmuş ve uygulanmıştı. Deutch, operasyonu bizzat yürütmüştü.

O dönemde bölgede çalışan ve ilerleyen yıllarda emekli olan eski CIA ajanı Robert Baer de planın CIA tarafından hazırlandığını ifade etmektedir. Baer'a göre, Kürtlerin birbirleri ile savaşmalarını engelleme ve Saddam'ı devirme operasyonlarına katılma görevi CIA'ye verilmiş; ancak, 1993 yılında gerçekleştirilen ilk girişim başarısız olmuştu. Saddam'ın Erbil'e girmesiyle birlikte de CIA ekibi bölgede artık yeterli güvenliğin bulunmadığına karar vermiş ve Deutch'un planı dahilinde de işbirlikçi peşmergeler bölgeden çekilmişti.

Deutch ve Indyk, senaryonun ana oyuncularıydı ancak oyunda başka adlar da geçiyordu. CIA Kontr-Terör Dairesi Başkanı Daune Clarridge ve ABD'nin Özel Kuvvetler eski komutanı Wayne Downing de projenin hayata geçmesinde etkili olan isimlerdi. Bugün ABD yönetiminde etkili konumda bulunan Richard Perle ve Paul Wolfowitz'in de planın uygulanmasında önemli rol üstlendikleri ifade edildi.

Bu operasyonda konumu en belirsiz olan isimlerin başında, bugün Başkan Bush'un Irak konusunda özel danışmanlığını yapan Zalmay Halilzad geliyor. Birçok kaynak Halilzad'in Guam peşmergeleri operasyonunda en kilit isimlerin başında geldiğini savunuyor. ABD'nin petrol ve Orta Doğu konusunda en etkili isimlerden olan Halilzad, geçmişte Afganistan'da Taliban'ın Ruslara karşı kullanılmasını organize etmişti. Daha sonra Afganistan'da Karzai'nin yönetime gelmesinde etkili olmuştu. Irak savaşı öncesinde de Kuzey Irak'ta Bush adına kararlar alınmasında görev aldı. Kuzey Irak'ta Kürtlerle haftalarca birlikte bulundu. Bu kısa özgeçmişe bakıldığında, Halilzad'ın özellikle peşmergelerin savaş öncesi bölgeye nakillerinde etkili olduğu son derece tutarlı bir öngörü.

Peşmergelerin kaçırılmasının gerçek nedeni

Bu aşamada, bugüne kadar hâlâ tam olarak açıklığa kavuşturulmamış bir nokta bulunmaktadır. Acaba NGO'ların faaliyetlerinin sona ermesinin, ABD'nin Kuzey Irak'ta faaliyet gösteren görevlilerini ve peşmergelerini bölgeden çekmesinin tek nedeni Erbil olayları mıydı? ABD başka bir ihtimal kalmadığı için mi bölgeden çekiliyordu? Bu konuda, her biri kendi içersinde tutarlı iki alternatif senaryo bulunuyordu:

Bu senaryolardan birincisine göre, ABD'nin adamlarını bölgeden götürmesinin nedeni, ABD'nin Kuzey Irak'ta meydana getirdiği *peşmerge ordusunun* başarısızlığa uğraması değildi. Söz konusu grup daha önce üstlendiği istihbarat ağı oluşturma ve NGO'lar kanalıyla gerek görülen çalışmaları yürütme işlevini yerine getirmişti. Şimdi ise bu çalışmalar için artık Kürtlere ihtiyaç duyulmuyor ve her şeyden önce herkesin birden çok fiyatının olduğu bu topraklardan tahliye edilmeleri gerekiyordu.

Bu senaryoları dile getirenler, Saddam'ın Erbil olaylarından kısa bir süre sonra tekrar güneye çekildiğini; ABD'nin istese Saddam'ın Erbil'e girmesini engelleyebileceğini ancak bunu yapmadığını, bu sayede adamlarını Kuzey Irak'tan çekmek için fiilî bir durum yarattığını ifade ediyor. Yine, ABD'nin bölgeden ABD'ye transfer edilecek kişileri 1995 yılından itibaren tespit etmeye başladığına dikkat çekiyor.

İkinci senaryo, birçok açıdan birinci senaryoda ifade edilen iddialara dayanıyor. Bu senaryo en fazla, olayların yaşandığı dönemde Türkiye'de iktidarda bulunan kesimler tarafından dile getirilmektedir. Bu nedenle, siyasi kaygıların bu iddiada önemli bir unsur olabileceği göz önünde bulundurulmalıdır.

Dönemin hükümetinde yer alan Şevket Kazan, o günlerde Çekiç Güç'ün uzatılması için yabancı devletlerin Türkiye'deki temsilcileri tarafından kendilerine yoğun baskı geldiğini, bunun üzerine Çekiç Güç'ü son kez Ağustos 1996'da 4 aylığına uzatacaklarını kendilerine belirttiklerini anlatıyor. Bu gelişmeler üzerine NGO'lar bölgeden çıkmak amacıyla hazırlığa başlar. Çekiç

Güç'e katkıda bulunan devletler NGO'lara o kadar önem veriyorlardı ki, 23 Temmuz 1996'da Çekiç Güç'ün süresinin dolmasına 8 gün kala ABD Büyükelçisi Marc Grossman, İngiltere Büyükelçisi Sir Kieran Prendergast ve Fransa Büyükelçisi François Dopffer, Meclis'in Dışişleri Komisyonu'na gelip NGO'lar hakkında bilgi vermişlerdi. Saddam'ın 1996 Eylül'ünde Erbil'e girmesiyle birlikte NGO'lar Kuzey Irak'ı terk etmeye başlar. Dönemin üst düzey hükümet yetkililerinden bazı isimler, Çekiç Güç'ün bölgede bağımsız bir Kürt devleti kurmayı planladığını, o dönemde bu plana çok yaklaşıldığını, kendilerinin bunu önlemek amacıyla Çekiç Güç'ü kesinlikle uzatmama kararı aldıklarını, bu sayede de ABD'nin bağımsız Kürt devleti senaryosunun son anda engellendiğini ifade ediyor.

Özetle NGO'lar Çekiç Güç'ün uzatılmayacağını anlayınca bölgeyi terk etmek dışında bir seçeneklerinin olmadığını görmüş ve Saddam saldırısını da bahane ederek bölgeyi terk etmişlerdi. Bir önceki senaryoda da ifade edildiği üzere, Saddam kısa sürede güneye çekilmiş, NGO'ların bölgeyi terk etmesine neden olacak boyutta bir saldırıda bulunmamıştı.

CIA peşmergelerinin Guam günleri

1996 yılının Aralık ayında 7 binden fazla peşmerge Pasifik'teki Guam adasında yeni bir hayata başlamıştı. Guam'da her bir CIA peşmergesinin ve aile üyelerinin güvenlik soruşturması yapıldı. Mültecilerin arasına Saddam ya da istenmeyen grupların ajanlarının sızmış olmasından korkuluyordu. Araştırmalar sonucunda peşmergelerin 25'inin ABD'nin ulusal güvenliği açısından riskli olduğuna karar verildi. Guam'da soruşturmayı geçen yeni mültecilerin çoğu INC kanalıyla CIA ile tanışmış ve CIA'nin çalışma projelerine katılmışlardı. Mültecilerin 58'i Guam'da baba oldu. Çocuklar yasalar gereği otomatik olarak ABD vatandaşı oldular.

Peşmergeler, Guam'da geçici bir süre için Anderson hava üssünde bulunan barınaklarda konakladılar. Adada peşmergelerin ihtiyaçları için gerekli çalışmalar yapıldı. Amerikan Kara Kuvvetleri'ne bağlı sivil işler ekibi iki cami inşa etti. Amerikan hükümeti, 11 gönüllü yardım kuruluşu tarafından karşılanan peşmergelere, ilk aylardaki ihtiyaçlarının karşılanması için kişi başına 1000 dolar ödedi. Peşmergelerin başvuruları için gerekli evraklar havaalanında dolduruldu.

Peşmergelerin Guam'a götürülmesinde ve orada kontrol altında tutulmasında, Amerikan Kara Kuvvetleri'ne bağlı 322'inci Sivil İşler ve Psikolojik Harekât Tugayı önemli görevler üstlendi. Amerikan FM 41-10 Sivil İşler Operasyonları Talimnamesi' ne göre Sivil İşler Operasyonu, "operasyon bölgesinde bulunan askerî kuvvetler ile yerel hükümete bağlı veya hükümet dışı sivil otorite arasındaki ilişkileri tesis etmek ve askeri operasyonları olumsuz etkileyebilecek sivil hareketleri engellemek amacıyla" yürütülüyordu. Bu ifadelerden de anlaşılabileceği üzere, Sivil İşler ve Psikolojik Harekât Merkezi tarafından yetiştirilen peşmergeler bir devletin oluşumu ve işleyişi için gerekli her şeyi öğrendiler. Posta sisteminden bankacılık sistemine, trafikten medyaya kadar, bir devlette olması gereken tüm sistemler hakkındaki eğitim bu birlikler tarafından peşmergelere verildi.

Peşmergelere en az bunlar kadar önemli psikolojik eğitimler de verildi. İkinci Irak Savaşı için bölgeye geri dönen ve peşmerge ordusunda görev yapan Guam peşmergelerinden Muhammed, Guam'da kendilerine ABD'nin nasıl bir ülke olduğunun, ABD'nin sahip olduğu yüksek değerlerin, Kürtlere yardımcı olma kararlılığının anlatıldığını anlatıyordu. Yine, isteyenlerin yakın bir zamanda Irak'a geri dönebilecekleri belirtilmişti.

Peşmergeler Guam'da bu süreçlerden geçtikten sonra, ABD'ye şartlı olarak gönderildiler.

Burns, ABD'de Göçmen Bürosu'nun peşmergeler ile ilgileneceğini, Dışişleri Bakanlığı'nın operasyonun planlayıcısı olarak çalışmalara yardımcı olacağını açıkladı. Burns, istenmeyen kişilerin, örneğin PKK'lıların bu kişilerin arasına sızmasına nasıl engel olunacağı sorusunu, "Bireylerin ve ailelerin kayıtları mevcuttu, buna dayanarak Türkiye'ye giriş yapmadan önce peşmergeler iki kimlik kontrolünden geçti. Yine uçaklar Türkiye'den ayrılmadan önce de son bir kontrol yapıldı" diye yanıtlıyordu. Burns, ayrıca Guam'da eğer içlerinde varsa teröristlerin ayırt edilmesi için peşmergelerin çok kapsamlı süreçlerden geçtiğini belirtti.

Peşmergelerin tahliyesine Üstün Hizmet Beratı

Peşmergelerin başarıyla tahliye operasyonunu gerçekleştiren CIA ve Savunma Bakanlığı ekiplerine, 15 Temmuz 1997'de ABD Üstün Hizmet Beratı verildi.

Joint Meritorious Unit Award
Joint Task Force Pacific Haven
Citation

To accompany the award of the *Joint Meritorious Unit Award* to the Joint Task Force Pacific Haven. Joint Task Force Pacific Haven distinguished itself by exceptionally meritorious achievement from 15 September 1996 to 30 April 1997. At the direction of the President, Joint Task Force PACIFIC HAVEN provided support for over 6,600 evacuees fleeing Iraq. The task force provided food, shelter, medical care, security, and assimilation programs, and assisted in processing asylum applications at two separate locations. The operation was superbly executed through every phase, including construction of two mosques, coordination and processing of more than 630,000 dollars in donations, and flawless performance by over 5,000 military personnel. Outstanding management of every facet of this operation was critical to resounding mission success, safe relocation of all evacuees, and full satisfaction of all objectives. By their exemplary performance of duty, the members of Joint Task Force PACIFIC HAVEN have brought great credit upon themselves, their Service, and the Department of Defense.

15 July 1997

CIA peşmergelerinin ABD günleri

Peşmergeler 1996-1997 yıllarında Guam'dan ABD'ye transfer edildi. Burada onları ciddi bir eğitim süreci bekliyordu. ABD'ye yerleşmeleri, rehabilite edilmeleri ve topluma uyum sağlamaları için gerekli çalışmalar ABD'deki The International Rescue Committee (IRC), US Committee for Refugees (USCR), Lutheran Immigration and Refugee Services (LIRS), World Catholic Conference gibi büyük NGO'lar tarafından organize edildi. Peşmergelere ABD'de iş ve ev bulundu, yabancı dil kursu verildi. Bu çalışmalar için gerekli maddi kaynak ABD hükümeti tarafından sağlandı. Peşmergelerin gettolaşmasının önlenmesi için, bir arada tutulmaları yerine, ülkenin özellikle Kuzey Batı bölgesindeki farklı şehirlere yerleştirildiler. Ancak, ülkenin güneyinde de azımsanmayacak sayıda Kürt yerleşmişti. Aile ve aşiret gibi bağların güçlü olduğu Kürtler için bu durum ciddi rahatsızlığa neden oldu. Bu nedenle bir bölümü, tanıdıklarının bulunduğu şehirlere göç ettiler. Peşmergelerin yaşadıkları başlıca bölgeler San Diego, Dallas, Nashville, North Virginia idi.

Washington Kurdish Institute (Washington Kürt Enstitüsü) isimli kuruluşun Yahudi asıllı direktörü Mike Amitay kendi kuruluşlarının da Virginia bölgesinde yaşayan ve tanıdıkları Kürt ailelere yardımcı olduğunu, ancak, bu insanların ABD'ye yerleşme ve eğitim organizasyonunun adı geçen büyük NGO'lar tarafından yürütüldüğünü ifade ediyordu.

Kürt devletinin kadroları Guam'da yetiştiriliyor.

CIA peşmergelerine, dil ve meslek eğitimlerinin yanında başka eğitimler de verilmişti. Peşmergelere, kurulacak Kürt oluşumunu kendi aralarından çıkacak kişilerin yöneteceği, etkin görevlerde bulunacakları söylendi. Bu çerçevede bir bölümüne askerî, bir bölümüne de idari eğitimler verildi. Bir devletin kurulması ve bunun temel kurumlarının yönetilmesi için gerekli formasyonu edindiler. Düzenli bir orduda faaliyet göstermek, belirli düzeyde komutanlık yapabilmek için askerî eğitimler aldılar.

Bölgeye dönen CIA peşmergelerinden bazıları, Guam ve ABD'de kendilerine ABD'nin üstün nitelikleri, demokrasi için verdiği mücadelelerin anlatıldığını ifade ediyordu. Dönemin Washington Büyükelçisi Nüzhet Kandemir, "Peşmergelerin çeşitli eyaletlerde aldıkları eğitimlerin farkındaydık ve bu durumdan huzursuzluk duyuyorduk. Türkiye'nin başına dert olacağını düşünüyorduk. Ankara'yı konuyla ilgili bilgilendirmemize rağmen, Türkiye ABD ile dostluk bahanesiyle bir ses çıkarmıyordu" demekteydi.

ABD'de tutuklanan CIA peşmergeleri

CIA peşmergelerinin yeni dünyadaki hayatlarının tamamen sorunsuz geçtiğini söylenemezdi. Sorunların başında, Guam'daki sıkı güvenlik soruşturmalarına rağmen Irak ajanlarının ABD'ye geçmiş olabileceği ihtimali geliyordu. Bu nedenle ABD'li yetkililer araştırmalarına devam ediyordu. Bu çalışmaların sonucunda, 1997 Eylül'ünde California eyaletine nakledilen 6 peşmerge, Saddam adına ajanlık yaptıkları gerekçesiyle tutuklandı. Mültecilerin çoğu INC üyesiydi ve CIA için çalışıyordu. CIA'nin *gizli kanıtlarını* dikkate alan ABD yönetimi bu kişileri yeniden Kuzey Irak'a gönderme kararı aldı. Peşmergeler Saddam'a ajanlık yapmadıklarını ileri sürüyor, Irak'a gönderildikleri taktirde Saddam güçleri tarafından öldürüleceklerini anlatıyordu.

Göçmenler Hâkimi DD Sitgraves de konuyla ilgili yaptığı açıklamada, bu mültecilerden 6'sının vize ve çalışma izni bulunmadığı için sınır dışı edilmelerine karar verildiğini bildiriyordu. Bu karardan sonra hükümlülerin Irak'ta yaşamlarının tehdit altında olacağını göz önünde bulundurarak, güvenlik sorunu bulunmayan ABD ve Irak dışında üçüncü bir ülkede aileleri ile birlikte yeniden yerleştirilmelerini önerdi. Eğer bu teklifi kabul etmezlerse ABD'de hapis yatacaklardı. 6 mahkûmdan 5'i bu öneriyi kabul etti ve başka ülkelere yerleştirildiler.

4 yıl hapis cezası almış olan Ali Karim ise mahkemede mücadele ederek ismini temizlemeyi tercih etti. Bunun için 3 yıl hapis yatarak bedel ödedi. Aslen 37 yaşında bir doktor olan Karim'in öyküsü ABD kamuoyunu uzun süre meşgul etti.

CIA, CIA'ci peşmergelerden kuşkulanıyor.

Olayın üzerinden 3 yıl geçtikten sonra mahkeme davayı yeniden ele aldı. CIA eski direktörlerinden James Woolsey de savunma tarafı lehine davaya katıldı. Öne sürülen kanıtların mantıksız olduğunu kanıtlandı. Yine geçmişte Irak konusunda çalışan emekli bir CIA yetkilisi olan ve Karim'le o dönemde çalışmış olan Warren J. Marik, "Ortada Karim'den kuşku duyulacak hiçbir şey olmadığını" söylüyordu. Mahkeme sonuç olarak Karim'in ulusal güvenlik için bir tehdit olmadığı kararını aldı.

Karim aleyhine sunulan kanıtlar somut değil, daha çok CIA yetkililerinin kuşkularından ibaretti. Bu kuşkulara göre, Karim'in İran istihbarat servisleriyle ilişkisi vardı. Bu iddia, CIA'den bazı yetkililerin Karim'in İran istihbaratı için çalışan bir kuzeninin bulunduğunu belirtmesine dayanıyordu.

Mahkemenin yeni kararı üzerine Karim siyasi sığınma hakkı da elde etti. Ancak, bunlar Karim'in kaybettiklerini telafi edemezdi. Karim'in hapishaneye girmesiyle birlikte eşi ondan boşanmıştı. Çocukların yerini, hatta onları bir daha görüp girememeyeceğini dahi bilmiyordu. Karim'in yaşadıkları, Guam peşmergelerinin bilinmeyen dramlarından sadece birisiydi.

ABD'de Kürt lobisi

CIA peşmergelerinin ABD'ye yerleşmeleri aşamasında ve oradaki faaliyetlerinde ABD'deki Kürt lobisinin önemli etkinliği vardı. Peşmergelerin ülkeye yerleşmesi ile birlikte ülkedeki Kürt nüfusu arttı.

Bugün, ABD'de en hızlı güçlenen lobilerin başında Kürt lobisi geliyor. Aslında ülkedeki Kürt lobisinin geçmişi, ABD'nin Kürt kartını kullanmaya başladığı 1970'li yıllara dayanıyordu. Gazeteci Turan Yavuz, Kürt lobisiyle ilgili hazırladığı yazısında konuyla ilgili şunları anlatıyor:

> ABD'nin 1975 yılında Kürtleri yalnız bırakması ile Washington'da küçük çapta bile olsa bir Kürt lobisi oluşmaya başlamıştı. Iraklı eski bir diplomat olan Muhammed Dosky, Kürt davasını savunmak üzere etkili senatör Henry Jackson'ı yanına almıştı. O sıralar Senatör Jackson'ın ulusal güvenlik konularından sorumlu yardımcısı, Richard Perle idi. Kürt lobisinin oluşumundaki en önemli rolü üstlenen bu kişilerin İsrail bağlantıları dikkat çekiciydi. Karanlıklar Prensi Perle Türk kamuoyunda zaten yeterince tanınıyordu. Demokrat Senatör Jackson ise İsrail'in ateşli bir savucusuydu.

Bu dönemden itibaren, iki isim dışında Kürt lobisine önemli destek sağlayan diğer iki kişi, Demokrat Senatör Clairborne Pell ve başdanışmanı Peter Galbraith'di. Peter Galbraith, yıllardır Kürt tezini Washington'da işleyen kişi olarak tanınıyor ve Kürt liderlerin kendisine verdikleri mesajları ânında, Beyaz Saray'a bağlı Ulusal Güvenlik Konseyi'ne ve Brent Scowcroft'a ulaştırıyordu. Pell-Galbraith ikilisi Kürt sorununa yönelik yaklaşımlarını 1990'lı yıllarda da korumuşlardı.

Bu geçmişe rağmen, Kürt lobisi asıl yükselişi '80'li yılların sonlarına doğru yaşadı. Bu dönemde, ABD ve Kanada'da yaşayan Kürt toplumunun organize edilmesi amacıyla çalışmalar başlatıldı. Bu sürecin hızlanmasında Halepçe katliamı son derece etkili oldu; Kürtlerin seslerini duyurması için önemli bir fırsat oluşturdu. Bu dönemde League of Muslim Students in Kurdistan (LMSK) kuruldu. Bu oluşum önemli bir güce ulaşamadı. Bunu izleyen yıllarda, Kurdish National Congress in North America (KNC) (1988), Kurdish Relief Aid (KRA) (1991), American Kurdish Information Network (AKIN) (1993) ve Washington Kurdish Institute (WKI) (1996) kuruldu.

Kürt lobisinin yaşadığı bu hızlı yükselişte '70'li yıllarda ilk oluşum sürecinde olduğu gibi Yahudi lobisinin verdiği desteğin önemli katkısı vardı. Hatta bugün Kürt lobisinin en etkili isimlerinin Yahudiler olduğu belirtiliyor. Özellikle Washington Kurdish Institute (WKI) bu noktada son derece etkili bu organizasyon. WKI'nın direktörlüğünü Yahudi kökenli Mike Amitay yapmaktadır. Amitay'in, Yahudi lobisinde de ciddi bir etkinliği var.

Yahudi lobisinin Kürt lobisini desteklemesinin başlıca gerekçesi, "İsrail'in güvenliğini ve bunun için gerekli siyasi haritanın oluşmasını" sağlamak olarak gösterilmektedir. Bu haritada, Kürt devleti ve bu devletin egemenliğinde kimi petrol kaynakları bulunuyor.

ABD'nin eski Ankara büyükelçisi Morton Abromowitz'in de, Kürt lobisinin son dönemde yaşadığı yükselişte önemli payı bulunduğu kaydediliyor. Bu amaçla, Abromowitz'in çevresinde birçok kişiyi topladığı ifade ediliyor.

Kürt lobisinin ABD'deki etkinliğini anlamak için bu ülkede gerçekleştirdiği faaliyetlere dikkat etmek gerekiyor. Özellikle KDP,

> ABD'de son derece güçlü şekilde temsil ediliyor. Örneğin; KDP geçtiğimiz yıllarda 5 bin Kürt göçmenin bulunduğu Nashville şehrinde yerel temsilci seçti. Konuyla ilgili ABD basınında çıkan haberlerde şehir "Küçük Kürdistan" olarak nitelendirildi ve seçilen temsilcilerin yerel kongre temsilcileriyle görüşmeler yaptığı, KDP liderleri için lobi yaptığı belirtildi. Yine aynı haberlerde Kürtlerin, 20. yüzyılın büyük bölümünde Irak-İran-Suriye ve Türkiye arasında paylaştırılmış Kürdistan denilen bir bölgede, anavatan oluşturmak için mücadele ettikleri yazıldı.

ABD'deki Kürt lobisinde, direktörlüğünü Mike Amitay'in, başkanlığını Dr. Necmeddin Kerim'in yaptığı Washington Kürt Enstitüsü (WKI)'nün özel bir yeri var. Bir Kürt Yahudisi olan Mike Amitay'ın babası, halen Cumhuriyetçi Parti'ye yakınlığıyla bilinen Ulusal Güvenlik Konularında Yahudi Enstitüsü (JINSA) isimli Yahudi lobi kuruluşunun yönetiminde yer alıyor ve Washington Kürt Enstitüsü'nün başındaki Necmeddin Kerim ile yakın ilişkiler sürdürüyor.

ABD'de yaşayan deneyimli gazeteci Yılmaz Polat, *Amerikan Şahinleri ve Amerikan Kargaları* isimli kitabında Mike Amitay'ı da uzun uzadıya anlatıyor:

> Washington'un en görkemli, en nüfuzlu binası Amerikan Kongresi'dir. Tarihî kubbeli bina demokrasinin sembolüdür. Yasaya göre, Washington'da hiçbir bina ondan yüksek olamaz. Sağ ve solundaki Senato ve Temsilciler Meclisi'ne ait ek binalarla geniş bir alanı kaplar. Kongre binası başkentin adres merkezidir. Binanın bulunduğu cadde bir numara olarak kabul edilir, daha sonraki caddeler 2-3 diye numaralandırılarak devam eder. Kongreye ait binalar arasında metro sistemi vardır. Senatör ve milletvekilleri arı gibi çalışır. Temsilciler Meclisi'nde 450 milletvekili, Senato'da da 100 senatör bulunur. Kongre'nin iki kanadı da alt komite ve komisyonlara ayrılmıştır. Cumhuriyetçi ve Demokrat Parti üyeleri kongredeki çoğunluğuna göre, komitelerde temsil edilir. Her gün yüzlerce yerli

ve yabancı insan komitelerdeki oturumları izler. Yabancıların en çok ilgilendikleri konular kendi ülkeleriyle ilgili oturumlardır. Lobiciler, komitelerin vazgeçilmez konuklarıdır. Bazen hakaret görürler, bazen sempatiyle karşılanırlar ama pes etmezler, kimseye küsmezler.

Bıkmadan, usanmadan Kongre koridorlarını arşınlarlar. Lobiciler aldıkları büyük ücretleri haketmeye çalışır, üyeler adalet dağıttıklarını zanneder, her odada bir demokrasi oyunu oynanır. Aslında adı konmamış bir çıkar kavgasıdır bu. İtibar, seçim kampanyasına yapılan bağış ve seçmen sayısıyla doğru orantılıdır. Yabancılar için Amerika'da yaşayan etnik grupların gücü çok önemlidir. Para ve oy eşittir lobi demektir. Kimse kimseyi kara kaşı, kara gözü için sevmez.

Seks ve siyasi skandallar bazen binayı sallasa da demokrasi devam eder. Amerika'da tek bir bayrak vardır ve resmî dil de İngilizce'dir. Amerikan Anayasası üzerine yemin eden senatör ve milletvekili vatana ihanet, barışı bozma, isyan veya ayaklanma içine giremez veya bunları yapanlara herhangi bir yardım ya da destek sağlayamaz. Bunları yapanlar kongreden atılır ve yargılanır. Ama Kongre üyeleri başka ülkelerde bu değerleri yıkanlara da destek vermekten kaçınmazlar.

Helsinki Nihai Anlaşmasını izlemek üzere kurulan Avrupa Güvenlik ve İşbirliği Komisyonu toplantıları yabancılar tarafından ilgiyle izlenir. Komisyonun program yapımcısı Mike Amitay, her fırsatta Türkiye konulu oturumlar düzenlemeye başlamıştı.

Amitay oturumları tarafsız yönetmeye çalışıyordu. Ama bir gün karşısına Mariam çıkınca dünyası da değişti.

Mike siyah sakalları, aşırı kilosuyla kadınların hoşlanacağı bir tip değildi. Kongredeki genç güzel kadınlara hayranlıkla bakıyor, bazen de iltifat ediyor ama yüz bulamıyordu. Mariam Elahe esmer, zayıf, Amitay'ın ölçülerine göre sinema yıldızı gibi bir kadındı. Ermeni asıllıydı ve Türkiye'den nefret ediyordu. Türk düşmanlığı Mariam-Amitay aşkının temelini oluşturdu. Mariam, sakallı Amitay'ın yüzüne gülüyor ama başkalarıyla kırıştırıyordu. Kara sakallı Yahudi, aşkını pekiştirmek için Türkiye aleyhtarı toplantılar düzenlemeye başladı.

Amitay, İlnur Çevik'in sahibi olduğu *Turkish Daily News* gazetesinden İsmet İmset'i davet etti. İsmet bir süredir PKK terör örgütüyle yakın bir ilişki içindeydi. *Turkish Daily News* gazetesinde PKK lideri Abdullah Öcalan'la sayfa sayfa röportajları yayınlanmıştı. İsmet bir süredir de, Washington'daki PKK temsilcileriyle temas halindeydi. İlnur Çevik de gazetede İsmet'in haberlerine birinci sayfada geniş yer veriyordu. Amitay, öteki Kürt temsilcilerle de konuştuktan sonra İsmet'e otelde yerini ayırtıp uçak biletini gönderdi.

Amitay, Amerikan Kongresi'nde İsmet için CIA ve gizlilik içeren toplantıların dışında ilk kez kapalı bir oturum düzenlendi. İsmet kapalı kapılar ardında ifade verdi. İmset neler söylemedi ki..

"Türk askeri PKK sempatizanlarını önce başından vurarak öldürüyor, daha sonra da helikopterlerden çöplüklere atıyor. Bu cinayetler Amerikan yapımı Skorsky helikopterleriyle yapılıyor. Türk ordusu anti-Amerikancı. Türklerin yüzde 80'i, sokakta yürüyen bir Kürt gördüğü zaman öldürmek istiyor."

İsmet İmset'in içerideki konuşmaları dışarıya sızdı.

İsmet, Amerika'ya yerleşmek istiyordu. Amitay'la birlikte planını uygulamaya koydu. "Artık Türkiye'ye gidemem, güvenlik kuvvetleri beni öldürür" gerekçesiyle Amerika'ya iltica etmeyi denedi.

Türkiye Büyükelçiliği kendi kanallarından, İsmet'in kapalı toplantıdaki konuşmasını almış, şifreyle Ankara'ya bildirmişti. Telgrafın gizlilik derecesi vardı. İlginç şeyler oluyordu. Türk Büyükelçiliği'nin gizli kriptosunun kopyası Amitay'ın eline geçmişti. Olacak şey değildi. Washington ya da Ankara'da bir köstebek vardı ama kimdi? Amitay'a kopyayı kim vermişti?

Olayın perde arkası şöyleydi. Telgraf, Dışişleri Bakanı Hikmet Çetin tarafından Amerika'nın Ankara Büyükelçisi Richard Barkley'e verilmişti. Büyükelçi Barkley de telgrafı, Amerikan Dışişleri Bakanlığı Türk Masasına fakslamış, buradan da telgraf Amitay'a verilmişti.

Kriptoda, toplantıyı izleyen Wisconsin milletvekili Tom Barrett'in yardımcılarından Türk asıllı Amerikalı Murat Gökçiğdem'in adı geçiyordu. Amitay, Murat'ı kongreden attırmak için harekete geçti. Herkese Murat'ın Türkiye hesabına çalışan bir casus olduğunu söyledi. Amitay'ın karalayıcı konuşmaları milletvekili Barrett'in ofisinde tepkiyle karşılandı. Kara sakallı Yahudi çok çalışmasına rağmen Murat'ı attıramadı. Olay böylece kapandı. Amitay'la Washington'da girip çıkmadık delik bırakmayan İsmet, iltica dilekçesini kimseye kabul ettiremedi, Washington'dan ayrılarak Londra'ya döndü.

Amitay'ın Türkiye düşmanlığı işe yaradı. Kongredeki işinden ayrılarak yahudi ve Ermenilerin desteğiyle 1996'da kurulan Kürt Enstitüsü'nün başına getirildi. Mike'ın babası Morris Amitay, kısa adı AIPAC olan, Amerika'nın en etkili Musevi lobi kuruluşunun başkanlığını yapmıştı. AIPAC, kongre üyeleri üzerinde çok etkili bir kuruluştu.

Mike Amitay, yasadışı yollarla Amerika'ya giren PKK'lılara kanat açtı, Kuzey Iraklı Kürt lider Talabani'nin Washington temsilcisi Bahram Salih ve Ermeni Ulusal Kongresi'yle, Türkiye aleyhinde çalışmaya devam etti.

Yılmaz Polat, bugün Washington'daki Kürt lobisinin önde gelen isimlerinden Dr. Necmeddin Kerim hakkında da şu bilgileri veriyor:

George Washington Üniversitesi Hastanesi'nde çocuk doktoru olan Kuzey Iraklı Kürt Necmeddin Kerim, Kurdish National Congress of North America adlı Kuzey Amerika Kürt Ulusal Kongresi derneğinin başkanlığına getirilmişti. Doktor Kerim'in görevi Iraklı kürtlerin değil, PKK terör örgütünün temsilciliğini yapmaktı.

International Human Rights Law Group adlı kuruluşun 1993 yılı ödül töreni yapılacaktı. Ödülün Bayan Mitterand'a verilmesi kararlaştırılmıştı. HEP milletvekilleri Leyla Zana ve Ahmet Türk de ödül törenine davetliydi. Iraklı Kürt liderler Talabani ve Barzani de tören için Washington'daydı.

Amerika'nın Ankara Büyükelçisi Richard Barkley, Zana ve Türk için tüm randevuları ayarlamıştı. Aslında bu gezinin perde arkasında Barkley vardı. Bir taşla iki kuş vurulacaktı. Bir yandan Kürt zirvesi gerçekleştirilecek, diğer taraftan da HEP'lilerin Washington lobisi yapılacaktı. Talabani, Washington'a gelmeden önce

PKK'yla ortak çıkarlarını gözeten bir anlaşma imzalamıştı. Büyükelçi Barkley de Washington'a gelmişti ama ortalıkta görünmüyordu.

Zana ve Türk, Dışişleri Bakanlığı Güney Avrupa Sorumlusu David Ransom, eski Ankara Büyükelçisi ve Musevi asıllı Morton Abromowitz, CIA, Kongre üyeleri ve Kuzey Iraklı Kürtlerle bir araya geldi. Akşamları Necmeddin Kerim ve Talabani'nin Washington temsilcisi Bahram Salih'in evlerinde sözde Kürt zirvesi yaptı.

Türk ve Zana, Amerikalı istihbaratçıların ilgisiyle karşılandı. Bir düşünce kuruluşunda yapılan toplantıda, Pentagon'un Türk masasından Harold Rhode, Ahmet Türk'e soyadının niçin Türk olduğunu ve sınırlar konusunda ne düşündüğünü sordu. Türk, önce şaşırdı, sonra kendini toparlayıp soyadının kendini rahatsız etmediğini ve bunun Kürt halkı için yaptığı mücadeleyi etkilemediğini söyledi.

Terör uzmanı, George Washington Üniversitesi öğretim görevlisi Profesör Yonah Alexander da PKK'yı terör örgütü olarak görüp görmediğini sordu. Ahmet Türk'ün cevabı çok açık oldu: "PKK'yı terörist ilan etmenin kimseye yararı yok, anlamı da yok."

Türk, Türkiye'de uzun yıllar görev yapan Dışişleri Bakanlığı İstihbarat Dairesi'nden Michael Austrian'ın Batıda oturan Kürtlerin yaşantısıyla ilgili sorusunu da cevapsız bıraktı.

Leyla Zana ise, kendilerini özgürce ifade edemediklerini iddia etti. Eski Ankara Büyükelçisi Abromowitz, "PKK'nın ateşkes çağrısına cevap verilmezse ne olur?" diye sordu. Ahmet Türk, "Çok fazla insan ölür" dedi.

Türkiye Cumhuriyeti pasaportuyla Washington'da PKK'nın lobisini yapan Türk ve Zana, Türkiye Büyükelçiliği'nin yerini bile merak etmedi. Halbuki Büyükelçilikte işi de vardı. Zana, hazır Amerika'ya gelmişken, sağlık kontrolü yaptırmayı da ihmal etmedi. Leyla boynundaki ağrılardan şikâyetçiydi. PKK'nın Washington'daki temsilciliğini yaptığını inkâr etmeyen çocuk doktoru Kerim, Leyla'yı kontroldan geçirdi. Zana'dan para almadı, faturayı tasdik edip "Bunun parasını Türkiye Cumhuriyeti'nden alırsın" diye Leyla'ya verdi. Karşılıklı gülüştüler.

Leyla Zana'nın parayı meclisten alabilmesi için faturayı Washington'daki Türkiye Büyükelçiliği'ne tasdik ettirmesi gerekiyordu. Leyla'nın umurunda bile değildi. Parayı meclisten alacağını düşünüyordu.

Kerim, gerçekleştirilen bir röportajda ABD'deki Kürt lobisi ve ABD'deki Kürt varlığı hakkında şunları anlattı:

Kürtlerin ABD'deki varlığı 17. yüzyıl başlarına kadar gidiyor. Kürt devriminin bastırılması ile birlikte 1000 Kürt'ün ABD'ye göç etmesine izin verildi. Bugün ABD'de 25 bin Kürt yaşıyor. İkinci büyük Kürt göçü 1988 yılında Kürtlere karşı kimyasal silah kullanılmasıyla gerçekleşti. Bu dönemde gelenlerin sayısı 3500 dolayındaydı. Ancak en büyük Kürt göçü 1996 yılından sonra yaşandı. ABD' deki Kürtlerin büyük bir bölümü Irak Kürt'üdür. WKI, 1996 yılında kuruldu. Herhangi bir partiye bağlı olmadan bağımsız şekilde Kürdistan'ın bütün bölümünde çalışıyor. Kuruluşundan itibaren Kürtleri Amerikan halkına tanıtmak için çalışıyoruz. ABD'de, Amerikan yönetimi ve politik enstitüler ile ilişkilerimiz var.

Washington'da WKI dışında başka Kürt organizasyonlar da var. Bunların bazısı KDP ve KYB'ye bağlı. KNC (Kürt Ulusal Kongresi) ABD'de uzun zaman önce kuruldu. KNC'nin bütün şehirlerde düzgün bir üye tabanı var. ABD'deki Kürtler, 2. Körfez Savaşı'ndan sonra, 1991 yılında başlayan ilişkilerde, ABD yönetimi ve Kürt politik liderliği arasındaki ilişkilerin geliştirilmesinde etkili oldu. Bu dönemde ABD yönetiminden temsilcilerin ve Amerikalı gazetecilerin Kürdistan'ı ziyaret etmesi için çalıştı. Yine 1992 yılı seçimlerini Kongre temsilcilerinin izlemesi için çabaladık.

Kürtlerin ABD yönetimi ve Amerikan halkı ile başarılı ilişkiler yürütmesi için Kürtler tek bir ses olarak konuşmalılar. Kendi durumumuzu barışsever bir halk olarak yansıtmalıyız. Kürdistan'dan dışarıya (bütün dünyaya) haberleri doğru şekilde aktarmalıyız. Birleşik bir ses oluşturmak, Kürdistan'da barışı sağlamak ve bunu güçlendirmek en önemli meseledir.

Resmî anlamda ABD, Kürdistan'ı Irak'ın bir parçası olarak görüyor. Ama pratik anlamda ABD'nin Kürtlerle iyi bir politik ilişkisi var. Özellikle de Iraklı Kürtlerle... Kürdistan'ın semaları ABD uçakları tarafından korundu. 1991 yılında Kürt mültecilerin evlerine dönmesine yardımcı oldular. ABD ve İngiltere'nin baskısı sayesine Irak'ın petrol gelirlerinin yüzde 13'ünün Kürdistan için ayrılmasıyla bu mesele gelişti.

Resmî olarak biz Irak politikası çerçevesinde ele alınsak da, bugün Dışişleri Bakanlığı'nda Kürt meselesi ile özel olarak ilgilenen 2 kişi bulunuyor. Eskiden sadece bir Irak masası bulunuyordu. Birçok Amerikalı yetkili Kürdistan'ı ziyaret etti. Bütün bunları nasıl geliştireceğimiz bize bağlı. Kürdistan'dan dışarıya ne yansıdığı çok önemli. Özellikle kamu projeleri ve barışın duyurulması önemli... İç çatışmalar Kürtler için olumsuz bir imaj oluşturdu ve dertlerini yabancılara anlatırken sorun yarattı. Bu noktada Amerikalı Kürtler, Kongre temsilcilerine mektup gönderebilir. Yine medya, Amerikalılar ve Kongre ile ilişkilerin geliştirilmesi son derece önemli.

Kürdistan ve Kürt tecrübeleri konusunda ise şunları söyleyebilirim: Bu Kürt tarihinde ilk defa yaşanan bir başarı ve gurur duyduk. Bu, Kürdistan'a dördüncü gelişim. 1991 yılında ilk defa, yıkılmış Kürdistan'a geldiğimde, kalacak hiçbir yer yoktu. 1993'te geldiğimde, fark edilir gelişmeler gözledim. 1994'te ise Kürdistan'a "barış süreci" için geldim. Bu dönemde birkaç ülkeden geçtim. Kürdistan'ı bu ülkelerle kıyasladığımda, sınırlı kaynaklarına rağmen Kürdistan'daki gelişmelerden son derece mutlu oldum. Çok önemli adımlar atıldı. Hem devlet hem de sivil toplum kuruluşları oluşturuldu. Bu durum Kürdistan'da sivil toplumun kurulması için başarılı bir başlangıç. Herhangi bir Kürt lobisinin başarılı olması için sunmamız gereken bir sorunumuz da olmalı. Bugün Irak Kürdistan'ında bizim için en önemli şey, sözcüklerimizi birleştirmemiz ve tek bir sesle konuşmamız.

ABD'de etkin bir diğer Kürt lobisi de, Kürt Ulusal Kongresi (KNC). Organizasyon, WKI ile kıyaslandığında, Türkiye karşıtı tutumunu daha net ortaya koyuyor. Irak savaşı öncesinde, Amerika'daki ve dünyadaki Kürtlerin, ABD yönetimine, "Türk ordusunu Kuzey Irak'ta istemiyoruz" mesajını iletmek için aktif şekilde çalıştı. Kuruluşun internetteki ana sayfasında yer alan şu ifadeler, KNC'nin yapısını işaret ediyor:

> Dünyadaki her Kürt'ü acil bir Irak savaşı konusunda sesinizi duymaları için; Beyaz Saray ve Savunma Bakanlığı'nı telefonla aramaya, e-mail göndermeye çağırıyoruz. Kürt olduğunuzu; Saddam Hüseyin yönetimini devirmek isteyen ABD ve İngiliz çabalarını; yeni Irak'ta federal yönetim kurulmasını desteklediğinizi bilsinler. Aynı zamanda, Türk ordusunun hangi bahaneyle olursa olsun Irak Kürdistan'ındaki varlığına karşı çıktığınızı, Kürt ordusunun silahsızlandırılmasını reddettiğinizi söyleyin.

Web sayfasında, bunun için ABD yönetimini ve Pentagon'u nasıl ve hangi numaralardan arayacakları, hangi adrese e-posta gönderecekleri gibi bilgiler yer alıyordu. KNC'nin sitesinde yer alan haritada, Türkiye-Irak-Suriye ve İran'ın topraklarının bir bölümü Kürdistan olarak gösteriliyor.

ABD'de Kürt lobisine destek veren lobi, sadece Yahudi lobisi değil. Tarihsel olarak Türkiye aleyhine çalışmayı kendisine misyon edinmiş Ermeni ve Rum lobileri Kürtlere önemli destek veriyor. Kürt lobisinin yükselişindeki Yahudi lobisinin etkinliği belirtilirken; Yahudi lobisinin geçmiş dönemlerde Türkiye nedeniyle zaman zaman Rum, Ermeni ve Kürt lobileriyle de karşı karşıya geldiğine dikkat edilmeli. Bu durum, Yahudi lobisinin normal olarak İsrail'in çıkarlarına göre belirlediğini, Kürt sorununu da bu çerçevede ele aldığını gösteriyor.

Buna göre, Yahudi organizasyonları, *Şubat 2001* tarihinde Türkiye'ye ek destek verilmesi amacıyla Başkan Bush'a mektup yazdı. Bunun üzerine Ermeni, Rum ve Kürt organizasyonları Başkan Bush'a, *bu mektubu eleştiren, yardımın engellemesini isteyen* ortak bir mektup kaleme aldı. Amerikan Kürt Enformasyon Network'ü (AKIN) (Başkanlığını Kani Gulam'ın yaptığı, PKK' ya yakın bir oluşum), Ermeni Ulusal Amerikan Komitesi (ANCA), Helenik Amerikan Ulusal Konseyi (HANC) gibi kuruluşların ortak mektubunda, "Türkiye'nin geçmişte soykırım yaptığı; halen insan hakları ihlalleri yaptığı, Türkiye'nin uluslararası uyuşturucu trafiğinde önemli rolü olduğu, Kıbrıs'a yönelik uluslararası terörizm gerçekleştirdiği" gibi iddialar yer aldı. Ancak, Yahudi lobisine göre çok zayıf olan bu lobiler hedeflerine ulaşamadı.

ABD'deki Kürt lobisi hakkında söylenmesi gereken son söz, Kürt lobisinin, ABD'deki mevcudiyetini bu ülkedeki Yahudi lobisinden aldığı desteğe borçlu olduğudur.

Dördüncü Bölüm
1996 SONRASI

Ankara Süreci kapsamında kurulmasına karar verilen Barış İzleme Gücü, Nisan 1997'de yaklaşık 200 kişiyle göreve başladı. Gücün en önemli işlevi, ateşkes ihlallerini incelemek ve sorumlu tarafı tespit etmekti. Gücün daha ilk andan itibaren karşılaştığı en önemli sorun, KDP-KYB arasındaki ateşkes hattında PKK teröristlerinin eylemleriydi. KDP, PKK unsurlarının ateşkes hattından KDP'ye karşı saldırılar düzenlediğini, hatta bu saldırıların bazılarına KYB birliklerinin de katıldığını ileri sürüyor, KYB bu iddiaları yalanlıyordu.

Kürtler arası dördüncü çatışma dönemi

Temmuz 1997'den itibaren KDP ile KYB arasındaki ateşkes hattında belirli bir hareketlilik göze çarpmaya başladı. KYB, bölgesindeki PKK unsurlarıyla birlikte, ateşkes hattını ihlal etmeye yönelmişti. Ancak, sıcak bir çatışma çıkmadı, yer yer sürtüşmeler olduysa da taraflar birbirlerini ateşkes hükümlerine uymamakla itham etmekle yetindi.

Temmuz ayının son günlerinde Washington'a giden Talabani, Ulusal Güvenlik Danışmanı Sandy Berger, Dışişleri Bakanlığı Müsteşarı Thomas Pickering ve ABD'nin BM nezdindeki Daimi Temsilcisi Bill Richardson ile görüştü. Talabani, Ankara Sürecine bağlılığının devam ettiğini söylemekteydi.

31 Ağustos'ta Erbil'in KYB'den alınması vesilesiyle Kürt Parlamentosu'nda düzenlenen oturumda konuşan Barzani, Talabani'yi Erbil'de Parlamento'nun ve halkın önünde görüşmeye davet ettiğini açıkladı. Barzani, Talabani ile *Kürdistan* dışında hiçbir yerde görüşmeyeceğini vurgulamakta, Talabani'nin Erbil ve Habur sınır kapısı gelirleri konusunda KDP'den alacağı şeyleri başka hiçbir ülkeden sağlayamayacağını, Kürtlerin birbirlerini öldürmesine ve Kürdistan'ın tarumar edilmesine artık bir son verilmesi gerektiğini, Talabani'nin Erbil'e gelmesini ve aralarındaki sorunları çözerek bir anlaşmaya varmalarını istediğini kaydetmekteydi.

ABD'nin yeniden devreye girmesiyle, KDP ve KYB heyetleri 6-7 Ekim'de Londra'da İngiliz Dışişleri Bakanlığı'nda barış görüşmeleri için bir araya geldi. ABD, İngiltere ve Türkiye'nin eş başkanlık yaptığı toplantının gündeminde, KYB liderlerinin KDP bölgelerinde seyahat edebilmelerine izin verilmesi, Türk kamyon trafiğinin bir bölümünün KYB'nin gelirlerini artırmak üzere Süleymaniye'ye yönlendirilmesi ve KYB ve PKK'nın KDP kontrolündeki bölgelere ateşkes hilafına yaptığı saldırılar bulunmaktaydı.

KYB gündem dışına çıkarak bölgede yeni bir koalisyon hükümeti kurulmasını talep etmiş, KDP ise bu konunun daha sonra ele alınabileceğini, öncelikle güven artırıcı önlemler üzerinde durulması gerektiğini ileri sürmekteydi. Aslında KYB'nin bütün derdi, Erbil'i tekrar kontrol edemese de, dengeli bir güç paylaşımına gitmek ve parlamento ve hükümet işlerinde eşit sorumluluk üstlenmekti. KDP ise, yakaladığı avantajı kolaylıkla bırakmak istemiyordu. Görüşmelerden yine bir sonuç alınamadı. Her an yeni bir çatışma bekleniyordu.

KYB'nin, 13 Ekim'de KDP mevzilerine birçok noktadan başlattığı saldırı KDP açısından sürpriz değildi. ABD, İngiltere ve Türkiye eş-başkanlar olarak bir açıklama yayınlayarak, 17 Ekim'den itibaren taraflara ateşkes çağrısında bulundu. KDP ve KYB arasında geçici bir ateşkes oldu, ancak, 21 Ekim'de KYB bu defa PKK unsurlarının da desteğiyle yeni bir saldırı başlattı. KYB aynı zamanda, Süleymaniye'de yaşayan KDP yanlısı 2017 kişiyi de şehirden sürmüş, Erbil'e sağladığı elektriği kesmişti.

KYB, 28 Ekim'de iki ayrı koldan Erbil'e saldırı başlattı. Barzani'nin karargâh konumundaki Selahaddin kasabası da tehdit altına girmişti. KYB-PKK ortak saldırısı üzerine Barış İzleme Gücü ateşkes hattından çekildi.

Taraflara yönelik bütün ateşkes çağrılarına rağmen çatışmalar şiddetlenerek devam etti. 8 Kasım'da KDP'nin karşı saldırısı başladı. KDP saldırısına Türk ordusu hava desteği vermekte ve Türk kara birlikleri eşlik etmekteydi.

KDP ve Türk ordusunun saldırısı etkisini hemen gösterdi ve KYB 13 Ekim'den önceki mevzilerine çekilmek zorunda kaldı. 10 Kasım'da ise Hamilton yolundaki üç köprü KYB tarafından havaya uçuruldu. 6 Kasım'da başlayan KDP'nin ikinci büyük saldırısı sonucunda Hamilton yolu tamamen KDP'nin kontrolüne geçti.

KDP, Ankara Sürecine bağlı olduğunu ve KYB'nin ateşkes hattının gerisine çekilmeyi kabul etmesi halinde görüşmelere başlamaya hazır olduğunu açıkladı. KYB, KDP'nin önerisini reddetmekte gecikmedi. Talabani KDP'yi Türkiye'den destek almakla suçluyor, KDP ise Türk ordusunun çatışmalara PKK unsurlarını imha etmek amacıyla katıldığını savunarak, KYB'nin PKK'yla ilişkisini kesmesi uyarısında bulunuyordu.

ABD Türkiye'yi devreden çıkartıyor

Çatışmalar, ABD'nin "Bağdat'ın ve Tahran'ın çatışmalara müdahil olmasını önlemek ve bölgedeki Irak vatandaşlarının güvenliğini tehdit etme fırsatlarını en aza indirmek" amacıyla Kürt gruplar arasında yeni bir arabuluculuk girişimi başlatması üzerine imzalanan ateşkes anlaşmasıyla Kasım ayında son buldu.

Barzani, 31 Aralık 1997'de Yeniyıl ve Ramazan vesilesiyle KDP teşkilatlarına ve birliklerine gönderdiği talimatta, KYB'ye karşı bütün medya propagandasına son verilmesini, savaş esirlerinin serbest bırakılmasını, herkese seyahat özgürlüğü tanınmasını istedi. 6 Ocak 1998'de 61 KYB'li savaş esiri tahliye edildi.

Barzani'nin bu açılımına Talabani olumlu bir yanıt verdi ve 31 Aralık'ta KDP'ye bir barış önerisi sundu. Barzani 14 Ocak 1998'de Talabani'ye, güven artırıcı önlemler içeren ve Ankara Süreciyle uyumlu olduğunu bildirdiği 14 maddelik mukabil bir barış planı gönderdi ve kendisiyle Erbil'de görüşmeye hazır olduğunu belirtti.

KDP ve KYB heyetleri bir kez daha barış görüşmeleri için 12 Şubat'ta Şaklava'da buluştu. Dört saat süren görüşmelerden sonra, tarafların ateşkese uyacakları, aralarındaki sorunları çatışmayla değil diyalogla çözmeye gayret edecekleri açıklandı.

İzleyen dönemde taraflar ateşkese uymakla ve birçok görüşmeler yapmakla birlikte, bir barış anlaşması da imzalanamadı. Bu arada Irak da, her iki gruba Bağdat'la görüşmelere başlamaları için baskı yapıyordu.

ABD Dışişleri Bakan Yardımcısı David Welch 17-20 Temmuz 1998'de Kuzey Irak'ta Barzani ve Talabani'yle görüştü. ABD'nin bölgeye yönelik ilgisinin ve taraflar arasındaki sorunların çözüme kavuşturulmasına önem verdiğini bildirdi. Görüşmelerde, yeni bir Kürt koalisyon hükümetinin kurulması da gündeme geldi. Welch, Washington'un bu defa tarafları barıştırmaya kesin kararlı olduğunu ve yönetimin her iki lideri de resmen Washington'a davet ettiğini bildirdi.

29 Temmuz'da Kuzey Irak'taki 18 parti, PKK'nın bölgede sivil halka yönelik terörist saldırılarını kınadıklarını açıklayan bir bildiri yayımladı.

Washington'un bütün ağırlığıyla devreye girmesi etkisini hemen gösterdi ve 24 Ağustos'ta Barzani, Talabani'yle görüşmelerde bulunmak ve mektubunu sunmak üzere bir KDP heyetini Süleymaniye'ye gönderdi. KDP heyeti Talabani tarafından sıcak bir şekilde karşılandı. Görüşmelerden sonra KDP ile KYB'nin barış anlaşması konusundaki görüşlerinin aynı olduğu açıklandı.

Ankara süreci bitiyor, Washington süreci başlıyor.

Talabani ve Barzani'ye artık Washington yolu gözükmüştü.

Barzani 7 Eylül, Talabani 10 Eylül 1998'de ABD Dışişleri Bakanı Madeleine K. Albright'ın konuğu olarak Washington'a geldi. Her iki lideri de yoğun bir görüşme trafiği bekliyordu. Görüşülecek üst düzey yetkililer arasında, Dışişleri Bakanı Madeleine Albright, Ulusal Güvenlik Danışmanı Sandy Berger başı çekiyordu.

ABD'nin himayesinde yaklaşık bir hafta devam eden görüşmelerden sonra KDP ve KYB heyetlerinin bir mutabakata varmalarının ardından, Barzani ve Talabani 1994'teki çatışmalardan sonra ilk defa 16 Eylül 1998'de ABD Dışişleri Bakanlığı'nda bir araya geldi. Görüşme, her iki liderin de *Sonuç Bildirgesi* isimli, daha sonra Washington Anlaşması olarak anılacak anlaşmayı imzalama kararıyla sonuçlandı.

Washington Anlaşması, 17 Eylül'de Dışişleri Bakanı Madeleine Albright'ın ev sahipliği yaptığı bir törenle Talabani ve Barzani tarafından imzalandı.

ABD yıllardır arzuladığını elde etmiş, Kürtler arasında bir barış anlaşması imzalatmaya muvaffak olmuştu. Başarının mimarı Albright, Barzani ve Talabani'yi yanına alarak basının önüne çıktı.

Barzani, KDP'nin Irak'ın bütünlüğüne ve birliğine ilgisinin devam ettiğini, KYB ile varılan bu anlaşmanın bölge içindeki sorunları çözüme kavuşturmaya yönelik olduğunu ve bölgedeki hiçbir ülkenin çıkarlarına karşı olmadığını açıkladı. Talabani ise, Kuzey Irak halkının birleşik, demokratik ve federal bir Irak görmeyi arzuladığını, kendilerinin ayrılıkçı değil, Irak'ın ulusal birliğini kuvvetlendiren bir güç olduğunu belirtti.

Sonuç Bildirgesi'nin ana hatları şöyleydi:

• KDP ve KYB, Irak'ın toprak bütünlüğüne ve siyasi birliğine sadıktır. Kuzey Irak'taki üç vilayet, Dohuk, Erbil ve Süleymaniye, Irak'ın parçasıdır.

• Her iki parti de, Irak Kürtlerinin insan haklarının ve siyasi haklarının garanti altına alınacağı birleşik, çoğulcu ve demokratik bir Irak oluşturulması için çalışacaklardır.

• Her iki parti de, Irak'ın, ulusal birliği ve toprak bütünlüğü korunacak şekilde federatif bir ülke olmasını istemektedir.

• Taraflar arasındaki anlaşmazlıkları gidermek, bölgedeki insani yardım çalışmalarını yürütmek, 1992'deki seçim sonuçlarına uygun bir hükümet ve meclis oluşturmak, bölgenin bütün gelirlerini kontrol etmek ve yerel seçimleri düzenlemek üzere bir Yüksek Koordinasyon Konseyi kurulacaktır.

• Yüksek Koordinasyon Konseyi, İran ve Türkiye sınırlarının ihlal edilmesini önlemek üzere KDP ve KYB arasında işbirliği yapılmasını sağlayacaktır.

• Yüksek Koordinasyon Konseyi, üç ay zarfında yerel parlamento tarafından onaylanacak bir yerel hükümet oluşturacaktır.

• Yüksek Koordinasyon Konseyi, bölgede PKK mevcudiyetine ve PKK'nın Türk sınırını ihlal ederek barış ve istikrarı bozmasına izin vermeyecektir.

• Yerel meclis, üç ay zarfında Erbil'deki binasında toplanacaktır. Bu meclisin üyeleri 1992'deki seçimlerde tespit edilen üyeler olacaktır. Bu meclis görevi, seçimlerin yapılmasından sonra yeni hükümete devredecektir.

Belgede, bu hedeflere ulaşılması için bir takvim de öngörülmekte ve bütün aşamaların Temmuz 1999'a kadar tamamlanacağı belirtilmekteydi.

Türkiye süreçten dışlanmış ve Washington Anlaşması'yla Kuzey Irak konusunda artık baş aktörlerden biri olma vasfını bir daha elde edemeyecek şekilde kaybetmişti.

Kürtler, bu tarihten sonra Ankara'ya daha küçümser gözlerle bakmaya başlayacak, artık gerçek muhatapları olarak Amerika'yı göreceklerdir.

Tek bölge, iki ayrı idare

Barzani ve Talabani, bölgeye dönüşlerinden önce 27 Eylül'de Londra'da İngiliz yetkililerle buluştu.

Kasım ayının ilk günlerinde ise Ankara'yı ziyaret ederek, Başbakan Mesut Yılmaz ve Başbakan Yardımcısı Bülent Ecevit ile görüştüler.

İki parti 8 Ocak 1999'da Selahaddin'de bir araya geldi. Yüksek Koordinasyon Konseyi oluşturuldu ve göreve başladı. Ancak, Washington Anlaşması'nın özellikle yeni bir koalisyon hükümeti oluşturulması, meclis seçimlerinin yenilenmesi ve gelir paylaşımı hükümleri yine uygulanamadı. KDP ve KYB arasında bir kez daha medya savaşı başladı. Her iki taraf da Anlaşmanın uygulanmamasından diğerini suçlamaktaydı.

ABD'nin müdahalesiyle KDP ve KYB heyetleri 16-25 Haziran 1999'da Washington'da bir araya geldi. Toplantıların açılış ve kapanış oturumlarına Türk ve İngiliz diplomatları da iştirak etti. Görüşmelerde, gelir dağılımı ve Meclisin yeniden faaliyete başlaması, ayrıca ortak bir geçici yönetim kurulması ve seçmen kayıtlarının yapılması konuları ele alındı. Ancak anlaşmazlıklar giderilemedi.

Yıl sonuna gelindiğinde, Washington Anlaşması'nın hayata geçirilmesinde karşılaşılan zorluklar su yüzüne çıktı. Neticede, KYB, Süleymaniye'de ayrı bir Kürt yönetimi kurduğunu ve bu yönetimin liderinin Talabani olduğunu açıkladı.

KDP bu gelişmeye ilk önce sert açıklamalarla tepki gösterdi, ancak birkaç gün geçtikten sonra yeni koşullara hemen uyum sağlayarak, bu defa sadece KDP'nin denetimindeki bölgeyi idare etmek üzere Kürdistan Bölgesel Hükümeti'ni kurdu. Neçirvan Barzani'nin başkanlığındaki hükümet 23 üyeden oluşmakta, KDP'lilerin yanı sıra, Süryani Demokratik Hareketi, İslâm Birliği, Kürdistan Bağımsız İşçi Partisi ve Türkmen Kültür Toplumu da birer üyeyle temsil edilmekteydi.

KDP 20 Aralık'ta kendi güdümündeki Kürt Ulusal Meclisi'ni topladı. Barzani, Meclis'in açılış töreninde yaptığı konuşmada, Washington Anlaşması'na sadık kalmakla birlikte, Anlaşma'nın yanlış yorumlanmasına da razı olamayacaklarını, KYB'nin iddia ettiğinin aksine, Meclis seçimleri düzenlemeye her zaman hazır olduğunu kaydetti.

1991'den sonra Irak'tan ayrı bir bölge haline gelmiş, 1994'te başlayan çatışmalarla kendi içinde fiilen ikiye bölünmüş Kuzey Irak, bu defa idari açıdan da, KDP'nin kontrolündeki Dohuk ve Erbil ile KYB'nin kontrolündeki Süleymaniye olarak iki ayrı bölgeye ayrılmıştı.

ABD'nin Ankara Süreci'ni sona erdirip Washington Süreci'ni başlatması ile birlikte, 2003 yılının mart ayında ABD'nin Irak'a saldırısı ve ardından işgaline kadar uzanan yeni bir dönem başlamıştı.

Ankara sürecini bitiren dönem, ABD'nin 1996'da uğradığı ve "Vietnam'dan sonra en büyük hezimeti" olarak tanımlanan yenilgisini telafi ederek yeni saldırı ve planları devreye soktuğu dönemdir.

Bu dönem, Türkiye'nin baskısı ile CIA'nin Kuzey Irak'taki faaliyetlerinde kullandığı 100'ü aşkın NGO'nun CIA peşmergeleri ile birlikte apar topar kaçmak zorunda kalmasından sonra yeniden bölgeye dönmeye başladığı dönemdir.

Türkiye'nin bölgeye girmelerine izin vermediği NGO'lar, 1999 yılı başında aralarında CIA'nın önemli NGO'larından Caritas'ın da olduğu 24 NGO, Suriye ve İran üzerinden yeniden Kuzey Irak'a gelerek bölgeye yerleşti. 1999 yılı başında Kuzey Irak'ta faaliyet gösteren NGO'lar şunlardı:

- Dutch Consortium (DC)
- Heidelberg Int (HDI)
- International Islamic Relief Organization (HRO)
- Kurdish Life Aid (KLA)
- Mines Advisory Group (MAG)
- Mecca Al Mukarrama Establishment
- Middle East Development Studies (MEDS)
- North West Medical Team (NWMT)
- CANDIL

- 4 Rs
- Save The Children Fund (SCF)
- Save The Children Fund (Sweden)
- Durham University Research Team (DU)
- Emergency
- Triangle Dia Consontrium Team (TDC)
- Caritas
- Peace Winds of Japan (FWJ)
- Iraqi Red Crostant (IRCS)
- Kurdish Relief Aid (KRA)
- Kurdish Reconstruction Organization (KRO)
- Kurdish Save The Children (KSC)
- Kurdistan Reconstruction and Development Society (KURDS)
- Shender
- Organization of Science and Arts (OSA)

NGO'lar yeniden bölgeye yerleşiyor.

ABD'nin bundan sonraki dönemde KDP ve KYB arasındaki sorunların çözümü için yaptığı girişimler netice vermedi, ama çatışma da olmadı. Hatta iki parti de yönetim ve meclis konusu dışındaki çeşitli alanlarda işbirliği de sergiledi.

Örneğin Ekim 2000'de, Kandil Dağı'nın yakınlarında, İran tarafından desteklenen PKK teröristleriyle KYB arasında büyük bir çatışma çıktı. Yüzlerce KYB peşmergesi çatışmalarda hayatını kaybetti. KYB'nin yardımına KDP koştu.

Zamanla Kuzey Irak'taki Kürt bölgesinin iki ayrı idari yapıya bölünmüşlüğü ABD tarafından da kanıksanan bir olgu haline geldi.

İkinci Bush devri: ABD'nin müttefiki Kürtler

Bush yönetiminin işbaşına gelmesinden sonra ise, KDP ve KYB, Irak muhalefetinin iki güçlü grubu olarak yeniden ön plana çıktı. Kuzey Irak'ta fiilen egemenliği elinde bulunduran KDP ve KYB, Iraklı muhalefet grupları arasında giderek temayüz etti. Kürtlerin kendi aralarında, Kuzey Irak'ın idaresinde bir kez daha işbirliğine yönelmeleri ise ancak ABD'nin Irak'a bir askerî müdahale düzenlemesi ihtimalinin giderek güç kazandığı 2002' de gündeme geldi.

CIA'den üst düzey bir yetkilinin başkanlığındaki bir ABD heyeti Nisan ayının son günlerinde KDP lideri Mesut Barzani ve KYB lideri Celal Talabani ile Almanya'da gizli bir görüşme yapmıştı. Başkan Bush'un kontr-terör danışmanı General Wayne Downing'in de katıldığı görüşmeden sonra Talabani ve Barzani, ABD hava kuvvetlerine ait bir askerî uçakla Virginia'ya götürülmüştü. Virginia'daki görüşmenin yeri, CIA'nin Virginia Williamsburg'daki *Camp Perry* isimli, CIA içinde *Çiftlik* olarak adlandırılan, CIA'nin operasyon birimlerinin eğitim gördükleri merkezdi. Çiftlik'in bir özelliği örtülü operasyonlar ve gizli görüşmelerde kullanılan özel gizli bir bölümü olmasıydı. Buradaki görüşmelere katılacak yabancı devlet başkanları, ayaklanmacılar ve ajanlar, hiçbir zaman resmî niteliği olmayacak toplantılar için pasaport, vize ve gümrük sorunları olmaksızın doğrudan Çiftlik'te ağırlanıyordu.

Görüşmenin amacı, Barzani ve Talabani'yi ABD'nin Irak'a yapacağı askerî harekâta katılmaya ikna etmek, Kürtlerin harekata ne şekilde katkı sağlayacağını öğrenmekti. ABD heyeti, Talabani'nin kontrolündeki Süleymaniye'de, Bar-zani'nin kontrolündeki Erbil'de CIA istasyonları kurulmasını talep etmişti. Barzani ve Talabani, olumsuz yanıt vermişti. Görüşmedeki temel sorun, karşılıklı güven eksikliğiydi. Kürtler, ABD tarafından bir kez daha ortada bırakılmaktan korkuyorlardı. Saddam Hüseyin karşısında güvenliklerinin sağlanacağına dair sıkı garantiler istemişler ve CIA'nin düşündüğünden çok daha fazla maddi yardım talep etmişlerdi.

Görüşmenin bir noktasında, Talabani ve Barzani görüşmeye katılan ABD heyetinin, ABD yönetiminin tamamını temsil edip etmediğini sormuşlardı. Kürt liderlerin bu çıkışı üzerine Yakın Doğu konularından sorumlu Dışişleri Bakan Yardımcısı Ryan Crocker apar-topar Washington'dan Çiftlik'e getirilmişti.

ABD, Kürt liderleri birçok kez bir araya getirdi. Neticede, ABD'nin de cesaretlendirmesiyle, Irak'a yönelik bir ABD askerî harekâtı sonrası yapıda etkinlik kurmak isteyen ve dış dünyaya karşı birlik mesajı vermeye çalışan KDP ve KYB, ortak meclis toplantısı düzenlemeye karar verdi.

KDP'nin Dış İlişkiler Sorumlusu Hoşyar Zebari, "Bu toplantı, Bağdat'a ve komşularımıza Kürt Cephesinin sağlam, birleşik olduğunu ve böyle devam edeceğini güçlü bir şekilde gösterecektir... ABD'de bazı kimseler Kürtlerin rolünü marjinalize etmeye çalışıyorlar. Bu toplantı, Kürtlerin birliktelikleri hakkında şüphesi olan Amerikalı dostlarımız varsa, onları da ikna edecektir" demekteydi.

4 Ekim 2002'de Kuzey Irak'taki Kürt parlamentosu 1994'ten sonra ilk defa toplandı. Aslında bu tarih kasıtlı olarak seçilmişti, zira Kürt parlamentosu 10 yıl önce aynı gün yapılan toplantıda, oy birliğiyle federalizm kararı almıştı.

Kürt parlamentosunun ilk oturumunun şeref konuğu, Fransa eski Devlet Başkanı Mitterand'ın eşi Danielle Mitterand'dı. Toplantıya ABD Dışişleri Bakanı Colin Powell da bir tebrik mesajı göndermişti:

> Meclisinizin tarihî ortak toplantısı nedeniyle sizleri tebrik ediyorum. Bu noktaya gelebilmek için uzun ve bazen de zahmetli yollardan geçtiniz. Aynı Meclis odasını yeniden paylaştığınıza göre, anayurdunuzda ve Irak'ın genelinde yaşayan bütün Irak'lıların güvenlik, gönenç ve özgürlüğü konusunda ortak iradeyi paylaşacağınızı da biliyorum.

Temsilî hükümet kolay değildir. Fedakarlık ve taviz gerektirir. Meclisinizin bu tarihî oturumu bu temel olguyu anladığınızın bir işaretidir. Bugün tek vücut olarak hareket etmek için, özverilerde bulundunuz, fedakârlıklar sergilediniz ve geçmiş acıların üstesinden birlikte geldiniz.

Bölgeniz ve Irak'ın daha iyi bir geleceğe kavuşması için arayışlarınızda yolunuz zorlu olacaktır. Bu önemli görevi, sizi bugün bir araya getiren aynı birlik ruhu ve özveriyle sürdürmenizi teşvik ediyorum. Zulüm ve terörle mücadelede ABD'nin müttefiki olmanızdan ve demokratik, çoğulcu, toprak bütünlüğü korunmuş, hukukun üstünlüğüne ve bütün Irak vatandaşlarının haklarına saygı gösterecek bir hükümetle idare edilecek bir Irak'ın oluşturulması bakımından aynı hedefleri paylaşmamızdan gurur duymaktayım. Sizin yarattığınız bu emsalin yayılmasını ve böylelikle bir gün bütün Irak halkı, birleşik ve özgür olarak, çoktan hak ettikleri özgürlük ve gönence kavuşmasını diliyorum.

Colin Powell

Kürtler amaçlarına ulaşmış, bütün dünyaya birlikteliklerini göstermişlerdi.

Irak Savaşı ve sonrası

İşgalinin hemen ardından ABD'nin sivil yönetimin başına getirmek üzere Irak'a gönderdiği emekli general Jay Garner, 22 Nisan'da Süleymaniye'ye geldiğinde, Mesut Barzani ve Celal Talabani tarafından "Evinize hoş geldiniz" pankartıyla karşılandı.

ABD'nin Nisan 2003'te başlattığı Irak Savaşı, Kuzey Irak Kürtlerinin yıllardır beklediği fırsatı da yarattı. ABD'nin müttefiki durumuna gelmişlerdi. ABD'nin Irak'ı işgalinin hemen ardından Kerkük, harekâtın başlamasından kısa bir süre sonra Kürtlerin eline geçti. Türkiye'nin ilan ettiği kırmızı çizgilerden biri aşıldı, ancak, Ankara söylemden ibaret kalan açıklamalar dışında gelişmelere tepkisiz kaldı.

Yıllarca kendi eliyle beslediği Barzani ve Talabani bugün Irak'ta Türkiye karşıtlığının baş aktörü durumuna geldiler.

Türkiye'de ise bugün artık bağımsız bir Kürt devleti kurulursa, Türkiye'nin ne yapması gerektiği tartışılıyor.

Kürtlerin temel hedefi: bağımsızlık

Son sözü en başta söylemek gerek. Bugün, Irak Kürtlerinin en büyük arzusu bağımsız Kürt devleti kurmaktır.

ABD'nin Saddam Hüseyin'i devirmesinin ve Irak'ı işgal etmesinin ardından Türkiye'yi ve bölge ülkelerini en çok kaygılandıran konu, Kuzey Irak'ta bağımsız bir Kürt devleti kurulmasıdır.

Zaman zaman çatışan ve yeri geldikçe işbirliği yapan, ancak, aralarındaki güç mücadelesi hiçbir zaman sona ermeyen KDP ve KYB'nin üzerinde tereddütsüz uzlaştıkları temel hedef, *şartlar elverdiği* takdirde bağımsız Kürt devleti kurulmasıdır.

Kürtler bu noktaya nasıl geldi?

Nisan 1991'den sonra, Çekiç Güç ve ABD koruması altına giren ve belirli bir süre ortak hedefler doğrultusunda çalışan Kürtler, 1994'ten itibaren bu defa kendi aralarında, temelinde güç mücadelesi bulunan, ekonomik saiklerle de körüklenen bir savaşa giriştiler. Bu çatışmalarda, her bir taraf (KDP ve KYB) diğerine karşı üstünlük kurmak için bir *dış faktörü* (Türkiye ve İran) devreye sokmak ihtiyacını duydu, hatta kendilerine tarihlerindeki en büyük zulmü yaptıklarına inandıkları Saddam Hüseyin'in yardımını istemekten de çekinmediler. Eylül 1996'da KYB'nin İran'ın desteğiyle Erbil'i ele geçirmesi, KDP'nin ise Saddam Hüseyin'in güçlerini arkasına alarak karşı saldırıya geçmesi, dış faktör olgusunun en tipik örnekleri.

Bağdat'a karşı ayaklanmalarında ve kendi aralarındaki çatışmalarda dış faktör desteğini arayan KDP ve KYB'nin, aralarındaki çatışmaların son bulması da yine dış faktörlerin devreye girmesiyle son buldu. 1996'daki Ankara Süreci, 1998'deki Washington Anlaşması bunun ilk anda akla gelen örnekleri.

Ancak, dış faktörlerin devreye girmeleri de Kürtlerin birbirlerini öldürmelerine son vermek gibi yalın gerekçelere dayanmadı. Türkiye, KDP ve KYB arasındaki çatışmanın PKK'nın bölgedeki etkinliğini giderek artırması ve bunun terörle mücadelesinde yarattığı sorunlar nedeniyle arabuluculuğa soyundu. ABD ise Kürtlerin birbirlerini öldürmelerinin, Kürtlerin güvenliğini sağlama iddiasındaki Çekiç Gücü ve dolayısıyla Saddam Hüseyin'i çevreleme siyasetini anlamsız hale getirmesinden, ayrıca bölgedeki istihbarat ağının çökmesinden duyduğu endişeyle devreye girdi.

Barzani: "Bağımsızlık hepimizin hayalidir"

Irak Kürtlerinin Bağdat'a karşı hemen bütün ayaklanmalarında bağımsızlık güçlü bir motif teşkil etti. KDP ve KYB, dün olduğu gibi, hatta daha fazla bağımsız Kürt devleti kurmak özlemi taşıyor. KDP lideri Barzani'nin "Bağımsız Kürdistan hepimizin hayalidir" sözünü unutmamak gerek.

Irak Kürtlerinin bağımsızlığı arzulamaları kadar, Türkiye başta olmak üzere, bölge ülkelerinin ve Arap dünyasının, Irak'ta bağımsız bir Kürt devletine son derece karşı oldukları da bir gerçek. Hatta Türkiye, bu tür bir gelişmeyi "casus belli" (savaş nedeni) sayacağını da ilan etti. Türkiye her ne pahasına olursa olsun bağımsız Kürt devleti kurulmasına karşı çıkacağını her platformda söylüyor, ancak, AKP iktidarında bunu yapıp yapamayacağı şüpheli.

Kürtler bağımsız devlet kurabilir mi?

Irak Kürtlerinin bağımsız bir devlet kurup kuramayacakları, ne kendilerinin arzularına, ne de bölge ülkelerinin tutumlarına bağlı. Nihayetinde, Kuzey Irak'ta bağımsız bir Kürt devletinin kurulup kurulamayacağının belirleyicisi ABD'nin tutumu olacak. Bugünkü uluslararası gerçekler dikkate alındığında, ABD' nin Kuzey Irak'ta bağımsız bir Kürt devleti kurmak istemesi durumunda, ne Türkiye ne de başka bir ülke bu gelişmeyi engelleyecek güce sahip değil.

Burada, Türkiye veya bölge ülkelerinin böyle bir gelişme karşısında sessiz kalacağını veya askeri önlemlere başvurmayacağını söylemiyorum. Kastettiğim, ABD'nin desteğiyle bir Kürt devleti ilan edilmesi ve bu devletin uluslararası planda tanınması halinde, Türkiye'nin veya bölge ülkelerinin, Kuzey Irak'ı *işgal* veya *ilhak* etmesi de dahil olmak üzere alacağı hiçbir önlemin, *bağımsız Kürt devletinin* kurulmuş ve tanınmış olduğu gerçeğini değiştirmeyeceğidir. Üstelik, Türkiye veya diğer devletler BM Anlaşması'nı ihlal etmiş olacaklar ve *işgalci* ülkeler konumuna düşeceklerdir.

Yukarıda belirtilen düşünce sistematiğinin doğrudan akla getirdiği ilk soru, ABD'nin bugün Kuzey Irak'ta bir Kürt devleti kurulmasını isteyip istemediğidir.

ABD Kürt devleti kurulmasını istiyor mu?

1991'den itibaren bütün ABD yönetimleri, Irak'ın toprak bütünlüğünün korunmasına büyük önem verdiklerini ve Kuzey Irak'ta bağımsız bir Kürt devleti kurulmasına karşı olduklarını birçok vesileyle açıkladı. Yönetimlerin resmî tutumu bir yana bırakıldığında, ABD'nin bu türden bir gizli hedefi gündemi bulunup bulunmadığı da bitmeyecek bir tartışma konusu.

ABD'nin, Kuzey Irak'ta bir Kürt devleti kurmak gibi bir hedefinin olduğunu da, olmadığını da söyleyen stratejistler var. ABD'de, bir Kürt devletinin kurulmasını hararetle savunanların bulunması, bağımsız Kürt devleti kurulması seçeneğinin üzerinde düşünüldüğünü de gösteriyor. Nitekim, bu kitabın önceki bölümlerinde anlatıldığı gibi, özellikle Çekiç Güç'ün ilk yıllarında, bu kesimlerin Kürt devleti kurulması amacına yönelik, Türkiye'nin büyük tepkisiyle karşılaşan davranışları da oldu.

Burada sorulması gereken, bağımsız Kürt devletinin ABD'ye ne tür yararlar sağlayacağı. Ya da başka bir deyişle, Kürt devletinin sağlayacağı ABD'ye yararlar ile ABD'nin bölge devletleri ile ilişkileri ve bölgedeki çıkarları arasında ne tür bir ödünleşmeye gitmesi gerekeceği. Özetle, temel soru, bağımsız Kürdistan'ın ABD açısından ne getireceği ve ne götüreceği. Bu soruya verilecek yanıt, büyük ölçüde, ABD'nin Orta Doğu'ya yönelik politikasında Irak'ın nereye oturduğuyla da bağlantılı.

ABD açısından avantajlar

Kuzey Irak'ta bir Kürt devletinin ABD açısından sağlayacağı yararlar oldukça tartışmalıdır. Bunlardan ilki, Orta Doğu'daki en büyük devletsiz toplum olan Kürtlerin, nihayet bir devlete kavuşmuş olacaklardır. İkincisi, Kürt devletinin kurulmasıyla Orta Doğu'da Arap devletlerinin dikkatlerinin *Kürdistan* devletine yönelmesiyle, Arap-İsrail meselesi arka plana düşecek, Arap devletlerinin dikkatlerini bu meseleye yoğunlaştıracak olmalarıyla İsrail'in güvenliği garanti altına alınacaktır. Üçüncüsü ve en kayda değer olanıysa, Orta Doğu'da ABD uydusu yeni bir devletin kurulmasının, ABD'nin dünyanın en büyük petrol rezervlerine sahip bu bölgesindeki hegomonyasını sağlamlaştıracağıdır.

ABD açısından dezavantajlar

Bunları madde madde ele almak gerek.

1) ABD'nin destek verip vermediğinden bağımsız olarak Kuzey Irak'ta bir Kürt devleti kurulmasının yaratacağı ilk olumsuz sonuç, ABD-Türkiye ilişkilerinin etkilenmesi ve Türkiye'nin bölgeye askeri müdahalede bulunması ihtimalidir.

Bu devletin kurulmasında ABD'nin bir rolü olduğu takdirde, Washington-Ankara ilişkileri ciddi yara alacak ve Irak savaşına kadar *stratejik ortaklık* şeklinde nitelendirilen bu ilişkilerin, en azından Ankara bakımından yeniden tanımlanması ihtiyacı doğacaktır.

Bugün Türkiye, Kıbrıs gibi uluslararası, savunma sanayii ve askerî malzeme ihtiyacının karşılanması gibi askerî konularda ABD'ye bağımlıdır. Bugüne kadar iktidarların akıllı politikalar izleyememesi nedeniyle bu bağımlılık tek yönlü ortaya çıkmaktadır. Ancak, ABD açısından bakıldığında, Müslümanlıkla demokrasiyi ve laikliği bağdaştırabilmiş bir müttefiğe, hele İslâmcı damgası taşıyan bir AKP iktidarı ve Recep Tayyip Erdoğan gibi bir siyasi lidere büyük ihtiyaç olduğu ortadadır. ABD'nin özellikle bu dönemde Türkiye'ye ve AKP iktidarına her zamankinden daha fazla ihtiyaç duyacağı da bir gerçek.

Ancak, bu görüşü savunurken yine de ihtiyatın elden bırakılmaması gerekmektedir. ABD'deki, Kürt devleti kurulması taraftarı çevrelerin, demokratik reformlarını tamamlamış ve AB üyeliği yolunda ilerleyen Türkiye'nin Kuzey Irak'ta bir Kürt devleti kurulmasından korkması için bir gerekçe bulunmadığı tezini işlemesi ilgi çekicidir. Hatta bu tezi bir ileri aşamaya götürerek, Türkiye'nin böyle bir devlete karşı çıkmaktansa, kendi yörüngesinde bir devlete dönüştürmeye çalışmasının daha mantıklı olacağı görüşünü savunanlar da bulunmaktadır. Ancak, bu tezin ekonomik ayaklarını oluşturmaya dönük çabalar, örneğin Kerkük ve Musul gibi petrol bölgelerinin Türkiye'nin denetiminde olması görüşü bu çevrelerce şiddetle reddedilmektedir. Türkiye bölgede olacaktır ama petrol ve diğer ekonomik varlıklarla ilişkilenmeyecektir. Bu, Türkiye için biçilen rolün geri planını net olarak ortaya koymaktadır.

Ayrıca, bazı çevrelerin fiiliyatta bir Kürt devletinin doğduğu, ABD'nin yapması gereken tek şeyin durumun tescil edilmesinden ibaret olduğu, dünyada yaklaşık 20 milyon nüfusa sahip Kürtlerin artık bağımsız bir devlet kurmalarına engel çıkartılmaması gerektiği ve Türkiye'nin ve bölge ülkelerinin Kürt devletine muhalefetinin önem taşımadığı görüşlerini ileri sürdüklerini de görüyoruz.

Diğer yandan, Türkiye'nin bağımsız bir Kürt devletinden korkması için bir gerek olmadığı tezinin, daha ABD Irak'a saldırmadan önce Türkiye'de işlenmeye başlamış olması da zamanlama itibariyle bir hayli ilginç bir gelişmedir.[13]

2) Irak'ın parçalanmasıyla, İran-Irak dengesi son bulacak ve İran Körfez'deki başat güç haline gelecektir.

3) Kuzey Irak'ın kopması halinde Irak, büyük ölçüde Şii nüfus ağırlıklı bir devlet haline dönüşerek, ülkedeki Şiilerin oranı yüzde 65'ten yaklaşık yüzde 85'e çıkacak, İran ile Irak Şiileri arasındaki muhtemel bir işbirliği, bütün Körfez'in Şii nüfuz alanı haline dönüşmesine yol açacaktır. İran ile Şiileşmiş bir Irak arasındaki bu işbirliği, Basra Körfezi'nin bir Şii nüfuz alanı haline gelmesine ve Orta Doğu'daki güç dengesinin temelinden sarsılmasına neden olacak, bu durum İsrail'in güvenliğini de tehlikeye atacaktır.

Ancak, ABD'deki şahinler başta olmak üzere ABD'deki çeşitli kesimler bu görüşe karşı çıkmaktadır. Bu bağlamda, Irak

[13] Örneğin Ertuğrul Özkök bu isimler arasındadır.

Şiilerinin Arap, İran Şiilerinin ise Farsi olduğu ve Irak Şiilerinde Araplık ve Iraklılık bilincinin Şiilik kimliğinden daha önem taşıdığı ileri sürülmekte, bu duruma örnek olarak, 1980-1988 yılları arasındaki İran-Irak Savaşı'nda Irak Şiilerinin İran'a karşı ön saflarda sadakatle çarpıştıkları gösterilmektedir.

Bununla birlikte, Kürtlerin ABD'nin desteğiyle bağımsızlık ilan etmeleri, Irak halkının geri kalan kesimleri tarafından tepkiyle karşılanacak ve özellikle geleneksel olarak ABD karşıtı tutum sergileyen Şii çoğunluğun daha fazla radikalleşme eğilimlerine girmesi söz konusu olacaktır. Bu tür bir gelişmenin, İran' daki mollalar tarafından körükleneceği de kesindir.

Irak'ın bağımsız Kürt devletinden algıladığı tehdit değerlendirmesi, kendi Kürt azınlığı ve bu devletin kendisine karşı ABD -İsrail üssü haline gelmesinden endişe duyacak İran'ın tehdit değerlendirmesiyle örtüşebilecek ve Bağdat-Tahran arasında işbirliği ihtimali güçlenecektir.

Bahreyn'de nüfusun yüzde 70 oranında Şii olduğu, Suudi Arabistan'ın Irak sınırına yakın petrol bölgelerinde de Şii Arap nüfusun yoğun olduğu dikkate alındığında, bir anda bütün Basra Körfezi Şii nüfuz alanı haline gelecek, diğer bir ifadeyle petrol Şiilerin denetimine girecektir.

Herhalde ABD'nin istediği bu değildir.

4) Bir Kürt devleti kurulması halinde ABD, Arap dünyasının gözünde, bir Arap ülkesini parçalamış devlet olarak görülecek, bölgede mevcut ABD karşıtı radikal İslâmi akımlar güçlenecek, köktendinci terör globalleşecek ve bundan en çok ABD zarar görecektir.

Arap dünyasında, her geçen gün, ABD karşıtı radikal akımlar güçleniyor. Bu akımlar özellikle Arap-İsrail ihtilafından beslenmiyor ve İsrail'in yakın müttefiki ABD'yi *Siyonizm*'in bekçisi olarak görüyorlar.

ABD'nin Orta Doğu'daki en yakın müttefiklerinden biri olan Suudi Arabistan'da ABD karşıtı radikal unsurların güçlenmesi ve bu ülkenin yönetiminin tedricen bu unsurların eline geçmesi ihtimali Washington'u derinden kaygılandırmaktadır. Aslında bugün bile bölge devletlerinin bir çoğunda halkın ABD askeri üslerine ve birliklerine karşı duyduğu tepkinin hükümetlerin tutumundan bağımsız bir şekilde arttığı görülmektedir.

Kuzey Irak'ta bir Kürt devletinin kurulması, Arap dünyasında İsrail'in kurulması çağrışımlarına neden olacak, ABD'ye duyulan tepki bir anda en üst düzeye çıkacaktır.

5) Bölgedeki bütün devletlerin düşman olacağı, denize çıkışı olmayan (*landlocked*) bir devlet ortaya çıkacaktır.

ABD, bölge ülkeleriyle ilişkilerinin gerilmesi bir yana, bu defa İsrail kadar güçlü olmayan bir devletin güvenliğini sağlamak ve ekonomisini ayakta tutmak gibi ağır bir sorumluluk altına girecektir. Türkiyesiz bunu yapabilmesi mümkün değildir. Bunun için, Amerika için çok önemli bir yorumda bulunan stratejist Yaşar Kişi'nin sözünü hatırlatmadan geçmemek gerekiyor: "Amerika Washington'dan vazgeçer ama Türkiye'den asla..."

ABD'nin, kendisi böyle istemese de bağımsız bir Kürt devletinin doğmasının bölge ülkeleriyle ilişkilerinde yol açacağı sorunları dikkate alarak, hadiseleri oluruna bırakacak bir tutum izlememesi daha kuvvetli bir ihtimal olarak gözükmektedir.

KDP ve KYB: "Bağımsızlık, özlemimiz ama gerçekçi değil"

Bölgesel ve uluslararası dinamiklerin farkında olan KDP ve KYB, koşulların henüz bağımsız bir Kürt devleti kurulmasına elvermediğini değerlendirmektedir. Türkiye'nin Erdoğan iktidarına kadar Kuzey Irak'a yönelik bağımsız Kürt devletini savaş nedeni sayan kararlı politikaları, Kürtlerin bağımsızlık özlemlerinin önündeki başlıca engeli oluşturmuştur. Ancak, Irak savaşı sonrasında Türk-Amerikan ilişkilerinin içine girdiği ortamda, Türkiye'nin Kuzey Irak'ı işgal etmesi dahi, KDP ve KYB'nin bağımsızlık karşılığında üstlenmeyi göze alabilecekleri bir risk durumuna gelmiştir. Savaş sırasında, AKP Hükümeti' nin yaptığı açıklamalara rağmen, Türk askerinin Kuzey Irak'a girememesinin, özel kuvvetlere mensup Türk askerlerinin kafasına çuval geçirilmesinin Kürtlerin gözünden kaçmadığını anlamak için de kâhin olmaya gerek yoktur. Nitekim, Kürtlerin Ankara'ya yönelik küstah tavırları da bunun göstergesidir.

Aslında, Kürtler bir kez bağımsızlığı elde ettikten sonra, Türkiye'nin Kuzey Irak'ı işgal etmesi de marjinal önem taşıyacaktır. Zira bu durumda Türkiye her anlamda bir *işgalci güç* konumuna düşecektir. Burada, Amerika'nın Türkiye'de kendi güdümünde veya desteğindeki İslâmcı bir partinin iktidarını istemesi kadar doğal bir sonuç yoktur. İslâmcı kimlikli bir iktidar Amerikancı tutumuyla bölgenin anahtarı olabilecek yaklaşımları Amerika adına sergileyebilir.

KDP ve KYB'nin bu değerlendirmeleri söylemlerine de yansımıştır. Barzani ve Talabani, bugünkü bölgesel ve uluslararası şartlarda bağımsızlığı gerçekçi bulmadıklarını, bu nedenle geleceklerini federal ve demokratik bir Irak'ta gördüklerini söylemektedirler. Yani, bölgesel ve uluslararası şartlar elverdiği takdirde, Kürtler açısından bağımsızlık gerçekçi hale gelecek, KDP ve KYB bağımsızlık ilanında bir dakika dahi tereddüt etmeyeceklerdir.

Burada sorulması gereken soru, Kürtlerin hangi uluslararası ve bölgesel şartları gerçekçi bulacaklarıdır. Bölge ülkelerinin muhalefeti, bağımsızlığın gerçekçi olmasını engelleyen önemli faktörlerden biridir. Ancak, bağımsızlığı tamamen gerçekçi olmaktan çıkartan faktör, ABD'nin bağımsızlığa henüz destek vermemesidir.

Kerkük'ün Kürtler açısından gerçek önemi aslında bağımsızlığı gerçekçi yapacak olmasından kaynaklanıyor. Kürtlere göre, bağımsızlığın gerçekçi hale gelmesi için uluslararası koşulların elverişli olması kadar, Kerkük'ün de Kürtlere ait olması önem taşıyor. Kerkük Kürtlerin kontrolüne geçmezse, uluslararası koşullar uygun olsa da, Kürtler için bağımsızlık en azından ekonomik açıdan gerçekçi olmaktan çıkacak. Kürtlerin, Irak savaşı başlar başlamaz, Türkiye'nin tehditlerine rağmen Kerkük'ü derhal işgal etmesinin, Kürt göçmenleri akın akın bu şehre yerleştirmelerinin arkasında da bu neden yatmaktadır. Kısacası Kürtler için Kerkük'e sahip olmak, bağımsızlık yolunda atılacak en önemli adımlardan biridir ve ABD askerî harekâtı Kerkük'ü ele geçirmek için eşsiz bir fırsat yaratmıştır. Kürtler, bu rüzgârı yakalamıştır ve şartlar ne olursa olsun Kerkük'ten vazgeçmek istemeyeceklerdir.

Aslında, bağımsız bir devlet kursun ya da kuramasınlar, Irak savaşından en çok Kürtler kârlı çıkmıştır. KDP ve KYB, bugün Kuzey Irak'taki Kürt bölgesinin hâkimi, Irak Geçici Yönetim Konseyi'nin etkin üyesi, ABD'nin Irak'ta en değerli müttefiki konumundalar. Kürt bölgesi, Kerkük'ü de içerecek şekilde fiilî devlet konumuna ulaşmış, bağımsız Kürt devletine sadece bir adım kalmıştır.

KDP ve KYB, Irak'ın geleceğine ilişkin senaryolarda pazarlık masasında diğer muhalif gruplardan çok daha güçlü konumdalar. Bu avantajlarını da sonuna kadar kullanıyorlar. Bağımsızlıkla sonuçlanmayacak her türlü düzenlemeyi, bugünkü konumlarından geri dönüş olarak gördüklerini açıklamaktan artık çekinmiyorlar. Ancak, bağımsızlık için gerekli bölgesel ve uluslararası koşulların bulunmadığının ve ABD işgalinin bir gün sona ereceğinin farkındalar. Bu nedenle, fiilî devlet konumunu sonuna kadar muhafaza etmek istiyorlar.

Bu durumun farkında olan KDP ve KYB, bugün ulaşabileceklerinin azamisini elde etmeye çalışmaktadır. KDP ve KYB' nin bugünkü koşullar çerçevesindeki ideali, Irak'ın etnik temele dayalı federal bir devlet haline gelmesidir.

Kürtler ve Federalizm

KDP ve KYB, Irak'ın *demokratik ve federal* olması gerektiğini öne sürüyorlar. Aralık 2003'te etnik temele dayalı bir Kürt federasyonu istediklerini açıkladılar.

Aslında Irak'ta *Federasyon* düşüncesi ilk defa, Kuzey Irak'ta Ekim 1992'de gerçekleştirilen Kürt Parlamentosu seçimlerinden sonra ortaya çıktı. Kürtlerin kendi özerk yapılarını daha ileri düzeye götürecek bir sistem olarak yapıştıkları bu düşünce, Irak Ulusal Kongresi'nin (INC) 1992'de Kürt bölgesindeki Selahaddin kentinde düzenlenen muhalefet toplantısında benimsendi. Irak muhalefetinin federasyon konusundaki bu tutumu, 1999'da New York'ta INC'nin önderliğinde ABD'nin desteğiyle gerçekleştirilen Irak Ulusal Meclisi toplantısı sırasında da bir kez daha kabul edildi.

KDP ve KYB, bağımsızlığın tek alternatifi olarak federasyonu görüyorlar. Kürtler için federasyon koşullar uygun olduğu zaman gerçekleşecek bağımsızlığa doğru atılmış ilk ve en önemli adım. Kürtler federalizmi olmazsa olmaz bir koşul olarak, Irak Geçici Yönetim Konseyi'ne dayatmaya çalışıyor ve ABD'nin desteğini arıyor.

Irak savaşından önce, KDP açıkça *etnik*, KYB *coğrafi* federasyonu savunduğunu ileri sürüyordu. Savaş sonrasında raylar birleşti ve her iki parti de artık etnik temele dayalı bir federasyon istediklerini söylüyorlar. Kürtler, aslında ordusu, parlamentosu, polis gücü, ayrı kanunları olacak bir yapıdan, daha doğrusu devlet içinde devlet kurmaktan söz ediyorlar.

KDP, etnik federasyon tezini Irak savaşından önce Ağustos 2002'de açıkladığı Federal Irak Anayasası'nda ortaya koydu:

• Irak, federal bir cumhuriyet olacaktır ve adı Federal Irak Cumhuriyeti (FIC) olarak değiştirilecektir.

• Federal Irak, iki bölgeden oluşacaktır. Arap Bölgesi, Irak'ın orta ve güney kesimleriyle, kuzeyde Musul Valiliği'nin, Kürtlerin nüfusun çoğunluğuna sahip olduğu yerlerin dışındaki bölgelerini içerecektir. Kürt bölgesi, Kerkük, Süleymaniye ve Erbil şehirlerinden (1970 önceki idari sınırları) ve Duhok kasabası ile Aqra, Sheihkan, Sinjar, Zimar, Khaniqin, Badra ve Al-Wasit kasabalarından oluşacaktır.

• Irak halkı, Arap ve Kürt olmak üzere iki ulustan oluşmaktadır. Bu anayasa Kürt halkının ulusal haklarını ve bu haklarını federalizm temelinde Kürt bölgesinde uygulanmasını garanti etmektedir.

KDP'nin Federal Irak Anayasası taslağıyla birlikte açıkladığı Federe Kürdistan Anayasası'nda ise, Kürdistan bölgesi halkının Kürtlerden ve Türkmen, Süryani, Keldani ve Arap azınlıklardan oluşacağı, başkentinin Kerkük olacağı, azınlıkların Kürtçe'ye ilaveten kendi dillerinde eğitim görebilecekleri belirtiliyordu.

Irak Şiileri de federasyon tezini savunuyorlar. Şiiler, Irak'ın farklı etnik, dinsel ve mezhepsel kimliklerinin farklılıklarını gözetecek, ancak, ülkenin toprak bütünlüğünü ve birliğini muhafaza edecek bir federal yapı kurulmasını istiyorlar. Ancak, Şii gruplar da kendi içlerinde bir bütünlük sergilmekten uzaklar.

Federasyon konusunda ABD'deki şahinler *idari federasyon* modelini savunuyorlar. Bu modele göre, merkezde toplanmış yetkiler, Irak'taki 18 vilayete dağıtılacak, böylelikle, Sünni Arap, Şii Arap ya da Kürtler arasında denge kurulacak ve herhangi bir grubun ülke genelinde diğerlerinin aleyhine hâkimiyet kurması engellenecektir. Bu modelde, yetkileri azaltılmış bir hükümet, savunma ve dış politika konularından sorumlu olacaktır. Her federatif idari bölge, Irak'ın petrol gelirinden nüfus oranına göre pay alacak, böylelikle gelir dağılımındaki kıstas, etnik veya dinsel değil, bölgesel olacaktır.

İdari federasyon tezini savunanlara göre, bu tür bir yapının kurulması, Irak'ın parçalanmasına yol açmak bir yana, ülkenin istikrarının korunması bakımından tek yol. Zira, ülkedeki zenginliğin bölgeler arasında nüfus oranlarına göre paylaştırılması, etnik ve dinsel çatışmaların çıkmasını önleyecektir.

Nitekim, ABD'nin Irak işgal valisi Paul Bremer'in Kürt grupları etnik temele dayalı federasyon tezini vazgeçirmek için yaptığı görüşmede, *idari federasyon* formülünü ortaya attığı, ancak Barzani ve Talabani'nin bu modeli kabul etmeyeceklerini söyledikleri biliniyor.

ABD, Irak'ta bir federatif yapı istiyor. Böylelikle Irak'ı sürekli kontrolü altında tutabileceği, askerî ve siyasi açıdan zayıflatılmış bir devlet konumunda muhafaza etmeyi hedefliyor.

Peki bu konularda, Irak'taki gelişmelerin izleyicisi durumuna düşen Türkiye ne düşünüyor?

Türkiye'nin Açmazları

Türkiye 1991'den sonra Irak'ta beklemediği bir durumla karşılaştı. Saddam Hüseyin'in işbaşında kalmasıyla ekonomik ambargonun sürmesi ekonomik açıdan büyük kayıplara maruz kaldı; ABD'nin Saddam Hüseyin'i kontrol etmek için uyguladığı uçuşa yasak bölgesi ve Çekiç Güç nedeniyle fiilî bir Kürt devletini kucağında buldu; Kuzey Irak'taki otorite boşluğu nedeniyle bir terör sorunu olan PKK'yla mücadelesinde binlerce insanını kaybetti; terörle mücadeleye büyük kaynaklar ayırmak zorunda kaldı; Kürt meselesinin uluslararasılaşmasıyla diplomatik ve siyasi alanda zor günler yaşadı; üstelik Kuzey Irak yumuşak karnı haline geldi.

Türkiye bu nedenle, Irak'taki durumu, olağanüstü koşulların dayattığı bir zorunluluk olarak gördü. Ancak, Türkiye'nin en büyük zaafı, bu durumu değiştirecek imkânlardan yoksun olmasıydı. Saddam Hüseyin işbaşında kaldığı müddetçe, Bağdat'ın ülke genelinde ve özellikle de Kuzey Irak'ta kontrolü ele almasına imkân yoktu. Bu işi kendi başına üstlendiği takdirde, Türkiye tam bir batağa saplanabilirdi. Aslında, Türkiye'nin sınır ötesi askerî operasyonlarına sadece ABD ses çıkartmamış, bütün Avrupa ülkeleri ayağa kalkmıştı. Dolayısıyla, bölgeyi askerî güçle kontrol etmek hem Irak, hem uluslararası toplum, hem de Kürtler tarafından işgal olarak tanımlanabilirdi. Bölgedeki otorite boşluğunun Kürtler tarafından doldurulması ise, bağımsız bir Kürt devletinin doğmasının ilk adımı olmuştu.

Türkiye yıllarca Irak muhalefetiyle görüşmediama Kürt liderlere devlet başkanı muamelesi yaptı, diplomatik pasaport verdi.

Bu süreçte ABD'nin oynadığı rol ise, Türk-Amerikan ilişkilerinde güven bunalımına yol açmış, ama PKK elebaşısı Öcalan'ın CIA-MİT ortak operasyonu kapsamında Türkiye'ye teslim edilmesiyle ABD, Kürt meselesini sadece bir Irak sorunu olarak ele almak istediğini göstermişti.

AKP iktidarının dış politika stratejisti Ahmet Davudoğlu'na göre ABD bu yolla Türkiye'ye şu mesajı vermişti:

> Öcalan'ın yakalanması ile artık Türkiye içindeki Kürt meselesi kendi iç alanına ve Türkiye'nin tam denetimine çekilmiş bulunmaktadır; dolayısıyla da Irak'ın statüsünün ve Kuzey Irak'taki gelişmelerin Türkiye'yi tedirgin eden yönleri asgariye inmiştir.

Türkiye, Irak'ta yıllarca süren durumu, şartların dayattığı geçici bir durum olarak gördü. Irak'ta dış kaynaklı değişime karşı çıktı. Ama Bush'un iktidara gelmesiyle ABD'nin Irak'a yönelik bir askerî harekat gerçekleştireceğinin netleşmesi, tabloyu değiştirdi. Bir Amerikan askerî harekatı Irak'taki geçici koşulların da sonunu getirecekti. ABD'nin bu planı, Türkiye'nin Irak politikasını da bir yol ayrımına getirdi. Türkiye ya askerî harekâta katılmamak suretiyle, en önemli müttefiki ABD'yi kaybedecek; ya da askerî harekâta katılmak suretiyle, belki de Irak'ın parçalanmasına yol açacak bir gelişmeye bizzat katkıda bulunacak; en iyi ihtimalle, barış içinde yaşayacağı, federal bir Irak devletiyle komşuluk ilişkilerini devam ettirecekti.

AKP'nin Devlet Bakanı Kürşat Tüzmen, Irak savaşının başlayacağı gün gibi ortadayken, kalkıp Bağdat'a gitti, Saddam'la pozlar verdi, "Adam gibi adam" dedi.

Türkiye, Irak'a yönelik bir askerî harekâta tam destek vaadiyle ABD'yle pazarlıklar yaptı. Belgeler müzakere etti. 92 milyar dolar istedi. 1 Mart 2003'te Hükümetin tezkeresi, TBMM'den geçmedi. Türkiye hava sahasını lütfen açtı; savaş, başladığı hızla sona erdi, Saddam devrildi. Kürtler Kerkük'e girdi; Türkiye, tehditlerine rağmen, ABD'nin ve AB'nin tepkisinden korkarak Kuzey Irak'a asker sokamadı. Türk-Amerikan ilişkileri tarihinin en büyük bunalımlarından birini yaşadı. Kuzey Irak'taki Türk subaylarının başına çuval geçirildi. Daha sonra ABD, işgale yardımcı olsun, kendi askerleri yerine Türkler ölsün diye Türkiye'den asker istedi. Hükümet tezkeresi bu defa Meclis'ten geçti. Ancak, Kürtler karşı çıkınca ABD, Türk askerinin Irak'a gönderilmesinden vazgeçti.

Buna rağmen, Recep Tayyip Erdoğan ile AKP'nin İslâmcı kimliği yeni dönemde çok etkin bir siyasal koz olacaktır.

Türkiye neden ve nasıl bu noktaya geldi?

Türkiye'nin Irak politikası bir açmazlar yumağı. Türkiye'yi bugünkü açmazına sokan en önemli gelişme PKK terör örgütü ve Birinci Körfez Savaşı sırasında izlediği politikalar oldu.

Öncelikle terör olgusunu ele almakta yarar var. PKK terörü Kürt sorununu bölgesel etkinlikle birleştirmekle kalmamış, dünyanın sorunu haline dönüştürmüştür. Sonuçta 35 bin Kürt ve Türk vatandaşın öldüğü, 100 milyar dolar zararın ortaya çıktığı bir terör olayı, siyasette ve ekonomide yarattığı sonuçların ötesinde, dış politikada da zayıf bir Türkiye ortaya koymuş, Türkiye sorunlarla boğuşurken bölgesel gelişmeleri etkileyememiş, etkilenmiştir. I. Körfez Savaşı sonrasında PKK lehine gelişmeler olmuş, Türkiye'de iç çatışma noktasına gelinmiştir.

PKK endeksli Kuzey Irak politikası, Ankara'yı neticede bugünkü olumsuz şartların içine sürükleyen temel etken olmuştur.

Türkiye ve Kürt devleti

Genelkurmay Başkanlığı bağımsız bir Kürt devleti kurulmasını savaş nedeni olarak görüyor. "Türkiye'nin bağımsız bir Kürt devletine hiçbir şekilde müsaade etmeyeceği" açıklamalarını sıklıkla duyuyoruz.. Ancak, *müsaade etmemenin* ne şekilde gerçekleşeceğini kimse bilmiyor.

Irak'ta ABD'nin işgali devam ettiği müddetçe, Türkiye'nin Kuzey Irak'taki Kürt oluşumuna karşı bir askerî müdahalede bulunması zayıf bir ihtimal. Nitekim Kasım 2002 sonunda Türkiye'yi ziyaret eden Wolfovitz'e Kuzey Irak'ta 140 kilometrelik bir bölgede Türk askerinin hâkimiyet sağlayacağı plan önerisi askerî yetkililer tarafından yapılmış, ancak bu istek uygun bulunmamıştı. Irak savaşı sırasında ise ABD, Kuzey Irak'a girecek

Türk birliklerine düşman güç muamelesi yapılacağını Ankara'ya bildirmişti

Bu değerlendirme karşımıza, Kürtlerin bağımsızlık ilan etmelerine karşı çıkmasının gerekçelerinin; böyle bir ihtimalin vuku bulması halinde Türkiye'nin izleyeceği stratejilerin; iç ve dış faktörlerin izlenecek stratejilere etkilerinin neler olacağı ve nihayetinde bu stratejinin amaca ne ölçüde hizmet edeceği sorularını çıkartmaktadır.

Türkiye neden Kürt devletine karşı?

Türkiye'nin, Kuzey Irak'ta bağımsız bir Kürt devleti kurulmasına karşı çıkmasının ilk gerekçesi, bu devletin Türkiye'deki Kürt nüfus ve Kürt milliyetçiliği üzerindeki muhtemel etkileridir. Aslında, Türkiye'nin Irak politikası ABD'de sürekli olarak, Kuzey Irak'taki Kürt meselesiyle ve bunun Türkiye'ye yansımalarıyla irtibatlandırılıyor. Ankara'nın en büyük korkusunun, bağımsız bir Kürt devleti kurulmasının veya Irak'ta federal bir yapının ortaya çıkmasının, Türkiye'deki Kürt nüfusun etkilenecek olduğu tezi işleniyor.

Türkiye'deki Kürt nüfusun Kuzey Irak'ta bağımsız veya federatif bir Kürt devleti kurulmasından ne kadar etkileneceği herkesin yanıtını aradığı bir soru olarak karşımızda duruyor.

Böyle bir gelişmenin çeşitli yansımalarının olması kaçınılmaz. Bunlardan ilk akla geleni, Türkiye'deki Kürt milliyetçiliğinin körüklenecek olması ve bu defa PKK terörünü aratacak ayrılıkçı Kürt hareketlerinin canlanmasına yol açması ihtimali. Bu konuda özellikle büyük kentlerde böylesi bir gelişme sonrası büyük terör olaylarının artması beklenir. Türk halkının 1984-1999 yıllarında yaşadığı terör kabusunun etkileri henüz sona ermedi ve bu durum Türk kamuoyunun muhtemel tepkilerini de şekillendiriyor.

Ancak, diğer bir soru bu yansımaların/etkileşimin, boyutlarının ne ölçüde olacağı. Türkiye'nin AB'ye tam üyelik perspektifi, her geçen gün Batılı standartlara yaklaşan demokrasisi, ekonomik açıdan daha müreffeh olması gibi faktörler, muhtemel yansımaların etkilerinin azaltacak etkenler.

Bağımsız veya federatif bir Kürt devletinin Türkiye'ye muhtemel yansımalarının boyutlarını belirleyecek bir diğer önemli faktör, Türkiye'nin bu Kürt entiteye karşı sergileyeceği tavır olacak.

Başlangıçta kendisini sadece Kuzey Irak'la sınırlayacak bir Kürt devletinin, zamanla ve uluslararası şartlar elverdiği ölçüde Kürt milliyetçiliğine oynaması ve irredantist politikalara yönelmesi de büyük bir ihtimal. Nitekim, bugün bile Türkiye'nin Güneydoğusu, KDP ve KYB haritalarında Büyük Kürdistan'ın bir parçası olarak gösteriliyor. Aynı haritalar çok uzun yıllardan beri Avrupalı devletlerin duvarlarını süslüyor. 1970'li yıllardan bu yana ABD'nin ilgili birimlerinin duvarlarında da bulunuyor.

Türkiye'nin bağımsız bir Kürt devletine karşı çıkmasının ikinci gerekçesi, Orta Doğu'da sınırlar bir kere değiştirilmeye başlandığı takdirde bunun sonunun gelmeyeceği. Bu gerekçe de büyük ölçüde Türkiye'nin kendi iç dinamikleriyle bağlantılı.

Kuzey Irak'ta bağımsız bir Kürt devleti, bölgede yeni çatışmalara yol açacaktır ve Türkiye sınırlarında yeni bir Lübnan veya İsrail-Filistin ihtilafı istememektedir.

Bu gerekçede büyük bir haklılık payı bulunuyor. Türkiye, Kuzey Irak'ta bir Kürt devleti kurulmasına sessiz kalsa da, böyle bir gelişme kaçınılmaz olarak Irak siyasi ve askerî elitinin düşmanlığını kazanacak, bölge yeni çatışmalara gebe olacaktır. Muhtemel bir Kürt-Arap savaşında dış faktörler, Lübnan örneğinde olduğu gibi devreye girecek ve ardı arkası kesilmeyecek bir çatışma dönemi başlayacaktır.

Böyle bir ihtimalin gerçekleşmesi ister istemez Türkiye'yi de etkileyecektir. Türkiye, zayıf bir ihtimal de olsa, çatışmaların içine sürüklenebilecek veya yüz binlerce Kürt mülteciyle uğraşmak zorunda kalabilecektir.

Bölgede istikrarsızlığın bir diğer doğrudan sonucu, Kuzey Irak'ın yeniden PKK yatağı haline dönüşmesidir ve bu takdirde, Türkiye sınır güvenliğini sağlamak ve terörle mücadele için yine milyarlarca dolarlık askerî harcama yapmak zorunda kalacaktır.

Bağımsız Kürt devleti ile parçalanmış Irak arasında bir savaş çıkmasa da, Kürtlerin 11 yıllık fiilî devlet tecrübeleri, kendi aralarında çatışmaya sürüklenmelerinin göz ardı edilemeyecek bir ihtimal olduğunu göstermektedir. Bu çatışmalar, kendiliğinden veya dış faktörlerin etkisiyle çıkabilecektir. Ancak, her iki durumda da, çatışma süresince dış faktörler devrede olacak ve istikrarsızlık süreklilik kazanacaktır.

Bir diğer gerekçe, Kuzey Irak'taki bir Kürt devletinin, bölge veya bölge dışı ülkeler tarafından Türkiye'ye karşı bir koz ya da hizaya getirme aracı olarak kullanılması ihtimalidir.

Türkiye'nin, kendi dinamikleriyle Kürt meselesinin üzerinden gelebilmesi durumunda, Kuzey Irak'taki bir Kürt devletinin Türkiye'ye karşı bir koz olarak kullanılma potansiyeli azalacaktır.

Bununla birlikte, uluslararası politikanın önemli aktörleri bir yana, örneğin, Tahran'daki rejimin niteliğinden bağımsız olarak Türkiye açısından orta ve uzun vadede stratejik bir rakip olacak İran'ın veya Suriye gibi ülkelerin, bağımsız Kürt devletini kendi politikaları için Türkiye'ye karşı bir araç olarak kullanmaları ihtimali yeterince rahatsızlık verici bir durumdur.

Saikleri ne olursa olsun, Türkiye'nin bütün bu gerekçelerde önemli haklılık payı bulunmaktadır. Türkiye'deki Kürt nüfusun

Kuzey Irak'taki bağımsız bir Kürt devletinden etkilenip etkilenmeyecek olması, bu gerekçelerin meşru olduğu gerçeğini değiştirmeyecektir. ABD'nin Saddam Hüseyin'i sözde hayati güvenlik çıkarları için devirdiği ve Irak'ı pervasızca işgal ettiği bir uluslararası düzende, Türkiye'nin, sınırının hemen ötesindeki, ülke güvenliğini yıllarca doğrudan etkileyecek bir gelişmeye kayıtsız kalmak istememesinin meşruiyetinin tartışma konusu dahi yapılmaması gerekmektedir. .

Bağımsızlık ilanı karşısında Türkiye

Her şeyden önce, Kuzey Irak'ta bir Kürt devletinin bütün Irak halkının özgür iradesiyle gerçekleşmesi durumunda, hangi gerekçeyle olursa olsun Türkiye'nin bu durumu değiştirmeye yönelik bir strateji izlemesinin anlamsız hale geleceğinin vurgulanması gerekmektedir. Türkiye'nin bu durumda Türkmenlerin haklarının korunmasının garanti edilmesini istemek ve gerektiğinde bu yönde sınırlı bir müdahalede bulunmak dışında bir seçeneği kalmayacaktır.

Nitekim aşağıda ele alınacak seçenekler ve durum senaryolarının hepsinde, bağımsızlık ilanının Irak'ın arzusu hilafına gerçekleştiği durumlar incelenmektedir.

KDP ve/veya KYB'nin, Irak halkına rağmen bağımsızlık ilan etmeleri halinde, Türkiye'nin izleyeceği stratejiyi belirleyecek temel faktör, Türkiye'nin bu gelişmeden algılayacağı tehdit değerlendirmesi olacaktır ve bu tehdit algılaması büyük ölçüde yukarıda sözü edilen gerekçelerle örtüşecektir.

Diğer taraftan, Kuzey Irak'ta bir bağımsız bir Kürt devleti kurulmasına karşı şartlandırılmış bulunan Türk kamuoyundan gelecek baskı da izlenecek stratejiyi etkileyecektir.

Yukarıdaki unsurlar, Türkiye'nin izleyeceği stratejinin en azından ilk aşamada doğal olarak tepkisel olacağı sonucuna varmamıza neden olmaktadır. Türkiye, gerekli gördüğü takdirde böyle bir gelişme karşısında kendisiyle tehdit algılamaları örtüştüğü ölçüde bölge ülkeleriyle de (örneğin İran gibi) işbirliği halinde pasif ya da aktif bir strateji izleyecektir.

Pasif stratejiyle, Türkiye'nin kurulacak Kürt devletine karşı çıkmaması değil, bu devlet karşısında askerî harekâta varmayan (örneğin ambargo gibi) önlemlere başvurması kastedilmektedir. Askerî güç kullanımını kapsayacak aktif stratejinin ise, sınırlı askerî harekâttan işgale, işgalden ilhaka uzanacak geniş bir yelpazeye yayılması muhtemeldir.

Türkiye'nin izleyeceği stratejilerin analizinin, bu stratejilerin belirlenmesinde ulusal güvenlik/çıkar/tehdit değerlendirmeleri ve iç kamuoyu baskısı kadar önemli bir diğer faktör olan, ABD' nin ve kısmi olarak da uluslararası toplumun Kürt devleti kurulması karşısında sergileyecekleri tutum çerçevesinde yapılması gerçekçi olacaktır.

ABD tanır, diğer ülkeler ABD'yi izlerse...

Bu durumda, Türkiye'nin hareket serbestisi çok büyük ölçüde azalacak, askerî güç kullanımına dayanan aktif önlemler alması, imkânsız olmasa da oldukça zorlaşacaktır.

Türkiye'nin sınırlı da olsa bir askerî harekâta kalkışmasının yaratacağı en ciddi sonuç, harekâtın uluslararası alanda yol açacağı tepkiler ve tanınmış bir devlete karşı girişilecek harekatın işgal olarak tanımlanmasının, başta ABD'yle ilişkiler olmak üzere dış ilişkilerinde yaratacağı sorunlardır..

Buna rağmen, askerî güç kullanımı Türkiye için bir seçenek olarak kalmaya devam edecektir. Türkiye'nin yukarıda belirtilen riskleri göze alarak askerî güç kullanımına karar vermesi durumunda, harekâtın işgale veya ilhaka dönüşmesi çok düşük bir ihtimaldir. Zira, Türkiye'nin Kuzey Irak'ı işgal etmesi, Kürt devletinin tanınmış ve bağımsız bir devlet olduğu gerçeğini olgusunu değiştirmeyecek, alınacak her türlü askeri önlem Kürtlere diz çöktürmekten ibaret kalacaktır. Kısacası işgalle hedeflenen sonuç elde edilemeyecektir.

İşgalci güç konumuna düşecek Türkiye, bu işgali sürdürmenin siyasi zorluklarının yanı sıra, bir süre sonra işgali sona erdirmek ya da bölgeyi tamamen ilhak etmek zorunda kalacaktır. Her iki seçenek de Ankara'yı uluslararası alanda büyük sıkıntıya sokacaktır.

Türkiye'nin bugün, Kıbrıs başta olmak üzere her alanda dış politikasında taviz verdiği AKP iktidarında, Kürt devletine müdahale etmesi oldukça uzak bir ihtimaldir.

Ankara'nın bu durumda, askerî güç kullanımına varmayan pasif önlemlere başvurması daha güçlü bir ihtimal olarak ortaya çıkmaktadır. Bu önlemlerin başında, Kürt devletine karşı ekonomik ve siyasi ambargo uygulanması gelmektedir. Ancak Türkiye'nin tek başına uygulayacağı siyasi ve ekonomik ambargo, istediği sonuçları elde etmesini sağlamayacağı gibi, Kürt devletinin İran ve Suriye'ye bağımlı hale gelmesi gibi Türkiye açısından hiç de tercih edilmeyecek sonuçlara yol açabilecektir.

Ankara, Kürtlerin ayrılmasıyla parçalanmış ve yeni Kürt devletine karşı düşmanca bir tutum izlemesi muhtemel olan Irak'la birlikte, İran ve Suriye'yi de ambargo uygulamasında yanına çekebildiği takdirde, denize açılımı bulunmayan ve tamamen bu ülkelerle çevrilmiş bir Kürt devletinin ekonomik açıdan yaşamını sürdürmesi imkânsız hale gelecektir. Ancak, bu halde de Ermenistan örneğinde olduğu gibi, Türkiye, ABD'nin ve Batı dünyasının baskılarıyla karşılaşacaktır.

Kısacası, pasif strateji seçeneğinde, Türkiye'nin kendi kontrolü dışındaki birçok etkeni bir arada tutması gerekmektedir. Uzak olmakla birlikte bir diğer ihtimal, Ankara'nın Kuzey Irak'taki bağımsız bir Kürt devletiyle birlikte yaşama yolunu seçmesi ve bu devleti olabildiğince kendi güdümüne sokmaya çalışmasıdır.

ABD tanımaz ama Avrupa tanırsa...

ABD'nin bağımsız Kürt devletini tanımaması, Avrupa ülkelerinin tanımaları ihtimalini zayıflatmaktadır. Ancak, bu ihtimalin gerçekleşecek olması durumunda, Türkiye'nin izleyeceği stratejiyi tespitinde, AB perspektifi, ABD'nin tutumuna kıyasla daha az önemli görülecektir. Bununla birlikte, AB adaylığına ilişkin gelişmeler Türkiye'nin hareket serbestisini kısıtlayan ya da artıran bir faktör olarak ortaya çıkması muhtemeldir.

Bugün itibariyle, AB perspektifi Türkiye'yi, bağımsız Kürt devletine karşı izleyeceği strateji açısından AB ülkelerinin tepkilerine karşı daha duyarlı davranmak durumunda bırakacaktır. Ancak, Kıbrıs sorununa 1 Mayıs 2004'e kadar bir çözüm bulunamaması halinde Türkiye ile AB arasında yaşanacak bir kriz, Türkiye'nin izleyeceği stratejide AB'nin muhtemel tepkilerine marjinal önem vermesine neden olacaktır.

Bağımsız Kürt devletini kimse tanımazsa...

Kürtlerin bağımsız devlet ilanının ABD ve Avrupa ülkelerince tanınmadığı, hatta ABD'nin bu tür bir gelişmeye tepki gösterdiği durumda, Türkiye'nin hareket serbestisi genişleyecektir.

Ancak, bu durumda Türkiye'nin izleyeceği strateji, ABD'nin ve/veya Avrupa ülkelerinin tepkilerini de şekillendirecektir.

Avrupa ülkeleri açısından bakıldığında, Türkiye'nin uygulamaya koyacağı sınırlı askeri harekat, işgali veya ilhak önlemlerinden herhangi birisinin, tepkiyle karşılaşması kuvvetle muhtemeldir. Nitekim, Türk Silahlı Kuvvetlerinin PKK'ya karşı terörle mücadele amacıyla gerçekleştirdiği hedefi ve süresi belli sınır ötesi harekâtlar karşısında dahi Avrupa ülkeleri sürekli tepki göstermişledir. Bu defa, bağımsız bir Kürt devleti karşısında Türkiye'nin alacağı, *meşru müdafaa* veya *terörle mücadele* amacıyla açıklanamayacak herhangi bir önleme Avrupa ülkeleri sıcak bakmayacaklardır. Hatta, Türkiye'nin AB'ye üye olmasına karşı çıkan çevrelerin, bu durumda Türkiye'yi işgalci bir güç olmakla itham etmeleri ve Kıbrıs'la irtibatlı benzetmelerle, Ankara'nın üyeliğe ehil olmadığı tezini işlemeleri de söz konusu olacaktır.

Bu senaryoda, Washington'ın Türkiye'nin alacağı önlemlere ilişkin tepkisinde, bu önlemlerin niteliği kadar, Kürtlerin bağımsızlık ilanının, ABD'nin Irak'ta başarılı olup olamaması da rol oynayacaktır. ABD istemese de Kürtlerin bağımsızlık ilan etmeleri, Türk-Amerikan ilişkilerinde en azından Türkiye bakımından güven bunalımına yol açacaktır ve bu durum, Washington'u Ankara'nın tepkilerine daha duyarlı hale getirecektir. Ancak, Türkiye'nin alacağı önlemlerin, bugün Kuzey Irak'taki PKK teröristlerine karşı hiçbir şey yapmayan ABD tarafından desteklenmesi beklenmemelidir.

ABD'nin Kürtlere Kızgınlığı

Bu kitabın yayına hazırlandığı günlerde, ABD medyasının iki önemli kurumu olan *The Wall Street Journal* ve *The New York Times* gazetelerinde yayınlanan yazılar, etnik temele dayalı federasyon konusundaki ısrarları nedeniyle ABD'nin Irak'ta işini zorlaştıran Barzani ve Talabani'ye, ABD Yönetimindeki şahinlerin kızgınlığını yansıtıyor.

Bu yazılardan ilki, Irak'a yönelik bir askerî harekât ihtimalinin gündeme geldiğinden bu yana, muhafazakâr-şahinleri destekleyen görüşlerin yer aldığı, *The Wall Street Journal*'ın 12 Ocak 2004 tarihli başyazısı, "Kerkük Kürt Değildir" başlığını taşıyan yazı, Kerkük'ü başkent yapacak ve petrol gelirlerine el koyacak şekilde etnik temele dayalı bir federasyonu, ABD'ye ve Irak halkının diğer kesimlerine dayatan Barzani ve Talabani'ye önemli ikazlar içeriyor:

KERKÜK KÜRT DEĞİL

Biz, ABD'nin, egemenliği Haziran ayı sonunda Irak geçici hükümetine devretmesini destekliyoruz.

Irak Hükümet Konseyi'nin üyeleri ülkenin geçici anayasası üzerinde kritik kararlar alıyorlar ve Bush yönetiminin bir seçim yılında sakin bir geçiş ve devir dönemi arzusu, bazı Iraklı liderlerin makul olmayan isteklerde bulunmalarına yol açıyor.

Şii Ayetullah Ali Sistani, ülkenin güvenilir bir seçmen listesi veya kütüğü oluşturma şansı olmadan hızla seçime gitmesini istiyor. Ancak, bundan daha büyük ve büyüyen bir tehdit Kürk ayrılıkçılığı. Savaştan önce ve savaştan bu yana Kürt liderler Celal Talabani ve Mesut Barzani bağımsız bir devlet oluşturmaya niyetleri olmadığını söylemişlerdi. Onlar bütün istediklerinin 1991 yılından bu yana kendilerine tanınan bölgesel özerkliğin aynı düzeyde kalması olduğunu iddia ediyorlar.

Ancak Kürtler son zamanlarda, özerkliklerini ABD tarafından uygulanan uçuşa yasak bölge uygulamasına borçlu olduklarını unutuyorlar ve şimdi Amerikalı yetkilileri ve Hükümet Konseyi üyelerini bir dizi çok ileri giden taleplerle hayal kırıklığına uğratıyorlar. Kürtler, güvenlik ve vergi konularında büyük çaplı bağımsızlık ötesinde, Kerkük şehrini de kendilerine katmak istiyorlar.

Kerkük, savaş öncesinde özerk Kürt bölgesinin bir parçası değildi ve etkin çeşitliliğe sahip Musul'dan daha fazla bir "Kürt" şehri olarak kabul edilemez. Ancak Kerkük, Kürtlerin kontrol etmek istedikleri petrole sahip. Silahlı Kürtler tarafından yakın geçmişte gösteri yaparken vurularak öldürülen Kerkük'ün Arap ve Türkmen halkının, Kürtlerin ayaklanmalarına kızmaları sürpriz olmadı.

Hep birlikte Kürt bağımsızlığına karşı olan Irak'ın komşularında da bu konuda alarm zilleri çalıyor. Bush yönetimi, Irak'ın parçalanmasını onaylamış olarak hatırlanmak istemiyorsa, Kerkük'ün petrolünü alarak ayrılma rüyasından Kürtleri uyandırması gerekecektir.

Hafta sonundaki haberler, Kürtlerin taleplerini biraz hafifletebilecekleri yönündeydi. Ancak hâlâ, Irak'taki Amerikalı yönetici Paul Bremer'in, ABD'nin tavrını açıkça belirtmesi gerekmektedir. Bremer buna, ABD'nin Irak'ın kaynaklarını merkez hükümetin elinde tutmak için kuvvet kullanmaya hazır olduğu önerisi ile başlamalıdır. Amerikalı kuvvetler pek tabii Kürt bağımsızlığına karşı Süleymaniye ve Erbil sokaklarında savaşmayacaklar. Ancak Kerkük ve petrol sahalarını güvenlik altında almak daha az karışık bir öneri.

Aynı derecede önemli olarak, Bremer, Kürtlere, bağımsızlığa kalkışılmasının büyük bir stratejik hata olacağını vurgulamalı. Düşman Irak, Suriye, Türkiye ve İran arasında tecrit edilmiş olacak olan "Kürdistan", bölgede en fazla İsrail kadar hoş karşılanacaktır ve ABD'nin desteğine dahi sahip olmayacaktır. Özellikle Türk ordusu mutsuz bir komşu olacaktır.

Savaş sonrası Irak'ta birçok problemler de olduğu gibi, Kürtlerin bu özlemlerinde de suçun büyük bir bölümü, Irak Ulusal Kongresi gibi demokratik ve farklı etnik grupları temsil eden bir hareket yerine, Irak'ın dinsel liderlerini ve partilerini cesaretlendiren ve para desteği veren Dışişleri Bakanlığı ve CIA'ye ait. Bir Amerikan kaynağı, Barzani ve Talabani'nin faaliyetlerine CIA'nin her ay 7'li rakamlarla (milyon dolarlar) ifade edilen büyük meblağlar ödediğini belirtiyor. Bu para, ABD'nin elinde diğer bir önemli koz olmalıdır.

Amerika'nın zayıflığını hisseden ve ABD'nin Türk barış gücünü Irak'a getirme girişimlerini yenilgiye uğrattıktan sonra güçlerinden emin hale gelen Kürt liderler, petrolü kaparak bu işten sıyrılıp sıyrılamayacaklarını hesaplıyorlar. Buna müsaade edilmeyeceğine ne kadar kısa zamanda ve ne kadar çok kuvvetle açıklık kazandırılırsa, Irak'ın gelecekteki federal sistemi ile ilgili gerçekçi görüşmeler o kadar çabuk başlayabilir.

Henüz bu yazının mürekkebi kurumamışken, Irak konusunda yönetimin politikalarını savunan yazılar kaleme alan ve Kürtlere yakınlığıyla bilinen William Safire, 14 Ocak 2004 tarihli *The New York Times'*daki köşesinde aynı yönde mesajlar verdi:

KÜRT SORUNU

Pazartesi günü Kofi Annan Irak'ta, ABD'nin verdiği söz gereği "hayati bir rol" oynama şansına sahip olacak. Annan'ı, New York'taki ofisinde ziyaret eden Iraklı, Ingiliz ve Amerikalı temsilcilerin bir de ricaları vardı: Şii lider Ayetullah Ali Sistani'ye, BM'nin, Irak'ta Şii çoğunlukça yapılacak bir darbeye zemin oluşturması muhtemel zamansız bir seçimden ziyade makul bir seçim takvimi belirlenmesinden yana olduğunun iletilmesi...

Böylelikle BM, Irak'ta "uluslaşma" sürecine hizmet ederken, ABD'ye de, kuzeydeki Kürtleri, ulusal bütünlüğü tehlikeye sokabilecek düzeyde bir özerklik talebiyle öne çıkmamaya ikna etmek gibi hassas bir görev düşecek.

Saddam'ın beş bin masum insanı zehirli gazla katlettiği Halepçe örneğinde olduğu gibi, soykırıma hedef olan Iraklı Kürtlere neler borçluyuz bir görelim:

1) Molla Mustafa Barzani'nin Amerika'ya bel bağladığı 70'li yıllarda Kürtleri Şah'ın ellerine bırakan bizler, bizim kışkırtmamızla ayaklanıp Saddam'ın gazabına uğrayarak katledildikleri Körfez Savaşı sonrasında bir kez daha ihanet ettik onlara. Bu çifte ihanete rağmen Kürtler çok az donanım ama büyük bir yüreklilikle on yıl boyunca Saddam'a karşı bizim yanımızda savaştı.

2) Uçuşa yasak bölgede himayemiz altına girmelerinin ardından Kürtler, Irak'ın kuzeyinde, bugün ülkenin geri kalanı için özgürlük modeli oluşturan bir liberal demokrasi kurmak üzere aşiretler arası anlaşmazlıkları bir kenara bıraktı.

3) Savaş sonrasında başka her yerde kayıplar veren ABD ordusu, Irak Kürdistanı denilen ve savaşa alışkın Kürt milislerce, yani peşmergelerce korunan bölgede tek bir askerinden olmadı (Aman tahtaya vurun!). (Ne var ki, Türkiye'ye şüpheyle bakan Kürt liderler gaflete düşerek Baasçıların isyanını bastırmak için bize yardıma hazırlanan 10 bin Türk askerinin Irak'a gelişini engelledi.)

Kürtler de Amerika'ya çok şey borçlu: Amerikalı ve Ingiliz güçler on yıl boyunca Iraklı Kürtleri Saddam'ın zulmünden korumak için Türkiye'nin de işbirliğiyle bu ülkedeki askeri üsleri kullandı. Geçtiğimiz yılsa tüm Iraklıları bu diktatörün elinden sonsuza dek kurtardık.

Şimdi Amerikalılarla Kürtlerin birbirini anlamaya ihtiyacı var. ABD, ülke topraklarının hiçbir şekilde bölünmesine izin vermeden etnik çizgiler değil de coğrafi çizgiler temelinde temsili sisteme sahip birleşmiş bir Irak'ın inşasına yardım etmeye odaklanmışken, Irak nüfusunun yüzde 20'sini oluşturan Kürt azınlıksa, federal bir Irak içinde özerklik davasına bağlanmış durumda. Kürtler, bağımsızlıklarını ilan etmekten çekiniyorlarsa da bir daha zulüm görmemek adına anayasal ve güvenlikle ilgili garantilere ihtiyaç duyuyorlar.

Irak'ın BM nezdinde en etkin temsilcisi olması beklenen Kürt Bahram Salih, "Bir Halepçe'ye daha katlanamayız... Şüphesiz Amerikalılar devletlerin haklarının ne denli önemli olduğunu da biliyor ve tüm devletlerin Anayasanızı onaylaması gerektiğini de biliyordur" diyor.

"Birlik ve özerklik" talepleri birbiriyle çelişmiyor olabilir, ancak örtüşmüyor da... Iraklı Araplar, Kürtlerin alışıldığı gibi uçuşa yasak bölge dahilinde kendi yerel faaliyetlerine devam etmelerine seve seve izin verecektir.

Ancak Saddam'ın "Araplaştırma" politasıyla Kürtleri sürüp yandaşlarını bölgeye yerleştirerek hâkim olduğu diğer Kürt toprakları huzursuzluk yaratabilir.

Iraklı Kürtlerin başkentleri olarak gördükleri Kerkük kilit önem taşıyor. Şu var ki, kentin Türkmen yerlileri ile Arap yerleşimcileri, tıpkı zenginleşen bir Kürdistan'ın kendi Kürt vatandaşlarını cezbedeceği endişesindeki Türkiye gibi buna şiddetle karşı çıkıyor. Kerkük Irak'ın devasa petrol rezervlerinin yüzde 40'ı üzerinde kurulu bir kent.

Saddam'ın etnik temizlik politikasını tersine çevirme kararlılığındaki Salih, "Kerkük bir petrol meselesi değildir" diyor. Bu bana, Senatör Dale Bumpers'ın Clinton savunmasında sarfettiği şu sözleri aklıma getiriyor: "Biri 'bunun seksle bir ilgisi yok' diyorsa bilin ki, seksle ilgilidir..."

Bizim Paul Bremer geçtiğimiz hafta sert bir dille ABD'nin geçmişteki "özerklik" projesini unutup, "birlik" projesine kulak vermelerini söylediğinde Kürt liderlerin tepkisini çekti ve bunun üzerine tavrını yumuşattı. Washington da, bu politika değişikliğini yeniden gözden geçirmeye başladı. Biraz yatışmış olan Kürtler yapıcı bir hareketle Iraklı Araplarla görüştüler. Salih de yarın kuzeydeki dostumuz Türkiye ile temaslarda bulunacak.

Bu bağlamda ortaya konulacak çözüm, Kürtlerin dönmesi üzerine yerleşim yerlerinden çıkarılan Araplar için yeniden yerleşim fonları oluşturulmasını; Irak'ın Kürt bölgesi ve diğer bölgelerin idari statüsünü belirlemek amacıyla bir referandum yapılmasını; Kerkük'te Türkmenler, Hristiyanlar ve diğer azınlıkların hak ve statülerinin yasal koruma altına alınmasını ve Irak'ın ulusal askeri komutanlığında peşmergelerin yerinin belirlenmesini de içermelidir.

Salih özerklik talebinden ödün verip birlik projesine dahil olunması konusunda, "Petrol ulusal hazinenin bir parçası. Biz sadece Irak'ın petrol zenginliğinin bir daha asla Kürtlere karşı kullanılmayacağından emin olmak istiyoruz."

Her iki yazının ABD yönetimindeki muhafazakar-şahinler tarafından yazdırıldığı anlaşılıyor. ABD'nin işini zorlaştırmaları halinde, Kürtlerle gerekirse bir yol ayrımına gitmekten çekinilmeyeceğinin işaretlerini taşıyor. Yani, Amerika kesin itaat ve teslimiyet istiyor. Ya ondan olacaksınız ya da karşısındasınız. Kürtler tarihin büyük kavşağında zor ve yaşamsal bir karar vermek durumundalar.

Askerlerin Türkiye-ABD ilişkilerine bakışı

Türkiye'nin içinde bulunduğu coğrafyada, siyasi ve kültürel dengeler açısından ve Balkanlar, Ortadoğu, Kafkasya gibi dünyanın en hareketli, enerji ve kültürel kontrol ve riskli bölgelerinin tam ortasında yer alması nedeniyle, jeopolitik ve jeostratejik konumunda büyük ve güçlü bir orduya sahip olması gerekliliği ği, tartışmasız bir doğru. Amerika'nın Irak Savaşıyla Bush Doktrini ile getirdiği yeni dönem açılımları, Türkiye'nin yerleşik politikalarını sonlandırdı. Hatta, Süleymaniye'de yaşanan Amerikan askerî saldırısı ve buradaki Türk askerlerinin *başına çuval geçirilmesi* ve bu yapılırken peşmergelerin Amerikan askerlerine öncülük etmesi Türkiye'de derin yaralar açtı.

Dünyanın en önemli petrol rezervlerine sahip Orta Doğu ve Hazar Havzası, deniz ulaşım yolları kavşağında Akdeniz havzası, Karadeniz havzası ve Türk Boğazları, SSCB ve Yugoslavya'nın dağılması sonucu yapısal değişikliklere uğrayan Balkanlar, etnik çatışmalar yanında, zengin doğal kaynaklara sahip Kafkasya ve bunun da ötesinde Orta Asya'nın oluşturduğu coğrafyanın merkezinde bulunan Türkiye, erimeden ve olaylar karşısında 100 yıldır sahip olduğu coğrafyayı elinde tutarak ayakta kalmak istemektedir. Ama Amerika'nın bunu istemediği ya da Türkiye gibi düşünmediği, Türkiye'nin güç isteklerini de kontrol etmek düşüncesinde olduğu açıktır.

Türkiye, Osmanlı İmparatorluğu sonrasında Cumhuriyeti kuran iradenin ortaya attığı jeostratejik önemini pekiştiren özelliklerini de geliştirmektedir. Bunlar;

- Demokratik, laik, sosyal hukuk devletine sahip ve piyasa ekonomisini kabul etmiş bir ülke olarak, Batı sistemi ile ortak bir paydaya sahip olma,
- 1990'lı yıllardan itibaren büyük değişmelere sahne olan Balkanlar, Orta Doğu, Kafkasya ve Orta Asya ülkeleri ile tarihten gelen kültür zeminine ve bugüne kadar uzayan olumlu ilişkilere sahip olma,
- Kafkasya ve Orta Asya petrol ve doğalgazının Batı'ya ulaştırılması için belirlenen güzergâhlardan birisi olmanın yanı sıra, bir enerji köprüsü olma yolunda ilerleme,
- Birleşmiş Milletler ve Kuzey Atlantik Anlaşması Teşkilatı

(NATO)'nın barış koruma, bölgesel güvenlik ve istikrara yönelik girişimlerine katılım ve bazı durumlarda üstlendiği öncü rol ile Avrupa Güvenlik Mimarisi üzerinde tartışılmaz bir ağırlığa sahip olma (AB nin istememesine rağmen),

- Nicelik ve nitelik bakımından, Avrupa'da ve bölgesinde büyük bir devlet geleneğine sahip olduğu kadar, güçlü bir Silahlı Kuvvetlere sahip olma (Amerika ve AB nin karşı politikalarına rağmen) ...

Türkiye'nin mevcut yapısı içinde en önemli müttefik olarak gördüğü ABD ile olan ilişkileri, coğrafyanın getirdiği dinamikler ve Irak işgali sonrasındaki gelişmeler, önemli kaygıları da beraberinde getirdi.

Bu gelişmeler ışığında ABD-Türkiye ilişkilerinin yeniden tanımlanması gerekmekte. Bunun sadece askerî ve ekonomik alanlarda değil, daha geniş bir perspektifi içine alacak şekilde yapılması şart. Ama burada Amerika karşısında teslimiyetçi olmaktan uzak durmak ve Türkiye'nin ulusal çıkarlarını temel almak gerekiyor. Çünkü, uzun vadede aksi tutumların Türkiye'yi eritmesi tehlikesi var. Türkiye Misakımilli sınırlarını yitirmekle karşı karşıya kalabilir.

Irak işgalinin arkasından Kıbrıs ve Kuzey Irak'ta yaşananlar ve bölgede bağımsız Kürt devleti kurulmasına yönelik talepler bunun başlangıcı olacaktır. Son gelişmelerin ışığında ABD-Türkiye ilişkilerinde Kürt devleti konusunun önemli güven zedeleyici bir gelişme olduğu, özellikle meslek gruplarından askerlerin bu ilişkinin gelişimi ve geleceğine yönelik önemli kaygı duyucu değerlendirmeler yaptığı bir gerçek.

ABD-Türkiye ilişkilerine muhtelif mesleklerin bakış açılarını görmek amacıyla yapılan bir çalışmada[14] sorulan sorulara veri-

---

14 Belet, N., Bilgin, V., "Türkiye-ABD İlişkilerine Askerlerin Bakışı" isimli, ya-

len cevaplar, cevap verenler arasında bulunan askerlerin ABD-Türkiye ilişkilerinin değerlendirilmesinde taşıdıkları kaygıların Irak müdahalesi öncesi ve sonrasında daha da kuvvetlenerek devam ettiği görülmektedir. Bu çalışmanın sonuçlarına göre Türkiye-ABD ilişkilerinin görünümü, ilişkilerin yeniden tanımlanması ve bunun güven zedeleyici olarak belirtilen unsurların düzeltilerek sürdürülmesi ön plana çıkmaktadır. Nitekim, araştırma kapsamında uygulanan ankete katılan askerlerin yüzde 38.1'inin Irak savaşı öncesi Türk-ABD ilişkilerinin bazen Türkiye'nin lehine geliştiğini düşündükleri anlaşılmaktadır. Askerlerin yüzde 19'u ise, ilişkilerde her iki tarafın da karşılıklı çıkarlarının olduğunu, yüzde 35.7'sinin ise ilişkilerin Türkiye'nin aleyhine geliştiğini düşündükleri ortaya çıkıyor. Bu ilişkilerin her zaman Türkiye'nin lehinde olduğunu söyleyenlerin oranı ise yüzde 4.8'dir. Bu verilere baktığımızda, Türk-ABD ilişkilerinin geçmişi ile ilgili olarak da askerlerin bazı çekinceleri bulunmaktadır.

Yapılan çalışmada, Irak savaşı sonrası Türkiye-ABD ilişkilerinin nasıl geliştiğini ortaya koymak için yöneltilen sorulara askerlerin yüzde 38.1'i Irak savaşı sonrası Türk-ABD ilişkilerini zaman zaman Türkiye'nin lehinde görürken, yüzde 16.7'si iki tarafın da çıkarlarının eşit olduğunu belirtmişlerdir. İlişkilerin kötüye gittiği şeklinde karamsar bir görüşe sahip olanlar ise yüzde 45.2'dir. Özellikle, ABD'nin Irak'a girmesinden sonra Talabani ve Barzani'nin taleplerinin artması, Türkmenlere yönelik saldırıları ve Süleymaniye'de Türk müttefiki olan ABD askerlerinin ortaya koyduğu davranış, savaş sonrasında Türk askerlerin değerlendirmelerini etkileyen önemli faktörlerinden birisi olarak ön plana çıkmış. Anket değerlendirmesinde, ABD'

---

yınlanmaya hazırlanan anket çalışması.

nin, Kürt etnik ayrımcılığının bölge istikrarını bozacak bir şekilde genişlemesi karşısındaki destekleyici tutumu ve Türkiye'nin bölge ile ilgili politikaları karşısında sergilediği tutum, askerler arasında ciddi bir endişe kaynağı olarak görülmektedir.

Çalışma kapsamındaki askerlerin yapılan mülakatlarda, Türk kamuoyunda giderek bir endişe kaynağı haline gelen ABD'nin Irak'taki etnik kimliklere dayalı bir bölünmeyi destekleyeceği şeklindeki kanaati paylaştıkları görülmektedir. Bunun hem bölgesel istikrarsızlığı hem de Türkiye'nin istikrarsızlaşmasını etkileyecek bir gelişme olduğu düşünülmekte.

Yapılan çalışmada, Türkiye'nin bölgedeki çıkarları ve ABD'nin bölgedeki varlığı hakkında yöneltilen sorularla, araştırma kapsamındaki askerlerin yüzde 42.9'unun Türkiye'nin bölgesel çıkarları açısından ABD'nin bazı durumlarda tehdit oluşturduğunu düşündükleri ortaya çıkmıştır. Yine yüzde 40.5'i ABD Türkiye için tehdit oluşturmaktadır diye düşünürken, bazı durumlarda tehdit oluşturduğunu söyleyenlerle birlikte bu oranın yüzde 83.4'e çıkması dikkat çekicidir. Araştırma kapsamında bulunanların çok yüksek oranda ABD'nin yeni siyasetini Türkiye'nin bölgesel varlığına karşı yönelmiş bir tehdit olarak gördükleri anlaşılıyor. Nitekim, araştırma kapsamında cevap verenler arasında bulunan askerler tarafından, ABD'nin gerek bölgedeki petrol ve genel olarak enerji kaynaklarını kontrol altında tutma politikası, gerekse Orta Doğu coğrafyasında yeniden şekillendirmeye yönelik politikalarının bölgede Kürt devleti oluşumuna doğru gidebileceği belirtilerek, Türkiye'nin bölge politikalarında dışlandığı endişesi dile getirilmektedir. Çalışmaya katılan askerler Türkiye'nin içinde yer almadığı bir ABD politikasının Orta Doğu coğrafyasında uzun dönemli başarı şansının olmayacağını belirtiyorlar. Ankete katılan askerlerin yüzde 59.5'inin ABD'nin Orta Doğu'ya yönelik dış politikasında Türkiye'nin bölgedeki nüfusunu Amerikan çıkarları doğrultusunda kullandığını belirtmekte. ABD'nin Orta Doğu'ya yönelik dış politikasında Türkiye'nin bölgesel jandarmalık yaptığını ise yüzde 11.9'u düşünmektedir. Yüzde 11.9'u Türkiye'nin bölgede güçlü kılınması yoluyla Avrasya'nın kontrolünün amaçlandığını ifade ederken, yüzde 7.1'i iyimser bir şekilde iki ülkenin eşit şartlarda işbirliği yaptığını düşünmektedir. Ayrıca yüzde 9.5'i Türkiye'nin İslâm dünyası için bir model olarak algılandığını düşünmektedir.

"Türkiye-ABD İlişkilerinin Geleceği ve Türkiye'nin Rolü" konusunda ankete katılanların yüzde 54.8'i Birleşmiş Milletler şemsiyesi altında hareket edilmesini isterken, yüzde 26.2'si Orta Doğu'nun şekillenmesinde Türkiye'nin lider ülke misyonu ile kendi çözümünü kendisinin uygulaması gerektiğini belirtiyorlar, yüzde 14.3 bu süreçte ABD ile tam işbirliği yapılmasını istiyorlar. Ankete katılanlardan sadece yüzde 4.8'i Avrupa Birliği ile işbirliği yaparak ABD'ye karşı bölgede denge oluşturmayı daha uygun görmüşlerdir. Ankete katılanlardan hiç kimse, İsrail ve ABD siyasetinin reddedilerek Müslüman ülkelerle işbirliği yapılması gerektiğini belirtmemişler. Ayrıca, Türkiye'nin içinde bulunduğu coğrafyada kimlerle nasıl bir ilişki tanımlanması gerektiği konusunda, ankete katılanların yüzde 42.9'u, AB-ABD ile yakın işbirliği içinde olunması gerektiğini ifade etmişler. Ankete katılanların yüzde 31'i Türkiye'nin Avrupa Birliği ile daha çok işbirliği içinde olması gerektiğini, yüzde 9.5'u ise Türk dünyası ile işbirliği olması gerektiğini belirtmişler. İşbirliği sürecinde yüzde 7.1'lik bir kesim Rusya, Çin, Hindistan alternatifini isterken, yüzde 2.4'ü sadece ABD ile yakın ilişkinin kurulmasını istemiştir.

Ankete katılan askerlerin Türkiye-ABD ilişkilerinde *güveni zedeleyen unsurlara* verdikleri cevaplara göre, birinci sırada yüzde 45.2 ile Kuzey Irak'ta Kürt devletinin oluşumu girişimleri, yüzde 26.2 ile ise PKK-KADEK sorunu geliyor.

Türkiye'de Kürt devleti oluşumuna bakışta askerlerin tutumunu gösteren bu çalışma, Kürt devleti oluşumunun aynı zamanda Türk Amerikan ilişkilerinin kırılma noktası olduğunu da gözler önüne seriyor.

Barzani ve Talabani'nin Kürt devleti konusunda verecekleri karar, aynı zamanda Amerika'nın Türkiye ilişkilerinde bundan sonra izleyeceği politikaların da göstergesi olacak. Bu karar, sonuçları açısından hep korkulan Türk-Amerikan askerî çatışmasını dahi gündeme getirebilecek kadar geniş bir etki alanını da içinde barındırıyor.

Dizin